Vibe Coding professionell

Produktiv programmieren mit KI

Addy Osmani

Übersetzung von Jens Olaf Koch

O'REILLY®

Wir hoffen, dass Sie Freude an diesem Buch haben und sich Ihre Erwartungen erfüllen. Falls Sie Anregungen, Wünsche und Kommentare haben, lassen Sie es uns wissen: **service@rheinwerk-verlag.de**.

Informationen zu unserem Verlag und Kontaktmöglichkeiten finden Sie auf unserer Verlagswebsite **www.dpunkt.de**. Dort können Sie sich auch umfassend über unser aktuelles Programm informieren und unsere Bücher und E-Books bestellen.

Autor: Addy Osmani
Übersetzung: Jens Olaf Koch
Lektorat: Ariane Hesse
Buchmanagement: Friederike Demmig
Copy-Editing: Sibylle Feldmann, *www.richtiger-text.de*
Satz: III-satz, *www.drei-satz.de*
Herstellung: Stefanie Weidner
Covergestaltung: José Marzan Jr., Michael Oréal, *www.oreal.de*
Druck: mediaprint solutions, Paderborn

PEFC
PEFC/04-31-0810

Dieses Buch wurde mit mineralölfreien Farben auf PEFC-zertifiziertem Papier aus nachhaltiger Waldwirtschaft gedruckt. Der Umwelt zuliebe verzichten wir zusätzlich auf die Einschweißfolie. Hergestellt in Deutschland.

Bibliografische Information der Deutschen Nationalbibliothek:
Die Deutsche Nationalbibliothek verzeichnet diese Publikation in der Deutschen Nationalbibliografie; detaillierte bibliografische Daten sind im Internet über *http://dnb.dnb.de* abrufbar.

ISBN Print: 978-3-96009-284-1
ISBN PDF: 978-3-96010-961-7
ISBN ePub: 978-3-96010-962-4

1. Auflage 2026

Rheinwerk Verlag GmbH • Rheinwerkallee 4 • 53227 Bonn
service@rheinwerk-verlag.de

Vibe Coding professionell

Inhalt

Vorwort

Wir befinden uns mitten in einem tiefgreifenden Wandel der Softwareentwicklung. Durch professionelles *Vibe Coding* – die Kunst, Software in Zusammenarbeit mit KI zu entwickeln – verwandeln sich Entwicklerinnen und Entwickler von reinen Code-Handwerkern zu Produktvisionären und Orchestratoren.

Beim Vibe Coding geht es darum, die Leistungsfähigkeit von KI zu nutzen, um die mühsamen Aspekte des Programmierens zu delegieren und so den Raum zu bekommen, sich stärker auf Ideen, Design und übergeordnete Problemlösungen zu konzentrieren. Wie Andrej Karpathy treffend bemerkte (*https://oreil.ly/7bnWe*), ist es so, als würde man »vergessen, dass es Code überhaupt gibt«, und einfach beschreiben, was man braucht, damit die KI die Implementierungsdetails erledigt. Das kann zu Produktivitätssteigerungen um ganze Größenordnungen führen – und den sagenumwobenen 10-fach effektiveren Entwickler zu einem möglicherweise 100-fach effektiveren (*https://oreil.ly/8UGID*) machen.

Für wen dieses Buch gedacht ist

Dieses Buch richtet sich an drei zentrale Zielgruppen. Die erste Gruppe sind erfahrene Entwicklerinnen und Entwickler sowie Engineering-Leads, die ihre Wirkung potenzieren wollen. Wenn Sie schon seit Langem programmieren, kennen Sie vermutlich die Last repetitiver Aufgaben. In diesem Buch erfahren Sie, wie Sie die Routinearbeit der KI übergeben können, um stärker als Architekt oder Strategin zu agieren. Sie werden lernen, schneller zu arbeiten, ohne die Qualitätsstandards aufzugeben, die Sie im Laufe Ihrer Karriere entwickelt haben.

Daneben richtet sich dieses Buch an produktorientierte Entwicklerinnen und Entwickler, die Code als Mittel zum Zweck und nicht als Selbstzweck betrachten. Vibe Coding kann den bisweilen frustrierenden Weg von einer Vision zu deren Umsetzung drastisch verkürzen. Sie werden erfahren, wie Sie schnelle

Prototypen erstellen, iterieren und Produkte veröffentlichen können, deren Umsetzung mit traditionellen Ansätzen Monate gedauert hätte.

Die vielleicht kontraintuitivste Erkenntnis, die ich über KI-Tools gewonnen habe, lautet: Sie helfen erfahrenen Entwicklern mehr als Anfängern. Das wirkt zunächst paradox, oder? Sollte KI das Programmieren nicht demokratisieren?

Tatsächlich verhält sich KI eher wie ein neuer, sehr eifriger Junior Developer, der zwar schnell Code schreiben kann, aber auch ständiger Aufsicht und Korrektur bedarf. Je erfahrener Sie selbst sind, desto besser werden Sie solche KI-Juniors anleiten können.

Das erzeugt das, was ich als *Wissensparadoxon* bezeichne: Senior Engineers und Developer nutzen KI, um das zu beschleunigen, was sie ohnehin bereits beherrschen, während Juniors damit erst zu lernen versuchen, *was* zu tun ist – mit dramatisch unterschiedlichen Ergebnissen.

Ich habe gesehen, wie erfahrene Entwicklerinnen und Entwickler KI nutzen, um:

- Ideen, die sie bereits verstehen, schnell zu prototypisieren,
- Basisimplementierungen zu generieren, die sie anschließend verfeinern,
- alternative Ansätze für bekannte Probleme zu erkunden sowie
- Routineaufgaben beim Programmieren zu automatisieren.

Junior-Entwicklern passiert es dagegen oft, dass sie:

- falsche oder veraltete Lösungen übernehmen,
- wesentliche Sicherheits- und Performanceaspekte übersehen,
- sich schwertun, KI-generierten Code zu debuggen, sowie
- fragile Systeme entwickeln, die sie nicht vollständig verstehen.

Und drittens richtet sich dieses Buch an technische Managerinnen und Manager sowie CTOs, die sich mit den Auswirkungen von KI auf ihre Teams und Prozesse auseinandersetzen wollen. Sie erhalten Einblicke darin, wie Sie Teams strukturieren, Kompetenzen prüfen und die Codequalität sicherstellen können – in einer Ära, in der ein einzelner Entwickler das leisten kann, wofür früher ein ganzes Team nötig war. Die hier vorgestellten Strategien helfen Ihnen, diesen Übergang zu meistern und gleichzeitig Ihre Engineering-Kultur zu bewahren.

Das Buch ist jedoch *kein* Einsteigerleitfaden für Programmierung. Auch wenn das Programmieren durch KI zugänglicher wird, erfordert der effektive Einsatz ein Urteilsvermögen, das nur aus Erfahrung entsteht. Betrachten Sie dieses

Buch als vertiefendes Training für alle, die über traditionelle Programmierung hinauswachsen und sich auf ein neues Paradigma der Softwareentwicklung einlassen wollen.

Was Sie erwartet

Dieses Buch zeigt, wie sich die Rolle des Entwicklers verändert – von der direkten Programmierung an der Tastatur hin zur Produktentwicklung. Das bedeutet, menschliche Beurteilungsfähigkeiten einzusetzen, um KI anzuleiten und sicherzustellen, dass Qualität und Architektur stimmen und die Bedürfnisse der Nutzerinnen und Nutzer erfüllt werden. Wir Menschen bringen weiterhin Kreativität, systemisches Denken und Empathie ein, die aus einem funktionalen Programm erst ein herausragendes Produkt machen. KI ersetzt uns nicht, sie erweitert uns – wenn wir sie klug einsetzen.

In Teil I identifiziere ich die Bereiche, in denen Vibe Coding seine Stärken ausspielt: überall dort, wo es darum geht, neue Produkte zu entwickeln, Features zu prototypisieren und Standard-CRUD-Apps oder Integrationscode zu erzeugen. All das sind Felder, in denen Geschwindigkeit und Mustererkennung wichtiger sind als Originalität. Ich werde aber auch auf die Bereiche eingehen, in denen wir beim Einsatz von KI vorsichtig bleiben sollten: bei wirklich komplexen, Low-Level- oder neuartigen Algorithmen, bei denen sie in Straucheln geraten könnte. Die aktuellen Grenzen von KI zu kennen, verhindert Frustration und Fehlschläge. Und es gibt nach wie vor vieles, was nur menschliche Kreativität leisten kann.

Das menschliche Element bleibt Dreh- und Angelpunkt. Wir sorgen dafür, dass die Architektur solide ist, beheben die kniffligen Bugs und beurteilen die Codequalität jenseits eines bloßen »Es läuft«. Vor allem bringen wir nutzerzentriertes Denken in die Entwicklung ein – etwas, das eine KI nicht leisten kann. Es liegt an uns, sicherzustellen, dass Software nicht nur funktioniert, sondern *den Nutzern* auch in sinnvoller Weise dient. Kurz gesagt: Entwicklerinnen und Entwickler werden als Kuratoren und Redakteure den KI-Output stets an reale Bedürfnisse und hohe Standards anpassen müssen.

Teil II widmet sich den praktischen Aspekten des Vibe Coding. Neue Workflows anzunehmen, ist entscheidend. Techniken wie »roll, not fix« erinnern uns daran, uns nicht festzufahren – manchmal ist es schneller, Code neu zu generieren, als ihn zu debuggen. Paralleles Prompting ermöglicht uns, Probleme gleichzeitig aus mehreren Richtungen anzugehen. Wir müssen schnelle Iterationen mit anschließender Veredlung in Einklang bringen, um kein untragbares Chaos anzurichten. Best Practices wie die Modularisierung von KI-Code, gründliches Testen und iterative Verfeinerung helfen, die Codebasis trotz hoher Entwicklungsgeschwindigkeit sauber und robust zu halten.

Mit zunehmender Projektgröße müssen wir den beschleunigten Zustrom an Code und potenzielle technische Schulden beherrschen. KI kann Ihr Repository mit Code fluten; nur Disziplin und solide Entwicklungsdisziplin (gegebenenfalls auch KI-gestütztes Refactoring) halten es wartbar. Auf der Personalseite werden wir Entwicklerinnen und Entwickler einstellen und schulen, die den Umgang mit KI-Tools beherrschen und sowohl Anpassungsfähigkeit als auch Systemdesignkompetenz mitbringen. Und wir werden wissen, wann wir zu traditionellen Arbeitsweisen zurückkehren sollten – etwa wenn ein Produkt für die langfristige Wartung stabilisiert werden muss oder wenn kritische Systeme mehr Vorsicht als Geschwindigkeit erfordern.

Teil III behandelt Sicherheit und Zuverlässigkeit, Ethik sowie ein Arsenal an Tools, die Vibe Coding heute möglich machen: KI-gestützte IDEs wie Cursor und Windsurf, die mit Modellen von Anthropic, Google und OpenAI arbeiten, um Ihr gesamtes Code-Repository zu verstehen und Sie bei jedem Schritt zu unterstützen. Zu wissen, welche Tools und Modelle wann eingesetzt werden sollten (Claude-Varianten für unterschiedliche Aufgaben, ChatGPT für allgemeine Q&A), gehört zum neuen Kompetenzprofil eines Entwicklers. Jedes Tool hat seine Stärken: Cursor eignet sich besonders für interaktives Bearbeiten, Windsurf für kontextintensive Aufgaben, Chatbots für Brainstorming und Fehlersuche etc.

Für die Zukunft erwarte ich noch abstraktere Formen der Softwareentwicklung (»Vibe Designing« über GUIs und höherstufige Vorgaben), eine abnehmende Abhängigkeit von generischen Bibliotheken, da KI zunehmend maßgeschneiderten Code erzeugt, und sogar Software, die sich selbst weiterentwickelt – basierend auf KI-Feedback-Loops. In dieser Zukunft wird Erfolg in der Softwareentwicklung stark von menschlicher Kreativität, kluger Distributionsstrategie und der Fähigkeit abhängen, Netzwerkeffekte zu nutzen, da das reine Programmieren keine große Hürde mehr darstellen wird. Es könnten neue Paradigmen der Nutzererfahrung entstehen, getrieben von der Allgegenwart von KI – von dialogbasierten Interfaces bis hin zu adaptiven UIs und darüber hinaus.

Bei all dem sticht ein Thema besonders hervor: die Verschmelzung von menschlichen und KI-Stärken. Keine der beiden Seiten ist allein so mächtig wie beide zusammen. KI bietet Geschwindigkeit, breites Wissen und unermüdliche Ausführung. Menschen bringen Richtung, tiefgehendes Verständnis und Werte ein. Der optimale Workflow der Zukunft ist eine Symbiose – stellen Sie es sich als Zusammenarbeit eines Meisterhandwerkers mit einem Gehilfen mit Superkräften vor, der sofort jedes Werkzeug und jede Information bereitstellt.

Die Expertise des Meisters bleibt dabei unverzichtbar, um hervorragende Ergebnisse zu liefern.

Für Entwicklerinnen und Entwickler, die dies lesen: Es ist an der Zeit, sich auf die Tools und Paradigmen einzulassen und sie zu begrüßen. Dieses Buch wird Sie ermutigen, bei Ihrem nächsten Projekt mit einem KI-Coding-Assistenten zu experimentieren, Probleme in Teilaufgaben für die KI herunterzubrechen und die Fähigkeit zu entwickeln, Prompts zu gestalten und Ergebnisse zu kuratieren. Es wird Sie aber auch dazu anhalten, das zu verstärken, was Sie einzigartig und wertvoll macht – Ihre Fähigkeit, Systeme zu entwerfen, Nutzer zu verstehen und Entscheidungen zu treffen, die Software mit der Realität in Einklang bringen.

In diesem Buch verwendete Konventionen

In diesem Buch werden die folgenden typografischen Konventionen verwendet:

Kursiv
: Zeigt neue Begriffe, URLs, E-Mail-Adressen, Dateinamen und Dateierweiterungen an.

`nichtproportional`
: Wird für Programmlistings und innerhalb von Absätzen verwendet, um auf Programmelemente wie Variablen- oder Funktionsnamen, Datenbanken, Datentypen, Umgebungsvariablen, Anweisungen und Schlüsselwörter zu verweisen.

Dieses Element kennzeichnet einen allgemeinen Hinweis.

Dieses Element kennzeichnet eine Warnung.

TEIL I

Grundlagen

KAPITEL 1

Einleitung: Was ist Vibe Coding?

KI verändert die Art und Weise, wie wir Software entwickeln, und bringt neue Programmierparadigmen mit sich, die von freiem Prompting bis zu strukturierter Unterstützung reichen. Stellen Sie sich vor, Sie entwickeln Software, indem Sie einfach *beschreiben*, was die Anwendung tun soll – ungefähr so, als würden Sie es einem Teamkollegen schildern –, und daraufhin übersetzt eine KI diese Ideen in Code. Das ist der Kern des *Vibe Coding*: Es ist ein Prompt-first-Ansatz, bei dem Sie Ihre Ziele in natürlicher Sprache formulieren und ein Sprachmodell daraufhin die fehlenden Teile liefert. Für diese neue Art des Programmierens, bei der sich Entwickler ganz den »Vibes« der KI-Unterstützung hingeben, hat der KI-Pionier Andrej Karpathy den Begriff »Vibe Coding« geprägt (*https://oreil.ly/Ot6CR*).

In diesem Buch werden wir uns anschauen, was Vibe Coding für professionelle Entwicklerinnen und Entwickler bedeutet, wie es sich mit einem formelleren, augmentierten Prozess, den ich als *KI-gestützte Entwicklung* bezeichne, vergleichen lässt – und wie es diesen ergänzt. Wir werden untersuchen, wie sich die Rolle des Entwicklers in dieser AI-first-Ära verändert, mit welchen Werkzeugen und Workflows Sie Ihre Effektivität maximieren und wie Sie die besonderen Herausforderungen meistern können, die auftauchen, wenn man eine KI auf eine vorhandene Codebasis ansetzt. Es wird darum gehen, wo Vibe Coding seine Stärken hat, wo es an Grenzen stößt und wie man die Geschwindigkeit der KI-Generierung mit menschlicher Erfahrung und Kontrolle in Einklang bringt. Am Ende werden Sie ein klares Bild davon gewonnen haben, wie Sie diese »Vibes« in Ihrer eigenen Programmierpraxis verantwortungsvoll und effektiv nutzen können – um nicht nur schneller programmieren zu können, sondern im Zeitalter der KI auch als kreativer und wirkungsvoller Softwareentwickler zu agieren.

In diesem Kapitel untersuchen wir, wie sich die Rolle des Entwicklers weiterentwickelt: fort von der Formulierung detaillierter Maschinenanweisungen hin zur Zusammenarbeit mit KI durch die Beschreibung von Intentionen (siehe Abbildung 1.1). Wir werden sehen, warum dieser »Vibe Shift« im Programmieren so bedeutsam ist, wie er auf einer übergeordneten Ebene funktioniert und welche Chancen und Herausforderungen er mit sich bringt.

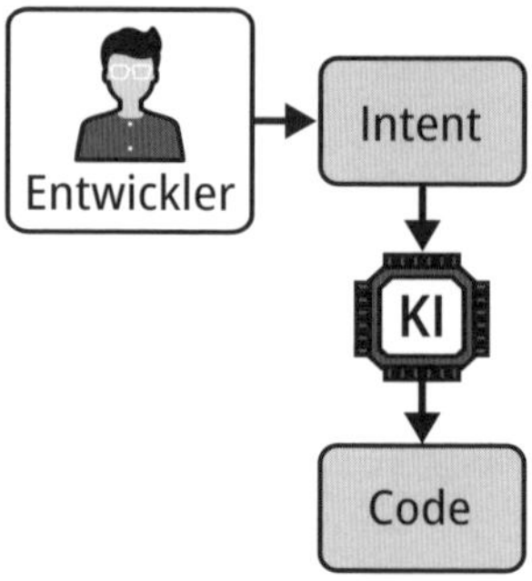

Abbildung 1.1: Eine konzeptionelle Darstellung des Intent-basierten Programmierens. Der Entwickler liefert eine abstrakte Spezifikation (die Intention), und die KI übersetzt sie in Code. Das verdeutlicht den Wandel von einer zeilenweisen Programmerstellung hin zur Steuerung der Codegenerierung auf höherer Ebene.

Das Spektrum des KI-Coding: vom Vibe Coding zur KI-gestützten Entwicklung

Im vergangenen Jahr habe ich eine faszinierende Entwicklung beobachtet: wie Entwicklerinnen und Entwickler – insbesondere fortgeschrittene und erfahrene Webentwickler – KI in ihre Arbeitsabläufe integrieren. Am einen Ende des Spektrums steht Vibe Coding, am anderen Ende befindet sich das, was ich *KI-gestützte Entwicklung* nenne: eine disziplinierte Methode, KI in jede Phase der Softwareentwicklung – von der Konzeption bis zum Testen – unter klaren Vorgaben einzubinden. Beide Ansätze nutzen leistungsstarke KI, unterscheiden sich jedoch deutlich in ihren Zielen, Zielgruppen und Erwartungen. In diesem Buch werde ich diese beiden Pole und ihre Bedeutung für die moderne Webentwicklung näher beleuchten.

Der Vibe-Coding-Ansatz: Programmieren durch Dialog

Beim Vibe Coding nutzen Sie leistungsstarke LLMs als Partner, die die Hauptarbeit der Codegenerierung übernehmen, sodass Sie sich auf übergeordnete Ziele konzentrieren können. Wie in einem Artikel in *Business Insider* (*https://oreil.ly/nvcFW*) zu lesen ist, bedeutet Vibe Coding, »KI-Tools für die Hauptarbeit beim Programmieren einzusetzen, um schnell Software zu entwickeln.«

Laut Jensen Huang, CEO von NVIDIA, sei dank KI die »heißeste neue Programmiersprache« plötzlich Englisch (oder Deutsch oder Niederländisch ...), nicht Java oder Python. Anstatt jede Funktion und jeden Bugfix manuell einzugeben, interagieren Sie mit der KI in natürlicher Sprache – skizzieren Features, prüfen Vorschläge und iterieren basierend auf dem Output der KI.

Dieser Ansatz markiert einen grundlegenden Wandel des traditionellen Programmierens hin zur KI-gestützten Entwicklung. Herkömmliches Coding erfordert sorgfältige Planung, präzise Syntax und oft mühsames Debugging. Vibe Coding kehrt dieses Prinzip um: »Es ist nicht wirklich Programmieren: Ich sehe etwas, sage etwas, führe etwas aus, kopiere etwas und füge es wieder ein – und meistens funktioniert es«, witzelte Karpathy gegenüber *Business Insider* und verdeutlichte damit, wie KI übergeordnete Anweisungen mit minimalem manuellem Aufwand in funktionierenden Code verwandeln kann.

Entwickler gehen vom Schreiben detaillierter Anweisungen dazu über, *mithilfe von KI Ergebnisse zu orchestrieren*. Als Beispiel beschreibt Karpathy (*https://oreil.ly/Ki6iJ*) den Bau einer Web-App, indem er kontinuierlich die Vorschläge der KI übernimmt: »Ich klicke immer auf ›Alles akzeptieren‹, ich lese die Diffs nicht mehr ... Wenn ich Fehlermeldungen bekomme, füge ich sie einfach ein ... Manchmal können die LLMs einen Fehler nicht beheben, also umgehe ich ihn oder bitte um zufällige Änderungen, bis er verschwindet.« Der Code wächst über das hinaus, was er normalerweise selbst schreiben würde, doch das Projekt fügt sich durch iteratives Prompting und Korrigieren schnell zusammen. Beim Vibe Coding ist Programmieren im Wesentlichen ein interaktiver Dialog mit einem KI-Paarprogrammierer und kein einsamer Marsch durch Syntax und Stacktraces. Das Ziel ist Geschwindigkeit und Exploration, um mit minimaler Reibung eine funktionierende Lösung zu erreichen.

Im Vibe Coding wirken mehrere konvergierende Entwicklungen zusammen. Erstens sind moderne KI-Coding-Assistenten (wie OpenAIs Codex, ChatGPT, Anthropics Claude usw.) erstaunlich gut darin geworden, Code zu generieren und zu korrigieren. Im zitierten Artikel merkt Karpathy an, dass dies »möglich ist, weil die LLMs ... zu gut werden« – weil sie auf riesigen Mengen an GitHub-Code trainiert werden und deshalb für viele Aufgaben plausible Lösungen erzeugen können.

Zweitens sind neue Entwicklertools entstanden, die diese Modelle nahtlos in den Coding-Workflow integrieren (dazu gleich mehr). Und schließlich vertraut die Entwicklergemeinschaft der KI-Unterstützung bei immer größeren Arbeitsanteilen. Es geht nicht mehr nur um Autocomplete auf Steroiden. Die Generierung ganzer Funktionen oder Dateien wird an die KI übergeben. Praktisch fühlt sich Vibe Coding oft so an, als hätte man eine unbegrenzte Zahl eifriger Junior-

Entwickler zur Verfügung, die alles umsetzen, was man verlangt – mit dem Unterschied, dass sie die Arbeit mit der Geschwindigkeit von Cloud-Computing erledigen.

Eines der spektakulärsten Versprechen von Vibe Coding ist ein deutlicher Produktivitätsschub. Erste Anwender berichteten, dass sie Softwarefeatures oder Prototypen 10- bis 100-mal schneller als zuvor erstellen konnten. So fragt sich Windsurf-Entwickler John Hoestje (*https://oreil.ly/_nfZn*): »Warum als Entwickler nur 10-mal so produktiv sein, wenn man auch 100-mal so produktiv sein kann?« Das deutet darauf hin, dass mit einer geeigneten KI-gestützten IDE außergewöhnliche Produktivität erreichbar ist. Tools wie Windsurf, eine KI-erweiterte IDE, »können die Entwicklungszeit drastisch verkürzen und ermöglichen Ihnen, diese 100-fache Produktivität zu erreichen.« Auch wenn eine Verhundertfachung der Produktivität ein extremes Szenario sein mag, zeigen selbst konservativere Studien enorme Produktivitätsgewinne.

Entwickler können Boilerplate-Code in Sekundenschnelle generieren, Bugs im Handumdrehen beheben und die KI sogar Tests oder Dokumentationen schreiben lassen, wodurch Workflows, die früher Tage dauerten, nur noch wenige Stunden beanspruchen. Nicht mehr durch Tippgeschwindigkeit oder Speicher begrenzt, kann eine einzelne Entwicklerin mit KI-Unterstützung oft an einem Wochenende eine Full-Stack-Anwendung prototypisieren – etwas, wofür früher ein kleines Team Wochen gebraucht hätte. Das ist nicht nur Hype: Wie ich in einem Blogpost für *Pragmatic Engineer* im Januar 2025 (*https://oreil.ly/khEfs*) schrieb, zeigen Umfragen, dass bereits *75 % der Entwickler* irgendeine Form von KI in ihre Workflows integriert haben. Und viele Unternehmen berichten von zwei- bis dreistelligen prozentualen Steigerungen der Entwicklungsgeschwindigkeit. KI-Paarprogrammierer können, kurz gesagt, den mythischen »10-fach-Entwickler« in einen sehr realen – und erreichbaren – »100-fach-Entwickler« verwandeln.

Betrachten wir, um zu verstehen, wie revolutionär das ist, ein konkretes Beispiel. Ein Entwickler möchte eine einfache Web-App erstellen, die Wörter in einem Podcast-Skript zählt und die Lesezeit schätzt. Anstatt von Grund auf neu zu beginnen, öffnet er eine KI-gestützte Programmierumgebung und *beschreibt* der KI seine Idee. Innerhalb weniger Minuten erstellt die KI einen funktionierenden Prototyp. Der Entwickler konkretisiert dann: »Stelle die statistischen Angaben in hellen Farben dar und füge einen PDF-Export hinzu«, und die KI aktualisiert den Code entsprechend. Das Ergebnis ist ein funktionales Tool, das mit einem Klick bereitgestellt wird – und all das in weniger als zehn Minuten. Dieses reale Szenario, berichtet von einem Creator, der Replits KI nutzt (*https://oreil.ly/guqFZ*), zeigt, wie Vibe Coding eine extrem schnelle, iterative Entwicklung ermöglicht, die durch hochrangige Anweisungen gesteuert wird. Auch Nichtentwickler springen auf diesen Zug auf: Der gleiche Artikel berichtet von einem entlassenen Marketingfachmann ohne Programmierkenntnisse, der einen KI-Coding-Assistenten nutzte, um 100 einfache Webtools zu erstellen, die als Paket die Spitze bei Product Hunt erreichten. Wenn die Hürde zur Softwareerstellung plötzlich so niedrig ist, steigert das nicht nur die Produktivität erfahrener Entwicklerinnen und Entwickler – den Kreis derer, die überhaupt Software entwickeln können, erweitert sich grundlegend.

Allerdings hat Vibe Coding auch ernsthafte Nachteile. Wenn man viel an die KI delegiert, kann dabei Code entstehen, der zwar im Idealfall (auf dem »Happy Path«) funktioniert, aber tatsächlich ein Minenfeld voller Bugs oder schlechten Designentscheidungen ist. Ohne soliden Plan und klare Vorgaben können LLMs Lösungen generieren, die weder eine angemessene Fehlerbehandlung noch Sicherheitsprüfungen enthalten und schlecht skalierbar sind. Tatsächlich ist KI-generierter Code manchmal auf Sand gebaut: Er wirkt solide, birgt aber Probleme, die erst unter realen Bedingungen zutage treten. Mir sind Fälle begegnet, in denen sich ein Entwickler im Rekordtempo ein vollständiges Feature »zusammengevibt« hat, nur um später festzustellen, dass der Code ineffizient und schwer wartbar ist. Diese Art von »Kartenhauscode« kann unter Druck schnell zusammenbrechen.

Stellen Sie sich zum Beispiel vor, Sie bitten eine KI, ein User-Log-in-System zu entwickeln. Vielleicht produziert die KI schnell einen funktionierenden Authentifizierungs-Flow, verwendet dabei aber eine zu simple Verschlüsselungsmethode oder eine anfällige Bibliothek. Wenn Sie das Ergebnis ohne gründlichere Überprüfung einsetzen, vertrauen Sie blind darauf, dass alles in Ordnung ist. Erfahrene Entwickler wissen, dass das riskant ist: Code, der in Produktionsumgebungen laufen soll, muss verstanden werden und vertrauenswürdig sein. Wie ein Experte (*https://oreil.ly/ppXCf*) es ausdrückte: »Mit Vibe Coding zu einer produktionsreifen Codebasis zu gelangen, ist eindeutig riskant.« Der Großteil unserer Arbeit als Softwareentwickler besteht darin, bestehende Systeme weiterzuentwickeln – dabei sind Qualität und Verständlichkeit des zugrunde liegenden Codes entscheidend. Vibe Coding kann diese Qualitätskontrollen im Extremfall umgehen.

Eine weitere Herausforderung besteht darin, dass beim Vibe Coding oft die Planung im Vorfeld vernachlässigt wird. Traditionelle Softwareentwicklung legt Wert auf Klarheit und ein Denken in Einschränkungen – etwa durch Datenmodelle, die Wahl geeigneter Muster und das Erstellen zumindest einer Minimalspezifikation. Vibe Coding kehrt dies um: Man beginnt *ohne konzeptionelles Fundament* und springt direkt über Prompts in die Implementierung. Das kann zu einem mäandernden Entwicklungsprozess führen. Sie könnten sich mit Prompts in eine Sackgasse manövrieren – etwa wenn die KI eine Methodik für das State-Management oder eine Bibliothek auswählt, die Sie nicht vorgesehen hatten. Sie müssen solche Entscheidungen dann entweder akzeptieren oder ihnen entgegensteuern. Ohne eine anfängliche Vorgabe kann die endgültige Architektur beliebig ausfallen. Für einen schnellen Proof of Concept ist das in Ordnung, aber in einer größeren Codebasis, in der Konsistenz zählt, wird das zum Problem.

Vibe Coding ist nicht per se schlecht. Sein Aufkommen ist vielmehr Teil der fortschreitenden Demokratisierung der Programmierung. Es senkt die Einstiegshürden für die Softwareentwicklung – ähnlich wie es frühe Low-Code-Plattformen oder Skriptsprachen getan haben. Mit Vibe Coding kann auch ein motivierter Nichtprogrammierer mit einer klaren Vorstellung eine einfache Anwendung entwickeln. Erfahrenen Entwicklern wiederum kann Vibe Coding als mächtiges Brainstorming-Werkzeug dienen – es ähnelt dem Pseudocoding, liefert aber sofort lauffähige Ergebnisse. Entscheidend ist, seine Grenzen zu erkennen. Geschwindigkeit ohne Disziplin kann zu fragiler Software führen, daher erfordert Vibe Coding eine aufmerksame menschliche Überwachung. Ich erinnere Entwicklerinnen und Entwickler (auch mich selbst) oft daran: Vibe Coding ist keine Ausrede für minderwertige Arbeit. Es sollte der *Anfang* einer Lösung sein, nicht deren Ende.

Der KI-gestützte Entwicklungsansatz: Struktur mit KI-Partner

Am entgegengesetzten Ende unseres Spektrums steht die *KI-gestützte Entwicklung* – ein stärker strukturierter methodischer Ansatz der Softwareentwicklung, bei dem KI bei jedem Schritt als Co-Pilot fungiert. Hier sitzt der Entwickler klar am Steuer. KI-gestützte Entwicklung umfasst den Einsatz von KI über den gesamten traditionellen *Software Development Lifecycle* (SDLC) hinweg: durch KI-gestütztes Autocomplete, in Chats, bei Codemigrationen, Bug-Erkennung, Testgenerierung sowie granularer (Funktion, Modul, Komponente) und vollständiger Codegenerierung (siehe Abbildung 1.2).

Man beginnt mit einem Plan (selbst wenn er einfach ist), skizziert, was entwickelt werden soll, und definiert von vornherein Vorgaben und spätere Abnahmekriterien. Anschließend setzt man KI-Werkzeuge ein, um Teile dieses Plans zu beschleunigen oder zu optimieren. Im Gegensatz zum Prompt-first-Ansatz könnte man dies als KI-gestützte Plan-first-Entwicklung bezeichnen. Der Plan kann aus einem sehr kurzen, formalen Produktanforderungsdokument (beispielsweise ein kurzes PRD – *Product Requirements Document* – für ein einzelnes Feature) oder einer simplen Aufgabenliste bestehen. Der entscheidende Unterschied zum Prompt-first-Ansatz liegt darin, dass man *klare Zielvorgaben und Rahmenbedingungen* festlegt, bevor man die KI agieren lässt.

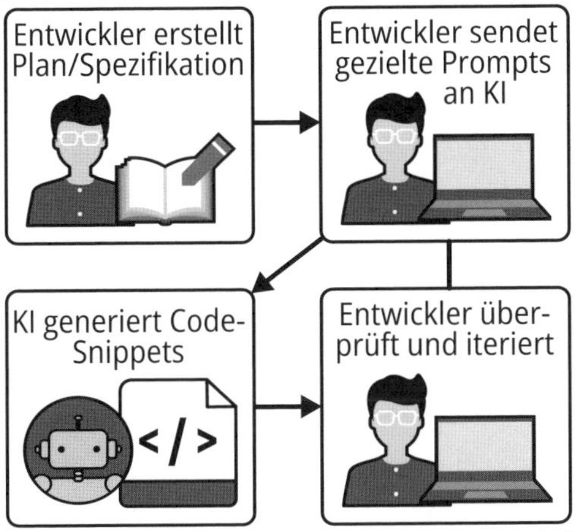

Abbildung 1.2: Der KI-gestützte Plan-first-Workflow: Entwickler erstellen Spezifikationen, formulieren gezielte Prompts für KI-Systeme, prüfen generierte Code-Snippets und integrieren die überprüften Lösungen in ihre Projekte.

Betrachten wir einen React-Entwickler, der die Aufgabe hat, eine neue interaktive Dashboard-Komponente zu erstellen. In einem KI-gestützten Entwicklungsansatz könnte er damit beginnen, die Verantwortlichkeiten der Komponente und ihrer API zu beschreiben:

> *Die Dashboard-Komponente zeigt eine Reihe von UI-Elementen mit Kennzahlen, unterstützt die Filterung nach Datumsbereichen und verfügt über Schaltflächen zum Aktualisieren und Exportieren. Sie soll Daten von unserer API abrufen (mit korrektem Fehlerhandling) und dem Styling unseres Designsystems folgen.*

Diese Skizze ist im Grunde eine Spezifikation. Der Entwickler könnte sogar ein einfaches Datenmodell beschreiben oder vorhandene Utility-Funktionen nennen, die verwendet werden können. Erst dann wird eine KI-fähige IDE oder ein Coding-Assistent eingesetzt, um auf dieser Basis das Gerüst der Komponente zu generieren. Die KI würde eine erste Implementierung der React-Komponente bereitstellen mit Platzhaltern für den Datenabruf und Event-Handler-Stubs. Da der Entwickler klare Vorgaben gemacht hat, ist es wahrscheinlicher, dass der generierte Code den Projektanforderungen entspricht (etwa durch die Verwendung der richtigen Klassen des Designsystems und der geeigneten API-Endpunkte). Der Code wird keine totale Überraschung sein, sondern das Ergebnis einer wohlgeformten Anfrage.

KI-gestützte Entwicklung endet nicht bei der Codegenerierung für eine einzelne Komponente. Sie durchdringt in kontrollierter Form den gesamten Entwicklungszyklus. Bei routinemäßigen Programmieraufgaben kann ein KI-Autocompletion-Tool wie GitHub Copilot die nächsten Zeilen vorschlagen, während Sie tippen, und Ihnen bei der Eingabe bekannter Muster ein paar Tastenanschläge ersparen. Beim Schreiben eines Unit-Tests könnte ein KI-Helfer beispielsweise automatisch Assertions auf Basis des Funktionsnamens vorschlagen. Apropos Tests: Sie könnten KI einsetzen, um Testfälle zu generieren, sobald ein Feature beendet ist, indem Sie die Spezifikation oder den Code der Komponente in einen Prompt kopieren, mit dem Sie nach Vorschlägen für zu überprüfende Grenzfälle fragen. Es geht darum, die Arbeit von Entwicklerinnen und Entwicklern zu *unterstützen*, nicht, sie zu ersetzen. Sie sind weiterhin für die Prüfung der Logik und der Korrektheit des Codes verantwortlich – die KI übernimmt lediglich einen Teil der Fleißarbeit.

Wenn es um Codemigration oder Refactoring geht, kann KI ein wahrer Segen sein. Stellen Sie sich vor, Sie müssten eine klassenbasierte React-Komponente in eine moderne Funktionskomponente mit Hooks umwandeln. Anstatt das manuell zu erledigen, könnten Sie einen KI-Assistenten bitten, den Code zu transformieren oder zumindest die nötigen Schritte zu skizzieren. Mit einem guten Verständnis der alten und neuen Muster kann ein LLM einen Entwurf des refaktorierten Codes erstellen, den Sie dann überprüfen und glätten. Bei diesem strukturierten KI-Einsatz werden klar definierte Aufgaben (wie »migriere diesen Code von Redux zur React Context API«) nacheinander und einzeln ausgeführt, statt der KI einen unbestimmten Auftrag nach dem Motto »Baue irgendetwas zusammen« zu erteilen.

Die vielleicht drastischste Form von KI-gestützter Entwicklung ist der Einsatz von KI zur Generierung einer vollständigen Mini-Applikation oder eines Features auf Basis einer detaillierten Spezifikation. Mehrere Tools ermöglichen es inzwischen, eine Beschreibung einer Anwendung – vergleichbar mit einem Mini-PRD – einzugeben und eine lauffähige Codebasis oder einen Prototyp zurückzubekommen. Eine Entwicklerin könnte beispielsweise eine Spezifikation bereitstellen für

> *eine To-do-App mit React-Frontend und Node.js-Backend, die eine Benutzerauthentifizierung und Echtzeit-Updates unterstützt.*

Das KI-Tool würde das Projektgerüst anlegen, die zentralen Komponenten erstellen und das Datenbankschema einrichten.

Das ist keine Magie; es ist eine beschleunigte Version dessen, was ein gewissenhafter Entwickler zu Beginn eines neuen Projekts tun würde (Verzeichnisse anlegen, Bibliotheken auswählen, Boilerplate-Code schreiben). Wichtig ist, dass die Kreativität der KI *durch die in der Spezifikation gesetzten Restriktionen begrenzt* ist. Das Ergebnis ist ein *Minimum Viable Product* (MVP), das die vorgegebenen Anforderungen erfüllt. Ein erfahrener Entwickler wird korrekterweise nicht davon ausgehen, dass der generierte Code der ersten Iteration produktionsreif ist. Stattdessen wird er ihn als ersten Entwurf betrachten. Er wird die App ausführen, Tests schreiben oder regenerieren, um alle Features zu validieren, den Code auf Inkonsistenzen oder unsichere Konfigurationen prüfen und bei Bedarf verbessern. Kurz gesagt: Er wird die normale Sorgfalt eines Entwicklers walten lassen – nur beschleunigt durch die Fähigkeit der KI, massenhaft Code nach einer ausformulierten Vorgabe zu erzeugen.

Die Ziele der KI-gestützten Entwicklung unterscheiden sich von denen des Vibe Coding. Hier geht es nicht nur darum, schnell *funktionierenden* Code zu erhalten, sondern effizient *hochwertigen* Code zu erzeugen. Es geht darum, die Produktivität zu steigern, ohne an Zuverlässigkeit einzubüßen (oder diese im Idealfall sogar im Vergleich zum traditionellen Vorgehen zu verbessern). Ein Team, das KI-gestützte Entwicklung praktiziert, könnte als Anspruch formulieren: »Wir wollen dieses Feature doppelt so schnell ausliefern, aber ohne Kompromisse bei unseren Standards.«

Zielgruppe dieses Ansatzes sind in der Regel professionelle Entwickler und Teams mit etablierten Prozessen (Code-Review, Tests, Deployment-Pipelines), auf die sie nicht verzichten wollen. Es sind Entwicklerinnen und Entwickler mit mittlerer bis hoher Berufserfahrung, die KI als ein mächtiges neues Werkzeug betrachten, nicht als Ersatz für den gesamten Werkzeugkasten. Sie wissen wahrscheinlich, was für Folgen es hat, wenn man Abkürzungen nimmt, und schätzen Praktiken, die die Software wartbar halten. (Zum Vergleich: Die Zielgruppe von Vibe Coding umfasst Einzelentwickler, die Demos zusammenhacken, produktorientierte Personen mit eher geringen Programmierkenntnissen bis hin zu Einsteigern, die KI einsetzen, um Lücken in ihrem Wissen auszugleichen.)

Bei der KI-gestützten Entwicklung wird erwartet, dass Menschen die Entscheidungsgewalt behalten, während die KI Vorschläge liefert und als Beschleuniger dient. Codequalität, Performance und Sicherheit bleiben oberstes Gebot; jedes KI-generierte Artefakt wird mit der gleichen Sorgfalt geprüft, als hätte es ein Junior-Entwickler geschrieben. Behandeln Sie die KI wie einen Praktikanten, nicht als Ihren Ersatz. Sie können ihr Aufgaben übertragen, müssen die Ergebnisse jedoch überprüfen. So wie Sie niemals Code eines menschlichen Praktikanten ohne Code-Review bereitstellen würden, sollten Sie auch keinen KI-generierten Code deployen, ohne ihn verstanden zu haben. Diese Denkweise stellt die Entwicklerdisziplin in den Mittelpunkt.

Unterschiedliche Denkweisen, unterschiedliche Erwartungshaltungen

Vibe Coding und KI-gestützte Entwicklung sind zwei unterschiedliche Denkweisen. Vibe-Coding ist top-down und explorativ: Man beginnt mit einer groben Idee, und die Implementierung entsteht durch Interaktion mit der KI. Es ist ein wenig wie bei einer Jazz-Improvisation mit minimaler Struktur und viel Raum für kreative Riffs, bei der man die Gestalt des Stücks erst beim Spielen entdeckt. KI-gestützte Entwicklung ist systematisch und iterativ und ähnelt damit eher einer klassischen Komposition, bei der man mit einem Thema oder Motiv (den Anforderungen) beginnt und es methodisch weiterentwickelt, vielleicht mit ein wenig Improvisation (durch KI-Vorschläge) innerhalb der Takte einer Partitur. Bei beiden Ansätzen entsteht Musik, aber Prozess und Ergebnis unterscheiden sich.

Für einen Webentwickler auf mittlerem oder fortgeschrittenem Niveau sind die Erwartungen bei den jeweiligen Herangehensweisen entscheidend. Wenn Sie Vibe Coding betreiben, erwarten Sie, überrascht zu werden. Die KI könnte einen Ansatz vorschlagen, den Sie selbst nicht gewählt hätten – vielleicht verwendet sie eine andere Bibliothek oder ein Programmieridiom, mit dem Sie wenig vertraut sind. Ein Teil des Reizes besteht darin, aus diesen Überraschungen zu lernen oder lästige Arbeitsschritte schnell hinter sich zu lassen. Aber Sie müssen auch mit Stolpersteinen rechnen. Vibe-Coding-Enthusiasten sollten sich bewusst sein, dass sie für die kniffligen letzten Meter selbst verantwortlich sind. Die Magie ist real, aber sie ist nicht allumfassend.

Wenn Sie KI-gestützte Entwicklung betreiben, sind Ihre Erwartungen nüchterner und für langfristige Projekte wohl auch realistischer. Sie erwarten, dass die KI Ihnen Zeit spart und Sie vielleicht zu einer oder zwei Lösungen inspiriert, aber nicht, dass sie Ihre gesamte Arbeit erledigt. Ein guter KI-gestützter Entwickler könnte allerdings Vibe-Style-Prompting in *Mikrodosen* innerhalb eines größeren Rahmens einsetzen. Zum Beispiel könnten Sie beim Implementieren eines klar spezifizierten Moduls kurz in den Vibe-Modus wechseln und fragen: »Hey KI, generiere eine Hilfsfunktion zum Formatieren dieser Datumswerte«, um danach sofort wieder in den Entwicklermodus zurückzukehren, die Funktion zu integrieren und zu prüfen. Dahinter steht das Mindset, dass die KI eine Mitarbeiterin ist, die unter Ihrer Führung arbeitet. Sie geben ihr Aufgaben, bei denen sie stark ist (etwa bei Boilerplate- oder sich wiederholendem Code oder bei ersten Implementierungen), und den Rest erledigen Sie selbst (kritische Logik, Integration, abschließender Review).

Durch KI-gestützte Entwicklung erwartet man eine höhere Produktivität, weniger Flüchtigkeitsfehler (eine KI vertippt sich seltener bei einem Variablennamen) und eine größere Bandbreite bei der Suche nach Lösungen (die KI könnte einen Algorithmus vorschlagen, an den Sie nicht gedacht haben). Aber Sie rechnen auch damit, Zeit in die Validierung investieren zu müssen. Debugging von KI-gestützt erzeugtem Code bleibt Debugging: Sie führen Tests aus und gehen den Code bei Bedarf schrittweise im Debugger durch. Der Unterschied besteht darin, dass Sie möglicherweise Code debuggen, den die KI für Sie erstellt hat – eine neue Erfahrung, die mit einer Lernkurve verbunden ist. In Kapitel 5 werden wir diesen Prozess ausführlich behandeln.

Die Ziele der beiden Ansätze verdeutlichen einen grundlegenden Unterschied: Vibe Coding optimiert für *kurzfristige Geschwindigkeit*, während KI-gestützte Entwicklung auf *nachhaltige Geschwindigkeit und Zuverlässigkeit* abzielt. Ein Vibe Coder könnte sagen: »Ich will diese App bis heute Abend lauffähig bekommen, damit ich weiß, ob die Idee überhaupt funktioniert.« Eine KI-assistierte Entwicklerin würde eher formulieren: »Ich will dieses Feature schnell umsetzen, aber es sollte robust genug sein, um viele Jahre in unserer Codebase zu überstehen.« Der eine ist zufrieden, wenn der Code grundsätzlich funktioniert; dem anderen ist wichtig, dass der Code so sauber ist, dass andere darauf aufbauen können.

Aufgrund ihrer Unterschiede sprechen die beiden Ansätze natürlich verschiedene Zielgruppen an. Weniger erfahrene Entwickler oder Personen außerhalb des Engineering-Bereichs neigen möglicherweise zu Vibe Coding, da es die Einstiegshürden senkt und sofortige Ergebnisse liefert. Ich habe Produktmanagerinnen und Designer getroffen, die mithilfe von Vibe-Prompts mit Code experimentieren und die KI fast wie einen Stack Overflow mit Superkräften betrachten, der ihnen vollständige Lösungen liefert. Umgekehrt bevorzugen erfahrene Entwickler und Engineering-Teams tendenziell die KI-gestützte Entwicklung. Meist haben sie schon schlechte Erfahrungen mit fragilem Code gemacht und bevorzugen daher den Ansatz: »Lass es uns nachhaltig angehen, auch wenn wir, um schneller zu sein, neuartige Werkzeuge einsetzen.« Sie investieren anfangs etwas mehr Arbeit (indem sie ein Mini-PRD schreiben und die Projektstruktur aufsetzen) im Tausch für langfristige Vorteile.

Den eigenen Platz im Spektrum bestimmen

Es ist verlockend, zu fragen: Welche Vorgehensweise ist besser? Tatsächlich schließen sich Vibe Coding und KI-gestützte Entwicklung gegenseitig nicht aus: Sie stehen für die beiden Enden eines Spektrums, und in realen Workflows werden oft Elemente beider Ansätze miteinander kombiniert. Ein Entwickler mag ein neues Projekt mit einem Schub Vibe Coding aufsetzen und dann in den Entwicklungsmodus wechseln, um es genauer auszuarbeiten. Vielleicht bevorzugt er aber auch eine KI-gestützte Vorgehensweise, nutzt Vibe Coding aber gelegentlich für ein triviales Skript oder einen Wegwerfprototyp und schaut einfach, was dabei herauskommt. Wichtig ist nur, die jeweiligen Vor- und Nachteile zu kennen und den geeigneten Ansatz im richtigen Kontext einzusetzen.

Vibe Coding ist eine Art Hochgeschwindigkeits-Expeditionsfahrzeug, das sich hervorragend für Entdeckungsreisen abseits der ausgetretenen Pfade eignet. KI-gestützte Entwicklung ist eher wie ein ICE, für den Sie aber vorher noch selbst die Schienen legen (einen Plan entwickeln). Dafür ist er aber auch das sicherere Verkehrsmittel, das Sie mit größerer Wahrscheinlichkeit zum Ziel bringt, ohne zu entgleisen. Entwickler auf mittlerem und fortgeschrittenem Niveau sollten beide Fahrzeuge steuern und je nach Aufgabe das geeignete Vehikel auswählen können. Wenn es darum geht, schnell zu innovieren oder Ideen zu entwickeln (zum Beispiel bei einem Hackathon oder als Machbarkeitsstudie), bietet Vibe Coding das nötige Momentum. Aber vergessen Sie nicht, den Code nachzuschärfen, wenn Sie ihn wieder- oder weiterverwenden wollen. Geht es dagegen um ein wartbares Produktfeature in einem professionellen Umfeld, sorgt eine KI-gestützte Entwicklung dafür, dass Sie keine Blackbox in Ihrem Code versenken, deren Inhalt niemand wirklich versteht.

Ich habe die interessante Beobachtung gemacht, dass sich bei zunehmender Erfahrung mit KI-Tools der Fokus von Entwicklern oft ganz natürlich vom Vibe-Coding-Pol zum Engineering-Pol verschiebt. Anfangs ist es ausgesprochen verlockend, dass eine KI auf Basis eines einzigen Prompts ganze Codeblöcke generiert – wer würde nicht gern versuchen, eine App ins Leben zu »beschwören«?

Aber nach der anfänglichen Begeisterung setzt Pragmatismus ein: Entwicklerinnen und Entwickler beginnen zu erkennen, wo die KI ihre Stärken ausspielt und wo sie ins Straucheln gerät. Sie lernen, Probleme zu zerlegen und sie der KI nur schrittweise zu übergeben, anstatt auf einen Schlag eine komplette Lösung zu verlangen. Im Ergebnis entwickeln sie sich von »Prompt-Künstlern« zu »KI-Dirigenten«: Sie nutzen weiterhin die kreative Kraft der KI, lenken sie jedoch mit erfahrener Hand und folgen einer klaren Partitur. In meiner eigenen Praxis gehe ich zunehmend bewusster mit Prompts um und schreibe häufig kleine Pseudocode-Schnipsel oder Kommentare und bitte die KI dann, diese zu vervollständigen, anstatt offene Fragen zu stellen. Auf diese Weise nutze ich die Vorteile der Vibe-Flexibilität, aber innerhalb einer von mir kontrollierten Struktur.

Interessanterweise entwickeln sich die Tools in eine Richtung, bei der zunehmend das gesamte Spektrum abgedeckt wird. Auf der einen Seite gibt es dialogbasierte Schnittstellen und in natürlicher Sprache gesteuerte Programmierumgebungen, die explizit für Vibe Coding entwickelt wurden, bei denen Sie den Code möglicherweise nur zu sehen bekommen, wenn Sie explizit danach fragen. Auf der anderen Seite werden IDEs zunehmend mit KI-Funktionen ausgestattet, die sich nahtlos in das traditionelle Coding einfügen, beispielsweise KI-Linters, die Verbesserungen vorschlagen, Dokumentationsgeneratoren, die Code erklären, und Bots zur Versionskontrolle, die automatische Pull Requests erstellen und Änderungen zur Überprüfung vorschlagen. Diese Tools fördern die Engineering-Denkweise, indem sie sich in den üblichen Entwicklungsworkflow (Bearbeiten, Review, Testen usw.) einfügen und gleichzeitig KI nutzen.

Wenn sich Best Practices herausbilden, könnten die Unterschiede zwischen Vibe Coding und KI-gestützter Entwicklung im Laufe der Zeit verschwimmen. Möglicherweise wird das Vibe Coding stärken eingehegt, während die strukturierte Entwicklung flexibler wird. Ich würde mir wünschen, dass wir uns in diesem Spektrum künftig mühelos hin- und herbewegen können, indem wir einerseits jederzeit mit KI kreative Lösungen erkunden können, aber andererseits stets die Zügel anziehen, wenn es darum geht, mit soliden Engineering-Praktiken die Software zu härten und auszuliefern.

Während wir aktuell unsere Methoden der Zusammenarbeit mit KI verfeinern – sei es durch schnelles Vibe Coding oder strukturierte Engineering-Workflows –, vollzieht sich eine noch grundlegendere Transformation: Das Wesen der Programmierung selbst verändert sich. Wir bewegen uns weg vom traditionellen Paradigma, bei dem Entwickler ihre Ideen in explizite Anweisungen – also Code – übersetzen müssen, hin zu einem Prozess, bei dem wir unsere Absichten sprachlich beschreiben können und die KI die Übersetzung in Code übernimmt.

Dieser Wandel stellt unsere grundlegenden Annahmen darüber infrage, was es bedeutet, Programmiererin oder Programmierer zu sein. Seit Generationen war unser Wert als Entwickler mit unserer Fähigkeit verknüpft, maschinenartig zu denken und Probleme in diskrete, logische Schritte zu zerlegen, die von Computern ausgeführt werden. Aber was passiert, wenn Maschinen zu verstehen beginnen, was wir *wollen*, und nicht nur das, was wir ihnen explizit zu tun *vorschreiben*? Hier kommt das *Intent-basierte Programmieren* (*Programming with Intent*) ins Spiel, das nicht nur ein neues Werkzeug oder eine neue Technik darstellt, sondern eine grundlegende Neubestimmung der Rolle von Entwicklerinnen und Entwicklern bedeutet.

Jenseits von Codezeilen: Intent-basiertes Programmieren

Seit Jahrzehnten bestand Programmierung daraus, Zeile für Zeile Anweisungen zu schreiben, die dem Computer mitteilen, *was* er *wie* tun soll. Jede Funktion, Schleife und jede Bedingung musste sorgfältig von einem Menschen erstellt werden. Intent-basiertes Programmieren kehrt dieses Paradigma um. Statt sich auf die Details der Implementierung zu konzentrieren, richtet der Entwickler den Fokus auf das Ergebnis oder Ziel: darauf, was das Programm erreichen soll. Diese Intention wird auf einer höheren Ebene ausgedrückt (oft in natürlicher Sprache), und das KI-System generiert dazu den passenden Code.

Bildhaft könnte man sagen, dass traditionelles Programmieren etwa so ist, als gäbe man einer Person, die nach dem Weg fragt, ganz genaue Anweisungen, wo in welche Richtung abgebogen werden muss, während Intent-basiertes Programmieren eher dem reinen Nennen eines Ziels ähnelt, zu dem der Weg selbst gefunden werden muss. Indem sich Entwickler auf das *Was* statt auf das *Wie* konzentrieren, können sie auf einer höheren Abstraktionsebene arbeiten. Dieser Ansatz ist nicht völlig neu: Tools für visuelle Programmierung, Low-Code-Plattformen und Codegeneratoren versprechen seit Langem, das Abstraktionsniveau zu erhöhen. Doch erst die heutigen Fortschritte in der KI machen es praktisch möglich, komplexe Verhaltensweisen in Alltagssprache zu beschreiben und im Gegenzug funktionierenden Code zu erhalten.

Der Aufstieg des Prompts: von Anweisungen zu Beschreibungen

Im Kern dieses Wandels steht der *Prompt*: die Eingabe in bzw. die Frage an ein KI-System. Im Wesentlichen ist es eine Beschreibung dessen, *was* das zu generierende Programm tun soll, keine Anweisung, *wie* es dies tun soll. Das unterscheidet sich deutlich vom eigentlichen Programmieren. Zum Beispiel könnten Sie, statt selbst eine Schleife zu schreiben, um eine Datei zu parsen, einen Prompt verwenden:

> *Lies diese CSV-Datei und extrahiere die E-Mail-Adressen aller Nutzer, die älter als 18 Jahre sind.*

Die KI wird versuchen, Code zu erzeugen, der dieser Beschreibung entspricht.

Warum findet diese Veränderung gerade jetzt statt? Der rasante Fortschritt von LLMs beim Verstehen und Generieren von Text, einschließlich Programmiersprachen, war ein Gamechanger. Diese KI-Modelle werden mit gewaltigen Mengen an Code und Text in natürlicher Sprache trainiert. Sie können einen Prompt interpretieren, der ein gewünschtes Verhalten der Software beschreibt, und ihn in funktionierenden Code übersetzen, der es implementiert. Mit anderen Worten: Die Modelle haben gelernt, wie Menschen Aufgaben beschreiben und wie diese in Code übersetzt werden.

Der Aufstieg der Prompt-basierten Entwicklung bedeutet, dass Entwickler Funktionsbeschreibungen und Logik zunehmend in natürlicher Sprache oder in Pseudocode formulieren und der KI die anstrengende Arbeit überlassen, syntaktisch korrekten Code zu schreiben. Der Prompt wird zum Zentrum des Denkens. Er ist der prägnante Ausdruck Ihrer Ziele. Wir schreiben dem Computer nicht mehr vor: »Mach X, dann Y, dann Z«, sondern verlangen stattdessen: »Bitte erledige X, Y und Z« und vertrauen der KI, den dazu nötigen Code zu generieren.

Auf die wichtige Fähigkeit, einen guten Prompt schreiben zu können, gehen wir in Kapitel 3 näher ein. Ein vager Prompt kann zu fehlerhaftem oder ineffizientem Code führen, genauso wie ein unklarer Auftrag einen menschlichen Programmierer verwirren würde. Je genauer Sie Ihre Intention im Prompt formulieren, desto besser wird das generierte Ergebnis ausfallen. Deshalb betrachten viele das Schreiben von Prompts als die entscheidende neue Programmierkompetenz.

Funktionsweise: Der iterative Zyklus und die Rolle der KI bei der Codegenerierung

Wie gelangt eine KI von Ihrem natürlichsprachigen Beschreibungstext zu tatsächlich funktionierendem Code? Das Besondere liegt in der Fähigkeit von LLMs, Kontext zu interpretieren und Text zu erzeugen. Das »Large« in *Large Language Model* bezieht sich auf die Anzahl der Parameter des Modells (oft Milliarden oder mehr), die die interne Konfiguration darstellen und es befähigen, die Komplexität von natürlichen und Programmiersprachen zu erfassen. Diese Modelle wurden anhand öffentlicher Code-Repositories, Foren, Dokumentationen und FAQ-Seiten trainiert und verstehen nicht nur die Syntax von Programmiersprachen, sondern auch, wie Code zur Lösung von Problemen eingesetzt wird. Wenn Sie mit einem KI-Coding-Assistenten interagieren, greifen Sie auf dieses umfangreiche Wissen zu. Lassen Sie uns das in einfachen Worten aufschlüsseln:

Den Prompt verstehen

Wenn Sie einen Prompt eingeben (zum Beispiel: »Erstelle eine Funktion, die prüft, ob eine Zahl eine Primzahl ist«), analysiert das KI-Modell dessen Text. Moderne Modelle von Google, OpenAI und Anthropic wurden mit unzähligen Beispielen an Text und Code trainiert und nutzen statistische Muster, um zu erschließen, was Sie meinen. Im Wesentlichen versucht die KI, die wahrscheinlichste Vervollständigung des Prompts mit sinnvollem Code *vorherzusagen*.

Kontext nutzen

Diese KI-Systeme berücksichtigen oft zusätzlichen Kontext, der über den Text des einzelnen Prompts hinausgeht. Wenn Sie beispielsweise mit einem in einer IDE integrierten KI-Assistenten arbeiten, wird das eingesetzte Modell möglicherweise auch den aktuellen Inhalt geöffneter Dateien, Ihren Programmierstil, Kommentare und weitere Vorgaben und Regeln berücksichtigen. All dieser Kontext hilft der KI, Code zu erzeugen, der zu Ihrem Projekt passt. Das ähnelt der Vorgehensweise eines menschlichen Entwicklers, der umgebenden Code und die Dokumentation liest, um zu verstehen, was als Nächstes zu tun ist.

Codegenerierung
Sobald das Modell Ihre Intention verstanden (oder zumindest eine fundierte Vermutung entwickelt) hat, beginnt es, Code zu erzeugen. Intern geschieht dies Token für Token (ein Token ist ein Teil eines Worts oder ein Codesymbol), basierend auf Wahrscheinlichkeiten, die während des Trainings gelernt wurden. Das Modell »denkt« nicht im herkömmlichen Sinn; es verfügt weder über einen Compiler noch über eine Laufzeitumgebung, die den Code überprüft. Es ist lediglich sehr gut darin, Text so fortzusetzen, dass mit hoher Wahrscheinlichkeit korrekter Code entsteht – weil es zuvor sehr viele Beispiele gesehen hat. Wenn Prompt und Kontext klar sind, kann der erzeugte Code bemerkenswert präzise sein und sogar Best Practices folgen, die es in den Trainingsdaten gesehen hat.

Validierung durch menschliche Aufsicht
Wichtig ist, dass die KI kein eigenständiges Deployment Ihrer Anwendung vornimmt. Sie bleiben in den Prozess eingebunden. Sie überprüfen den generierten Code, testen ihn und können ihn akzeptieren oder ändern. In vielen Fällen kann die KI auf Anfrage auch eine Erklärung des Codes liefern und Ihnen so helfen, das Ergebnis zu verstehen. Die Rolle der KI ähnelt der eines Assistenten, der den Code für Sie entwirft – doch Sie als Entwickler bleiben der Entscheidungsträger, der sicherstellt, dass der Code korrekt ist und den Anforderungen des Projekts entspricht.

Es ist wirklich beeindruckend, dass dieser Prozess in nur wenigen Sekunden abläuft. Allgemeiner ausgedrückt: Ihre Beschreibung (der Prompt) wandert in eine Vorhersagemaschine (das Sprachmodell), die als Ausgabe den am wahrscheinlichsten passenden Code erzeugt. Während die inneren Abläufe der Modelle auf komplexer Mathematik und Schichten neuronaler Netze beruhen, fühlt es sich auf Nutzerebene fast so an, als arbeite man mit einer Expertin zusammen, die sofort auf alles eine Antwort weiß.

Es ist wichtig, zu verstehen, dass es sich bei Vibe Coding und Intent-basiertem Programmieren um einen iterativen, kollaborativen Prozess zwischen Mensch und KI handelt. Man schreibt nicht einfach einen perfekten Prompt und lehnt sich danach bequem zurück, während die KI ein komplettes, fehlerfreies Programm liefert. In der Praxis ist es eine Feedbackschleife, ein ständiges Hin und Her, in dessen Verlauf eine vage Idee Schritt für Schritt in ausgereiften Code überführt wird.

So könnte ein typischer Ablauf aussehen:

Schritt 1: Sie beschreiben, was Sie benötigen.
: Das ist Ihr erster Prompt oder Ihre erste Anfrage, zum Beispiel:

  Erstelle eine Funktion zur Berechnung monatlicher Kreditraten auf Basis von Kapital, Zinssatz und Laufzeit.

Schritt 2: Die KI liefert einen ersten Lösungsvorschlag.
: Die KI generiert Code für diese Funktion, inklusive Parametern und der Formel zur Berechnung der Kreditraten. Es können auch Kommentare enthalten sein, die die Formel erläutern.

Schritt 3: Sie prüfen und testen.
: Sie begutachten den Code. Ergibt er Sinn? Deckt er Randfälle ab? Sie führen einen schnellen Test durch: Was passiert, wenn der Zinssatz 0% beträgt? Funktioniert das korrekt? Sie stellen fest, dass dieser Fall möglicherweise nicht korrekt verarbeitet wird.

Schritt 4: Sie verfeinern Ihre Anfrage oder Ihren Code.
: Wenn der Code nicht perfekt ist (und das wird er beim ersten Versuch oft nicht sein), verfeinern Sie ihn. Vielleicht formulieren Sie einen neuen Prompt («Modifiziere die Funktion, um auch einen Zinssatz von 0% handhaben zu können«), oder Sie bearbeiten den Code selbst und bitten, wenn Ihnen etwas unklar ist, die KI: »Erkläre mir diesen Teil.« Diese Steuerung hilft, Missverständnisse auszuräumen.

Schritt 5: Die KI verbessert die Lösung.
: Die KI verarbeitet Ihr Feedback oder den neuen Prompt und passt den Code entsprechend an. Jetzt prüft die Funktion, ob der Zinssatz 0% beträgt, und fängt diesen Fall ab.

Schritt 6: Wiederholen Sie den Vorgang nach Bedarf.
: Führen Sie diese Schleife fort, bis Sie zufrieden sind. Vielleicht bitten Sie die KI als Nächstes, auch Unit-Tests für diese Funktion zu erstellen. Danach führen Sie (oder die KI) die Tests durch, um zu überprüfen, ob alles in Ordnung ist.

Diese Zusammenarbeit ähnelt einem Pair-Programming-Szenario, bei dem der eine Partner ein Mensch und der andere eine KI ist. Der Mensch gibt die Richtung vor und kennt die übergeordneten Anforderungen, während die KI Vorschläge macht, Boilerplate-Code schreibt und bei öden Teilaufgaben hilft. Bei komplexen Aufgaben ist keiner der beiden Partner ohne den anderen wirklich effektiv: Die KI benötigt den menschlichen Part, damit sie angeleitet wird und ihre Ergebnisse validiert werden, und der Mensch lagert Arbeiten an die KI aus, um schneller voranzukommen.

Im Laufe der Iterationen sollten Sie aber nicht nur Fehler beheben, sondern auch die Lösung weiterentwickeln. Sie könnten mit einem sehr groben Prompt beginnen und Ihre Absicht dann schrittweise verfeinern, je nachdem, was die KI produziert.

Das fördert die Experimentierfreude. Wenn der erste Versuch nicht passt, verlieren Sie auf diese Weise nur wenig Zeit – verändern Sie einfach den Prompt oder passen Sie den Code an und versuchen Sie es erneut. Beim traditionellen Programmieren kann es frustrierend sein, ein Modul zu schreiben, nur um es doch wieder verwerfen zu müssen. Bei KI-generiertem Code sind die Kosten eines Fehlstarts jedoch gering, sodass Sie unterschiedliche Ansätze erkunden können.

Produktivität, niedrigere Hürden und das veränderte Wesen des Programmierens

Warum ist Intent-basiertes Programmieren so eine große Sache? Weil dieser Wandel verschiedene tiefgreifende Auswirkungen hat:

Steigerung der Produktivität von Entwicklerinnen und Entwicklern
: Der vielleicht unmittelbarste Vorteil ist die Geschwindigkeit. Entwickler können Aufgaben schneller erledigen, wenn die KI die Routinearbeit übernimmt. Routinecode, dessen manuelles Schreiben oft Stunden dauert (etwa das Einrichten von Datenbankmodellen, API-Endpunkten oder Skripten zur Datenbereinigung), kann häufig in wenigen Minuten generiert werden. Frühe Studien zu KI-Coding-Assistenten belegen, dass Entwickler, die Tools wie GitHub Copilot einsetzen, Aufgaben deutlich schneller erledigen (eine Studie (*https://oreil.ly/4Ksmy*) zeigte eine Zeitersparnis von 55% bei einer bestimmten Aufgabe mit Copilot-Unterstützung). Wenn Sie solche Effizienzgewinne auf ein gesamtes Projekt hochrechnen, spricht viel dafür, dass sich künftig Softwareentwicklungszyklen drastisch verkürzen werden und Teams schneller iterieren können.

Entwicklerinnen und Entwickler »im Flow« halten
: Neben der reinen Geschwindigkeit gibt es auch einen psychologischen Vorteil. Das Schreiben von Boilerplate-Code oder das Nachschlagen von Syntax kann den Flow und den Gedankengang eines Entwicklers unter-

brechen. Je mehr dieser Aufgaben die KI übernimmt, desto besser können sich Entwickler auf das zu lösende Problem konzentrieren. Viele Nutzer berichten (*https://oreil.ly/inQHR*), dass sie sich mit KI-Unterstützung von Routineaufgaben entlastet fühlen und mehr Raum für die kreativen und konzeptionellen Seiten des Programmierens haben. Mit anderen Worten: Wird Programmieren angenehmer, indem die langweiligen Arbeiten ausgelagert werden, kann dies der Qualität zugutekommen (ein zufriedenerer Entwickler produziert oft besseren Code).

Absenkung der Einstiegshürden
Programmieren setzte traditionell voraus, die strenge Syntax von Code zu verstehen und die Eigenheiten verschiedener Bibliotheken und Frameworks zu kennen. Bei Intent-basierter Programmierung wird ein Teil dieser Last auf die KI verlagert. Ein Neuling erinnert sich vielleicht nicht an die genaue Syntax zum Öffnen einer Datei oder an die Parameter einer Diagrammfunktion, aber wenn er in der Lage ist, sein Ziel zu beschreiben, kann die KI diese Details ergänzen. Das bedeutet nicht, dass man ohne jegliches Wissen komplexe Systeme programmieren kann – schließlich muss man immer noch verstehen, was das Programm tun soll. Der Weg zu nützlichen Ergebnissen wird jedoch kürzer. Es ist vorstellbar, dass Fachleute (etwa Biologinnen oder Ökonomen) fachspezifische Prototypen erstellen, indem sie einfach ihre Anforderungen beschreiben, ohne selbst professionelle Entwickler sein zu müssen. In diesem Sinne wird Programmieren für Menschen zugänglicher, die eigene Ideen verwirklichen wollen, aber nicht über tiefgehende Programmierkenntnisse verfügen.

Veränderung von Entwicklerrollen und -fähigkeiten
Da die KI zunehmend größere Codeanteile generiert, entwickelt sich die Rolle des menschlichen Entwicklers weiter. Fähigkeiten wie Architekturdesign, Problemzerlegung und Validierung werden noch wichtiger. Sie werden möglicherweise mehr Zeit damit verbringen, zu entscheiden, *was* entwickelt werden soll, und später zu überprüfen, *warum* der Code funktioniert (oder warum nicht), als selbst Anweisungen in den Code einzugeben. Die Bedeutung von »zu wissen, wie man programmiert« wird sich vermutlich in Richtung »zu wissen, wie man die KI zum Programmieren bringt« verschieben, wodurch bestimmte Aspekte der Softwareentwicklung demokratisiert werden und zugleich das Niveau angehoben wird, auf dem Fachleute arbeiten. Vermutlich werden neue Best Practices entstehen, die sich darauf konzentrieren, wie man KI effektiv steuert (ein Thema, das ich in Kapitel 3 einführen und im gesamten Buch aufgreifen werde).

Produktivität und Kreativität

Wenn die KI mehr Routineprogrammierung übernimmt, können sich Entwickler auf höherwertige, kreative Aufgaben konzentrieren, um etwa die Nutzererfahrung zu verbessern, sich neue Funktionen auszudenken oder knifflige algorithmische Probleme zu lösen, die die KI möglicherweise alleine nicht gut bewältigen kann. In diesem idealen Szenario steigert die KI die Produktivität bei den sich wiederholenden 80 % der Programmierung und setzt damit mentale Energie für die kreativen 20 % frei. Es verändert, wo und wie wir unsere Energie einsetzen.

Dennoch ist nicht alles eitel Sonnenschein. Dieser neue Entwicklungsstil bringt seine eigenen Herausforderungen mit sich:

Vertrauen und Korrektheit

Können Sie dem Code vertrauen, den eine KI erzeugt? Wenn Sie nicht jede Zeile prüfen, besteht das Risiko, dass Fehler unentdeckt bleiben. Entwickler müssen KI-generierten Code sorgfältig testen und überprüfen. Es liegt in der Verantwortung des Menschen, sicherzustellen, dass die Ergebnisse korrekt, sicher und effizient sind. Dem Output der KI blind zu vertrauen, ist riskant, wie wir noch genauer diskutieren werden.

Verlust grundlegender Low-Level-Fähigkeiten

Wenn Sie sich bei Routineprogrammierung auf KI verlassen, verlieren Sie möglicherweise nach und nach die Fähigkeit, diesen Code von Grund auf zu schreiben oder tiefliegende Probleme zu debuggen. Denken Sie nur an den übermäßigen Einsatz von Taschenrechnern und den möglichen negativen Einfluss auf die rechnerischen Fähigkeiten. Entwickler müssen bewusst Bequemlichkeit mit dem Erhalt eines soliden Verständnisses der Grundlagen in Einklang bringen.

Veränderung der Arbeitslandschaft

Aufgrund der zunehmenden Verbreitung des Intent-basierten Programmierens könnte die Branche andere Fähigkeiten höher bewerten. Der Bedarf an Personen, die lediglich Boilerplate-Logik produzieren, könnte sinken, und der Bedarf an Entwicklern, die Systeme entwerfen, Komponenten integrieren und Korrektheit überprüfen können, wird womöglich steigen. Das Wesen von Softwarejobs könnte sich verändern, wobei KI größere Anteile der Implementierung übernimmt und Menschen sich auf Design und Kontrolle konzentrieren.

Einer der entscheidendsten Faktoren im Vibe Coding ist die Größe des Kontextfensters. Gemini bietet das größte Kontextfenster aller KI-Modelle, was bei der Arbeit an großen Projekten zum Gamechanger werden kann. Einige Modelle unterstützen inzwischen Kontext fenster mit über einer Million Tokens, sodass sie den Überblick über ganze Anwendungen behalten können. Entwickler können KIs mit vollständigen Codebasen »füttern«, um diesen ein umfassendes Verständnis zu ermöglichen.

Wir werden mögliche Nachteile am Ende des Kapitels genauer betrachten. Doch zunächst sollten wir uns mit den Werkzeugen vertraut machen, die diese neue Art des Programmierens ermöglichen.

Ein Blick auf die Tools: das entstehende Ökosystem

Vibe Coding mag eine Philosophie sein, tatsächlich ermöglicht wird es erst durch eine neue Generation KI-gestützter Werkzeuge. Erfahrene Entwickler, die diesen neuen Workflow übernehmen wollen, müssen sich mit einigen zentralen Plattformen und Modellen vertraut machen, durch die KI-gestütztes Programmieren erst effektiv wird.

Dieser Abschnitt bietet einen kurzen Überblick über die wichtigsten Tools im Werkzeugkasten eines Vibe Coder. Dazu gehören Visual Studio Code (VSCode) mit seinem wachsenden Ökosystem an KI-Funktionen und Erweiterungen, Next-Gen-IDEs mit KI-Integration wie Cursor und Windsurf, LLMs wie Claude (in seinen verschiedenen Versionen) sowie ChatGPT. Dieser Abschnitt behandelt keine im Hintergrund arbeitenden Coding-Agenten, diese bespreche ich jedoch ausführlich in Kapitel 10.

Die Namen oder Features einzelner Tools müssen Sie sich nicht unbedingt merken, dazu verändert sich die Landschaft zu schnell. Es geht vor allem darum, die verfügbaren Lösungsarten zu verstehen.

VSCode + Copilot: Microsofts integrierte KI-Entwicklungsplattform

Der weltweit beliebteste Codeeditor VSCode (*https://code.visualstudio.com*) hat sich durch die tiefe Integration mit GitHub Copilot zu einer umfassenden KI-gestützten Entwicklungsplattform gewandelt. Diese Weiterentwicklung spiegelt Microsofts Vision wider, KI-Funktionen in der vertrauten VSCode-Umgebung zu verankern, die bereits täglich von Millionen Entwicklern genutzt wird.

GitHub Copilot ist ein KI-gestützter Programmierassistent, der in VSCode integriert ist. Es liefert Codevorschläge, Erklärungen und automatisierte Implementierungen basierend auf natürlichsprachigen Prompts und bestehendem Codekontext. Diese Integration zeichnet sich speziell durch ihre Nahtlosigkeit aus: Copilot ist nicht nur ein Add-on, es wirkt wie eine natürliche Erweiterung des Editors selbst.

Der Kern der KI-Fähigkeiten von VSCode konzentriert sich auf drei Hauptmodi der Interaktion. Erstens gibt es eine *Inline-Code-Autovervollständigung*, mit der Copilot während des Tippens Inline-Vorschläge liefert – von einzeiligen Completions bis hin zu Implementierungen kompletter Funktionen. Während Sie Code schreiben, erscheint Geistertext mit Vorschlägen, die Sie mit der Tab-Taste annehmen oder teilweise Wort für Wort akzeptieren können.

Des Weiteren gibt es in einer Sidebar das *Chat-Interface*, in dem Sie Gespräche über Ihren Code führen, Fragen stellen oder spezifische Implementierungen anfordern können. Der dritte Hauptmodus, und vielleicht der leistungsstärkste, ist der *Agent-Modus*, der Toolaufrufe verwendet, um auf eine wachsende Anzahl von Funktionen innerhalb von Visual Studio zuzugreifen. Wenn dem Agenten ein Ziel vorgegeben wird, wählt er die passenden Tools und führt sie Schritt für Schritt aus. Dieser Agent kann Ihre Codebasis analysieren, Änderungen in Dateien vorschlagen, Terminalbefehle ausführen, auf Build-Fehler reagieren und sich in einer Schleife selbst korrigieren, bis eine gegebene Aufgabe abgeschlossen ist.

Was die Copilot-Implementierung in VSCode besonders überzeugend macht, ist die Unterstützung für das *Model Context Protocol* (MCP). MCP bietet eine standardisierte Möglichkeit für LLMs, externe Tools, Anwendungen und Datenquellen zu erkennen und mit ihnen zu interagieren. Das bedeutet, dass Copilot in VSCode sich mit Datenbanken verbinden, APIs aufrufen, auf Dokumentationen zugreifen und sich in Ihr gesamtes Entwicklungsökosystem integrieren kann. Ist beispielsweise der GitHub-MCP-Server aktiviert, können Sie Copilot bitten, »für jeden besprochenen Fehler ein Issue zu erstellen«, und er interagiert direkt mit der GitHub-API, um diese Issues zu erzeugen. Durch die Erweiterbarkeit per MCP wird Copilot von einem Codegenerator zu einem umfassenden Entwicklungsassistenten, der nicht nur Ihren Code, sondern Ihren gesamten Workflow versteht.

Um VSCode mit Copilot in der professionellen Entwicklung effektiv zu nutzen, beginnen Sie am besten, indem Sie je nach Aufgabenkomplexität die unterschiedlichen Interaktionsmodi erkunden. Für einfache Completions und Refactoring verlassen Sie sich auf die Inline-Vorschläge und die zwei stilisierten, blauen »Funkelsterne«, die in der Nähe von Fehlern erscheinen – klicken Sie darauf, um KI-gestützte Korrekturen zu erhalten.

Für komplexere Aufgaben wechseln Sie in den Agent-Modus, indem Sie das Chat-Panel öffnen und im Drop-down-Menü *Agent* auswählen. Der Agent-Modus ist für autonome Bearbeitungen über mehrere Dateien hinweg optimiert. Er ist besonders nützlich bei komplexen Aufgaben, die nicht nur Codeänderungen, sondern auch den Aufruf von Tools und Terminalbefehlen erfordern. Die Kombination aus der vertrauten VSCode-Oberfläche und den sich weiterentwickelnden KI-Funktionen von Copilot bietet eine überzeugende Option für Teams, die KI-Unterstützung in Unternehmensqualität wünschen, ohne ihre etablierte Entwicklungsumgebung zu verlassen.

VSCode + Cline: der autonome Open-Source-Coding-Agent

Bevor Sie speziell entwickelte KI-IDEs ausprobieren, lohnt sich ein Blick darauf, wie Cline (*https://cline.bot*) (ehemals Claude Dev) VSCode in eine leistungsstarke, KI-gestützte Entwicklungsumgebung verwandelt. Cline verfolgt dabei eine andere Philosophie als Microsofts Copilot. Es ist kein tief integrierter Assistent, sondern ein autonomer Coding-Agent, der komplexe, mehrstufige Entwicklungsaufgaben von Anfang bis Ende übernehmen kann. Diese Open-Source-Erweiterung ergänzt VSCode um Funktionen, die oft über diejenigen in proprietären KI-Editoren hinausgehen, und bewahrt dabei die Flexibilität und Erweiterbarkeit, die VSCode-Nutzende erwarten.

Cline zeichnet sein wirklich agentischer Ansatz in der Softwareentwicklung aus. Wenn Sie Cline eine übergeordnete Anfrage wie »Erstelle eine REST-API für das Nutzermanagement mit Authentifizierung« geben, generiert es nicht einfach nur Boilerplate-Code. Stattdessen analysiert es Ihre Projektstruktur, plant die Implementierung über mehrere Dateien hinweg, erstellt sinnvolle Ordnerhierarchien, installiert notwendige Abhängigkeiten und führt gegebenenfalls sogar Tests aus, um die Implementierung zu verifizieren. Während dieses Prozesses bleibt Cline transparent, indem es jede geplante Aktion anzeigt – Dateierstellungen, Änderungen und Terminalbefehle – und Ihnen die Möglichkeit gibt, jeden Schritt zu genehmigen oder anzupassen. Dieser *Human-in-the-Loop*-Ansatz bietet die perfekte Balance zwischen Automatisierung und Kontrolle, sodass Entwickler die Fähigkeiten der KI nutzen können und dennoch die Übersicht über ihre Codebasis behalten.

Die technischen Fähigkeiten von Cline gehen weit über die Codegenerierung hinaus. Es kann *Browserautomatisierung* nutzen, um API-Dokumentation zu recherchieren, komplexe Probleme debuggen, indem es Stacktraces über mehrere Dateien hinweg analysiert, und aufgrund seiner MCP-Unterstützung sogar mit externen Diensten interagieren. Zum Debuggen können Sie einfach eine Fehlermeldung einfügen, woraufhin Cline Ihre Codebasis durchforstet, um die Ursache zu identifizieren, einen Fix vorzuschlagen, diesen umzusetzen und eine geeignete Fehlerbehandlung hinzuzufügen, um ähnliche Probleme zu verhindern. Durch die MCP-Integration kann Cline sich mit Ihrer Datenbank verbinden, um Schemata zu verstehen, bevor es Abfragen generiert, auf Ihre Projektmanagementtools zugreifen, um Implementierungen mit Anforderungen abzugleichen, oder mit jedem beliebigen anderen MCP-kompatiblen Dienst interagieren. Diese Erweiterbarkeit verwandelt Cline von einem Codegenerator in einen umfassenden Entwicklungspartner, der Ihr gesamtes technisches Ökosystem versteht.

Für Teams bietet Cline mehrere überzeugende Vorteile. Da es Open Source ist, können Teams seinen Quellcode einsehen, Verbesserungen beisteuern oder den Agenten für spezielle Anforderungen forken – entscheidend für Organisationen mit spezifischen Sicherheits- oder Compliance-Vorgaben. Da Cline mehrere KI-Anbieter unterstützt, darunter Claude von Anthropic, Modelle von OpenAI, Googles Gemini und sogar lokale Ollama-Modelle, erhalten Teams bei der Modellauswahl Flexibilität in Bezug auf Leistung, Kosten oder Datenresidenz.

Um Cline effektiv zu nutzen, erstellen Sie detaillierte Prompts mit Projektkontext und Anforderungen, nutzen seine Fähigkeit, vor Änderungen die gesamte Codebasis zu analysieren, und profitieren von seinem iterativen Vorgehen. Nachdem Cline ein Feature implementiert hat, können Sie es sofort testen und im selben Gesprächskontext weitere Anpassungen anfordern. Die Kombination aus dem ausgereiften VSCode-Ökosystem und den autonomen Fähigkeiten von Cline bietet Teams einen leistungsstarken, flexiblen und kosteneffizienten Weg zur KI-gestützten Entwicklung, ohne dass sie ihre bestehenden Tools und Workflows aufgeben müssen.

Cursor: der KI-gestützte Codeeditor

Eines der Aushängeschilder der Vibe-Coding-Bewegung ist Cursor, eine KI-gestützte IDE, die unter Entwicklerinnen und Entwicklern, die ein flüssigeres Coding-Erlebnis suchen, schnell an Beliebtheit gewonnen hat. Cursor ist im Wesentlichen ein AI-first-Codeeditor (tatsächlich ein Fork von VSCode), der modernste Codegenerierung und Codeverständnis direkt in eine Entwicklungsumgebung integriert.

Der Produktslogan von Cursor lautet »The AI Code Editor«. Es ist darauf ausgelegt, Ihnen das Schreiben und Ändern von Code mit Befehlen in natürlicher Sprache zu ermöglichen. Sie können beispielsweise eine Funktion markieren und Cursor bitten: »Optimiere diese Funktion« oder »Füge hier eine Fehlerbehandlung hinzu«. Daraufhin schlägt der Editor sofort die entsprechenden Codeänderungen vor. Die KI von Cursor ist projektbewusst – sie indexiert Ihre Codebasis und versteht den Kontext Ihrer Dateien. Dadurch kann sie relevantere Vorschläge machen, die weit über ein einfaches Autocomplete hinausgehen. Die Cursor-IDE integriert LLM-Funktionen direkt in ihre Kernoberfläche. Es ist wie ChatGPT, nur dass es Ihre Codebasis kennt.

Unter der Haube setzt Cursor fortschrittliche Sprachmodelle ein (häufig Claude von Anthropic oder Modelle von OpenAI, abhängig von Ihrer Konfiguration), um seine Funktionen bereitzustellen. Es verfügt über eine Chat-Seitenleiste für Gespräche über Ihren Code und einen *Composer*-Modus für mehrstufige Codegenerierung. Andrej Karpathy selbst verwendete in seinen Vibe-Coding-Experimenten (*https://oreil.ly/aFqAO*) den Composer von Cursor mit dem Claude-Modell Sonnet. Dieses Setup erlaubte ihm, buchstäblich *mit dem Editor zu sprechen* (mithilfe von Speech-to-text über »SuperWhisper«) und Code generieren zu lassen, den er dann akzeptieren oder verfeinern konnte.

Cursor kann nicht nur Code generieren, sondern bei entsprechenden Anweisungen auch *bearbeiten*. Sie könnten zum Beispiel fragen:

> *Kannst du den Wechsel von Zertifikaten im Transport-Listener vereinfachen?*

Cursor würde erkennen, dass Sie sich auf bestehenden Code beziehen, und direkte Änderungen in der entsprechenden Datei vorschlagen oder auf andere relevante Dateien zurückgreifen, etwa eine Markdown-Datei mit Spezifikationen (siehe Abbildung 1.3). In der kostenlosen Version müssen Sie Änderungen meist im Chat bestätigen; in der Pro-Version kann Cursor Änderungen automatisch anwenden.

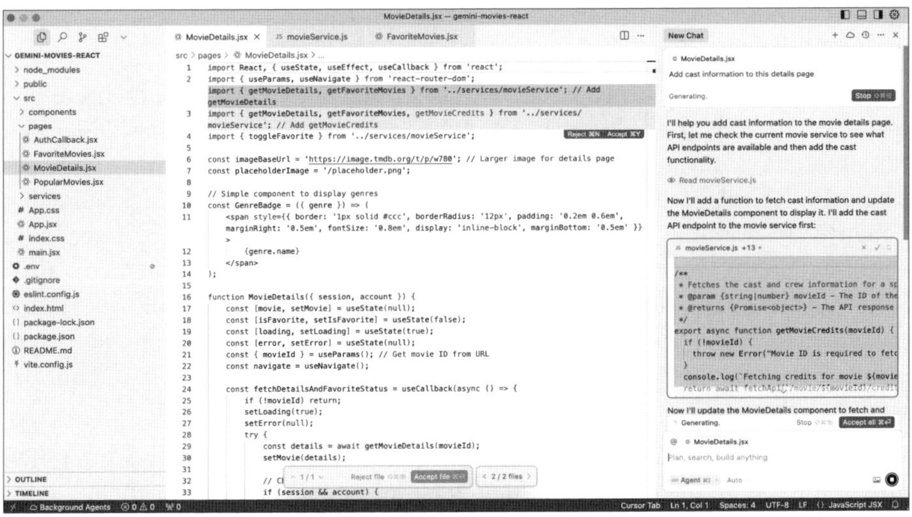

Abbildung 1.3: Die Benutzeroberfläche von Cursor ist ein Beispiel für IDEs mit KI-Integration. Durch die Indexierung eines Projekts und die schrittweise Abarbeitung von Prompts erlauben Tools wie Cursor es, »den Editor laufen zu lassen, Kaffee zu holen und zu voll funktionsfähigen Features zurückzukehren« – mit exponentiellen Produktivitätsgewinnen.

Um Cursor in einem professionellen Workflow effektiv einzusetzen, sollten Sie seine Funktionen systematisch nutzen. Öffnen Sie zunächst einen Chat in Cursor und beschreiben Sie die gewünschte Funktion oder Korrektur, beispielsweise: »Füge ein Log-in-Formular für Nutzer mit Feldern für E-Mail und Passwort hinzu, einschließlich Validierung und Fehlermeldungen.« Cursor generiert den erforderlichen Code als Entwurf und erstellt dazu neue Dateien oder passt bestehende an. Sie können diese Änderungen in einem Diff oder einer Vorschau prüfen und dann auf *Apply* klicken, um sie in Ihren Codebestand zu übernehmen. Viele Entwickler folgen genau diesem Zyklus: Prompt → Prüfen → Übernehmen. Wenn Sie mit dem Vorschlag nicht zufrieden sind, können Sie Ihre Anweisungen ergänzen (z. B.: »Verwende Tailwind CSS für das Styling des Formulars.«) oder Cursor bitten, erkannte Probleme zu beheben («Behandle nun den Fall, dass die E-Mail bereits registriert ist.«). Im Kern führen Sie mit der KI einen Dialog über Ihren Code, bis er passt.

Cursor überzeugt auch beim Verständnis von Fehlern und Logs. Wenn Sie Ihren Code ausführen und einen Traceback oder eine Fehlermeldung erhalten, können Sie diese in den Cursor-Chat einfügen. Meist analysiert die KI die Fehler dann sofort und schlägt Lösungen vor. Debugging wird dadurch zu einem kooperativen Prozess (*https://oreil.ly/aFqAO*): Anstatt manuell bei Google oder Stack Overflow zu suchen, kann das jeweilige in Cursor verwendete Modell das Problem oft identifizieren und sogar den Patch codieren. Es ist jedoch ratsam, die Korrekturen zu überprüfen, da die KI nicht immer gleich beim ersten Versuch richtig liegt.

Ein weiterer Tipp für Profis: Nutzen Sie die Fähigkeit von Cursor, mehrere Dateien einzubeziehen. Sie können eine Reihe von Dateien auswählen (oder den Projektkontext im Prompt angeben), damit bei der Codegenerierung Ihre gesamte Codebasis berücksichtigt wird, beispielsweise: »Füge im Backend einen neuen API-Endpunkt hinzu, um das Anmeldeformular zu unterstützen, und verbinde ihn mit dem Frontend-Formular, das wir gerade erstellt haben.« Cursor erinnert sich an den soeben erstellten Frontend-Code und hilft dabei, die passende Backend-Logik zu entwickeln. Dieser projektweite Kontext ist ein echter Gamechanger im Vergleich zu früheren Coding-Assistenten, die nur dateiweise arbeiteten.

Cursor ist also praktisch ein KI-Paarprogrammierer, der direkt *in* Ihrer IDE »lebt« – rund um die Uhr. Die Nutzung ist intuitiv, da Sie in natürlicher Sprache mit ihm chatten, und er kann Ihren Code direkt aktualisieren. Wenn Sie häufig Aufgaben unterteilen und Cursor dazu mit klaren Anweisungen füttern, werden Sie bald feststellen, wie viel Sie in kurzer Zeit erreichen können. Besonders bei iterativer Entwicklung ist das ideal: Sie programmieren etwas, führen es aus, sehen das Ergebnis und bitten Cursor sofort um Anpassungen oder Erweiterungen des Codes – und wiederholen den Vorgang.

Windsurf: eine KI-gestützte IDE mit vollständiger Codebasis-Indexierung

Ein weiterer aufstrebender Star in der Vibe-Coding-Szene ist Windsurf, eine KI-gestützte Entwicklungsumgebung, die das Codeverständnis auf die nächste Stufe hebt. Windsurf (*https://windsurf.com*) punktet nicht zuletzt damit, dass es Ihre gesamte Codebasis indexiert und Retrieval-Techniken nutzt, um dem KI-Modell während der Arbeit die relevanten Teile bereitzustellen. In der Praxis ist Windsurf deshalb besonders gut für große Projekte geeignet, bei denen die Antwort auf Ihre Frage über viele Dateien verteilt sein kann. Im Kern nutzt es *Retrieval-Augmented Generation* (RAG): Es sucht die für Ihren Prompt relevanten Codeteile heraus und stellt diese der KI als zusätzlichen Kontext bereit, damit die Vorschläge des Modells zum vorhandenen Code passen und konsistent sind.

Wie sieht das für einen Entwickler konkret aus? Angenommen, Sie arbeiten mit einer großen Codebasis, die für Sie relativ neu ist, und sollen ein Feature hinzufügen. In Windsurf können Sie in natürlicher Sprache fragen:

> *Wo in der Codebasis wird die Nutzerauthentifizierung behandelt?*

Windsurf durchsucht daraufhin seinen Index und verweist Sie auf die richtige Datei oder sogar auf die passende Funktion. Dann können Sie einen Chat öffnen (Windsurf nennt ihn die *Cascade*-Ansicht, aufgerufen durch Cmd+L in macOS bzw. Strg+L in Windows) und anweisen:

> *Ergänze im Anmeldeprozess eine telefonbasierte Zwei-Faktor-Authentifizierung.*

Da Windsurf den Kontext Ihrer Authentifizierungslogik kennt, kann es Änderungen über mehrere Dateien hinweg (Datenbankzugriff, API, Frontend) generieren, um dies umzusetzen, und dabei fundierte Entscheidungen treffen, die mit der Struktur Ihres Systems übereinstimmen.

Im sogenannten Schreibmodus (*Write*) kann Windsurf Änderungen direkt durchführen: Es erstellt neue Dateien oder bearbeitet bestehende automatisch, anstatt nur Diffs vorzuschlagen. Das spart enorm viel Zeit: Anstatt Vorschläge zu kopieren und einzufügen, können Sie zusehen, wie sich Ihr Projekt wie von Geisterhand weiterentwickelt. Windsurf handelt dabei, wenn es sich sicher ist, in Ihrem Namen und agiert dabei wie ein autonomer Junior-Entwickler, der Features über die gesamte Codebasis hinweg implementiert. (Die Philosophie von Cursor ist etwas konservativer: Der Agent fragt jeweils nach einer Bestätigung, auch wenn die Pro-Version ebenfalls eine Auto-Apply-Funktion besitzt.)

Um Windsurf effektiv einzusetzen, sollte man seine Stärken nutzen:

Codebase Q&A
: Sie können Ihre Codebasis in natürlicher Sprache befragen, fast wie einen maßgeschneiderten Stack Overflow für Ihr Projekt. Das ist besonders nützlich bei umfangreichen Legacy-Projekten, bei denen es Stunden dauern kann, um herauszufinden, wo etwas definiert ist. Windsurf liefert die Antwort in Sekundenschnelle, indem es den indizierten Code untersucht.

Globale Kontextvorschläge
: Weil es dem verwendeten KI-Modell relevante Dateien als Kontext mitgibt, kann Windsurf Aufgaben wie »Refaktoriere das Zahlungsmodul, um das neue Logging-Utility zu verwenden, das wir geschrieben haben« sehr gut bewältigen, da es sowohl das Zahlungsmodul als auch das Logging-Utility kennt.

Betriebsmodi
: Windsurf verfügt über mehrere Modi: *Autocomplete*, *Chat*, *Command*und *Cascade*. Der Cascade-Modus ist wie ein Superchat, der einen breiteren Kontext berücksichtigen kann. Der Schreibmodus (innerhalb des Chats) führt Änderungen automatisch durch. Sie können über die Einstellungen selbst entscheiden, wie viel Autonomie Sie Windsurf geben möchten.

Entwicklungsteams können Windsurf ähnlich wie Cursor in die tägliche Arbeit integrieren. Manche Entwickler bevorzugen Windsurf wegen seiner Geschwindigkeit und seiner »Forschheit« bei der eigenständigen Durchführung von Änderungen, aber auch aufgrund der Indexierung, die den Umgang mit umfangreichen Projekten erleichtert. Die Benutzeroberfläche von Cursor fühlt sich hingegen für viele VSCode-Nutzer vertrauter an. Es ist nicht unbedingt eine Entweder-oder-Entscheidung – manche Entwickler nutzen beide Tools parallel, während Teams sich wahrscheinlich besser auf eines festlegen.

Zusammengefasst, ist Windsurf ein hervorragendes Tool, wenn Sie einen KI-Coding-Assistenten suchen, der die Dokumentation oder den Code wirklich liest, bevor er schreibt. Das minimiert die Wahrscheinlichkeit, dass falsch benannte Variablen verwendet oder gar ganze (nicht vorhandene) Funktionen halluziniert werden. Um Windsurf erfolgreich zu nutzen, sollten Sie klare Anweisungen geben und es im Schreibmodus umfangreichere Aufgaben durchführen lassen, es aber bei heiklen Änderungen in kontrollierterer Form einsetzen. Überprüfen Sie stets die vorgenommenen Änderungen (die Ihnen angezeigt werden), insbesondere bei kritischem Code: Windsurf ist smart, aber nicht unfehlbar. Richtig eingesetzt, arbeitet es als hyperintelligente IDE, die Ihr gesamtes Projekt kennt und Aufgaben projektweit umsetzen kann, was Ihre Effektivität erheblich steigert.

KI-Modelle zur Codegenerierung

Die KI-Coding-Landschaft hat sich dramatisch verändert: Viele leistungsstarke Modelle konkurrieren um die Aufmerksamkeit der Entwickler, darunter Modelle von Anthropic, Google und OpenAI. Wo früher ein einziges Modell dominieren konnte, bietet das heutige Ökosystem eine breite Auswahl an Optionen, die jeweils eigene Stärken haben und sich für unterschiedliche Coding-Szenarien eignen.

Modellkategorien verstehen

Heutige Coding-Modelle lassen sich in mehrere Kategorien einteilen, basierend auf ihrem Ansatz und ihren Stärken:

Geschwindigkeitsoptimierte Modelle
: Diese Modelle sind auf schnelle Antworten ausgelegt und eignen sich ideal für Code-Completions in Echtzeit und schnelle Iterationen. Sie bieten in der Regel eine geringere Latenz, allerdings auf Kosten einer leicht reduzierten Genauigkeit bei komplexen Aufgaben.

Deep Reasoning
: Reasoning-Modelle benötigen mehr Zeit, um Probleme zu durchdenken, zeigen ihre Stärken aber bei komplexem Debugging, architektonischen Entscheidungen und mehrstufigen Problemlösungen. Modelle mit fortgeschrittenen Reasoning-Fähigkeiten können komplexe Fehler schrittweise analysieren.

Multimodale Kraftpakete
: Einige Modelle können nicht nur Code und Text, sondern auch Bilder, Diagramme und sogar Videoinhalte verarbeiten. Das hilft vor allem, wenn auf der Basis von visueller Dokumentation und an UI/UX-Elementen gearbeitet werden soll.

Open-Source-Alternativen
: DeepSeek zeichnet sich dadurch aus, dass es ein vergleichbares Maß an KI-Leistung wie Closed-Source-Modelle bietet, ohne dass eine Anmeldung erforderlich ist oder Kosten entstehen, auch wenn es möglicherweise Funktionen wie Bildgenerierung oder Web-Browsing vermissen lässt.

Auswahl des geeigneten Modells

Anstatt nach einem einzigen »besten« Modell zu suchen, ordnen erfolgreiche Entwicklerinnen und Entwickler Modelle heute spezifischen Aufgaben zu:

- Für schnelles Prototyping und allgemeines Coding eignen sich Modelle, die auf Geschwindigkeit und breite Sprachunterstützung optimiert sind.
- Für komplexes Debugging und Systemdesign sind Deep-Reasoning-Modelle eine gute Wahl, da sie Logik methodisch nachvollziehen können.
- Für den Umgang mit großen Codebasen sollten Sie Modelle mit umfangreichen Kontextfenstern wählen, die den Überblick über das gesamte Projekt behalten.
- Für budgetbewusste Teams bieten Open-Source-Modelle hervorragenden Nutzen ohne Abonnementkosten.

Viele Tools, beispielsweise Cursor und Windsurf, unterstützen inzwischen mehrere KI-Modelle, darunter Varianten von OpenAI, Claude und Gemini sowie proprietäre Modelle. So können Entwickler je nach Aufgabe zwischen ihnen wechseln.

Praktische Tipps für alle Modelle

Unabhängig davon, welches KI-Modell Sie wählen, gibt es bewährte Vorgehensweisen, die die Ergebnisse durchgängig verbessern. Erstens: Stellen Sie reichhaltigen Kontext bereit. Fragen Sie nicht einfach nur nach »einer Zahlungsabwicklungsfunktion«. Teilen Sie zusätzlich auch Ihre Datenmodelle, bestehende Code-Patterns, Ansätze zur Fehlerbehandlung und alle spezifischen Anforderungen. Je mehr Kontext Sie bereitstellen, desto besser wird das Ergebnis zu Ihrer Codebasis passen.

Die meisten modernen Coding-Modelle sind sehr gut darin, ihren eigenen Output zu überprüfen. Nachdem Sie generierten Code erhalten haben, können Sie das Modell nach potenziellen Problemen suchen, Verbesserungen vorschlagen oder seine Vorgehensweise erklären lassen. Diese Selbstkritik deckt oft subtile Fehler auf oder führt zu Optimierungsvorschlägen.

Nutzen Sie die Fähigkeit des Modells, den Gesprächskontext zu berücksichtigen. Beginnen Sie mit einer grundlegenden Implementierung und verfeinern Sie diese schrittweise durch weitere Anfragen. Ein iterativer Ansatz liefert häufig bessere Ergebnisse, als wenn Sie alles von Anfang an exakt festlegen wollen.

Die Modelle unterscheiden sich oft subtil in ihrer Herangehensweise an Probleme. Einige Modelle erklären sehr ausführlich, andere dagegen drücken sich prägnanter aus. Einige verwenden im Code standardmäßig aktuelle Syntax, während andere eher konservativ agieren. Diese Vorlieben kennenzulernen, hilft Ihnen, bessere Prompts zu erstellen.

Hauptmodelle

Die Landschaft der KI-gestützten Codegenerierung verändert sich mit hohem Tempo, wobei neue Modelle regelmäßig etablierte Marktführer herausfordern. Der Wettbewerb ist so intensiv geworden, dass Entwickler von einer beispiellosen Auswahl und großen Leistungssteigerungen profitieren. Dabei kommt es nicht darauf an, das »perfekte« Modell zu finden, sondern zu verstehen, wie man die Stärken der verfügbaren Werkzeuge nutzt.

Viele Entwicklungsteams nutzen inzwischen einen Portfolioansatz – schnelle Modelle für Routineaufgaben, leistungsstarke Modelle für komplexe Herausforderungen und spezialisierte Modelle für bestimmte Bereiche wie Datenbankoptimierung oder Frontend-Entwicklung. Einige IDEs erlauben sogar den nahtlosen Wechsel zwischen Modellen innerhalb eines Chats oder einer Aufgabe.

Diese Optionen zu verstehen und sie strategisch zu nutzen, führt zu einer erfolgreichen Beschleunigung Ihres Entwicklungsworkflows.

Google Gemini: das multimodale Coding-Powerhouse

Die Google-Gemini (*https://gemini.google.com*)-Familie stellt durch ihre nativen multimodalen Fähigkeiten einen grundlegenden Wandel in der KI-gestützten Entwicklung dar. Im Gegensatz zu Modellen, die primär auf Text und Code trainiert wurden, ist Gemini von Grund auf so entworfen worden, dass es Text, Code, Bilder, Videos und andere Datenformate nahtlos verstehen und verarbeiten kann. Das macht es besonders leistungsfähig für moderne Entwicklungsworkflows, in denen visueller Kontext ebenso wichtig ist wie textbasierte Informationen.

Die multimodalen Eigenschaften von Gemini erweisen sich besonders in der Webentwicklung als wertvoll. Entwicklungsteams können Screenshots von Designentwürfen teilen, und Gemini kann pixelgenaue Implementierungen erzeugen, die den visuellen Stil exakt wiedergeben. Es überzeugt beim Verständnis von Diagrammen, Schaubildern und UI-Elementen und ist ein idealer Partner bei der Umsetzung visueller Designs in funktionalen Code. Diese Fähigkeit geht über einfache Bilderkennung hinaus: Gemini kann über visuelle Elemente nachdenken und daraus Schlussfolgerungen ableiten, Designmuster erkennen und ästhetische Konsistenz im gesamten Projekt wahren.

Die Integration von Gemini in Entwicklungsworkflows über gängige Editoren wie VSCode, Cursor oder Windsurf und Plug-ins wie Cline und Code Assist bietet Entwicklern leistungsstarke Anpassungsmöglichkeiten, die von individuellen Vorlieben bis zu teamweiten Standards reichen. Entwicklerinnen und

Entwickler können benutzerdefinierte Befehle für wiederkehrende Aufgaben erstellen, allgemeine Regeln für die Codegenerierung definieren und konsistente Coding-Patterns über große Codebasen hinweg sicherstellen. Das großzügige kostenlose Volumen erlaubt den niedrigschwelligen Zugang für Studierende, Hobbyisten und Start-ups, während die Enterprise-Features von Gemini komplexe organisatorische Anforderungen unterstützen.

Innerhalb der Coding-Landschaft zeichnet Gemini die Fähigkeit aus, Probleme tiefgehend zu durchdenken und dabei gleichzeitig eine praxisgerechte Geschwindigkeit zu bieten. Das Modell kann zwischen schnellen Antworten für einfache Aufgaben und erweitertem Reasoning für komplexe Herausforderungen wechseln und passt seinen Ansatz der jeweiligen Problemstellung an. Durch diese Flexibilität und sein visuelles Verständnis eignet es sich besonders für die Full-Stack-Entwicklung, bei der Backend-Logik und Frontend-Ästhetik gleichermaßen wichtig sind.

Claude: der Reasoning-Virtuose

Anthropics Claude-Modelle (*https://anthropic.com/claude*) konzentrieren sich bei der Coding-Unterstützung auf Transparenz und intensives Reasoning. Die Varianten der Claude-Modellfamilie, insbesondere die Sonnet-Modelle, haben sich als außergewöhnlich leistungsfähig bei komplexen Aufgaben der Softwareentwicklung gezeigt, die eine sorgfältige Analyse und schrittweises Problemlösen erfordern. Was Claude auszeichnet, ist seine Fähigkeit, seinen Denkprozess offenzulegen, sodass Entwickler die Schlussfolgerungen nachvollziehen und deren Logik überprüfen können, bevor Lösungen implementiert werden.

Das Artifacts-Feature stellt einen Paradigmenwechsel in der Interaktion von Entwicklern mit KI-Coding-Assistenten dar. Anstatt lediglich Code in einer Chat-Oberfläche bereitzustellen, öffnet Claude (in der Chatbot-Variante) einen gesonderten Arbeitsbereich, in dem Code in Echtzeit bearbeitet und angezeigt werden kann. Diese interaktive Umgebung eignet sich besonders für Frontend-Entwicklung, Datenvisualisierung und alle Szenarien, in denen sofortiges visuelles Feedback den Entwicklungsprozess beschleunigt. Entwickler können an Designs arbeiten, Funktionalität testen und Implementierungen verfeinern – alles innerhalb desselben Chats.

Claude zeigt außergewöhnliche Leistungen bei realen Benchmarks der Softwareentwicklung und rangiert konstant unter den Top-Modellen bei Aufgaben wie Bugfixing, Feature-Implementierung und Code-Refactoring. Seine Stärke liegt nicht nur in der Codegenerierung, sondern auch im Verständnis des übergeordneten Kontexts von Softwareprojekten. Claude kann bestehende Codebasen analysieren, Patterns und Antipatterns identifizieren, architektonische

Verbesserungen vorschlagen und die Konsistenz mit etablierten Coding-Stilen sicherstellen. Dadurch eignet es sich sowohl hervorragend für Neuprojekte als auch für die Wartung von Legacy-Systemen.

Durch sein Speicher- und Kontextmanagement kann das Modell über längere Coding-Sitzungen hinweg ein Verständnis des breiteren Kontexts aufbauen. Bei der Arbeit an großen Projekten kann Claude Schlüsselinformationen über die Struktur der Codebasis, Designentscheidungen und projektspezifische Muster extrahieren und speichern. Dieses angesammelte Wissen ermöglicht im Verlauf der Entwicklung zunehmend relevantere und kontextbezogene Vorschläge und lässt Claude eher wie ein Teammitglied wirken, das sich zunehmend mit dem Projekt vertraut macht, denn als zustandsloser Assistent.

ChatGPT: der vielseitige Coding-Ratgeber

ChatGPT (*https://oreil.ly/hZdNC*) hat sich als Schweizer Taschenmesser unter den KI-Coding-Assistenten etabliert und wird vor allem wegen seiner bemerkenswerten Vielseitigkeit und seiner umfassenden Wissensbasis geschätzt und nicht wegen bestimmter spezialisierter Funktionen. Es spielt eine besondere Rolle im Werkzeugkasten von Softwareentwicklern: Während andere Modelle sich direkt in IDEs integrieren oder spezialisierte Coding-Umgebungen anbieten, fungiert ChatGPT als stets verfügbarer Programmierberater, der während des gesamten Arbeitstags im Browser geöffnet ist.

Die dialogbasierte Schnittstelle von ChatGPT macht es außergewöhnlich effektiv für exploratives Problemlösen und Lernen. Entwickler nutzen es regelmäßig für Rubber-Duck-Debugging, indem sie problematischen Code einfügen und Probleme in natürlicher Sprache diskutieren. Durch sein umfangreiches Training kann es Muster in nahezu jeder gängigen Programmiersprache, jedem Framework und jedem Tool erkennen. Ob beim Debuggen eines Regex-Ausdrucks, beim Verstehen einer schwer verständlichen Fehlermeldung oder beim Erkunden unbekannter Bibliotheksdokumentation: In all diesen Bereichen kann ChatGPT aufgrund seiner umfassenden Wissensbasis relevante Einblicke liefern.

Die Stärke von ChatGPT liegt in seiner Fähigkeit, die Lücke zwischen menschlicher Absicht und Codeimplementierung zu überbrücken. Es glänzt bei der *bidirektionalen Transformation* – indem es Beschreibungen in natürlicher Sprache in lauffähigen Code umwandelt und umgekehrt komplexen Code in verständlichem Deutsch erklärt. Das macht es extrem wertvoll für Dokumentation, Code-Reviews und den Wissenstransfer innerhalb von Teams. Entwickler können unbekannten Code einfügen, um sich dessen Funktionalität präzise erklären zu lassen, oder ein gewünschtes Verhalten beschreiben und passende Implementierungen für verschiedene Programmierparadigmen erhalten.

Die vielseitigen Kenntnisse des Modells reichen von traditionellen Programmiersprachen bis zu Konfigurationsdateien, Skripten, Datenformaten und domänenspezifischen Sprachen. Während spezialisierte Coding-Werkzeuge in ihren jeweiligen Domänen glänzen, bietet ChatGPT wertvolle Unterstützung über das gesamte Spektrum der Softwareentwicklung hinweg. Das zahlt sich besonders aus, wenn es um Schnittstellen zwischen verschiedenen Technologien geht oder Probleme mehrere Domänen betreffen. Seine Fähigkeit, den Kontext über längere Unterhaltungen hinweg aufrechtzuerhalten, ermöglicht es, komplexe Probleme iterativ zu erkunden und Lösungen im kollaborativen Dialog zu verfeinern.

Auswahl des geeigneten Modells

Die Verfügbarkeit leistungsstarker KI-Coding-Assistenten markiert einen grundlegenden Wandel der Softwareentwicklung. Statt verschiedene Modellfamilien als konkurrierende Optionen zu betrachten, erkennen erfolgreiche Entwicklerinnen und Entwickler, dass sie jeweils unterschiedliche Stärken und Aspekte in den Entwicklungsprozess einbringen. Googles Gemini überzeugt, wenn visueller Kontext und multimodales Verständnis entscheidend sind, also insbesondere in der UI/UX-Entwicklung und bei der Arbeit mit Designspezifikationen. Anthropics Claude bewährt sich besonders in Szenarien, die tiefes logisches Denken, komplexes Refactoring und transparente Problemlösungsansätze erfordern. Die OpenAI-Modellfamilie bietet eine unerreichte Vielseitigkeit und umfassendes Wissen und eignet sich damit ideal zum Lernen, Debugging und für domänenübergreifende Aufgaben.

Viele Entwicklungsteams verfolgen mittlerweile einen Portfolioansatz und setzen für unterschiedliche Aufgaben innerhalb desselben Projekts verschiedene Modelle ein. Ein typischer Workflow könnte darin bestehen, Gemini für die Umsetzung von Design-Mock-ups in erste Implementierungen, Claude für komplexe Architekturentscheidungen und Code-Reviews sowie ChatGPT für allgemeine Problemlösung und Dokumentation einzusetzen. Dieser Multimodellansatz maximiert die Produktivität, indem die jeweiligen Stärken der Modelle für spezifische Entwicklungsaufgaben genutzt werden.

Für eine effektive KI-gestützte Entwicklung muss nicht eine einzige, »beste« Option gefunden werden, sondern es geht darum, mehrere KI-Assistenten zu koordinieren, um alle Aspekte der Softwareentwicklung zu beschleunigen und zu verbessern.

Das gesamte Ökosystem ist noch jung und verändert sich rasant. Alle paar Monate treten neue Spieler und neue Werkzeuge mit neuen Fähigkeiten auf den

Plan. Der wichtigste Punkt ist, dass Sie keine eigene KI von Grund auf entwickeln müssen, um Intent-basiert zu programmieren. Es gibt genug Werkzeuge, die Ihnen diese Möglichkeit geben. In diesem Buch werde ich verschiedene Plattformen und ihre Rolle im Vibe-Coding-Workflow behandeln.

Vorteile und Grenzen von Vibe Coding: Eine differenzierte Betrachtung

Es ist wichtig, die Szenarien zu erkennen, in denen KI-gestützte Entwicklung wirklich überzeugt – und in denen sie möglicherweise noch scheitert. Lassen Sie uns einige ideale Anwendungsfälle betrachten, in denen Vibe Coding besonders gut funktioniert ist, aber auch Situationen, in denen die aktuellen Modelle und Tools noch Schwierigkeiten haben oder umfangreiche menschliche Eingriffe erforderlich sind.

Ideale Anwendungsfälle für Vibe Coding

Genau wie sich bestimmte Architekturen besonders gut für bestimmte Probleme eignen, gibt es für Vibe Coding innerhalb der Softwareentwicklung optimale Einsatzbereiche.

Zero-to-One-Produktentwicklung

Vibe Coding ist ein Gamechanger, wenn es darum geht, ein völlig neues Projekt auf den Weg zu bringen. Mit dem von Peter Thiel geprägten Begriff *Zero to One* wird die grundlegende Neuentwicklung eines Produkts bezeichnet. Mit KI können Sie in kürzester Zeit von einem leeren Blatt zu einem funktionsfähigen Prototyp gelangen. Müssen Sie eine vollkommen neue Webanwendung entwickeln? Sie können Boilerplate-Code für Frontend, Backend, ein Datenbankschema und sogar Deployment-Skripte in einer intensiven Prompting-Sitzung generieren. Das ist eine ideale Option für Start-ups oder Hackathon-Projekte, bei denen es darum geht, eine Idee schnell zu validieren. Anstatt Wochen damit zu verbringen, das Gerüst eines Projekts einzurichten (den sich wiederholenden initialen Code), können Sie dies die KI in wenigen Minuten erledigen lassen.

Viele Entwicklerinnen und Entwickler haben berichtet, dass sie mithilfe von KI-Paarprogrammierern ein MVP (*Minimum Viable Product*) an nur einem Wochenende entwickelt haben – etwas, das sie ohne KI einen ganz Monat hätte kosten können. Lässt sich eine Idee schnell in ein funktionierendes Produkt umsetzen, können Sie es entsprechend früher mit Nutzern oder Stakeholdern testen. Die KI eignet sich hervorragend für generische Aufgaben (Einrichten des Routings, grundlegende UI-Komponenten, elementare Datenzugriffe wie Standard-CRUD-Operationen), sodass Sie sich ganz auf die neuartigen Aspekte Ihres Produkts konzentrieren können.

Sobald Ihr MVP jedoch an Traktion gewinnt und sich in Richtung Produktion bewegt, muss sich Ihr Ansatz ändern. Ab diesem Zeitpunkt müssen Sie vom Vibe Coding zur regelgerechten KI-gestützten Entwicklung übergehen. Während Vibe Coding Ihnen geholfen hat, schnell zu explorieren und zu validieren, erfordert das Skalieren gezieltere Praktiken. Sie müssen den schnell generierten Code mit robuster Fehlerbehandlung refaktorieren, eine umfassende Testabdeckung hinzufügen und klare architektonische Grenzen festlegen. Der Übergang vom Prototyp zum Produkt markiert den organischen Übergang vom explorativen Freiraum des Vibe Coding zu einer strukturierten, disziplinierten Entwicklung. Kluge Teams erkennen diesen Umschaltpunkt und passen ihre KI-Nutzung entsprechend an: Sie halten die Geschwindigkeit hoch und führen gleichzeitig die notwendigen Leitplanken für ein nachhaltiges Wachstum ein.

Feature-Prototyping und CRUD-Apps

Ein großer Teil der Softwareentwicklung, insbesondere bei Businessanwendungen, umfasst CRUD-Funktionalität – das Erstellen, Lesen, Aktualisieren und Löschen von Daten: *Create*, *Read*, *Update*, *Delete*. Dies ist eine formelhafte Arbeit, die KI außergewöhnlich gut beherrscht, da sie im Training unzählige Beispiele dafür gesehen hat. Wenn Sie einem System beispielsweise ein neues Modul »Inventar« mit CRUD-Views und APIs hinzufügen wollen, ist das mit Vibe Coding sehr gut zu bewältigen. Die KI wird Datenbankmigrationen, ORM-Modelle, API-Endpunkte und UI-Formulare mit Validierung erzeugen – im Grunde den gesamten Stack –, und zwar weitgehend fehlerfrei, weil diese Muster so häufig in den Trainingsdaten vorkommen. Selbst wenn Ihre App benutzerdefinierte Regeln aufweist, können Sie diese in einem Prompt spezifizieren und erhalten einen brauchbaren ersten Entwurf. Das Ergebnis: Das mühsame Verdrahten aller Teile, das früher eine ganze Woche gebraucht hat, ist nun an einem Nachmittag voller Prompting und Tests erledigt. Für die Generierung interner Tools oder Admin-Panels (die im Wesentlichen umfangreiche CRUD-Apps sind) können Sie sich fast vollständig auf KI verlassen, weil diese Aufgaben relativ unkompliziert sind – während sie gleichzeitig viel Zeit sparen.

Der professionelle Entwicklungsansatz wird wichtig, sobald diesen CRUD-Operationen komplexe Geschäfts- oder Datenvalidierungsregeln hinzugefügt werden oder die Integration mit bestehenden Systemen erforderlich ist. Während Sie mit Vibe Coding schnell grundlegende Strukturen generieren können, stellen Sie per KI-gestützter Softwareentwicklung sicher, dass unser beispielhaft genanntes Inventar-Modul Sonderfälle – etwa parallele Aktualisierungen – korrekt behandelt, die referenzielle Integrität wahrt und den etablierten Mustern Ihres Unternehmens folgt. Beispielsweise könnten Sie Vibe Coding nutzen, um das initiale CRUD-Gerüst zu generieren, und dann in den Entwicklungsmodus wechseln, um domänenspezifische Regeln zu Bestandsuntergrenzen, Logik zur Verwaltung mehrerer Lager oder die Integration mit bestehenden Authentifizierungs- und Autorisierungssystemen hinzuzufügen. Der entscheidende Punkt ist, dass man erkennt, wann man von der schnellen Codegenerierung zur sorgfältigen Veredlung übergehen sollte.

Glue Code und Integration

Müssen Sie zwei Dienste oder APIs ineinander integrieren? Das erfordert oft, Dokumentationen zu lesen und Code zu schreiben, um Daten von einem Format in ein anderes zu transformieren. KI-Modelle wurden häufig anhand von API-Dokumentationen und Codebeispielen trainiert, sodass sie Integrationsarbeiten beschleunigen können. Fragen Sie ChatGPT, wie Sie die API von Dienst A aus Sprache B aufrufen – mit hoher Wahrscheinlichkeit erhalten Sie Beispielcode mit den richtigen Endpunkten und vielleicht sogar ein Authentifizierungsbeispiel. Das Kombinieren mehrerer Systeme (z.B. das Anbinden eines Zahlungsgateways an Ihr Bestellsystem oder das Verbinden eines Analytics-SDK eines Drittanbieters) wird einfacher, wenn die KI direkt Boilerplate-Code und die zu behandelnden Randfälle vorschlagen kann. Bei solchen Standard-Integrationsmustern spielt KI ihre Stärken aus.

Nutzung moderner Frameworks

KI-Coding-Assistenten haben im Grunde die Handbücher aller bekannten Frameworks gelesen: React, Angular, Django, Rails, Node/Express, Flutter – um nur einige zu nennen. Das bedeutet: Wenn Sie bekannte Frameworks verwenden, kann die KI passenden idiomatischen Code generieren. Sie kann beispielsweise eine neue React-Komponente mit Hooks und State-Management oder ein neues Django-Modell mit der passenden Admin-Klasse und einem Serializer schreiben. Sie müssen sich also nicht alle Details merken – die KI füllt die Lücken. Vibe Coding eignet sich, weil die KI auch dafür ausreichend Beispiele »gesehen« hat, besonders gut für moderne Aufgaben der Webentwicklung wie das Generieren von HTML/JSX mit den geeigneten Klassen oder das Anbinden von Controller-Endpunkten. Es ist ein wenig so, als hätten Sie ständig einen Framework-Experten an Ihrer Seite, der den Boilerplate-Code schreibt, während Sie die spezifischen Funktionen des Features festlegen.

Repetitive Codegenerierung

Manchmal muss man eine große Menge ähnlichen Codes erstellen (z.B. viele ähnliche Endpunkte oder Klassen für alle Typen eines Schemas). Das ist für Menschen oft mühsam und kann fehleranfällig sein. KI hingegen liebt repetitive Strukturen – sobald Sie ihr ein oder zwei Beispiele zeigen, kann sie den Rest konsistent erzeugen. Eine massenhafte Codegenerierung kann enorm viel Zeit sparen. Wenn Sie beispielsweise Datenmodellklassen für 50 unterschiedliche Typen von Datensätzen erstellen, können Sie der KI ein Beispiel vorgeben und sie bitten, auf Basis dieses Musters Klassen für alle vorliegenden Typen zu erzeugen. Das wird sie wahrscheinlich in Sekundenschnelle und fehlerfrei erledigen. Im Ergebnis ersparen Sie sich einen ganzen Tag monotoner Programmierung.

Wann KI-gestützte Softwareentwicklung Vorrang haben sollte

Auch wenn Vibe Coding in bestimmten Szenarien hervorragend funktioniert, ist in anderen die KI-gestützte Softwareentwicklung ein absolutes Muss. Das Verständnis dieser Situationen hilft, um von Anfang an den richtigen Ansatz zu wählen und so kostspielige Rewrites oder technische Schulden zu vermeiden. Komplexe algorithmische Implementierungen erfordern den Engineering-Ansatz. Wenn Sie komplexe Datenstrukturen aufbauen, performancekritische Algorithmen implementieren oder neuartige Berechnungsprobleme lösen, benötigen Sie die präzise Kontrolle über jeden Aspekt der Implementierung.

Hier setzen Sie die KI als kompetenten Assistenten und nicht als reinen Codegenerator ein. Sie könnten sie bitten, algorithmische Ansätze zu erklären oder Ihre Implementierung auf Korrektheit zu prüfen, aber Sie müssen die direkte Kontrolle über Architektur- und Optimierungsentscheidungen behalten. Die KI unterstützt Sie dabei, über Probleme nachzudenken – sie ist nicht dafür da, sie vollständig zu lösen.

Missionskritische Systeme erfordern von Anfang an strenge Sorgfalt. Bei Finanztransaktionen, Anwendungen im Gesundheitswesen, Sicherheitsinfrastrukturen und anderen hochsensiblen Bereichen hat die explorative Natur des Vibe Coding nichts zu suchen. In diesen Kontexten muss jede Codezeile sorgfältig durchdacht und umfassend getestet werden, zumal der Code oft regulatorischen Anforderungen genügen muss. Die KI unterstützt, indem sie Best Practices vorschlägt, potenzielle Schwachstellen identifiziert und hilft, die Einhaltung von Standards sicherzustellen, aber als Entwicklerin oder Entwickler müssen Sie die genaue Kontrolle über die Implementierung behalten.

Das Kostenrisiko durch ein Scheitern solcher Systeme überwiegt bei Weitem die Geschwindigkeitsvorteile einer schnellen Generierung. Die Integration von Legacy-Systemen bringt besondere Herausforderungen mit sich, bei denen Entwicklungsdisziplin unerlässlich ist. Bei der Arbeit mit jahrzehntealten Codebasen, proprietären Protokollen oder Systemen mit erheblichen technischen Schulden versagt die Musterbeherrschung des Vibe Coding oft. Diese Szenarien erfordern ein tiefes Verständnis der bestehenden Einschränkungen, eine sorgfältige Planung der Integrationspunkte und methodisches Refactoring. KI kann helfen, indem sie Muster im Legacy-Code erklärt oder Modernisierungsstrategien vorschlägt, doch die eigentliche Implementierung erfordert die Präzision, die nur strukturiertes Engineering bietet.

Performanceoptimierung ist ein weiteres Gebiet, in dem Engineering dem Vibe Coding überlegen ist. KI kann zwar schnell funktionalen Code generieren, produziert aber selten optimale Lösungen für leistungskritische Pfade. Aufgaben wie Speicherverwaltung, Cache-Optimierung, Parallelverarbeitung und Latenzreduktion erfordern ein genaues Verständnis von Hardware, Betriebssystemen und algorithmischer Komplexität. Hier setzen Sie KI am besten als Forschungsassistenten ein, um Optimierungstechniken zu erkunden oder verschiedene Ansätze zu benchmarken, während Sie die fundierten Entscheidungen über die Implementierung treffen.

In diesen Szenarien passen die Mustererkennung und die Geschwindigkeit der KI perfekt zur Aufgabe. Im Wesentlichen ist Vibe Coding besonders erfolgreich bei bekannten Programmieraufgaben (wie CRUD oder typischen Strukturen von Webanwendungen) sowie bei Aufgaben, die von schnellem Ausprobieren profitieren (Prototypen, neue Ideen). Dann ist es, als hätten Sie eine Junior-Entwicklerin an Ihrer Seite, die alle GitHub-Repos gelesen hat und sofort weiß, wie diese Aufgaben normalerweise gelöst werden, sie umgehend ausführt und Ihnen das Ergebnis zum Review vorlegt. Das ist unglaublich hilfreich, um schnell voranzukommen.

Übergangspunkte erkennen

Die Kunst der modernen KI-gestützten Entwicklung liegt nicht darin, einen Ansatz dem anderen vorzuziehen, sondern zu erkennen, *wann man zwischen ihnen wechseln sollte*. Erfolgreiche Entwicklerinnen und Entwickler entfalten ein Gespür für diese Umschalt- oder Übergangspunkte. Wollen Sie ein neues Feature einführen? Beginnen Sie mit Vibe Coding, um schnell die Möglichkeiten zu erkunden. Stellen Sie fest, dass der Code komplex wird oder kritische Systeme betrifft? Wechseln Sie in den Engineering-Modus. Erstellen Sie einen Proof of Concept für eine Kundendemo? Mit Vibe Coding ist das schnell erledigt. Wandeln Sie diesen Proof of Concept in ein Produktivsystem um? Zeit für Entwicklungsdisziplin.

Diese Flexibilität – die Fähigkeit, nahtlos zwischen schneller Erkundung und präziser Konstruktion zu wechseln – zeichnet wirklich effektive, KI-gestützt arbeitende Entwickler aus, weil sie verstehen, dass Vibe Coding und KI-gestützte Entwicklung sich ergänzende Werkzeuge sind, die sich für jeweils unterschiedliche Phasen des Entwicklungszyklus eignen. Das Ziel ist nicht, sich für eine Seite zu entscheiden, sondern beide Ansätze strategisch einzusetzen, um Geschwindigkeit und Qualität im gesamten Prozess der Softwareentwicklung zu maximieren.

Wo KI weiterhin an ihre Grenzen stößt

So beeindruckend aktuelle KI-Coding-Tools auch sind, sie sind keine Zaubermittel. Es gibt Problemklassen, die für KI oft nicht zuverlässig zu bewältigen sind und menschliches Urteilsvermögen oder klassische Programmiertechniken erfordern. Nur wenn Sie diese Grenzen kennen, können Sie die richtigen Erwartungen entwickeln und planen, wann Sie der KI die Zügel etwas lockerer lassen und wann Sie sie wieder anziehen sollten.

Zu den Einschränkungen gehören unter anderem:

Hochkomplexe Systeme
: Wenn Sie mit sehr komplexen Algorithmen oder neuartigen Problemen arbeiten, die die KI wahrscheinlich noch nicht kennt, kann sie ins Straucheln geraten. Bei der Entwicklung beispielsweise eines völlig neuen Algorithmus auf Basis eines Forschungsartikels oder beim Schreiben eines Compilers oder eines hochgradig parallelen Systems sind ein echtes Verständnis der komplexen Logik und oftmals originelle Ideen gefragt. Sie können KI versuchsweise darauf ansetzen, allerdings könnten sich dabei subtile Fehler einschleichen.

  Bei solchen komplexen Aufgabenstellungen kann die Tendenz der KI, nur ungefähr, aber nicht vollständig korrekten Code zu erzeugen, zu zahlreichen Korrekturschleifen führen. Wie in den Kapiteln 3 und 4 besprochen wird, ist es für die KI sehr schwierig, die letzten rund 30 % an Korrektheit zu erreichen. Das hängt mit dem sogenannten *70 %-Problem* zusammen: Die KI bringt Sie zwar ziemlich schnell ziemlich weit voran, aber die letzten Meter bis zum Ziel sind zäh. Ein erfahrener Entwickler könnte die KI nutzen, um Grundgerüste oder Hilfsfunktionen für solche komplexen Aufgaben zu generieren, würde die Kernlogik aber selbst umsetzen.

Low-Level-Optimierungen und Systemprogrammierung
: Aktuelle KI-Modelle sind vor allem auf Hochsprachen und Abstraktionen trainiert. Wenn Sie niedrigstufige Bit-Manipulationen durchführen, hochoptimierten C-Code für einen bestimmten Mikrocontroller schreiben oder vektorisierte SIMD-Instruktionen erzeugen müssen, könnte die KI fehlerhafte Ergebnisse liefern. Möglicherweise erzeugt sie Code, der zwar plausibel wirkt, aber auf Hardwareebene nicht wirklich optimal läuft oder sogar fehlerhaft ist.

KI versteht zudem Themen wie Speicherverwaltung oder Echtzeitanforderungen nicht gut (sie simuliert keinen CPU-Cache »im Kopf«). Für leistungskritischen Code sollten Sie KI-Vorschläge entweder gründlich testen oder die entsprechenden Abschnitte manuell schreiben. Die KI kann zwar auch hier unterstützen, indem sie ein erstes Template bereitstellt oder Assembly erklärt, doch dürfen Sie ihr in solchen Szenarien nicht blind vertrauen.

Nischen-Frameworks
: Wenn Sie ein selten genutztes oder sehr neues Framework verwenden, das es während des Trainings der KI noch nicht gab, wird sie darüber wenig bis nichts wissen. In solchen Fällen könnte die KI versuchen, zu verallgemeinern oder Code zu erzeugen, der zwar passend wirkt, aber in Wirklichkeit halluzinierte, nicht existente Funktionen aufruft oder veraltete API-Versionen nutzt. Ist beispielsweise im vergangenen Monat eine neue Version eines Web-Frameworks mit Breaking Changes veröffentlicht worden, kennt die KI diese Änderungen nicht. Sie wird vermutlich Code für die alte Version generieren. In solchen Fällen müssen Sie auf die Dokumentation zurückgreifen und die KI gegebenenfalls unterstützen, indem Sie ihr im Prompt Kontext aus der Dokumentation bereitstellen oder darauf per URL verweisen (sehr vereinfacht ausgedrückt, gleicht das einem temporären, nur für den aktuellen Chat gültigen »Nachtrainieren«).

Kreatives UI/UX-Design
: Eine KI zu bitten, eine völlig neuartige Benutzeroberfläche oder Nutzererfahrung zu entwerfen, ist nicht besonders zielführend, da KIs bei dieser Form kreativer Neuschöpfungen nicht besonders gut sind. Sprachmodelle können zwar UI-Code für bekannte Muster generieren (etwa ein Standardformular oder ein Dashboard), aber wenn Sie gern eine innovative Benutzeroberfläche hätten, für die es keine klaren Vorbilder gibt, liefert die KI Ihnen möglicherweise keine sonderlich inspirierenden Vorschläge. Vermutlich wird sie einfach bekannte Komponenten zusammenfügen. Um neuartige Nutzererfahrungen zu entwerfen, werden weiterhin dringend menschliche Designer und Frontend-Entwicklerinnen gebraucht. Rein aus der Coding-Perspektive kann die KI Ihnen schnell eine standardmäßig aussehende Benutzeroberfläche erstellen, aber um ein besonderes, individuelles Look and Feel zu bekommen, müssen Sie sie anleiten oder manuell nacharbeiten.

Interpretation von Intention und Anforderungen
: Manchmal hat die KI Schwierigkeiten, wenn Anforderungen implizit oder widersprüchlich sind. Über das hinaus, was Sie ihr explizit mitteilen, hat sie kein echtes Verständnis vom Endziel. Wenn Anforderungen vage sind (»ma-

che es effizient« – was bedeutet das genau?), könnte die KI falsch einschätzen, was Ihnen wichtig ist, und zum Beispiel den Speicherbedarf optimieren, obwohl es Ihnen um Geschwindigkeit geht. Menschen sind besser darin, Absichten abzuklären, insbesondere mit technikferneren Stakeholdern. KI kann Anweisungen auch falsch interpretieren, insbesondere wenn es domänenspezifischen Kontext gibt, den sie nicht kennt (wie Geschäftsregeln). Sie könnte eine zwar logisch korrekte Lösung generieren, die aber das eigentliche Problem nicht löst, weil sie bestimmte Nuancen nicht erkannt hat.

Ein gutes Beispielszenario, das diese Aspekte kombiniert: Stellen Sie sich vor, Sie entwickelten eine neue 3-D-Grafik-Engine (komplexes System) in Rust (systemnah, leistungskritisch). Sie setzen dabei neuartige Algorithmen für das Rendering ein (spezielle Probleme). KI könnte vielleicht dabei helfen, etwas Boilerplate-Code zu schreiben, aber für den Kern des Systems wäre menschliche Kreativität gefragt. Die KI könnte Ihnen den Einstieg erleichtern, indem sie ein Fenster und eine einfache Render-Schleife einrichtet (gängige Aufgaben). Die individuellen, neuartigen Abschnitte würden Sie jedoch mit traditionellem, sorgfältigem Programmieren umsetzen und sich dabei von der KI allenfalls algorithmische Hilfe in Form von Pseudocode holen. Würden Sie die KI bitten, eine leistungskritische Schleife in Assembler zu optimieren, müssten Sie jede einzelne Anweisung überprüfen.

Zudem fehlt der KI echtes Problemlösungsvermögen, da am Ende alles auf Mustererkennung beruht. Wenn für die Lösung Ihres Problem also ein kreativer Aha!-Moment nötig ist, könnte die KI einfach ziellos Dinge präsentieren, die zwar wie Code aussehen, das eigentliche Problem aber nicht lösen. Hier braucht es oft den Menschen, der gedanklich einen Schritt zurücktreten, abstrakt denken und auf echte Erfahrungen zurückgreifen kann. Sobald Sie einen kreativen Lösungsansatz haben, können Sie die KI nutzen, um ihn umzusetzen.

Wenn Sie die Stärken und Schwächen von KI kennen, können Sie in geeigneten Situationen Vibe-Coding-Techniken einsetzen. Um den Erfolg zu maximieren, verwenden Sie KI für diejenigen Aufgaben, bei denen sie besonders gut ist (bei bekannten Mustern), und setzen für die einzigartigen Teile Ihrer Anwendung auf Ihre eigene Kreativität. Seien Sie immer bereit, in Bereichen einzugreifen, in denen KI bekanntermaßen Schwierigkeiten hat. Überprüfen Sie beispielsweise sorgfältig jeden generierten sicherheitskritischen Code, da möglicherweise Randfälle übersehen werden.

Nutzen Sie KI, um menschliche Stärken zu ergänzen: Überlassen Sie ihr die Breite (viel Code, Boilerplate), während Sie sich um die Tiefe (komplexe Logik, Architektur) kümmern. Nutzen Sie sie dort als Turbo, wo sie ihre Stärken hat, und scheuen Sie sich nicht, auf schwierigeren Strecken selbst das Steuer zu übernehmen. So nutzen Sie die Stärken sowohl von Mensch als auch von KI und erzielen das beste Ergebnis. Zu wissen, wann Sie KI einsetzen und wann Sie sich auf menschliche Fähigkeiten verlassen sollten, wird Sie in dieser neuen Ära zu einem hochrangig effektiven Entwickler machen.

Jede neue Technologie bringt Vorteile, aber auch Einschränkungen mit sich. So sehr wir den Produktivitäts- und Kreativitätsschub durch KI-gestützte Entwicklung begrüßen sollten, gilt es doch zugleich, ihr mit einem differenzierten Verständnis ihrer Grenzen und Einschränkungen zu begegnen. Zu den wichtigsten Vorteilen gehören:

Schnellere Entwicklungszyklen
: Projekte können schneller vom Konzept über den Prototyp zum fertigen Produkt gelangen. KI kann im Handumdrehen Gerüstcode generieren (zum Beispiel Boilerplate-Code für ein neues Projekt einrichten), sodass Sie mehr Zeit für die individuellen Teile Ihrer Anwendung haben.

Verbessertes Prototyping und Experimentieren
: Da die Kosten für Experimente geringer sind, weil man der KI einfach beschreibt, was man möchte, um einen schnellen Entwurf zu erhalten, können Entwicklerinnen und Entwickler freier experimentieren. Sie können prototypisch mehrere Ansätze für ein Problem entwickeln, indem Sie unterschiedliche Prompts ausprobieren und anschließend das beste Ergebnis auswählen. Diese iterative Ideenfindung kann zu kreativeren Lösungen führen.

Wissen ist jederzeit verfügbar
: LLMs sind auf einem riesigen Korpus an Programmierwissen trainiert. Modelle »kennen« oft auch wenig verbreitete APIs oder Lösungen für Fehlermeldungen. In der Praxis kann KI Lösungen oder Ideen aufzeigen, an die Sie möglicherweise selbst nicht gedacht hätten, wodurch Sie zu einem effektiveren Problemlöser werden.

Konsistenz und Standardisierung
: In Teamumgebungen kann ein KI-Assistent helfen, durch die Generierung von Code in einheitlichem Stil Coding-Standards und Best Practices durchzusetzen. Wird ein Assistent mit dem Styleguide Ihres Projekts konfiguriert, kann er dafür sorgen, dass der Code aller Beteiligten entsprechenden Mustern folgt. Auch ohne explizites Training erzeugen KI-Modelle oft idiomatischen Code (da sie aus Millionen von Beispielen gelernt haben). Das kann den Aufwand bei Code-Reviews verringern, da die Funktionen vertraut wirken und von vornherein gängigen Konventionen entsprechen.

Zu den Einschränkungen und Kompromissen, die zu berücksichtigen sind, gehören:

Schwankende Ausgabequalität
: Sprachmodelle sind nicht unfehlbar. Sie erzeugen mitunter Code, der korrekt aussieht, aber subtile Fehler oder ineffiziente Anweisungen enthält. Oder sie wählen eine veraltete Vorgehensweise, weil ihre Trainingsdaten viele ältere Codebeispiele enthalten. Als Entwickler müssen Sie stets wachsam bleiben. So wenig, wie Sie Code aus dem Internet verwenden würden, ohne ihn zu verstehen, so wenig sollten Sie unkritisch KI-generierten Code übernehmen. In Teil II dieses Buchs wird es um Techniken gehen, mit denen KI-generierter Code gründlich validiert und getestet werden kann.

Mehrdeutige Prompts führen zu mehrdeutigem Code
: Wenn Ihr Prompt unzureichend spezifiziert ist, muss die KI Ihre Absicht erraten – und liegt dabei möglicherweise falsch. Wenn Sie ihr zum Beispiel sagen, sie solle »eine Liste von Namen sortieren«, wird sie wahrscheinlich alphabetisch sortieren, aber vielleicht meinen Sie etwas ganz anderes (etwa eine Sortierung nach der Länge der Namen). Die KI wird das nur verstehen, wenn Sie Ihren Wunsch deutlich machen. Deshalb ist Präzision in Prompts entscheidend – in Kapitel 2 werden Sie lernen, welche Details Sie explizit angeben müssen.

Übermäßige Abhängigkeit und Kompetenzverlust
: Wenn unerfahrene Entwickler ständig auf KI zurückgreifen, um sich Code schreiben zu lassen, werden sie dann die gleiche Tiefe im Verständnis von Algorithmen und Debugging entwickeln? Es besteht die Gefahr eines Kompetenzverlusts, ähnlich wie der ständige Einsatz von Navigationsgeräten das eigene Orientierungsvermögen verkümmern lassen kann. Um dem entgegenzuwirken, ist es wichtig, KI als Lernwerkzeug zu nutzen und gelegentlich auch ohne sie zu programmieren, um seine grundlegenden Fähigkeiten zu bewahren: Setzen Sie sich mit dem gelieferten Code auseinander und hinterfragen Sie ihn.

Datenschutz- und Sicherheitsbedenken
: Die Nutzung Cloud-basierter KI-Programmierwerkzeuge bedeutet häufig, dass Ihr Code (der möglicherweise proprietär oder sensibel ist) zur Analyse an einen Drittanbieter gesendet wird. Unternehmen müssen dies unbedingt berücksichtigen. In viele Tools können lokale Sprachmodelle eingebunden werden. Außerdem sichern Anbieter oft zu, Ihren Code weder zu speichern noch zum Training von Modellen zu nutzen. Dennoch bleibt das ein Aspekt, den man beachten muss. Es besteht auch das Risiko, dass die KI versehentlich Code generiert, der stark existierendem Code in seinen Trainingsdaten ähnelt und möglicherweise unter eine Open-Source-

Lizenz (wie GPL) fällt. Auch wenn dieser Fall unwahrscheinlich ist und seitens der Modellanbieter Maßnahmen greifen, um lange, wortwörtlich reproduzierte Ausgaben zu verhindern, unterstreicht es die Notwendigkeit, das von der KI erzeugte Material zu überprüfen und zu verstehen, bevor man es integriert. Kapitel 8 behandelt Fragen der Sicherheit und Zuverlässigkeit.

Bias in KI-Ausgaben
KI-Modelle können Vorurteile und Voreingenommenheiten widerspiegeln, die in ihren Trainingsdaten vorliegen. Im Programmierkontext könnte sich das so harmlos darstellen wie die Bevorzugung bestimmter Variablennamen, aber auch durchaus signifikant auswirken, wenn Beispiele genutzt werden, die bestimmte Nutzerattribute voraussetzen. Zum Beispiel könnte es `foo/bar` für jede Beispielvariable verwenden (weil viele Beispiele dies tun) oder Annahmen über Nutzerregionen treffen. Im Vergleich zu anderen KI-Anwendungen ist das bei der Codegenerierung meist kein großes Problem, aber es ist wichtig, sich dieser Möglichkeit bewusst zu sein. Auf einer subtileren Ebene kann die KI zu Lösungen tendieren, die sie im Training häufiger gesehen hat – selbst wenn diese für Ihren Anwendungsfall nicht am besten geeignet sind. Kapitel 9 behandelt das Bias-Thema und andere ethische Überlegungen.

Menschliche Faktoren und Vertrauen
Nicht alle Entwickler fühlen sich mit der neuen KI-basierten Arbeitsweise sofort wohl. Programmieren hat seinen eigenen Reiz und verlangt eine gewisse Kunstfertigkeit, und manche Entwicklerinnen und Entwickler mögen das Gefühl haben, dass diese Aspekte durch den Einsatz von KI geschmälert werden. Es kann auch zunächst ein Mangel an Vertrauen in KI bestehen (»Ist das wirklich richtig?«), der nur durch gute Erfahrungen und ausreichend Zeit überwunden werden kann. Teams, die KI einsetzen, sollten eine Eingewöhnungsphase einplanen und den teaminternen Austausch von Erfahrungen und Tipps fördern. Mit der Zeit wird sich, wie bei jedem Werkzeug, ein Gleichgewicht einstellen, bei dem einerseits die Beiträge der KI geschätzt werden und sich andererseits menschliche Expertise auf das konzentriert, was Menschen am besten können.

Zusammenfassung und Ausblick

Der Wandel hin zu einer Intent-basierten Programmierung bietet enormes Potenzial, die Softwareentwicklung schneller, zugänglicher und in vielerlei Hinsicht angenehmer zu machen. Dieses Potenzial auszuschöpfen, bedeutet jedoch, die neuen Dynamiken zu verstehen: wie man effektiv mit KI kommuniziert, wie man ihre Ergebnisse überprüft und wie man sie verantwortungsvoll in den Entwicklungsprozess integriert.

Aus meiner Arbeit mit diesen Tools und der Beobachtung vieler Projekte habe ich die Erkenntnis gewonnen, dass der größte Nutzen von KI in der Verbindung des kreativen »Vibes« mit solider Entwicklungsdisziplin liegt. Nutzen Sie die wilden Ideen und schnellen Entwürfe, die KI liefern kann – das sind die neuen Superkräfte, die uns zur Verfügung stehen. Aber lenken Sie die KI mit dem Wissen, das sich in der Softwareentwicklung über die vergangenen Jahrzehnte angesammelt hat: mit der Einsicht in die Bedeutung von Planung, Tests und der Notwendigkeit zu verstehen, was man entwickelt.

Wenn wir zu diesem Gleichgewicht finden, können wir das Beste aus beiden Welten nutzen. Wir erhalten Software, die schneller und potenziell kreativer entwickelt wird, der wir aber zugleich vertrauen können, die wartbar ist und die wir ohne Bedenken weiterentwickeln können. So heben wir letztlich unser Handwerk im Zeitalter der KI auf ein neues Niveau: nicht durch die Entscheidung für Vibes oder für KI-gestützte Softwareentwicklung, sondern durch die souveräne Beherrschung des gesamten Spektrums dazwischen.

Als Nächstes behandelt Kapitel 2 die Kunst, Prompts zu formulieren und mit KI zu kollaborieren. Mit den Grundlagen aus diesem Kapitel im Hinterkopf sind Sie jetzt bereit, die praktische Seite dieser neuen Ära des Programmierens zu erkunden. Das legt die Grundlage für praktische Beispiele und fortgeschrittene Prompting-Techniken in den darauffolgenden Kapiteln.

KAPITEL 2

Die Kunst des Promptings: effektive Kommunikation mit der KI

Beim Vibe Coding sind Prompts gewissermaßen der neue Source-Code.

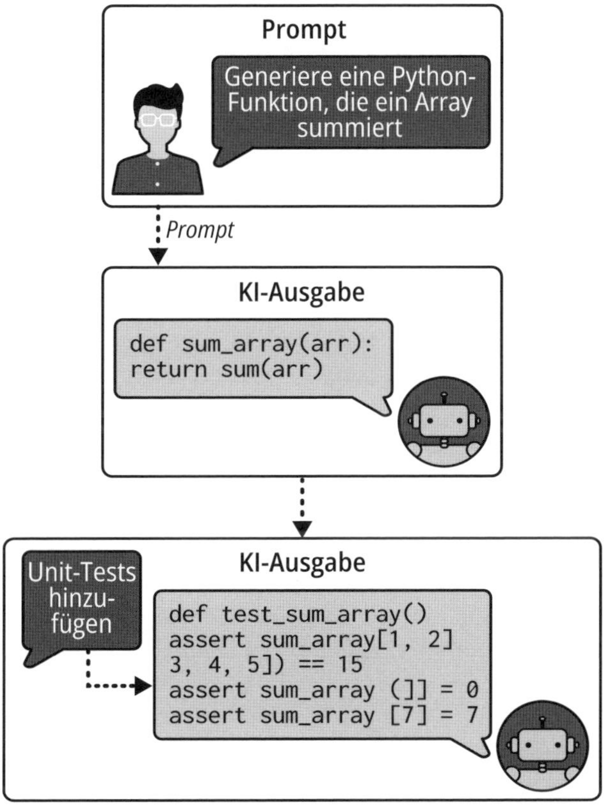

Abbildung 2.1: Darstellung einer Unterhaltung mit einem Chatbot, der beim Programmieren unterstützt. Entwickler und KI führen einen Dialog: Der Entwickler gibt Anweisungen oder stellt Fragen (Prompts), und die KI antwortet mit Code oder Lösungen. Eine effektive Kommunikation mit der KI durch gut gestaltete Prompts ist entscheidend für eine präzise und nützliche Codegenerierung.

In welcher Form Sie Ihre Ziele der KI mitteilen, hat direkten Einfluss auf die Qualität des generierten Codes. Einen guten Prompt zu formulieren, ist sowohl Kunst wie Wissenschaft – und eine neue Disziplin, die als *Prompt Engineering* bezeichnet wird. Dieses Kapitel vermittelt Ihnen Techniken, um das Beste aus Ihrem KI-Coding-Assistenten herauszuholen. Wir beginnen mit einigen Grundlagen dazu, warum Prompts wichtig sind, und legen uns dann einen Werkzeugkasten mit Prompting-Techniken zu – von einfachen bis hin zu fortgeschrittenen. Wenn Sie wissen, wie Sie effektive Prompts erstellen und iterativ verfeinern (Abbildung 2.1), können Sie mit der KI effizienter und präziser zusammenarbeiten.

Grundlagen des Prompt Engineering

Wenn wir Vibe Coding als fortlaufendes Gespräch zwischen Ihnen und einem KI-Modell betrachten, dann ist *Prompt Engineering* die Fähigkeit, die Sprache der KI zu beherrschen, um optimale Ergebnisse zu erzielen. Ein gut formulierter Prompt kann den Unterschied zwischen einem irrelevanten oder fehlerhaften Codevorschlag und einer perfekten Lösung ausmachen. Es geht darum, die KI effektiv zu steuern, Kontext bereitzustellen und mit der KI geschickt zu iterieren, wenn die erste Antwort noch zu wünschen übrig lässt.

Programmieren Sie mit einer KI, dann programmieren Sie im Grunde *durch* natürliche Sprache. Der von Ihnen bereitgestellte Prompt lässt sich mit einer höheren Programmiersprache vergleichen, die der KI-Interpreter anschließend in echten Code übersetzt. So wie die Ausgabe eines Compilers nur so gut ist wie der eingegebene Quellcode, so ist die Ausgabe einer KI nur so gut wie der Prompt.

Warum sind Prompts so wichtig? LLMs sind trotz ihrer Komplexität keine Gedankenleser. Sie reagieren nur auf die Eingaben, die sie erhalten. Mehrdeutige oder schlecht formulierte Prompts können zu irrelevantem oder fehlerhaftem Code führen, während ein klarer und präziser Prompt bereits im ersten Anlauf eine exakte Lösung liefern kann. Beim traditionellen Programmieren denkt man über Algorithmen nach und schreibt Code. Beim Vibe Coding überlegt man, wie man seine Anforderungen der KI am besten vermittelt. Zwar muss man weiterhin präzise sein und logisch vorgehen, aber es findet eine Verschiebung statt: Anstelle von Funktionen schreibt man nun Text.

Prompts zu schreiben, lässt sich damit vergleichen, Dokumentationen oder User Stories für einen pedantischen Junior-Entwickler zu formulieren, der alles sehr wörtlich nimmt und deshalb (nur) genau das tut, wozu er angewiesen wurde. Er weiß zwar sehr viel, aber jenseits seiner erlernten Muster fehlt ihm oft der gesunde Menschenverstand. Wenn Ihre Anweisungen (Prompts) Interpretationsspielraum lassen, könnte die KI diese Lücken auf eine Weise schließen, die Sie nicht beabsichtigt haben. War es früher nur entscheidend, die Syntax einer Programmiersprache zu beherrschen, ist es heutzutage genauso wichtig, in geeigneter Weise mit der KI *kommunizieren* zu können.

Ein weiterer Grund, warum Prompts so wichtig sind, ist deren Reproduzierbarkeit. Wenn Sie einen Prompt entwickeln, der zuverlässig guten Code für ein bestimmtes Muster oder eine Aufgabe erzeugt, wird dieser Prompt selbst zu wertvollem Wissen (einem Code-Snippet oder einem Template vergleichbar). Sie können ihn aufheben und in ähnlichen Kontexten wiederverwenden. In Entwicklungsteams könnten Teammitglieder effektive Prompt-Muster miteinander teilen, ähnlich wie bei erfolgreichen Programmierpraktiken.

Zudem werden Modelle mit zunehmender Leistungsfähigkeit und besserer Integration komplexere Interaktionen ermöglichen. Wer geschickt promptet, kann neue Fähigkeiten schneller nutzen. Einige fortschrittliche Systeme ermöglichen Ihnen beispielsweise, umfangreiche Anweisungen anzuhängen oder ganze Referenzdokumente als Teil des Kontexts bereitzustellen. Zu wissen, wie man diese Eingaben strukturiert, ist entscheidend, um solche Möglichkeiten auszuschöpfen.

Betrachten Sie das Schreiben von Prompts als neue Schlüsselqualifikation. In vielerlei Hinsicht *ist* Prompting nichts anderes als eine Form des Programmierens. Der Hauptunterschied besteht darin, dass Sie in einer natürlichen Sprache wie Deutsch oder Englisch schreiben, die die KI anschließend in Code übersetzt. Dennoch müssen Sie sich klar und logisch ausdrücken und in Ihren Anweisungen auch Randfälle berücksichtigen.

Klarheit und Präzision: erfolgreiche Prompts formulieren

Einer der Grundsätze des Promptings (den ich in Kapitel 3 ausführlicher beschreiben werde) lautet, präzise und eindeutig zu formulieren, was man will. Anders als ein menschlicher Mitarbeiter muss sich eine KI Ihre Absichten allein aufgrund der von Ihnen gewählten Formulierungen erschließen. Ein häufig zu beobachtender Fehler besteht darin, von einem sehr allgemein gehaltenen Prompt wie »Erstelle eine Website« Wunderdinge zu erwarten. Die KI funktioniert besser, wenn ihr konkrete Details genannt werden.

Gehen Sie immer davon aus, dass die KI über Ihr Projekt nichts weiß mit Ausnahme der Dinge, die Sie ihr mitteilen. Fügen Sie relevante Details hinzu, wie die zu verwendende Programmiersprache, das Framework und die Bibliotheken sowie die konkrete Funktion oder den betreffenden Codeausschnitt. Wenn ein Fehler auftritt, geben Sie die genaue Fehlermeldung an und beschreiben, was der Code leisten soll. Unklarheiten und Interpretationsspielräume können unbeabsichtigte Ergebnissen nach sich ziehen.

Anstatt beispielsweise zu verlangen: »Schreibe eine Sortierfunktion«, könnten Sie formulieren:

> *Schreibe eine Python-Funktion sort_by_lastname(customers), die eine Liste von Kundendatensätzen entgegennimmt (jeder mit einem first_name- und last_name-Feld) und eine Liste zurückgibt, die alphabetisch nach last_name sortiert ist. Füge einen kurzen Docstring hinzu und benutze bei fehlenden Nachnamen leere Zeichenfolgen.*

Dieser Prompt definiert klare Erwartungen hinsichtlich der Sprache (Python), des Funktionsnamens und -zwecks, der Eingabestruktur, des Sortierschlüssels, zusätzlicher Anforderungen (Docstring) und eines Randfalls. Er wird wahrscheinlich genau das gewünschte Ergebnis liefern oder dem zumindest sehr nahe kommen. Versuchen Sie, zu denken wie jemand, der eine Spezifikation schreibt: Je präziser Sie die Aufgabe beschreiben, desto weniger muss die KI raten, und desto weniger Überarbeitungen werden nötig sein.

Einige Strategien, die helfen, präzise Prompts zu formulieren:

Geben Sie die Sprache oder Umgebung an.
: Wenn Sie eine Lösung in JavaScript möchten, geben Sie an: »Schreibe eine JavaScript-Funktion ...« statt nur »Schreibe eine Funktion ...«. Ist das Ergebnis für ein bestimmtes Framework oder eine bestimmte Version gedacht, geben Sie dies mit an (»mit React Hooks ...« oder »in Python 3 ...«).

Definieren Sie den Umfang der Ausgabe.
: Brauchen Sie nur eine Funktion? Eine vollständige Datei oder ein Modul? Sollen Tests enthalten sein? Zum Beispiel führen die Prompts »Stelle nur die Implementierung der Funktion bereit« und »Stelle ein vollständiges, ausführbares Skript bereit« zu unterschiedlichen Ergebnissen.

Geben Sie Anforderungen und Einschränkungen an.
: Im Log-in-Beispiel aus Kapitel 1 haben wir die Passwortlänge und die Anzahl erlaubter Eingabeversuche festgelegt. Berücksichtigen Sie Randfälle und Einschränkungen und nehmen Sie diese in den Prompt auf. Falls der Code für Performance optimiert oder ein bestimmter Algorithmus verwendet werden soll, geben Sie das an: »mit O(n) Laufzeit und O(1) Speicherbedarf« oder »mithilfe eines binären Suchansatzes«.

Vermeiden Sie unklare Bezüge.
: Verwenden Sie keine Wörter wie »es« ohne einen klaren Bezug. Anstatt »Verarbeite es und gib das Ergebnis zurück« sollten Sie formulieren: »Verarbeite das Array und gib das resultierende Array zurück«.

Geben Sie das gewünschte Ausgabeformat an.
: Falls Sie möchten, dass die KI nur Code, Code mit Kommentaren oder allein eine Erklärung ausgibt, machen Sie eine entsprechende Vorgabe: »Gib nur den Code aus, ohne Erläuterungen« oder »Füge im Code bei jedem Schritt eine kurzen Kommentar hinzu«.

Ein klarer Prompt ist die Basis für gute Ergebnisse. Wenn Sie feststellen, dass die Antworten der KI oft stark nachgebessert werden müssen, sind Ihre Prompts möglicherweise zu ungenau.

Was Sie besser nicht tun sollten:

Schreiben Sie keine Romane.
: Überlange Prompts mit irrelevanten Informationen können das Modell verwirren oder dazu führen, dass es einen falschen Fokus setzt. Präzise, aber vollständig zu formulieren, reicht aus. In einem Programmierkontext ist es beispielsweise meist nicht nötig, einen Prompt mit »Du bist ein Weltklasse-Programmierer ...« einzuleiten. Zwar gehen einige Nutzer beim allgemeinen Gebrauch von ChatGPT so vor, doch ist ein solches Intro für Programmieraufgaben meist überflüssig und kann sogar stören.

Verlassen Sie sich nicht darauf, dass die KI Details eigenständig korrekt ergänzt.
: Wenn etwas wichtig ist (wie Thread-Sicherheit, Umgang mit Sonderzeichen usw.), erwähnen Sie es. Wenn Sie es nicht erwähnen, sollten Sie davon ausgehen, dass die KI es auch nicht berücksichtigt.

Vermeiden Sie offene, »kreative« Prompts, wenn Sie deterministische Ergebnisse benötigen.
: Wenn Sie beispielsweise sagen: »Schreibe Code, um Daten zu analysieren«, könnte die KI raten, welche Art der Analyse gemeint ist. Formulieren Sie stattdessen konkret:

  Berechne den Mittelwert und die Standardabweichung einer Liste von Zahlen.

Kurz gesagt: *Drücken Sie sich immer so genau wie möglich aus.* Je mehr die KI wirklich über Ihre Absichten »weiß«, desto bessere Ergebnisse kann sie liefern. Wenn Sie die KI mehrfach korrigieren müssen, sollten Sie sich fragen, ob Ihr ursprünglicher Prompt klar genug formuliert war.

Iterative Verfeinerung: die Feedbackschleife

Aber selbst bei klaren Prompts erhalten Sie beim ersten Versuch nicht immer die perfekte Antwort. Betrachten Sie die Interaktion mit der KI als ein Gespräch oder einen iterativen Entwicklungsprozess. Das ist die Feedbackschleife, die ich in Kapitel 1 erwähnt habe.

Wenn die KI Ihnen Code liefert, prüfen Sie ihn kritisch – so wie Sie es auch bei Code tun würden, den ein Mensch geschrieben hat. Erfüllt er die Anforderungen? Falls nicht, finden Sie heraus, was fehlt oder fehlerhaft ist. Geben Sie anschließend Feedback oder formulieren Sie einen verbesserten Prompt. Dazu setzen Sie in einer dialogbasierten KI (Chatbot) einfach das Gespräch fort oder schreiben in einem Editor einen weiteren Kommentar, auf den die KI reagieren soll.

Mit solchem Feedback führen Sie die KI näher an das gewünschte Ergebnis heran. In gewisser Weise *trainieren* Sie sie für Ihr spezifisches Problem – on-the-fly, aber nur temporär gültig für den aktuellen Chat. Fortgeschrittenes Prompt Engineering funktioniert wie die Schleife in Abbildung 2.2: Prompt → KI-Ausgabe → Überprüfung → Prompt verfeinern → KI-Ausgabe → ... bis das Ziel erreicht ist. Es ist sinnvoll, die Änderungen pro Iteration gering zu halten: Wenn Sie den Prompt zu stark überarbeiten, gehen möglicherweise korrekte Abschnitte der vorherigen Ausgabe verloren.

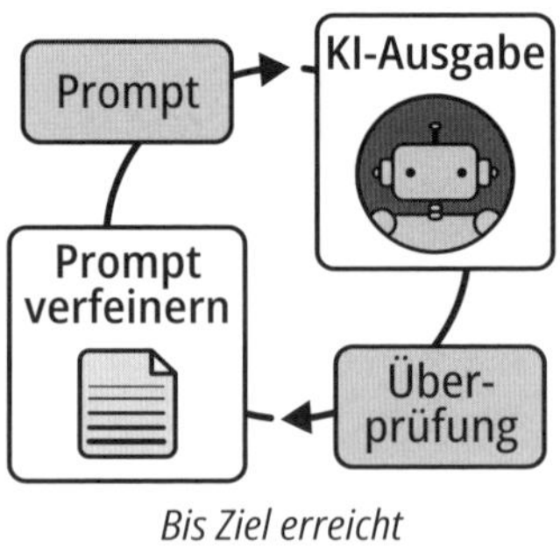

Abbildung 2.2: Fortgeschrittene Prompt-Engineering-Schleife

Zum Beispiel könnten Sie so prompten:

> *Schreibe eine Funktion, die eine Liste von Ganzzahlen entgegennimmt und ihre Summe zurückgibt.*

Die KI liefert damit möglicherweise eine Funktion, die von einer nicht leeren Liste ausgeht und deshalb leere Listen nicht korrekt behandelt. Sie könnten dann antworten:

> *Das sieht gut aus. Ändere die Funktion jedoch so, dass 0 zurückgegeben wird, wenn die Liste leer ist.*

Die KI würde die Funktion jetzt entsprechend aktualisieren. Sie müssen keinen grundlegend neuen Prompt formulieren, es reicht, der KI mitzuteilen, dass eine Anpassung vorzunehmen ist. Der zuvor von der KI gelieferte Code ist ja bereits Teil des Kontexts.

Wenn Sie einen Inline-Assistenten nutzen, könnte die Verfeinerung so ablaufen: Sie bearbeiten den Code, fügen dabei einen Kommentar wie `# TODO: leere Liste berücksichtigen` ein und prüfen dann, ob die KI dafür eine Lösung vorschlägt.

Sie können zur Verbesserung des Ergebnisses auch den ursprünglichen Prompt mit zusätzlichen Informationen versehen. Angenommen, Sie verlangen: »Sortiere eine Namensliste«, und die KI liefert Code, der nach Groß- und Kleinschreibung sortiert, obwohl dies nicht berücksichtigt werden soll. Sie könnten umformulieren:

> *Sortiere eine Namensliste ohne Berücksichtigung von Groß- und Kleinschreibung.*

Oder auch:

> *Der vorherige Code sortiert unter Berücksichtigung der Groß- und Kleinschreibung. Ändere ihn so, dass dies keine Rolle spielt.*

Beim Debuggen, insbesondere bei komplexeren Logikfehlern (bei denen keine offensichtliche Fehlermeldung ausgegeben wird, die Ausgabe aber falsch ist), können Sie die KI auffordern, die Ausführung des Codes schrittweise nachzuvollziehen, zum Beispiel:

> *Gehe diese Funktion Zeile für Zeile durch und verfolge dabei den Wert von total. Die Werte werden nicht korrekt aufsummiert – wo liegt der logische Fehler?*

Das ist ein Beispiel für einen Prompt, der Rubber-Duck-Debugging verlangt: Sie bitten die KI dabei im Prinzip, einen Debugging-Prozess zu simulieren, den ein Mensch anhand von Ausdrucken oder mit einem echten Debugger durchführen würde. Solche Prompts decken oft subtile Probleme auf, etwa Variablen, die nicht zurückgesetzt werden, oder fehlerhafte Bedingungen. Wenn Sie einen bestimmten Teil des Codes im Verdacht haben, können Sie speziell darauf hinweisen:

> *Erkläre, was hier der Aufruf von filter bewirkt und ob er möglicherweise mehr Elemente ausschließt als vorgesehen.*

Wenn die KI in einer erklärenden Rolle agiert, wird der Fehler oft im Zuge der Beschreibung deutlich.

Im Nachgang einer Erklärung ist es oft hilfreich, direkt nach dem gewünschten Ergebnis zu fragen:

Was könnte dieses Problem verursachen, und wie kann ich es beheben?

Damit fordern Sie die KI auf, sowohl eine Diagnose zu stellen als auch eine Lösung vorzuschlagen. Wenn die erste Antwort der KI unklar bleibt, zögern Sie nicht, eine Folgefrage zu stellen:

Diese Erklärung ist nachvollziehbar. Kannst du mir zeigen, wie der Code korrigiert werden kann? Bitte gib den korrigierten Code aus.

In einem Chat-Kontext kann die KI aufgrund des ihr bekannten Gesprächsverlaufs den angepassten Code direkt ausgeben. Wenn Sie ein Inline-Tool wie Copilot in VSCode oder Cursor ohne Chat nutzen, könnten Sie stattdessen einen Kommentar oberhalb des Codes einfügen

```
// BUG: gibt NaN zurück, korrigiere diese Funktion
```

und abwarten, ob die Autovervollständigung eine Lösung liefert. Im Allgemeinen bekommen Sie in einem interaktiven Chat jedoch detailliertere Erklärungen.

Wenn die KI eine Lösung liefert, Sie diese aber nicht direkt verstehen, können Sie nachfragen:

Warum löst diese Änderung das Problem?

Auf diese Weise können Sie etwas hinzulernen und stellen gleichzeitig sicher, dass die Argumentation der KI schlüssig ist.

LLMs profitieren stark von Beispielen und Korrekturen. Wenn Sie aufzeigen, was falsch ist, oder ein kurzes Beispiel geben, kann die KI diese Vorgaben übernehmen:

Wenn die Eingabe [] ist, sollte 0 zurückgegeben werden, derzeit tritt jedoch ein Fehler auf.

Iterativ vorzugehen, ist ganz normal. Meist ist es sogar effektiver, schrittweise voranzuschreiten, als alle Details in einen einzigen Prompt zu pressen. Nutzen Sie das zu Ihrem Vorteil.

Seien Sie geduldig und präzise in Ihrem Feedback. Anstatt nur zu sagen: »Nein, das ist falsch«, sollten Sie den Fehler oder das gewünschte Ergebnis genau beschreiben:

Dieser Code behandelt negative Zahlen nicht korrekt. Sie sollten bei der Summenbildung jeweils als 0 behandelt werden.

Wenn die KI vom Kurs abkommt, greifen Sie ins Steuer: Oft ist es einfacher, neu zu beginnen oder umzuformulieren, als zwanghaft einen bereits deutlich fehlerhaften Versuch zu retten. Nutzen Sie Ihr Urteilsvermögen. Wenn die KI-Ausgabe zeigt, dass sie Sie völlig missversteht, formulieren Sie Ihren Prompt von Grund auf neu.

Im Zuge der Verfeinerung erfahren Sie auch, wie die KI Ihren Prompt interpretiert hat. Das kann bei der Formulierung zukünftiger Prompts helfen. Sie könnten feststellen: »Oh, das Modell hat ›Log-in-System‹ als komplette Benutzeroberfläche interpretiert. Beim nächsten Mal werde ich angeben, dass das Backend gemeint ist.«

Gehen Sie vor wie beim Debuggen von Code: Wenn die KI-Ausgabe falsch ist, könnte der »Bug« in Ihrem Prompt liegen, nicht bei der Verarbeitung seitens der KI. So wie Sie Ihren Code überprüfen und korrigieren, wenn er falsche Ergebnisse liefert, sollten Sie auch Ihre Prompts verfeinern, wenn die KI unerwartete oder fehlerhafte Ausgaben erzeugt. Das Gespräch zwischen Ihnen und der KI ähnelt einer Debugging-Sitzung, bei der jeder Austausch hilft, das Problem einzugrenzen und zu beheben.

Zwei Prompts im Vergleich

Angenommen, eine einfache Node.js-Funktion, die eine Liste von Nutzerobjekten in eine Lookup-Map auf Basis der User-ID umwandeln soll, löst einen Fehler aus. Hier der fehlerhafte Code:

```
// Fehlerhafte Funktion: konvertiert ein Array von Nutzern in eine ID-
// sortierte Map
function mapUsersById(users) {
  const userMap = {};
  for (let i = 0; i <= users.length; i++) {
    // Hinweis: Die Verwendung von <= führt in der
    // letzten Iteration zu einem Indexfehler
    const user = users[i];
    userMap[user.id] = user;
  }
  return userMap;
}

// Beispielverwendung:
const result = mapUsersById([{ id: 1, name: "Alice" }]);
```

Dieser Code soll über das Nutzer-Array iterieren und ein Objekt mit deren IDs als Schlüssel erstellen. Allerdings enthält er einen Fehler: Die Schleife verwendet `i <= users.length` statt `i < users.length`. Das führt dazu, dass `users[i]` in der letzten Iteration undefiniert ist, was wahrscheinlich zu einem Laufzeitfehler führt (z.B. beim Versuch, auf die Eigenschaft ID von `undefined` zuzugreifen). Schauen wir uns an, wie ein KI-Assistent auf zwei unterschiedliche Prompts zu diesem Problem reagieren könnte (siehe Abbildung 2.3).

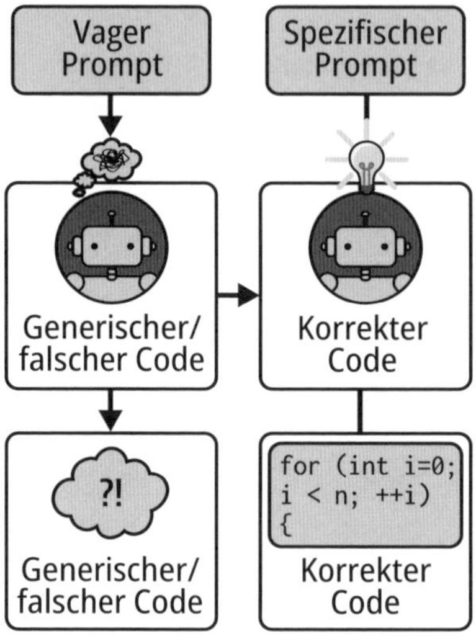

Abbildung 2.3: Auswirkungen unterschiedlicher Prompt-Qualität: Unklare Prompts führen zu generischem oder fehlerhaftem Code, während spezifische, gut strukturierte Prompts präzise, kontextgerechte Lösungen liefern.

Schwacher Prompt

Hier ein Beispiel für einen schwachen Prompt:

> *Warum funktioniert meine mapUsersById-Funktion nicht?*

Antwort der KI auf den schwachen Prompt (simuliert):

> *Schwer zu sagen ohne weitere Informationen. Bist du sicher, dass die Funktion mit einem gültigen Array von Nutzern aufgerufen wird? Vielleicht liegt das Problem darin, dass users leer oder gar kein Array ist, sodass die Schleife nicht korrekt ausgeführt wird. Möglicherweise tritt ein Fehler beim Setzen der Eigenschaft in userMap auf. Stelle sicher, dass jeder Nutzer eine ID besitzt. Wenn users undefiniert oder null ist, funktioniert es ebenfalls nicht.*

Diese Antwort ist recht vage. Der Prompt enthielt außer dem Funktionsnamen keine Details, daher rät die KI zu generischen Ursachen (»Vielleicht ist das

Array leer oder gar kein Array«, »Stelle sicher, dass jeder Nutzer eine ID besitzt«). Der eigentliche Fehler wurde nicht erkannt.

Solche allgemein gehaltenen Antworten bekommen Sie, wenn die Frage zu unspezifisch ist – das Modell kann dann nur gängige Debugging-Tipps wiederholen. Für Entwickler ist es wenig hilfreich, wenn der eigentliche Fehler nicht gefunden wird. Der Mangel an Kontext und Spezifität im Prompt führt zu einer generischen Antwort – im Wesentlichen das KI-Äquivalent zu: »Hast du es einmal aus- und wieder eingeschaltet?« Das deckt sich mit der Erfahrung aus der Community, dass vage Prompts zu irrelevanten oder generischen Antworten führen.

Besserer Prompt

Versuchen wir es erneut:

> *Ich habe eine JavaScript-Funktion* `mapUsersById`*, die ein Array von Nutzerobjekten anhand der User-ID in eine* `Map (Objekt)` *umwandeln soll. Allerdings tritt ein Fehler auf, wenn ich sie ausführe. Zum Beispiel erhalte ich, wenn ich* `[ {id: 1, name: "Alice"} ]` *übergebe, einen* `TypeError: Cannot read property 'id' of undefined`*. Hier der Funktionscode:*
>
> ```
> function mapUsersById(users) {
>   const userMap = {};
>   for (let i = 0; i <= users.length; i++) {
>     const user = users[i];
>     userMap[user.id] = user;
>   }
>   return userMap;
> }
> ```
>
> *Die Funktion sollte zurückgeben:* `{ "1": {id: 1, name: "Alice"} }`*. Wo liegt der Bug, und wie kann ich ihn beheben?*

Die Antwort der KI auf den verbesserten Prompt (simuliert):

> *Der Fehler* `Cannot read property 'id' of undefined` *deutet darauf hin, dass user an irgendeinem Punkt undefiniert ist und dennoch auf user.id zugegriffen wird. Das Problem liegt in den Schleifengrenzen. Du verwendest* `i <= users.length`*. Wenn* `users.length` `1` *ist (für einen Nutzer im Array), läuft die Schleife sowohl mit* `i=0` *als auch mit* `i=1`*. Wenn* `i` `1` *ist, ist* `users[1]` *undefiniert (da der einzige Index im Array 0 ist). Dadurch ist user in dieser Iteration undefiniert, und* `user.id` *löst*

einen `TypeError` *aus. Die Lösung besteht darin, die Schleifenbedingung auf* `i < users.length` *zu ändern, sodass* `i` *von* `0` *bis* `users.length-1` *läuft. Zum Beispiel:*

```
for (let i = 0; i < users.length; i++) {
  const user = users[i];
  userMap[user.id] = user;
}
```

So ist `i` *beim ersten (und einzigen) Element* `0`*, und danach wird die Schleife beendet. Mit dieser Änderung stößt deine Funktion nicht mehr auf einen undefinierten user und sollte wie erwartet funktionieren, indem sie* `{"1": {id: 1, name: "Alice"}}` *für die von dir angegebene Eingabe zurückgibt.*

Diese Antwort benennt direkt den Bug (die Verwendung von <= in der Schleife) und erklärt, warum `user` dadurch `undefined` wird. Anschließend liefert sie die korrekte Lösung (`i < users.length`) und bestätigt das erwartete Ergebnis. Der verbesserte Prompt führt zum Erfolg, weil er unsere Prinzipien befolgt: Er spezifiziert die Sprache (JavaScript), beschreibt den Zweck der Funktion, enthält die genaue Fehlermeldung sowie ein Beispiel für eine Eingabe und stellt zudem den betreffenden Codeausschnitt bereit.

Beachten Sie, dass die KI die Fehlermeldung als Hinweis nutzt, um sich auf die Schleifengrenzen zu konzentrieren: Der gezielte Prompt ermöglicht der KI, zu einer Problemlösung zu gelangen, indem sie effektiv vorgibt, wie ein menschlicher Debugger zu denken: »Woher könnte undefined kommen? Das liegt wahrscheinlich an der Schleifenindizierung.« Das ist ein anschauliches Beispiel für den Nutzen detaillierter Prompts.

Prompt-Techniken: ein Werkzeugkasten für effektive Kommunikation

Kommen wir nun zu konkreten Techniken zur Erweiterung Ihrer Prompting-Skills. Diese Muster oder Rezepte können Sie einsetzen, wenn eine einfache Anweisung nicht ausreicht oder Sie die KI gezielt in eine bestimmte Richtung lenken wollen.

Wenn Sie diese Techniken beherrschen, können Sie eine Vielzahl von Situationen meistern: Sie können die KI in natürlicher Sprache instruieren, ihr Beispiele geben, sie dazu anleiten, ihre Ausgabe zu erklären oder in spezieller Weise zu strukturieren, oder sie dazu bringen, unterschiedliche Denkweisen oder Rollen einzunehmen.

Prompting-Techniken schließen sich nicht gegenseitig aus: Gerade bei komplexen Aufgaben können Sie durchaus mehrere kombinieren.

Ein Stil-Hinweis

Viele Modelle reagieren positiv auf höfliche oder neutrale Anweisungen. Sie müssen dabei keine übermäßig formelle Sprache verwenden. Direkt, aber höflich zu sein, ist meist am wirkungsvollsten: »Bitte mache X« oder »Lass uns Y machen«. Ein typisches Beispiel aus dem Chain-of-Thought-(CoT-)Prompting ist die Formulierung: »Lass uns das Schritt für Schritt durchdenken.« Moderne Modelle erkennen das als Signal, eine Begründung darzulegen.

Zero-Shot-Prompting

Beim *Zero-Shot-Prompting* wird das Modell einfach aufgefordert, etwas zu tun, ohne über die eigentliche Anweisung hinaus Beispiele oder zusätzliche Hinweise bereitzustellen. Im Wesentlichen löst das Modell die Aufgabe anhand von »null« Beispielen.

Wann sollte man es einsetzen? In diesem häufigsten Szenario formulieren Sie einfach in klarer Sprache, was Sie möchten. Wenn die Aufgabe standardisiert und der Prompt klar ist, reicht das oft aus.

Beispiel:

> *Schreibe eine Python-Funktion, die prüft, ob eine Zahl eine Primzahl ist.*

Das ist Zero-Shot. Die KI wird wahrscheinlich eine Funktion erzeugen, die mit einer Schleife oder durch Teilbarkeitsprüfungen ermittelt, ob die Zahl eine Primzahl ist.

Vorteile: Es ist schnell und stützt sich auf das erlernte Wissen des Modells. Moderne Modelle liefern bei vielen Programmieraufgaben mit Zero-Shot-Prompts überraschend gute Ergebnisse, insbesondere wenn diese häufig vorkommen (wie Primzahlprüfung, Sortieren oder Manipulation von Zeichenketten).

Nachteile: Wenn die Aufgabe ungewöhnlich ist oder ein besonderes Ausgabeformat erfordert, führt Zero-Shot-Prompting beim ersten Versuch manchmal zu einem Ergebnis, das aufgrund eines zu großen Interpretationsspielraums nicht ganz den Anforderungen entspricht.

Es ist auf jeden Fall sinnvoll, es zuerst immer mit Zero-Shot-Prompting zu versuchen. Wenn Sie das Ergebnis nicht zufriedenstellt, können Sie den Prompt anschließend verfeinern.

One-Shot- und Few-Shot-Prompting

Beim *One-Shot-Prompting* geben Sie im Prompt genau ein Beispiel (Eingabe und gewünschte Ausgabe) an, während es beim *Few-Shot-Prompting* meist zwei bis fünf Beispiele sind. Erst dann fordern Sie das Modell auf, auf dieser Basis eine echte Aufgabe zu lösen.

Sie teilen dem Modell sozusagen mit: »So löse ich die Aufgabe beispielsweise. Wende das nun auf ähnliche Weise an.«

Wann sollte man es einsetzen? Diese Art von Prompting ist hilfreich, wenn das Modell das gewünschte Format oder den benötigten Stil nicht genau kennt oder wenn die Aufgabe etwas ungewöhnlich ist. Indem Sie Beispiele angeben, reduzieren Sie den Interpretationsspielraum.

Beispiel (One-Shot): Angenommen, Sie verwenden eine Sprache oder einen bestimmten Stil, den das Modell im Training möglicherweise seltener gesehen hat. Vielleicht möchten Sie Pseudocode in einem bestimmten Format geliefert bekommen. Ihr Prompt könnte lauten:

> *Wandle die folgenden Anweisungen in Python-ähnlichen Pseudocode um.*

Beispielanweisung: »Berechne die Fakultät von n«:

```
Beispielpseudocode:

function factorial(n):

    if n <= 1:

        return 1

    else:

        return n * factorial(n-1)

Anweisung: "Finde die größte Zahl in einer Liste"

Pseudocode:
```

Sie haben ein Beispiel (Fakultät) und das gewünschte Format vorgegeben. Dadurch steigt die Wahrscheinlichkeit, dass das Modell für die Anweisung »größte Zahl« Pseudocode in einem ähnlichen Format erzeugt (mit Funktion, `if`/`else` oder Schleifenlogik, falls nötig).

Beispiel (Few-Shot): Wenn Sie möchten, dass die KI einen bestimmten Algorithmus verwendet, geben Sie als zusätzlichen Hinweis ein kurzes Beispiel mit. Auch wenn eine Aufgabe mehrere korrekte Lösungen zulässt, von denen Sie jedoch eine bestimmte bevorzugen, können Sie das Modell durch ein entsprechendes Beispiel in die gewünschte Richtung lenken.

Few-Shot-Prompting ist besonders wirkungsvoll bei Formatierungsaspekten, beispielsweise:

> *Wandle die folgenden Anweisungen in SQL-Abfragen um.\Anweisung 1. »Zeige alle Mitarbeiter, die nach 2020 eingestellt wurden« → Select * From Employees Where Hire_Date > '2020-01-01';\Anweisung 2. »Liste die Namen der Kunden auf, die im letzten Monat etwas gekauft haben« → Select Name From Customers Join Purchases On ... Where Purchase_Date > ...;\Anweisung 3. »Anzahl der Produkte ohne Lagerbestand« →*

Wenn Sie hier zwei Beispiele für die Transformation von natürlicher Sprache in SQL geben, wird die KI die dritte Abfrage wahrscheinlich korrekt beantworten, indem sie diesem Muster folgt. Few-Shot-Beispiele lassen sich auch auf das Programmieren anwenden: Zeigen Sie der KI in einem kleinen Beispiel den gewünschten Stil und fordern Sie dann weiteren Code an. Das funktioniert wie ein Mini-Trainingsdatensatz, den Sie direkt im Prompt liefern (dessen Wirkung aber nach Beendigung eines Chats in der Regel wieder verloren geht).

Vorteile: Sie können Ausgaben in sehr spezifischen Stilen oder Formaten erzeugen. Diese Technik hilft dem Modell auch, Aufgaben zu bewältigen, bei denen es einem Muster folgen oder ein Konzept wiederholt anwenden soll.

Kontextfenster

Der Begriff *Kontextfenster* bezeichnet die maximale Textmenge (gemessen in Tokens), die ein LLM in einer einzelnen Interaktion verarbeiten kann, einschließlich sowohl des Eingabe-Prompts als auch der erzeugten Antwort. Das ist eine Einschränkung aktueller KI-Modelle: Sobald dieser Schwellenwert erreicht ist, kann das Modell keine zusätzlichen Informationen mehr verarbeiten. Wenn Sie Prompts erstellen, muss alles, was Sie einbeziehen (Anweisungen, Beispiele, Daten und Antwort), in diesen festen Rahmen passen.

Nachteile: Vor allem Few-Shot-Prompting verlängert den Prompt (was einen größeren Anteil des Kontextfensters in Anspruch nimmt). Das könnte bei sehr umfangreichen oder komplexen Beispielen eine Rolle spielen, auch wenn die heutigen Kontextfenster nur noch selten oder lediglich bei sehr langen Chats tatsächlich einen Engpass darstellen. In der Regel reichen aber ein oder zwei kurze Beispiele aus.

Tipp: Wenn Sie möchten, dass das Modell eine bestimmte Ausgabestruktur benutzen soll, können Sie mit einem Beispiel fast immer sicherstellen, dass diese Struktur auch eingehalten wird. So vermeiden Sie es, eine unstrukturierte oder falsch aufgebaute Antwort zu erhalten, die Sie weiter analysieren oder parsen müssen.

Chain-of-Thought-Prompting

Beim *Chain-of-Thought-(CoT-)Prompting* wird das Modell dazu aufgefordert, schrittweise zu denken bzw. seine Überlegungen darzulegen, bevor es eine endgültige Antwort gibt. Mit anderen Worten: Sie regen das Modell dazu an, das Problem in Teilschritte zu zerlegen.

Wann sollte man es einsetzen? CoT ist bei komplexen Problemen hilfreich, die logisches Denken und mehrstufige Berechnungen erfordern, oder bei der Vermutung, dass das Modell Fehler machen könnte, wenn es direkt zur Antwort übergeht. Es ist ebenfalls günstig, wenn Sie explizit nach einer Erklärung des Ergebnisses fragen.

Kombinatorik

Die *Kombinatorik* befasst sich als Teilgebiet der Mathematik mit dem Zählen, Anordnen und Auswählen von Objekten nach bestimmten Regeln oder Vorgaben. Typische Aufgaben betreffen das Berechnen von Permutationen (Anordnungen, bei denen die Reihenfolge zählt), Kombinationen (Auswahlen, bei denen die Reihenfolge keine Rolle spielt) und andere Zählprinzipien. Eine zentrale Notation ist »n über k« (geschrieben als $C(n,k)$ oder nCk). Damit wird die Anzahl der Möglichkeiten, k Elemente aus n Elementen auszuwählen, anhand der Formel $n! / (k! \cdot (n-k)!)$ berechnet. Solche Berechnungen treten häufig in der Wahrscheinlichkeitsrechnung, in der Statistik und in der diskreten Mathematik auf.

Beispiel: Anstatt einfach ein Problem der Kombinatorik (*https://oreil.ly/vI3V5*) wie »Was ist 12 über 4?« zu stellen, könnten Sie anweisen:

> *Löse »12 über 4« Schritt für Schritt.*

Das Modell könnte dann Folgendes ausgeben:

```
12 über 4 = 12!/(4!*8!) = ... = 495
```

Beim Programmieren kann Chain-of-Thought bei komplexen algorithmischen Aufgaben helfen. Sie könnten dazu den folgenden Prompt verwenden:

> *Erkläre schrittweise, wie zwei sortierte Listen zusammengeführt werden, und gib anschließend den Python-Code aus.*

Das Modell würde zunächst Folgendes antworten:

> *Wir verwenden zwei Zeiger, die jeweils am Anfang der Listen starten, vergleichen die Elemente, fügen das kleinere der Ergebnisliste hinzu, verschieben den entsprechenden Zeiger und so weiter …*

Anschließend würde es den Code liefern. So können Sie sicherstellen, dass das Modell die Lösung vor der Erstellung des Codes korrekt strukturiert hat.

Sie können mit CoT auch debuggen oder die Ausgaben nachvollziehen:

> *Beschreibe schrittweise die Logik, um zu bestimmen, ob die Zahl 19 eine Primzahl ist, und gib anschließend das Ergebnis aus.*

Das Modell könnte die Teilbarkeitsprüfungen durch Primzahlen auflisten und dann folgern:

> *19 ist eine Primzahl.*

Vorteile: Verbessert die Genauigkeit bei Aufgaben, die logisches Denken erfordern. Es gibt Hinweise aus der Forschung (*https://oreil.ly/t7flF*), dass Modelle durch die Aufforderung, »laut zu denken«, zu besseren Ergebnissen bei mathematischen und logischen Aufgaben gelangen können. Es verschafft Ihnen auch hilfreiche Einblick in den Denkprozess des Modells und kann das Vertrauen in die Antwort stärken.

Nachteile: Die Ausgabe ist länger (was im finalen Code möglicherweise nicht erwünscht ist). Außerdem sind einige Schnittstellen (etwa KI-Autovervollständigungen von Code) nicht darauf ausgelegt, die Begründung getrennt vom Code darzustellen. Die CoT-Technik wird deshalb häufiger in Frage-Antwort- oder Chat-Szenarien eingesetzt. Sie können das Modell jedoch auffordern, seine Überlegungen im Code als Kommentare einzufügen, was nebenbei eine elegante Möglichkeit ist, zu ausführlich kommentiertem Code zu gelangen.

Role Prompting

Beim *Role Prompting* weisen Sie die KI an, eine bestimmte Identität, Persona oder Rolle anzunehmen.

Wann sollte man es einsetzen? Wenn Sie den Stil oder den Grad des Detailreichtums der Antwort beeinflussen oder eine bestimmte Perspektive vorgeben möchten. Zum Beispiel kann eine KI in einer »Expertenrolle« eine fortgeschrittenere Lösung oder ausführlichere Erklärungen liefern, während sie in einer »Anfängerrolle« (oder ganz ohne Role Prompting) eher grundlegende Konzepte erläutert.

Beispiele:

- Du bist ein Python-Dozent. Erkläre den folgenden Code und überarbeite ihn anschließend so, dass er mehr dem Python-Stil entspricht.
- Agiere als IT-Sicherheitsanalyst. Hier ist ein Codebeispiel. Identifiziere mögliche Sicherheitslücken.
- Stell dir vor, du wärst ein Linter, der Code auf Stilprobleme prüft.

Solche Zuweisungen können die Antworten erheblich beeinflussen. Wenn Sie der KI die Rolle eines Sicherheitsanalysten zuweisen, wird sie sich eher auf Aspekte konzentrieren, die sie sonst vermutlich nicht erwähnen würde (wie Datenvalidierung, sichere Programmierpraktiken oder potenzielle Schwachstellen). In einer Dozenten- oder Lehrerrolle wird die KI möglicherweise präzisere Erklärungen liefern und weniger Vorwissen voraussetzen.

Beim Programmieren könnten Sie vor der Bitte um Codegenerierung hinzufügen:

> *Du bist ein C++-Experte, spezialisiert auf Optimierung, und unterweist einen Junior-Entwickler.*

Die KI wird im Ergebnis wahrscheinlich fortgeschrittenere C++-Funktionen nutzen und erläutern, warum sie bestimmte Entscheidungen getroffen hat – und somit technische Raffinesse und didaktische Klarheit miteinander verbinden.

Vorteile: Diese Technik beeinflusst den Tonfall und die Tiefe der Antwort. Damit lässt sich die Lösung auf ein gewünschtes Maß an Komplexität oder Gründlichkeit zuschneiden. Das ist hilfreich, wenn Sie entweder eine sehr einfache Lösung wünschen (dazu weisen Sie die KI an, als Anfänger zu agieren, sodass sie komplexe Tricks vermeidet) oder eine besonders optimierte Variante bevorzugen (weisen Sie sie an, als »Performance-Guru« zu agieren).

Nachteile: Mitunter könnte das Modell stärker auf die Persona-Vorgabe reagieren als erforderlich (als »Dozent« könnte sie beginnen, Dinge zu erklären, die Sie längst wissen). Außerdem reagieren einige eingebaute Sicherheitssysteme empfindlicher auf bestimmte Rollenzuweisungen, insbesondere auf solche, in deren Beschreibung mit Täuschung oder Autoritätsanmaßung gearbeitet wird oder bei denen es um potenziell schädliche Aktivitäten geht. Einfache technische und professionelle Rollen wie »Datenanalyst« oder »Softwareentwickler« funktionieren aber in der Regel problemlos.

Contextual Prompting

Beim *Contextual Prompting* werden der KI zusätzlicher Kontext oder Informationen über die unmittelbare Aufgabenbeschreibung hinaus bereitgestellt. LLMs wissen nur das über Ihr Projekt, was in den Prompts des aktuellen Chats erwähnt wird – es sei denn, ein Modell kann über ein integriertes Kontextfenster in einer fortgeschrittenen IDE-Integration auf weitere Informationen zugreifen. Soll die KI Code schreiben, der zu Ihrer bestehenden Codebasis passt, sollten Sie existierenden Code als Kontext mitgeben. Beim Contextual Prompting stellen Sie alle relevanten Daten oder Hintergrundinformationen als Teil des Prompts bereit.

Wann sollte man es einsetzen? Wenn das Modell bestimmte Daten oder Definitionen nicht kennt, die jedoch zur Lösung des Problems erforderlich sind. Oder wenn Sie Konsistenz mit externen Informationen sicherstellen möchten (z.B. einer API-Spezifikation oder einem anderen Chat).

Beispiele:

Wenn Sie möchten, dass im Code eine bestimmte Datenstruktur verwendet wird, können Sie deren Definition einfügen:

```
Implementiere die Funktion X auf Basis der folgenden Klasse:

class Node:

    def __init__(self, value, next=None):

        self.value = value

        self.next = next

# Schreibe nun eine Funktion, die die Knoten in einer verketteten Liste
zählt, beginnend beim Listenkopf.
```

Indem Sie die Klassendefinition einfügen, erhöhen Sie die Wahrscheinlichkeit, dass die KI `Node.value` und `Node.next` im Code korrekt verwendet.

Möchten Sie eine spezifische API einsetzen, fügen Sie dem Prompt einen Ausschnitt aus der Dokumentation hinzu:

> *Verwende die requests-Bibliothek, um die Daten von der API abzurufen. (Die API gibt JSON in folgendem Format zurück: {...})*

Wenn Sie außerdem ein kurzes Beispiel zur API-Nutzung einfügen, kann die KI es nachahmen.

Zur Klärung von Mehrdeutigkeiten:

> *Verwende für Highschool-Schüler den Begriff student und schreibe eine Funktion, die …*

Sollte *student* im Kontext mehrdeutig sein, haben Sie ihn damit eindeutig definiert.

Vorteile: Damit verankern Sie die KI in dem für Sie relevanten Kontext. Aufgrund der bereitgestellten Informationen wird sie seltener falsche Annahmen treffen. Das ist besonders wichtig, wenn die KI die spezifischen Details Ihres Anwendungsfalls ansonsten nicht kennt bzw. nicht berücksichtigen würde.

Nachteile: Diese Technik führt zu längeren Prompts. Außerdem kann es vorkommen, dass das Modell den bereitgestellten Kontext direkt in die Antwort übernimmt (beispielsweise Zeilen aus einem Dokumentationsausschnitt ohne Anpassung an die jeweilige Aufgabe direkt in den Code kopiert). In der Regel geht das Modell mit Kontext jedoch in geeigneter Weise um.

Tipp: Bei umfangreichem Kontext (etwa einem langen Datenbankschema oder umfassenden Codeabschnitten) ist es oft besser, die wesentlichen Elemente für das Modell zusammenzufassen, anstatt alles wörtlich einzubeziehen. So stellen Sie sicher, dass die Grenzen des Kontextfensters nicht überschritten werden, das Modell aber dennoch alle relevanten Informationen erhält. Ist der Inhalt jedoch nicht allzu lang, fügen Sie ihn einfach direkt ein.

Es ist auch hilfreich, Einschränkungen zu erwähnen: Vorgaben zur Leistung (»Optimiere für O(n log n) oder besser«), zur Kompatibilität (»Muss unter Python 3.8 laufen«) oder zu Bibliotheken (»Nur Standardbibliothek verwenden, keine externen Abhängigkeiten«) wirken als Leitplanken und stellen sicher, dass die KI nicht vom gewünschten Weg abweicht.

Format-Prompting

Beim *Format-Prompting* geben Sie Anweisungen zur Ausgabe selbst, nicht nur dazu, was die Lösung leisten soll. Damit legen Sie fest, wie die KI die Lösung formatiert oder angeht.

Wann sollte man es einsetzen? Nützlich, wenn Sie die Antwort in einem bestimmten Format oder Stil benötigen oder steuern möchten, wie die KI das Problem bearbeitet.

Beispiele:

So stellen Sie sicher, dass die KI nicht direkt mit dem Code beginnt:

> *Erkläre zunächst in zwei Sätzen deinen Ansatz und gib dann den Code aus.*

Das stellt eine einschränkende Vorgabe für die Lösung dar:

> *Verwende in der Lösung keine Bibliotheken.*

Das ist hilfreich, wenn Sie die KI zur Erstellung von Daten statt von Code verwenden:

> *Formatiere die Ausgabe als JSON.*

Eine sinnvolle Vorgabe, wenn Sie den Funktionskörper in bestehenden Code einfügen möchten:

> *Gib nur den Funktionsrumpf an, nicht die Definitionszeile.*

Das betrifft zwar nicht das Ausgabeformat selbst, gibt der KI aber vor, wie sie sich in bestimmten Fällen verhalten soll:

> *Wenn die Eingabe ungültig ist, gib anstelle eines Fehlers »Keine« zurück.*

Vorteile: Sie erhalten die Antwort in genau der benötigten Form – ohne dass eine weitere Nachbearbeitung nötig ist. In manchen Szenarien ist das entscheidend. Wenn Sie beispielsweise die Ausgabe der KI automatisch in einer Pipeline verwenden wollen, ist eine konsistente Formatierung unerlässlich.

Nachteile: Wenn die Anweisungen mit dem Standardstil des Modells kollidieren, kann es sein, dass es ihnen nur teilweise folgt oder Sie Ihre Vorgaben besonders betonen müssen. Selbst wenn Sie »nur Code, keine Erklärung« angeben, kann es passieren, das ein Modell gelegentlich einen kurzen Kommentar einfügt. In der Regel hilft es, das als direkte Anweisung zu formulieren:

> *Füge keine Erklärung hinzu; gib nur den Code in einem einzigen Codeblock aus.*

Modelle wie GPT halten sich in der Regel recht gut daran.

Self-Consistency (Selbstkonsistenz) – multiple Outputs und Mehrheitsentscheidung

Self-Consistency ist eher eine Strategie als ein Prompting-Stil. Dabei werden für denselben Prompt mehrere Antworten erzeugt, und anschließend wird diejenige ausgewählt, die am häufigsten vorkommt bzw. mit den meisten anderen Antworten übereinstimmt. Laut Sander Schulhoff von Learn Prompting (*https://oreil.ly/fHABW*) nutzt man bei Self-Consistency die Tatsache, dass bei der mehrfachen Befragung des Modells durch stochastisches Sampling automatisch eine gewisse Zufälligkeit eintritt und man anschließend die Antworten auswertet: Stimmen viele davon überein, ist es wahrscheinlich, dass dieser Konsens korrekt ist.

Wann sollte man es einsetzen? Wenn Sie bei komplexen Problemen unsicher sind, ob die erste Antwort des Modells korrekt ist – insbesondere wenn Sie sie nicht leicht selbst überprüfen können –, oder wenn Sie Ihr Vertrauen in die Antwort dadurch erhöhen möchten, dass das Modell mehrfach die gleiche Antwort liefert.

Manuelle Anwendung: Auf einigen Plattformen (wie ChatGPT) können Sie die Antwort per Klick neu generieren lassen. Oder Sie kopieren den Prompt in eine neue Sitzung und prüfen, ob das gleiche Ergebnis herauskommt. (Sie können den Prompt zusätzlich auch mit anderen Modellen ausprobieren.) Wenn Sie drei Antworten erhalten und zwei davon übereinstimmen, während eine abweicht, können Sie den beiden übereinstimmenden Antworten vertrauen (vorausgesetzt, dass es für das Problem eine eindeutig richtige Lösung gibt).

Im Programmierkontext gilt: Wenn das Modell Code für eine deterministische Aufgabe generiert, wird es in der Regel bei jedem Durchlauf sehr ähnlichen Code liefern – mit höchstens kleinen Abweichungen bei Variablennamen oder Stil. Handelt es sich dagegen um eine algorithmische Frage (zum Beispiel »Was ist die Ausgabe dieses Codes?«), können mehrere Durchläufe unterschiedliche Antworten ergeben, sodass eine Prüfung über Mehrfachbefragung sinnvoll ist.

Diese Technik ist bei nicht codebezogenen Aufgaben (wie Logikrätseln) wirkungsvoller, an dieser Stelle aber dennoch erwähnenswert.

Ein weiterer Ansatz – Ensemble Prompting: Sie können das Modell innerhalb eines Prompts auch dazu auffordern, mehrere Möglichkeiten zu berücksichtigen:

> *Gib zwei verschiedene Lösungen für dieses Problem an.*

Dann können Sie entscheiden, welche Ihnen besser gefällt, oder beide testen. Das entspricht Self-Consistency in einem Schritt, da Sie mehrere Antworten erhalten.

Vorteile: Wenn mehrere Versuche zum gleichen Ergebnis führen, stärkt dies das Vertrauen in die Lösung. Außerdem erhalten Sie Varianten (was hilft, wenn Sie unter mehreren Lösungen die eleganteste auswählen möchten).

Nachteile: Es ist zeitaufwendig, mehrere Anfragen zu stellen und die Ausgaben zu vergleichen.

In der Praxis stelle ich, wenn ich mir bei einer Antwort unsicher bin, die Frage oft erneut in abgewandelter Form. Erhalte ich dann die gleiche Antwort, bin ich mir sicherer, dass sie richtig ist.

ReAct-Prompting (Reason + Act)

ReAct ist eine fortgeschrittene Prompting-Technik, bei der *Reasoning* und *Acting* (*https://arxiv.org/abs/2210.03629*), also Denken und Handeln, kombiniert werden. Das Modell wird dabei nicht nur zum Nachdenken angeregt, wie beim Chain-of-Thought-Ansatz, sondern auch dazu, Aktionen auszuführen – etwa eine Berechnung durchzuführen, eine API aufzurufen oder ein Werkzeug zu nutzen. (Im ReAct Prompt Engineering Guide (*https://oreil.ly/P_KIV*) finden Sie weitere Informationen). In der aktuellen Praxis wird dies häufig mit Frameworks wie LangChain eingesetzt, bei denen die KI ein spezielles Format ausgibt, das von einem Programm als Aktion interpretiert wird (etwa ein auszuführender Befehl oder eine Query), deren Ergebnis anschließend an die KI zurückgegeben wird.

Auch ohne eine Ausführungsumgebung wie LangChain können Sie eine Variante von ReAct nutzen, indem Sie die KI anweisen, zunächst einen Plan zu skizzieren und dann das Ergebnis auszugeben. Das ähnelt CoT, ist aber speziell auf den Einsatz von Tools oder die Bearbeitung von Teilaufgaben ausgerichtet.

Beispiel:

> *Ermittle mit Python das aktuelle Wetter in Paris und gib es aus.*

Ohne Browsertool oder API-Zugriffsfähigkeiten kann eine KI keine aktuellen Wetterdaten abrufen. (Ein vereinfachtes Beispiel, denn viele Chatbots verfügen heutzutage natürlich über diese Optionen.) Bei einem ReAct-Ansatz würde die KI das Problem zunächst durchdenken:

> *Ich muss auf aktuelle Wetterdaten für Paris zugreifen. Dazu muss ich eine Wetter-API abfragen.*

Die KI würde dann versuchen, ein verfügbares Tool für diesen API-Aufruf zu nutzen. Gelingt das, erhält sie aktuelle Wetterdaten. Ist kein solches Tool verfügbar, könnte sie diese Einschränkung erwähnen oder mit hypothetischen Daten arbeiten. Schließlich würde die KI Python-Code schreiben, um die Wetterinformationen anzuzeigen, und dabei die Daten einbeziehen, die sie im Zuge des Denk- und Handlungsprozesses erhalten hat.

Für einfache Prompting-Aufgaben ohne Zugriff auf externe Tools ist ReAct nicht sonderlich relevant. Allerdings ist es bei der Bewertung von KI-Tools für eine Organisation entscheidend, zu prüfen, ob diese auf aktuelle Informationen aus dem Internet zugreifen können. Viele KI-Modelle arbeiten mit sogenannten Knowledge-Cut-offs, d. h., ihre Trainingsdaten reichen nur bis zu einem bestimmten Datum. Dadurch können die Antworten bei schnelllebigen Themen auf veralteten Informationen beruhen.

Wenn Sie eine Umgebung verwenden, in der die KI Code ausführen kann (wie Jupyter-Integrationen oder ähnliche Plattformen), lässt sich ReAct so umsetzen:

> *Schreibe zunächst einen Test für diese Funktion, führe ihn aus und passe anschließend den Code entsprechend an.*

Das veranschaulicht das ReAct-Muster durch einen Reasoning-Schritt (den Test schreiben), gefolgt von einer Aktion (den Test ausführen) und einer anschließenden Codeanpassung basierend auf den Ergebnissen. Die Orchestrierung solcher Workflows allein durch Prompts erfordert jedoch fortgeschrittene Prompting-Techniken und eine passende technische Infrastruktur.

Einfachere Nutzung: Man kann ein Frage-Antwort-Szenario simulieren, bei dem die KI Zwischenschritte einfügt, die Handlungen nachahmen:

> *Denke schrittweise und führe Berechnungen durch, falls nötig.*

Das entspricht im Wesentlichen dem Chain-of-Thought-Verfahren, nur in einer direkteren, stärker auffordernden Form.

Vorteile: Wenn verfügbar, lassen sich damit Probleme lösen, die aktuelle Informationen oder iteratives Ausprobieren erfordern (die KI kann sich z. B. selbst korrigieren, indem sie Code tatsächlich ausführt). Gerade in Debugging-Szenarien ist eine KI, die zur Überprüfung Code ausführen kann, extrem hilfreich.

Nachteile: Diese Technik ist ohne spezielle Tools nicht allgemein einsetzbar: Wenn Sie in ChatGPT auf diese Weise prompten, wird es die Aktionen entweder halluzinieren oder einfach in CoT verfallen.

Für das Schreiben von Prompts sollten Sie im Hinterkopf behalten, dass es zwar einige entsprechende Systeme gibt (unter anderem die Werkzeuge nutzenden Agenten von OpenAI), es aber im Standard-Prompting meist bei CoT bleibt – und wir die Ausführung von Code oder Tests selbst übernehmen.

Fortgeschrittenes Prompting: Techniken kombinieren und Komplexität handhaben

Prompting-Techniken lassen sich kombinieren. Zum Beispiel könnten Sie einen Few-Shot-Prompt einsetzen, in dessen Beispielen unter anderem CoT vorkommt. Oder Sie kombinieren eine Rollenzuweisung mit CoT:

> *Denke als erfahrener Entwickler schrittweise über das Problem nach und gib dann den Code aus.*

Schauen wir uns die verschiedenen Prompting-Techniken nun in ein oder zwei Szenarien an, um anschließend zu besprechen, wie man die Ausgaben der KI überprüft und verfeinert – was bereits auf das nächste Kapitel verweist, in dem es um das Verstehen und Beherrschen des generierten Codes gehen wird.

Stellen Sie sich vor, Sie möchten eine fehlerhafte Funktion korrigieren. Dazu könnten Sie eine Kombination aus Role Prompting und Chain-of-Thought verwenden:

> *Agiere als Python-Debugger. Lass uns Schritt für Schritt vorgehen, um den Fehler im folgenden Code zu finden.*

Die KI wird den darauffolgenden Code zeilenweise analysieren und den Fehler genau benennen.

Oder nehmen wir an, Sie möchten Code für einen etwas komplexeren Algorithmus generieren, der gut kommentiert und durch Testfälle abgedeckt sein soll. Ein kombinierter Prompt könnte so aussehen:

> *Du bist ein erfahrener Python-Entwickler. Lass uns das schrittweise lösen. Wir benötigen eine Funktion* `merge_sorted_lists(list1, list2)`*, die zwei sortierte Listen zu einer einzigen sortierten Liste zusammenführt. Erkläre zunächst den Ansatz und gib anschließend den Python-Code mit Kommentaren aus. Generiere außerdem 2–3 Beispieltests, die prüfen, ob der Code funktioniert.*

Dieser Prompt ist ziemlich umfassend. Der erste Satz legt eine Rolle fest. Der zweite fordert schrittweises Denken. Der dritte beschreibt die Hauptaufgabe. Der vierte Satz verlangt Code mit erläuternden Kommentaren und der fünfte zusätzlich Tests.

Die KI könnte daraufhin eine Erklärung ausgeben, gefolgt von Code mit Inline-Kommentaren und schließlich einigen Testfällen. Dieser fortgeschrittene Anwendungsfall zeigt, wie man die KI zu einer vielschichtigen Antwort anleiten kann.

Die Grenzen des Modells kennen

Prompt Engineering bedeutet auch, zu wissen, was man *nicht* fragen sollte und wie man typische Fallstricke vermeidet. Wird ein Prompt zu lang oder enthält er zu viele Anweisungen, reagiert das Modell möglicherweise verwirrt oder schneidet Teile der Ausgabe ab. Wenn es beginnt, Teile des Prompts zu ignorieren, sollten Sie diesen vereinfachen oder in mehrere Schritte aufteilen. Da KI-Modelle manchmal Fakten oder fehlerhaften Code »halluzinieren«, sollten Sie die Antworten stets gegenprüfen und die Modelle nicht als verlässliche Faktenquelle betrachten. Neigt ein Modell dazu, übermäßig ausführlichen Code zu erzeugen, kann man dem vorbeugen: »Formuliere die Lösung so knapp wie möglich.« Verwendet es bisweilen nicht existente Funktionen, könnten Sie es auffordern: »Verwende ausschließlich die unten aufgeführten API-Funktionen« und diese auflisten. Je besser Sie das Verhalten der KI verstehen, desto gezielter können Sie Ihre Prompts formulieren, um die Schwächen des Modells zu umgehen.

Sehr komplexe Aufgaben können Sie auch in Teilaufgaben zerlegen. Zum Beispiel könnten Sie zunächst folgenden Prompt verwenden:

> *Liste die Schritte zur Implementierung eines einfachen Compilers für eine einfache arithmetische Ausdruckssprache auf.*

Sobald die KI die nötigen Schritte beschrieben hat, bearbeiten Sie jeden Schritt in eigenen Prompts, eventuell sogar in separaten Chats oder Sitzungen:

> *Implementiere nun Schritt 1: Tokenisierung.*

Das ist eine Art KI-gestütztes Systemdesign: Man skizziert zunächst das Gesamtbild und widmet sich dann den Einzelteilen. Dabei setzt man die KI nicht nur zum Programmieren, sondern auch zur Planung ein.

Stateful Conversation vs. One-Shot-Prompting

In einem Chat-Setting existiert ein Gesprächsverlauf, der – analog zur Terminologie in der Programmierung – als *State* (Zustand) bezeichnet wird. Im Zuge der Unterhaltung baut sich Kontext auf. In einem IDE-Completion-Setting besteht der Kontext hauptsächlich aus Ihren Dateiinhalten und Kommentaren. In beiden Umgebungen baut sich also kumulativ Kontext auf, wenngleich auf unterschiedliche Weise. Verwenden Sie einen Chat, wenn sich die KI für die Dauer dieser Unterhaltung merken soll, was zuvor gesagt wurde (z. B. beim Verfeinern einer Antwort). Verwenden Sie neue Prompts oder Dateikontext, wenn sich die KI nur auf das aktuell Relevante fokussieren soll. Manchmal hilft es, den bisherigen Kontext zu löschen, damit das Modell nicht an einer früheren möglicherweise falschen Annahme festhält.

Trainieren Sie Ihren Umgang mit diesen Techniken an verschiedenen Beispielen, um ein Gespür dafür zu entwickeln, wann welcher Ansatz sinnvoll ist:

- Wenn das Ausgabeformat wichtig ist, geben Sie Beispiele (Few-Shot) oder explizite Anweisungen zur Formatierung.
- Bei komplexer Logik verwenden Sie Chain-of-Thought oder eine schrittweise Vorgehensweise.
- Variiert die Qualität der Lösung, weisen Sie eine Rolle zu (z.B. »erfahrener Entwickler«), um bessere Ergebnisse zu erzielen.
- Wenn das Modell Ihren Anweisungen nicht folgt, zerlegen Sie Ihre Prompts in Teilschritte, vereinfachen die Aufgaben oder verwenden strengere Formulierungen für Vorgaben.

Häufige Prompt-Antipatterns und wie Sie sie vermeiden

Nicht alle Prompts sind gleich effektiv. Wir haben bereits zahlreiche Beispiele für gute Prompts gesehen, es ist aber ebenso lehrreich, Antipatterns zu erkennen – typische Fehler, die zu schlechten KI-Antworten führen. In diesem Abschnitt geht es um häufige Fehler beim Prompting und darum, wie man sie vermeiden kann.

Der vage Prompt

Klassische Beispiele dafür sind: »Das funktioniert nicht, bitte fixe es« oder »Schreibe etwas, das X macht« – also Prompts ohne genügend Details. Die Frage »Warum funktioniert meine Funktion nicht?« führt im Allgemeinen zu einer wenig hilfreichen Antwort. Vage Prompts zwingen die KI, den Kontext zu erraten, und produzieren oft zu allgemein gehaltene Ratschläge oder irrelevanten Code.

Die Lösung ist einfach: Fügen Sie Kontext und Details hinzu. Wenn Sie eine Frage stellen und die Antwort sehr allgemein und beliebig klingt («Hast du schon X überprüft?«), reichern Sie die Anfrage mit mehr Details an (Fehlermeldungen, Codeausschnitt, erwartetes vs. tatsächliches Ergebnis usw.). Es hilft auch, den Prompt zu reflektieren und sich zu fragen: »Könnte diese Frage vielleicht unterschiedliche Szenarien betreffen?« Wenn die Antwort Ja lautet, ist der Prompt zu vage. Formulieren Sie ihn so spezifisch, dass er ausschließlich auf Ihr Szenario passt.

Der überladene Prompt

Das ist das Gegenstück zum vagen Prompt: Die KI soll zu viele Dinge auf einmal erledigen, zum Beispiel:

> *Erstelle eine vollständige Node.js-App mit Authentifizierung, einem React-Frontend und Deployment-Skripten.*

Oder in kleinerem Maßstab:

> *Behebe die folgenden fünf Bugs ... und füge außerdem diese drei Features hinzu: ...*

Die KI wird versuchen, diese Anweisungen vollständig umzusetzen, das Ergebnis wird aber oft chaotisch oder unvollständig ausfallen. Selbst wenn alles berücksichtigt wird, entsteht eine relativ lange Antwort, sodass es schwerer wird, sie vollständig zu überprüfen.

Die Lösung besteht darin, die Aufgaben aufzuteilen. Priorisieren Sie: Erledigen Sie eine Aufgabe nach der anderen. So lassen sich Fehler leichter erkennen, und das Modell bleibt fokussiert. Wenn Sie merken, dass Ihre Anweisung einen Absatz enthält, in dem viele Angaben mit »und« aneinandergereiht wurden, teilen Sie sie besser in einzelne Prompts oder aufeinanderfolgende Schritte auf.

Fehlende Frage

Manchmal geben Nutzer im Prompt sehr vieleInformationen, ohne eine klare Frage zu stellen oder genau anzugeben, was sie eigentlich wollen – etwa indem sie einen umfangreichen Codeausschnitt posten und nur sagen: »Hier ist mein Code.« Das kann die KI verwirren, weil sie nicht weiß, was genau gewünscht ist.

Formulieren Sie deshalb immer eine klare Anforderung:

- Identifiziere die Bugs in obigem Code.
- Erkläre, was dieser Code tut.
- Bearbeite die To-dos im Code.

Ein Prompt sollte stets ein Ziel haben. Wenn Sie nur einen Text ohne jegliche Frage oder Anweisung prompten, trifft die KI möglicherweise falsche Annahmen (und fasst den Code beispielsweise zusammen, statt ihn zu reparieren). Machen Sie deutlich, warum Sie der KI den Code zeigen. Schon eine einfache Ergänzung wie »Was stimmt mit diesem Code nicht?« oder »Bitte setze die Implementierung dieser Funktion fort« gibt die nötige Richtung vor.

Unklare Erfolgskriterien

Das ist ein subtileres Problem. Manchmal bittet man um eine Optimierung oder Verbesserung, ohne zu definieren, woran sich der Erfolg messen lässt – zum Beispiel: »Beschleunige diese Funktion.« Aber woran gemessen? Wenn die KI Ihre Performancevorgaben nicht kennt, optimiert sie womöglich etwas, das keine Rolle spielt, oder verwendet einen Ansatz, der theoretisch schneller ist, praktisch aber kaum ins Gewicht fällt. Ein anderes Negativbeispiel wäre: »Verbessere diesen Code«, aber »Verbessern« ist subjektiv. Das lässt sich präzisieren, indem man die Ziele ausdrücklich benannt, etwa: »Reduziere Duplizierungen« oder »Benenne die Variablennamen aussagekräftiger«.

Quantifizieren oder präzisieren Sie eine gewünschte Verbesserung:

- Optimiere diese Funktion so, dass sie in linearer Zeit läuft (die aktuelle Version ist quadratisch).[1]
- Refaktorisiere den Code so, dass keine globalen Variablen mehr genutzt werden und stattdessen eine Klasse verwendet wird.«

Kurz gesagt: Machen Sie klar, welches Problem Sie mit dem Refactoring oder Feature wirklich lösen wollen. Wenn die Anweisung zu offen bleibt, löst die KI womöglich ein anderes Problem als dasjenige, um das es Ihnen gerade geht.

Nachfragen oder Ausgabe der KI ignorieren

Manchmal reagiert die KI mit einer Rückfrage oder Annahme:

- Verwendest du React-Klassenkomponenten oder funktionale Komponenten?
- Ich gehe davon aus, dass die Eingabe ein String ist – bitte bestätige.

Wenn Sie diese Nachfragen ignorieren und einfach Ihre Anfrage wiederholen, verschenken Sie die Gelegenheit, den Prompt zu verbessern. Die KI signalisiert, dass sie mehr Informationen benötigt. Beantworten Sie ihre Fragen oder verfeinern Sie den Prompt, indem Sie diese Details mit aufnehmen.

Wenn die Ausgabe der KI eindeutig falsch ist (z. B. weil sie die Frage missverstanden hat), wiederholen Sie den gleichen Prompt nicht wortwörtlich. Nehmen Sie sich einen Moment Zeit, um Ihre Formulierung anzupassen. Vielleicht enthielt Ihr Prompt eine mehrdeutige Formulierung oder ließ etwas Wesentliches aus. Verhalten Sie sich wie in einem Gespräch unter Menschen: Wenn Sie

1 Damit ist gemeint, dass die Berechnungszeit aktuell ungefähr mit dem Quadrat der Eingabemenge an Daten wächst. Ziel ist, dass die Berechnungszeit nur noch proportional zur Eingabemenge wächst.

jemand missverstanden hat, versuchen Sie sicher auch, es ihm oder ihr noch einmal anders zu erklären. Machen Sie es mit einer KI genauso.

Inkonsistenz

Wenn Sie die Form der Anfrage ständig ändern oder verschiedene Formate in einem Prompt mischen, reagiert das Modell möglicherweise verwirrt. Inkonsistent wäre es beispielsweise, in Anweisungen zwischen erster und dritter Person zu springen oder Pseudocode auf unübersichtliche Weise mit echtem Code zu mischen.

Achten Sie deshalb darauf, innerhalb eines Prompts einen konsistenten Stil beizubehalten. Wenn Sie Beispiele geben, grenzen Sie diese klar ab (z.B. mit Markdown-Backticks für Code oder Anführungszeichen für Input-/Output-Beispiele). Konsistenz hilft dem Modell, Ihre Absicht korrekt zu erkennen. Auch bei Stilfragen oder Syntaxvarianten gilt: Wenn Sie eine bestimmte Form bevorzugen (z.B. ES6- statt ES5-Syntax), erwähnen Sie das konsequent. Andernfalls könnte das Modell zunächst die eine und später die andere Variante vorschlagen.

Vage Verweise wie »der oben stehende Code«

In Chat-Umgebungen sollten Sie darauf achten, dass Referenzen eindeutig sind. Wenn Sie »die obige Funktion« oder »den vorherigen Output« erwähnen, muss klar sein, worauf sich das bezieht. In langen Gesprächen kann die KI sonst den Überblick verlieren oder den falschen Codeausschnitt refaktorieren.

Sicherer ist es, den relevanten Code noch einmal zu zitieren oder die betreffende Funktion beim Namen zu nennen. Auch wenn viele LLMs auf frühere Teile des Gesprächs zugreifen können, haben sie doch ein begrenztes Aufmerksamkeitsfenster. Es hilft deshalb, den Kontext erneut explizit anzugeben, um Verwirrung zu vermeiden. Das gilt besonders, wenn sich der eigene Verweis auf einen Codeabschnitt bezieht, der schon einige Zeit (bzw. mehrere Nachrichten) zurückliegt.

Zusammenfassung und Ausblick

Die Kunst des Promptings ist iterativ und kreativ. Durch die ständige Weiterentwicklung der Modelle könnten sich Best Practices für das Prompting ändern (zum Beispiel könnten künftige Modelle die Intention auch kurz gehaltener Prompts besser erfassen). Doch das Grundprinzip gilt weiter: Wer klar und effektiv kommuniziert, erhält bessere Antworten.

Prompt Engineering ist eine Fertigkeit, die es wie eine neue Programmiersprache zu erlernen gilt – nur handelt es sich hier um die Sprache für Anweisungen an KIs. Es ist eine Mischung aus technischem Schreiben, strategischer Weitsicht und interaktivem »Debugging« des Prompts. Aber sobald Sie darin geübt sind, fühlt sich die KI zunehmend wie eine Erweiterung des eigenen Denkens an: Man kann zuverlässig und mit minimaler Reibung die angestrebten Lösungen abrufen – sogar solche, die man nur in vagen Umrissen erahnt, die sich jedoch mittels gut angeleiteter KI entdecken lassen. Diese Fähigkeit wird so grundlegend werden wie die Nutzung von Suchmaschinen oder Debuggern – und gehört damit zum modernen Skillset von Entwicklerinnen und Entwicklern im Zeitalter des Vibe Coding.

Wenn die KI rund 70 % eines Problems lösen kann, wie gehen Sie mit ihr dazu als Coding-Partner um? Kapitel 3 zeigt, wie Entwickler KI *wirklich* nutzen, und formuliert einige »goldene Regeln« für Vibe Coding.

TEIL II

KI-gestütztes Programmieren in der Praxis

KAPITEL 3

Das 70%-Problem: KI-gestützte Workflows, die wirklich funktionieren

KI-basierte Coding-Tools sind bei bestimmten Aufgaben erstaunlich leistungsfähig.[1] Sie eigen sich hervorragend, um Boilerplate-Code zu erzeugen, Routinefunktionen zu schreiben und Projekte *weitgehend* zur Fertigstellung zu bringen. Viele Entwicklerinnen und Entwickler haben die Erfahrung gemacht, dass ein KI-Assistent eine erste Lösung umsetzen kann, die etwa 70% der Anforderungen erfüllt.

Peter Yang beschrieb in einem Beitrag auf X (*https://oreil.ly/i9qwq*) treffend, was ich auch selbst beobachten konnte:

> *Ehrliche Eindrücke vom Programmieren mit KI als Nicht-Entwickler:*
>
> *Damit schafft man 70% des Wegs, aber die letzten 30% sind frustrierend. Ab da geht es einen Schritt nach vorn und zwei Schritte zurück – mit immer neuen Bugs und Problemen.*
>
> *Wenn ich wüsste, wie der Code funktioniert, könnte ich ihn wahrscheinlich selbst fixen. Ich weiß es aber nicht. Und frage mich, ob ich bei dem Ganzen wirklich etwas lerne.*

Nicht-Entwickler, die KI zum Programmieren einsetzen, stoßen an eine entmutigende Grenze. 70% eines Projekts sind überraschend schnell geschafft, aber bei den letzten 30% wird es zunehmend zäher.

Dieses 70%-Problem offenbart etwas Entscheidendes über den aktuellen Stand der KI-gestützten Entwicklung. Der anfängliche Fortschritt wirkt magisch: Sie beschreiben, was Sie wollen, und KI-Tools wie v0 oder Bolt erzeugen einen beeindruckenden, funktionierenden Prototyp. Doch dann holt einen die Realität ein.

---

1 Dieses Kapitel basiert auf einem Essay, der ursprünglich in meinem Substack-Newsletter erschienen ist. Vgl. Addy Osmani, »The 70% Problem: Hard Truths About AI-Assisted Coding« (*https://oreil.ly/aRKIJ*), *Elevate with Addy Osmani*, 4. Dezember 2024.

Die 70% sind oft der einfache, schematische Teil der Arbeit – Code, der bekannten Pfaden oder den Gepflogenheiten gängiger Frameworks folgt. Wie ein Kommentator auf *Hacker News* anmerkte (*https://oreil.ly/Ff3Ts*), kann KI hervorragend mit der »zufälligen Komplexität« von Software umgehen (dem sich wiederholenden mechanischen Teil), während die »wesentliche Komplexität« – das Verstehen und Steuern der inhärenten Logik eines Problems – Aufgabe des Menschen bleibt. In Fred Brooks' klassischen Begriffen bewältigt KI die beiläufigen, nicht aber die grundlegenden Schwierigkeiten der Softwareentwicklung.

Woran scheitern diese Tools? Erfahrene Entwicklerinnen und Entwickler berichten durchweg von einem Problem auf der »letzten Meile«. KI kann zwar eine plausible Lösung erzeugen, aber die letzten 30%, bei denen es darum geht, Randfälle abzudecken, die Architektur zu verfeinern und die Wartbarkeit sicherstellen, »erfordern beträchtliche menschliche Expertise«.

Eine KI kann beispielsweise eine Funktion liefern, die zwar technisch in einem Basisszenario funktioniert, sie berücksichtigt von sich aus aber – solange dies nicht ausdrücklich verlangt wird – keine ungewöhnlichen Eingaben, Race Conditions, Performancevorgaben oder zukünftige Anforderungen.

Außerdem weisen Sprachmodelle die bekannte Tendenz auf, zwar überzeugend wirkende, aber fehlerhafte Ergebnisse zu generieren. Sie führen bisweilen subtile Bugs ein oder halluzinieren nicht existierende Funktionen und Bibliotheken. Steve Yegge vergleicht (*https://oreil.ly/hjv8f*) die heutigen LLMs ironisch mit »unglaublich produktiven Junior-Entwicklern«, die zwar enorm schnell und enthusiastisch arbeiten, aber »potenziell von bewusstseinsverändernden Drogen benebelt« dafür anfällig sind, verrückte oder nicht durchführbare Ansätze zu entwickeln.

Yegge zufolge (*https://oreil.ly/yPMPO*) kann ein LLM Code ausspucken, der auf den ersten Blick ausgereift wirkt und einen weniger erfahrenen Entwickler dazu verleitet, diesen für gut zu befinden – was nach einigen Wochen zu Gelächter (oder einem Desaster) führt. Die KI *versteht* das Problem nicht wirklich; sie setzt nur Muster zusammen, die *meistens* Sinn ergeben. Nur ein Mensch kann beurteilen, ob sich in einer auf den ersten Blick überzeugenden Lösung langfristige Fallstricke verbergen. Simon Willison bestätigte dies (*https://oreil.ly/sLzFY*), nachdem er gesehen hatte, wie eine KI ein verführerisch cleveres Design vorschlug, das *nur ein erfahrener Entwickler mit tiefem Verständnis des Problems* als fehlerhaft erkennen konnte. Die wesentliche Erkenntnis: Das Selbstvertrauen der KI übersteigt bei Weitem ihre Zuverlässigkeit.

Insbesondere können aktuelle KIs keine grundlegend neuen Abstraktionen oder Strategien jenseits ihrer Trainingsdaten entwickeln (*https://oreil.ly/HkwVF*). Sie erfinden keine neuartigen Algorithmen und keine innovative Architektur – letztlich setzen sie immer bereits Bekanntes neu zusammen. Wie ein Entwickler anmerkte: »KIs haben keine ›besseren Ideen‹ als das, was ihre Trainingsdaten enthalten. Sie übernehmen keine Verantwortung für ihre Entscheidungen.«

Das kreative und analytische Denken – Entscheidungen darüber, *was* entwickelt wird, *wie* es strukturiert wird und *warum* – bleibt also weiterhin Aufgabe von Menschen. KI ist, um es zusammenzufassen, ein Multiplikator für Entwickler, weil sie die repetitiven 70 % der Arbeit übernimmt und unserer Produktivität einen Turboboost verschafft. Aber sie ist *keine* Wunderwaffe, die menschliches Urteilsvermögen ersetzt. Die verbleibenden, komplizierten 30 % der Softwareentwicklung erfordern weiterhin Fähigkeiten, die nur geschulte, reflektierte Entwickler einbringen können. Diesen nachhaltigen Fähigkeiten, auf die es sich zu konzentrieren gilt, widmet sich Kapitel 4. Wie in einer Diskussion (*https://oreil.ly/QXYsj*) formuliert wurde: »KI ist ein mächtiges Werkzeug, aber keine Wunderwaffe ... Menschliches Urteilsvermögen und gute Praktiken der Softwareentwicklung sind nach wie vor essenziell.«

Wie Entwickler KI wirklich nutzen

Ich habe beobachtet, dass Entwicklungsteams KI auf zwei unterschiedliche Weisen einsetzen. Nennen wir das eine Team »Bootstrapper« und das andere »Iterators« – die »Anschieber« und die »Verbesserer«. Beide Ansätze helfen Entwicklerinnen und Entwicklern (und sogar nicht technischen Nutzern), schneller von der Idee zur Umsetzung (oder zum MVP) zu gelangen.

Auf der einen Seite gibt es also die *Bootstrapper*, die in einem neuen Projekt meist möglichst schnell von null zum MVP kommen wollen. Tools wie Bolt, v0 und Screenshot-to-Code-AI revolutionieren die Art und Weise, wie solche Teams neue Projekte aufsetzen. Typischerweise gehen die Bootstrapper so vor:

- Sie beginnen mit einem Design oder groben Konzept.
- Sie nutzen KI, um eine vollständige initiale Codebasis zu erzeugen.
- Sie gelangen auf diesem Weg in einigen Stunden oder Tagen statt in Wochen zu einem funktionierenden Prototyp.
- Sie konzentrieren sich auf schnelle Validierung und Iteration.

Die Ergebnisse können beeindruckend sein. Kürzlich durfte ich mitverfolgen, wie ein Solo-Entwickler mit Bolt ein Figma-Design in kürzester Zeit in eine funktionierende Webanwendung umsetzen konnte. Das Ergebnis war zwar noch nicht produktionsreif, aber gut genug, um sehr frühes Nutzerfeedback zu erhalten.

Die *Iterators* dagegen nutzen Tools wie Cursor, Cline, Copilot und Windsurf als Teil ihres täglichen Entwicklungsworkflows. Das ist weniger spektakulär, aber potenziell wirkungsvoller. Diese Entwickler ...

- verwenden KI für Code-Completion und -Vorschläge.
- nutzen KI für komplexe Refactoring-Aufgaben.
- erstellen per KI Tests und Dokumentation.
- verwenden KI als Pair-Programmer zur Problemlösung.

Es gibt aber einen Haken an der Sache: Obwohl beide Ansätze die Entwicklung drastisch beschleunigen können, bringen sie versteckte Kosten mit sich, die nicht sofort erkennbar sind.

Wenn Sie erfahrenen Entwicklerinnen und Entwicklern bei der Arbeit mit KI-Tools wie Cursor oder Copilot zusehen, wirkt das teils wie Magie. Sie können damit komplette Features in wenigen Minuten aufsetzen, inklusive Tests und Dokumentation. Aber bei genauer Betrachtung fällt etwas Entscheidendes auf: Sie übernehmen dabei nicht einfach alles, was die KI vorschlägt. Sie refaktorieren den generierten Code laufend und organisieren ihn in kleinere, fokussierte Module. Sie ergänzen, falls die KI diese ausgelassen hat, eine umfassende Fehler- und Randfallbehandlung, härte Typdefinitionen sowie Schnittstellen und hinterfragen architektonische Entscheidungen. Mit anderen Worten: Sie nutzen ihre jahrelange, hart erarbeitete Erfahrung, um die Ausgabe der KI zu formen und einzuhegen. Die KI beschleunigt die Implementierung, während die Expertise der Entwickler dafür sorgt, dass der Code auch wartbar bleibt.

Häufige Fehlermuster

Junior-Entwickler vergessen diese entscheidenden Schritte oft. Sie neigen dazu, die KI-Erzeugnisse schneller zu übernehmen. Das führt zu einer Art »Kartenhaus-Code«, der zwar vollständig wirkt, in realen Einsatzszenarien aber schnell zusammenbricht.

Zwei Schritte zurück

Typischerweise tritt als Nächstes ein vorhersehbares Antipattern auf, das ich das »Zwei-Schritte-zurück«-Muster nenne (dargestellt in Abbildung 3.1):

- Man versucht, einen kleinen Fehler zu beheben.
- Die KI schlägt eine Änderung vor, die plausibel erscheint.
- Diese Korrektur führt an anderer Stelle zu einem neuen Fehler.

- Man bittet die KI, das neue Problem zu beheben.
- Dadurch entstehen zwei weitere Probleme.
- Und immer so weiter.

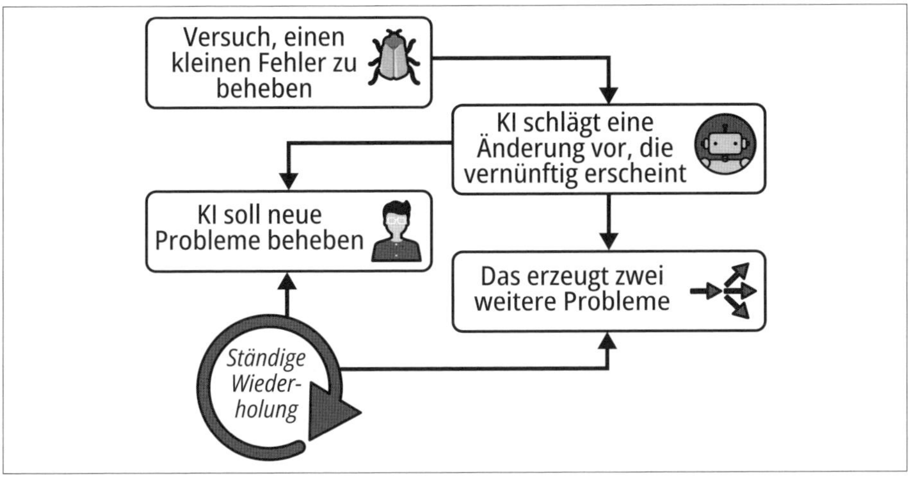

Abbildung 3.1: Das »Zwei-Schritte-zurück«-Antipattern

Dieser Zyklus ist für Nicht-Entwickler besonders belastend, da ihnen die mentalen Modelle fehlen, um zu verstehen, was tatsächlich schiefläuft. Wenn ein erfahrener Entwickler auf einen Bug stößt, kann er dank jahrelanger Erfahrung mit solchen Mustern mögliche Ursachen und Lösungen erkennen. Ohne diesen Hintergrund wird ein nicht vollständig verstandener Code zu einem Fass ohne Boden, in das Sie immer neue Fixes werfen, ohne dass es jemals »voll« wird. Das ist das »Wissensparadoxon«, das ich bereits im Vorwort dieses Buchs erwähnt habe: Erfahrene Entwickler nutzen KI, um etwas zu beschleunigen, was sie ohnehin gut beherrschen, während Junior-Entwickler mit KI erst zu lernen versuchen, *was* genau zu tun ist.

Diese Endlosschleife ist vor allem für Nicht-Entwickler frustrierend, die KI auf »Bootstrapper«-Art zum Bau ihres MVP benutzen, da ihnen die nötigen Konzepte fehlen, um solche Probleme zu bewältigen. Doch auch erfahrene »Iterators« können in diese Falle geraten, wenn sie sich zu sehr auf KI-Vorschläge verlassen, ohne sie gründlich zu validieren.

Hier zeigt sich ein grundsätzliches Problem: Genau das, was KI-Coding-Tools für Nicht-Entwickler so attraktiv macht – nämlich die Fähigkeit, anstelle des Menschen die mit Programmierung verbundene Komplexität zu bewältigen –, kann den Lernprozess behindern. Wenn Code einfach »erscheint«, ohne dass Sie die zugrunde liegenden Prinzipien verstehen, entwickeln Sie weder Debugging-Kenntnisse, noch werden Sie lernen, grundlegende Muster zu erkennen.

Sie werden architektonische Entscheidungen nicht nachvollziehen können und Schwierigkeiten haben, den Code später zu pflegen und weiterzuentwickeln. Das führt zu einer Abhängigkeit, bei der Sie immer wieder auf KI-Modelle zurückgreifen müssen, um Probleme zu beheben, anstatt die Expertise zu entwickeln, sie selbst zu lösen.

Mit dem Aufkommen autonomer KI-Coding-Agenten erreicht dieses Abhängigkeitsrisiko eine neue Dimension – ein Thema, das ich ausführlich in Kapitel 4 behandle. Im Gegensatz zu aktuellen Tools, die Code-Snippets vorschlagen, markieren Agenten einen grundlegenden Wandel in der Art und Weise, wie Software entwickelt werden kann. Während ich dies schreibe, erleben wir den frühen Einsatz von Systemen, die mit minimaler menschlicher Aufsicht eigenständig komplette Entwicklungsaufgaben planen, ausführen und iterativ weiterentwickeln können.

Diese Evolution von unterstützender zu autonomer KI wirft tiefgreifende Fragen zu Entwicklerexpertise und Kontrolle auf. Wenn ein KI-System komplette Entwicklungsabläufe von der anfänglichen Implementierung über das Testen bis zur Bereitstellung übernehmen kann, steigt das Risiko, dass dadurch eigene Fähigkeiten verloren gehen. Entwickler, die sich stark auf Agenten verlassen, ohne ihr Grundlagenwissen zu bewahren, könnten eines Tages feststellen, dass sie nicht mehr in der Lage sind, selbst effektiv zu prüfen, zu steuern oder einzugreifen, wenn die Entscheidungen der KI von den beabsichtigten Ergebnissen abweichen.

Die Herausforderung wird noch größer, wenn man bedenkt, dass diese autonomen Systeme im Projektverlauf kaskadierende Entscheidungen treffen. Jede einzelne Entscheidung mag für sich genommen plausibel erscheinen, doch deren Summe könnte die gesamte Entwicklung eines Projekts in eine unbeabsichtigte Richtung lenken. Ohne das Wissen, das benötigt wird, um solche Kursabweichungen frühzeitig zu erkennen und zu korrigieren, riskieren Teams, zunehmend komplexere Systeme auf Grundlagen zu errichten, die sie nicht vollständig verstehen.

Wie wir später noch genauer untersuchen werden, verringert das Aufkommen autonomer Coding-Agenten die Bedeutung elementarer Techniken der Softwareentwicklung jedoch nicht, sondern vergrößert sie. Je leistungsfähiger unsere KI-Werkzeuge werden, desto entscheidender wird es sein, dass wir uns die Expertise bewahren, damit wir die eigentlichen Architekten unserer Systeme zu bleiben, anstatt uns zu reinen Bedienern zurückzuentwickeln. Nur durch ein tiefgehendes Verständnis der Softwareprinzipien können wir sicherstellen, dass diese bemerkenswerten Werkzeuge unsere Fähigkeiten erweitern, anstatt sie zu untergraben.

Die Demoqualitätsfalle

Es entwickelt sich zu einem typischen Vorgehen: Teams nutzen KI, um schnell beeindruckende Demos zu entwickeln. Der Happy Path mag hervorragend funktionieren. Investoren und soziale Netzwerke sind begeistert. Aber wenn echte Nutzer anfangen, herumzuklicken? Fällt plötzlich alles auseinander.

Ich habe es selbst erlebt: Fehlermeldungen, die für normale Nutzerinnen und Nutzer unverständlich sind, Randfälle, die die Anwendung zum Absturz bringen, verwirrende UI-Zustände, die nie bereinigt wurden, vollständig vernachlässigte Barrierefreiheit und Leistungsprobleme auf langsameren Geräten. Das sind nicht nur nebensächliche Fehler – sie machen den Unterschied aus zwischen Software, die man lediglich toleriert, und Software, die man liebt.

Um wirklich sogenannte *Self-serve-Software* zu produzieren – also solche, bei der Nutzer niemals den Support kontaktieren müssen –, braucht es eine andere Denkweise, die sich ganz auf die verlorene Kunst des Feinschliffs konzentriert. Man muss sich intensiv mit Fehlermeldungen auseinandersetzen, das Produkt mit echten nicht technischen Nutzern und langsamen Internetverbindungen testen, Features gut auffindbar gestalten und alle Randfälle elegant abfangen. Diese Art von Detailgenauigkeit lässt sich (möglicherweise) nicht durch KI erreichen. Sie entsteht aus Empathie, Erfahrung und einer tiefen Hingabe an die eigene Arbeit.

Was wirklich funktioniert: praktische Workflows

Bevor wir in Teil II dieses Buchs ins Programmieren einsteigen, müssen wir über moderne Entwicklungsmethoden sprechen und darüber, wie sich KI-gestütztes Programmieren in den Workflow eines Teams einfügt. Softwareentwicklung ist schließlich mehr, als nur Code zu schreiben – es ist ein ganzheitlicher Workflow, der Planung, Zusammenarbeit, Tests, Bereitstellung und Wartung umfasst. Und Vibe Coding ist keine isolierte Neuerung – es lässt sich in agile Methoden und DevOps-Praktiken einbetten, um die Produktivität des Teams zu steigern und gleichzeitig Qualität und Zuverlässigkeit zu sichern.

In diesem Abschnitt schauen wir uns an, wie Teams Vibe-Coding-Tools nutzen können, ohne dass man sich gegenseitig in die Quere kommt, wie man KI-Vorschläge und menschliche Expertise ausbalancieren kann und wie sich KI in CI/CD-Pipelines integrieren lässt bzw. Pipelines an KI-generierten Code angepasst werden können. Ich werde auch auf weitere wichtige Aspekte eingehen, etwa Strategien zur Versionskontrolle.

Durch die Beobachtung Dutzender Teams habe ich drei Muster identifiziert, die sich sowohl in Einzel- als auch in Team-Workflows durchgängig bewährt haben:

KI als First Drafter
: Das KI-Modell erzeugt den initialen Code, den die Entwicklerinnen und Entwickler anschließend verfeinern, refaktorieren und testen.

KI als Pair-Programmer
: Entwickler und KI stehen in ständigem Austausch – mit engen Feedbackschleifen, häufigen Code-Reviews und ergänzend bereitgestelltem Kontext.

KI als Validator
: Entwickler schreiben weiterhin den initialen Code und nutzen danach KI, um ihn zu validieren, zu testen und zu verbessern (siehe Abbildung 3.2)

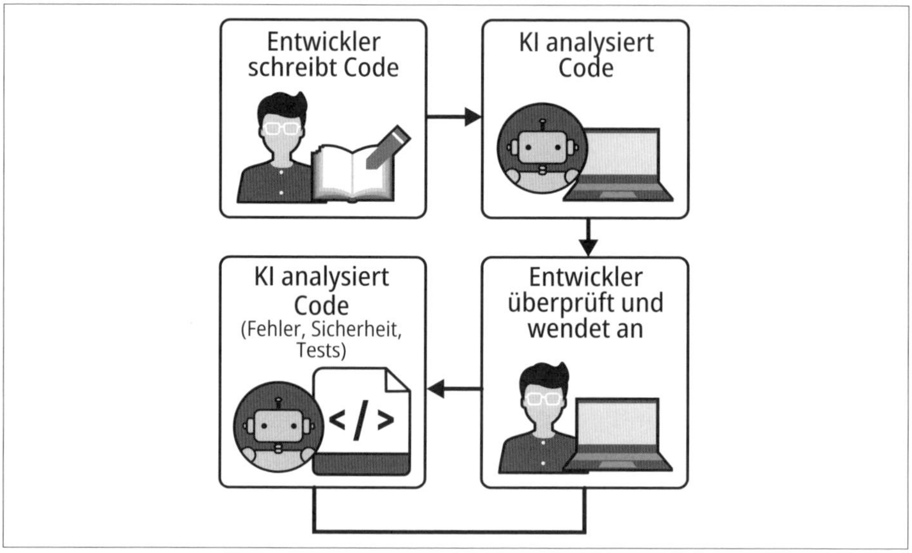

Abbildung 3.2: KI-Validierungsworkflow: Entwickler schreiben den initialen Code, KI-Systeme analysieren ihn auf Bugs und Sicherheitsprobleme und schlagen Verbesserungen vor, Entwickler prüfen und übernehmen daraufhin die empfohlenen Änderungen.

Im Folgenden schauen wir uns die drei Workflows genauer an, inklusive einiger Erfolgstipps.

KI als First Drafter

Es ist wichtig, dass alle im Team auf demselben Stand sind, bevor Sie Ihr KI-Modell bitten, Code zu entwerfen. Kommunikation ist entscheidend, damit

Entwickler ihre KI-Assistenten nicht mit redundanten Aufgaben betrauen oder widersprüchliche Implementierungen erzeugen.

In täglichen Stand-ups (einem festen Bestandteil agiler Workflows) lohnt es sich, nicht nur darüber zu sprechen, woran Sie aktuell arbeiten, sondern auch, ob Sie für bestimmte Aufgaben KI einsetzen wollen. Nehmen wir an, zwei Entwicklerinnen würden an unterschiedlichen Features arbeiten, die beide eine Hilfsfunktion zur Datumsformatierung benötigen. Würden sie nun jeweils mit KI einen `formatDate`-Helper erstellen, entstünden zwei sehr ähnliche Funktionen. Eine vorherige Abstimmung (»Ich generiere eine Datumsfunktion, die wir beide nutzen können«) kann solche Dopplungen verhindern.

Teams, die erfolgreich KI-Tools integrieren, einigen sich zu Beginn oft auf Coding-Standards und Prompting-Praktiken. Das Team könnte zum Beispiel einen konsistenten Stil festlegen (Linting-Regeln, Projektkonventionen) und diese Richtlinien auch in die KI-Tools einpflegen (einige Assistenten erlauben es, Stilpräferenzen, Beispielcode oder Regeln vorzugeben, um die Ergebnisse zu steuern). Wie im Codacy-Blog erwähnt (*https://oreil.ly/FeEN_*), liefert eine KI, die mit den Coding-Standards des Teams vertraut ist, einheitlicheren Code, mit dem alle leichter arbeiten können. Praktisch könnte dies bedeuten, dass Sie in Ihre Projekt-README einen Abschnitt »KI-Nutzungstipps« mit Hinweisen wie »Wir verwenden nur funktionale Komponenten« oder »Wir bevorzugen die Fetch-API gegenüber Axios« aufnehmen. Diese Vorgaben können Entwickler beim Erstellen von Prompts für die KI berücksichtigen.

Eine weitere Möglichkeit besteht darin, die *Kollaborationsfunktionen* Ihrer Tools zu nutzen, sofern verfügbar. Einige KI-gestützte IDEs erlauben den Nutzern, ihre KI-Sitzungen oder zumindest die dabei verwendeten Prompts zu teilen. Wenn Entwicklerin A mit einem Prompt für eine komplexe Komponente ein sehr gutes Ergebnis erzielt hat, kann das Teilen dieses Prompts mit Entwickler B (zum Beispiel über den Issue-Tracker oder einen Team-Chat) Zeit sparen und für Konsistenz sorgen.

Beim Einsatz einer Versionskontrolle ändert sich nicht viel. Git – oder ein anderes Versionskontrollsystem – zu verwenden, ist in der modernen Softwareentwicklung unverzichtbar, und das gilt auch beim Vibe Coding. Wenn KI in hohem Tempo Code generiert, wird die Versionskontrolle sogar noch wichtiger. Commits fungieren als Sicherheitsnetz für KI-Fehltritte: Wenn eine KI-generierte Änderung etwas zerschießt, können Sie zu einem vorherigen Commit zurückkehren.

Eine grundsätzliche Strategie besteht darin, beim Einsatz von KI-Unterstützung noch häufiger Commits zu erstellen als bisher. Jedes Mal, wenn die KI einen umfangreicheren Codeabschnitt erzeugt (etwa ein Feature oder eine größere

Umstrukturierung), den Sie übernehmen, sollten Sie ein Commit mit einer klaren Nachricht erstellen. Häufige Commits stellen sicher, dass die Historie ausreichend granular ist, um Probleme einzugrenzen oder Teile des seitens der KI eingeführten Codes rückgängig zu machen.

Außerdem sollten Sie unterschiedliche von der KI eingeführte Änderungen möglichst voneinander isolieren. Wenn Sie die KI viele Änderungen in verschiedenen Bereichen vornehmen lassen und alles gemeinsam committen, wird es schwieriger, im Notfall alles wieder zu entflechten. Wenn Sie beispielsweise einen Agenten eine Leistungsoptimierung vornehmen lassen und er im selben Zuge noch einige UI-Texte anpasst, sollten Sie diese separat committen. (Ihre beiden Commit-Nachrichten könnten lauten: »Performance des Listen-Renderings optimiert [KI-gestützt]« und »UI-Text für Workout-Completion-Nachricht aktualisiert [KI-gestützt]«). Aussagekräftige Commit-Nachrichten sind wichtig. Einige Teams versehen Commits mit starkem KI-Einsatz sogar mit einem speziellen Tag zur besseren Nachverfolgbarkeit. Dabei geht es nicht um Schuldzuweisungen oder die Klärung von Verantwortlichkeiten, sondern allein um das Verständnis der Herkunft des Codes – ein mit »[KI]« gekennzeichnetes Commit könnte einem Reviewer signalisieren, dass der Code einer besonders gründlichen Überprüfung auf Randfälle bedarf.

Teams sollten den KI-Einsatz als normalen Bestandteil des Entwicklungsprozesses behandeln und sich über die eigenen Erfahrungen austauschen, erfolgreiche Techniken teilen und auf Fallstricke hinweisen (zum Beispiel »Copilot schlägt die Verwendung einer veralteten Bibliothek für X vor, bitte aufpassen«).

Review und Verfeinerung sind bei diesem Vorgehen entscheidend. Entwickler sollten während der Arbeit am Code diesen manuell auf Modularität prüfen und refaktorieren, eine umfassende Fehlerbehandlung hinzufügen, gründliche Tests schreiben und wichtige Entscheidungen dokumentieren. Im folgenden Kapitel beschreibe ich diese Prozesse im Detail.

KI als Pair-Programmer

Beim traditionellen Pair-Programming arbeiten zwei Personen gemeinsam am selben Rechner. Mit dem Aufkommen von KI hat sich ein hybrider Ansatz etabliert: Ein menschlicher Entwickler arbeitet gemeinsam mit einem KI-Assistenten. Dieses Setup kann besonders effektiv sein, da es menschliche Intuition mit maschineller Effizienz verbindet.

In einem Human-AI-Pairing interagiert der Entwickler mit der KI, um Codevorschläge zu generieren, während er gleichzeitig die Ausgabe überprüft und verfeinert. Das erlaubt dem Entwickler, die Geschwindigkeit der KI bei repetitiven Aufgaben zu nutzen, etwa beim Schreiben von Boilerplate-Code oder beim Generieren von Testfällen, während er gleichzeitig die Aufsicht behält, um Codequalität und Relevanz sicherzustellen.

Eine Entwicklerin könnte beispielsweise beim Integrieren einer neuen Bibliothek die KI auffordern, den initialen Integrationscode zu entwerfen. Anschließend überprüft sie die Vorschläge der KI und gleicht sie mit der offiziellen Dokumentation ab, um die Korrektheit des Codes sicherzustellen. Dieser Prozess beschleunigt nicht nur die Entwicklung, sondern fördert auch den Wissensaufbau, da sich die Entwicklerin intensiv sowohl mit den Vorschlägen der KI als auch mit den Feinheiten der Bibliothek auseinandersetzt.

Vergleichen wir das mit traditionellem Human-Human-Pair-Programming:

- *Human-AI-Pairing* erlaubt eine schnelle Codegenerierung und die effiziente Erledigung von Routineaufgaben. Das bietet sich vor allem für einzelne Entwickler oder bei begrenzten Teamressourcen an.
- *Human-Human-Pairing* eignet sich besonders für komplexe Problemlösungsszenarien, in denen differenzierte Überlegungen und gemeinsames Brainstorming unerlässlich sind. Es fördert die gemeinsame Verantwortung und das kollektive Codeverständnis.

Beide Ansätze haben ihre Stärken. Welchen man wählt, hängt von der Komplexität des Projekts, den verfügbaren Ressourcen und den spezifischen Zielen des Entwicklungsprozesses ab.

Best Practices für Human-AI-Pair-Programming

Um die Vorteile der KI-gestützten Entwicklung optimal zu nutzen, sollten Sie die folgenden Vorgehensweisen berücksichtigen:

Starten Sie für unterschiedliche Aufgaben jeweils neue KI-Sitzungen.
: So bleibt der Kontext klar, und die Vorschläge der KI beziehen sich eindeutig auf die jeweilige Aufgabe.

Halten Sie Prompts fokussiert und knapp.
: Klare und spezifische Anweisungen verbessern die Qualität der KI-Ergebnisse.

Überprüfen und committen Sie Änderungen regelmäßig.
: Regelmäßiges Integrieren und Testen von KI-generiertem Code hilft, Probleme frühzeitig zu erkennen und den Projektfluss aufrechtzuerhalten.

Arbeiten Sie mit engen Feedback-Loops.
: Bewerten Sie kontinuierlich die Beiträge der KI und nehmen Sie Korrekturen oder Verbesserungen vor.

KI als Validator

Über die Codegenerierung hinaus kann KI als wertvolle Prüfinstanz dienen und bei Code-Reviews sowie der Qualitätssicherung unterstützen. KI-Tools können Code auf potenzielle Bugs, Sicherheitslücken und die Einhaltung von Best Practices prüfen. Plattformen wie DeepCode oder Snyks KI-gestützter Code-Checker können beispielsweise Probleme wie fehlende Input-Sanitization oder unsichere Konfigurationen identifizieren und direkt im Entwicklungsumfeld umsetzbare Hinweise liefern. Plattformen wie Qodo und TestGPT können automatisch Testfälle erzeugen und damit die Abdeckung vergrößern und den manuellen Aufwand reduzieren. Viele KI-Tools können zudem bei der Überwachung der Anwendungsperformance unterstützen und Anomalien erkennen, die auf zugrunde liegende Probleme hindeuten könnten.

Durch die Integration von KI-Validatoren in den Entwicklungsworkflow können Teams die Codequalität erhöhen, die Wahrscheinlichkeit von Defekten verringern und die Einhaltung von Sicherheitsstandards sicherstellen. Dieser proaktive Validierungsansatz ergänzt die menschliche Kontrolle und führt zu robusterer und zuverlässigerer Software. Entsprechende Tools steigern die Effizienz und Effektivität der Qualitätssicherung (QA), indem sie repetitive und zeitaufwendige Aufgaben übernehmen und menschlichen Testern ermöglichen, sich auf komplexere und differenziertere Aspekte der QA zu konzentrieren.

Die Einbindung von KI in den Entwicklungsprozess, sei es als Pair-Programmer oder Validator, bietet Chancen zur Steigerung von Produktivität und Codequalität. Eine durchdachte Integration dieser Tools kombiniert die Stärken von menschlicher und künstlicher Intelligenz.

Dazu empfehle ich folgende Best Practices:

- Nutzen Sie KI für erste Bewertungen und Vorabscans, um offensichtliche Probleme zu identifizieren.
- Priorisieren Sie menschliche Reviews kritischer Bereiche, beispielsweise für komplexe Funktionen, in der User Experience und dort, wo es bekannte Schwachstellen der KI gibt.
- Fördern Sie eine Kultur kontinuierlicher Zusammenarbeit und ständiger Feedbackschleifen, bei der menschliche Tester mit den KI-Tools im Tandem arbeiten, um sowohl die KI-Performance als auch die menschliche Entscheidungsfindung zu verbessern.

Die goldenen Regeln des Vibe Coding

Gerade die Flexibilität, die Vibe Coding mit seiner beispiellosen Geschwindigkeit und kreativen Freiheit in der Softwareentwicklung bietet, erfordert einen strukturierten Ansatz, um gleichbleibende Qualität und hohe Teamkohärenz sicherzustellen. Die schnelle, intuitive Natur der KI-gestützten Entwicklung kann ohne klare Richtlinien, die die kreative Exploration mit technischer Disziplin in Einklang bringen, rasch ins Chaos führen.

Die folgenden »goldenen Regeln« basieren auf den gesammelten Erfahrungen von Teams, die Vibe Coding erfolgreich in ihre Workflows integriert haben. Es sind mühsam erarbeitete Erkenntnisse über die Stärken von KI und die möglichen Stolpersteine, die unterstreichen, warum menschliches Urteilsvermögen im gesamten Entwicklungsprozess unverzichtbar bleibt. Anstatt die Kreativität einzuschränken, schaffen diese Prinzipien einen Rahmen, in dem Teams sicher experimentieren und zugleich die Standards einhalten können, die für produktionsreife Software erforderlich sind.

Die Regeln decken drei zentrale Dimensionen des Vibe Coding ab: die Interaktion zwischen Mensch und KI, die Integration von KI-generiertem Code in bestehende Systeme sowie die Förderung von Teampraktiken, die eine nachhaltige KI-gestützte Entwicklung ermöglichen. Wenn Teams diesen Richtlinien folgen, können sie die transformative Kraft des Vibe Coding nutzen und gleichzeitig typische Fallstricke vermeiden, die zur Anhäufung technischer Schulden, zu Sicherheitslücken oder unwartbaren Codebasen führen:

Seien Sie konkret und eindeutig in Ihren Zielen.
: Formulieren Sie gegenüber der KI klare Anforderungen, Aufgaben und gewünschte Ergebnisse. Präzise Prompts führen zu präzisen Resultaten.

Überprüfen Sie KI-Ausgaben stets im Hinblick auf Ihre Zielsetzung.
: KI-generierter Code muss immer mit Ihrem ursprünglichen Ziel abgeglichen werden. Prüfen Sie Funktionalität, Logik und Relevanz, bevor Sie den Code übernehmen.

Behandeln Sie KI wie einen (unter Aufsicht arbeitenden) Junior-Entwickler.
: Betrachten Sie KI-Ausgaben als Entwürfe, die eine sorgfältige Begutachtung erfordern. Geben Sie Feedback, verfeinern Sie die Ergebnisse und stellen Sie Qualität sowie Korrektheit sicher.

Nutzen Sie KI zur Erweiterung Ihrer Fähigkeiten, nicht als Ersatz für eigenes Denken.
: Nutzen Sie KI zur Automatisierung von Routine- oder komplexen Aufgaben, aber bleiben Sie stets aktiv in die Problemlösung und Entscheidungsfindung eingebunden.

Stimmen Sie sich im Team frühzeitig ab, bevor Sie Code generieren.
: Legen Sie mit Ihrem Team Standards zur KI-Nutzung, Codeanforderungen und Praktiken fest, bevor Sie mit KI-getriebener Entwicklung beginnen.

Behandeln Sie den Einsatz von KI als normalen Bestandteil des Entwicklungsprozesses.
: Diskutieren Sie regelmäßig mit Ihrem Team über KI-Erfahrungen, Methoden, Erfolge und Fallstricke. Etablieren Sie KI als ein weiteres Werkzeug zur gemeinsamen Verbesserung von Code und Prozessen.

Isolieren Sie KI-Änderungen in Git durch separate Commits.
: Kennzeichnen und trennen Sie KI-generierte Änderungen im Versionskontrollsystem eindeutig, um Reviews, Rollbacks und Nachverfolgung zu erleichtern.

Stellen Sie sicher, dass sämtlicher Code, ob von Menschen oder KI geschrieben, einem Code-Review unterzogen wird.
: Halten Sie konsistente Standards ein, indem Sie alle Beiträge den gleichen strengen Review-Prozessen unterziehen und so Codequalität und Teamverständnis verbessern.

Führen Sie keinen Code zusammen, den Sie nicht verstehen.
: Integrieren Sie KI-generierten Code nur, wenn Sie seine Funktionalität und seine Auswirkungen vollständig verstehen. Das Verständnis ist entscheidend für Wartbarkeit und Sicherheit.

Priorisieren Sie Dokumentation, Kommentare und Architekturentscheidungen (ADRs, Architecture Decision Records).
: Dokumentieren Sie Begründung, Funktionalität und Kontext von KI-generiertem Code eindeutig. Gute Dokumentation sichert langfristige Klarheit und reduziert künftige technische Schulden.

Teilen und wiederverwenden Sie effektive Prompts.
: Dokumentieren Sie Prompts, die zu hochwertigen KI-Ergebnissen führen. Führen Sie ein Repository bewährter Prompts, um künftige Interaktionen zu vereinfachen und die Konsistenz zu erhöhen.

Reflektieren und verbessern Sie regelmäßig Ihren Ansatz.
: Überprüfen und verfeinern Sie regelmäßig Ihren KI-Entwicklungsworkflow. Nutzen Sie Erkenntnisse aus früheren Erfahrungen, um den Ansatz Ihres Teams kontinuierlich weiterzuentwickeln.

Wenn Ihr Team diese goldenen Regeln befolgt, kann es mit KI die Produktivität effektiv steigern, gleichzeitig Klarheit und Qualität sicherstellen und die nötige Kontrolle bewahren.

Zusammenfassung und Ausblick

Das 70%-Problem beschreibt den aktuellen Stand der KI-gestützten Entwicklung: KI-Werkzeuge können hervorragend Boilerplate- und Routinefunktionen generieren, scheitern aber oft an den letzten 30%, bei denen es um Randfälle, Architekturentscheidungen und Produktionsreife geht. Wir haben zwei grundlegende Muster der KI-Nutzung identifiziert – Bootstrappers, die schnell MVPs entwickeln, und Iterators, die KI in tägliche Workflows integrieren – sowie typische Fehlermuster wie das »Zwei-Schritte-zurück«-Antipattern und die »Demoqualitätsfalle«, bei der auf den ersten Blick beeindruckende Prototypen dem Praxiseinsatz nicht standhalten.

Es haben sich drei bewährte Workflow-Muster herausgebildet: KI als First Drafter (KI generiert und Mensch verfeinert), KI als Pair-Programmer (kontinuierliche Zusammenarbeit zwischen Mensch und KI) und KI als Validator (von Menschen geschriebener Code mit KI-Analyse). Die goldenen Regeln des Vibe Coding dienen als maßgebliche Richtlinien: Sie betonen die klare Kommunikation, eine gründliche Validierung, eine hohe Teamkoordination und die Notwendigkeit, jeglichen KI-generierten Code zu verstehen, bevor er zusammengeführt wird.

Einzeln arbeitende Entwicklerinnen und Entwickler sollten sich für eines dieser Workflow-Muster entscheiden, systematisch damit experimentieren und in ihrer täglichen Arbeit den goldenen Regeln folgen. Konzentrieren Sie sich auf die Entwicklung der zeitlosen Fähigkeiten, die in Kapitel 4 behandelt werden – Systemdesign, Debugging und Architektur –, statt mit KI in der Codegenerierung zu konkurrieren.

Teams müssen Standards für den KI-Einsatz festlegen, gemeinsame Repositories mit effektiven Prompts aufbauen und KI-Aspekte in bestehende agile Praktiken integrieren. Der regelmäßige Austausch über Erfolge und Fallstricke hilft Teams, häufig vorkommende Stolpersteine zu vermeiden und gleichzeitig die Vorteile der KI voll auszuschöpfen.

Mit dem Aufkommen autonomer KI-Coding-Agenten müssen sich Menschen stärker auf die architektonische Aufsicht und die strategische Entscheidungsfindung konzentrieren. Das nächste Kapitel zeigt, wie sich dieser unersetzliche menschliche Beitrag maximieren lässt, damit Entwicklerinnen und Entwickler auf allen Ebenen erfolgreich als Partner immer leistungsfähigerer KI-Systeme agieren können – statt mit ihnen zu konkurrieren.

KAPITEL 4

Jenseits der 70 %: Maximierung des menschlichen Beitrags

Im vorangegangenen Kapitel ging es darum, wie KI-Coding-Assistenten wie Cursor, Cline, Copilot und Windsurf die Softwareentwicklung verändert haben, weil sie einen Großteil der Routinearbeit und der Erstellung des Boilerplate-Codes übernehmen – rund 70 %.[1] Aber was ist mit den restlichen 30 % der Arbeit, die eine Demoversion von einem produktionsreifen System unterscheiden? Auf diesen letzten Metern warten die schwierigen Aufgaben: Es gilt, komplexe Anforderungen zu verstehen, wartbare Systeme zu entwerfen, mit Randfällen umzugehen und die Korrektheit des Codes sicherzustellen. Mit anderen Worten: Die KI kann zwar *Code generieren*, hat aber oft Schwierigkeiten mit dem eigentlichen *Engineering*.

Tim O'Reilly erinnert uns in einem Rückblick auf die vergangenen Jahrzehnte technologischer Umbrüche (*https://oreil.ly/BYrNh*) daran, dass jeder neue Automatisierungssprung die Art und Weise verändert hat, *wie* wir programmieren, aber nichts daran geändert hat, *warum* wir qualifizierte Programmierer brauchen. Wir stehen nicht vor dem Ende der Programmierung, sondern vor dem »Ende der Programmierung, wie wir sie heute kennen«: Das Berufsbild von Entwicklerinnen und Entwicklern wandelt sich, aber es verschwindet nicht.

Die Herausforderung für heutige Entwickler besteht darin, die KI für das zu nutzen, was sie am besten kann (die ersten 70 %), und sich verstärkt auf die relevanten Fähigkeiten und Einsichten zu konzentrieren, die für die verbleibenden 30 % notwendig sind. In diesem Kapitel beschäftigen wir uns mit Überlegungen verschiedener Experten zur Frage, welche menschlichen Fähigkeiten weiterhin entscheidend sind. Wir untersuchen, worauf erfahrene und mittlere Entwickler weiterhin setzen sollten – und in welche Bereiche Berufseinsteiger investieren müssen, um im Zusammenspiel mit KI erfolgreich zu sein.

1 Dieses Kapitel basiert auf zwei Essays, die ursprünglich in meinem Substack-Newsletter veröffentlicht wurden: Addy Osmani, Beyond the 70%:Maximizing the Human 30% of AI-Assisted Coding (*https://oreil.ly/PMFsp*), *Elevate with Addy Osmani*, 13. März 2025, und Addy Osmani, Future-Proofing Your Software Engineering Career (*https://oreil.ly/1EoW8*), *Elevate with Addy Osmani*, 23. Dezember 2024.

Ziel dieses Kapitels ist eine praxisnahe Orientierung, die bei der Überlegung hilft, wie man sich am besten für die Aufgaben aufstellt, die für die letzten 30 % wichtig sind – mit konkreten Handlungsempfehlungen für Entwickler auf jedem Erfahrungsniveau.

Senior Engineers: Nutzen Sie Ihre Erfahrung im Umgang mit KI

Als Senior Engineer sollten Sie das Aufkommen von KI-Coding-Tools als Chance begreifen, Ihre Wirksamkeit zu verstärken – indem Sie sich Ihre große Berufserfahrung zunutze machen. Erfahrene Entwickler verfügen in der Regel über fundiertes Fachwissen, ein Gespür für mögliche Probleme und die Fähigkeit, übergeordnete technische Entscheidungen zu treffen.

Diese Bereiche gehören zu den 30 %, die KI nicht allein bewältigt und in denen erfahrene Entwickler besonders viel beisteuern können.

Seien Sie Architekt und Redakteur

Lassen Sie die KI den ersten Entwurf des Codes übernehmen, während Sie sich auf die Softwarearchitektur konzentrieren und anschließend die Ergebnisse der KI verfeinern. Steve Yegge (*https://oreil.ly/QtJ7_*) schreibt, dass wir in vielen Unternehmen und Organisationen möglicherweise einen Wandel erleben werden, nach dem Teams »nur noch Senior Associates« benötigen – also Fachkräfte, die zum einen die anstehenden Aufgaben beschreiben, sprich die Prompts erstellen, und zum anderen die Ergebnisse auf Genauigkeit und Korrektheit überprüfen. Begreifen Sie dieses Modell als Chance. Als Senior Engineer können Sie komplexe Anforderungen in präzise Prompts oder Spezifikationen für einen KI-Assistenten übersetzen und dann die Ergebnisse mit kritischem Blick prüfen. Sie programmieren de facto im Pair-Programming mit der KI – sie ist der schnelle Coder, aber Sie sind das Gehirn.

Halten Sie bei Reviews hohe Standards ein: Achten Sie darauf, dass der Code die Qualitäts-, Sicherheits- und Leistungsanforderungen Ihrer Organisation erfüllt. Indem Sie als Architekt und Redakteur agieren, verhindern Sie, dass die starke Belastung durch Code-Reviews Sie überwältigt. (Ein Hinweis zur Vorsicht: Wenn Junior-Mitarbeiter Ihnen einfach rohe KI-Vorschläge zuschieben, sollten Sie dagegenhalten – etablieren Sie einen Prozess, in dem die Mitarbeitenden KI-generierte Ergebnisse zuerst selbst prüfen müssen, damit nicht Sie allein als Sicherheitsnetz fungieren.)

Nutzen Sie KI als Beschleuniger für große Initiativen

Senior Engineers leiten oft große Projekte oder übernehmen komplexe Refactorings, die Junior-Entwickler nicht allein bewältigen können. KI kann diese Arbeit enorm beschleunigen, indem sie einen Großteil der eher mechanischen Änderungen übernimmt oder unter Ihrer Anleitung Alternativen erkundet. Yegge prägte für diesen Arbeitsstil den Begriff des *Chat-oriented Programming* (CHOP) (*https://oreil.ly/QtJ7_*) – »Programmieren durch iterative Verfeinerung von Prompts« –, wobei die KI als Partner agiert. Nutzen Sie CHOP, um bei Ihren Vorhaben ehrgeiziger zu werden.

Da Aufgaben, die früher Tage dauerten, mit KI-Unterstützung in wenigen Stunden erledigt sind, kann man nun auch Zeit in Projekte investieren, bei denen es sich zuvor nicht gelohnt hätte. Erfahrene Entwickler können sich dadurch an Nice-to-have-Projekte wagen, deren Realisierung bisher immer ein wenig unerreichbar schien.

Entscheidend ist, Chef im Ring zu bleiben: Sie bestimmen, welche Tools oder Ansätze verfolgt werden, und fügen die Teile zu einem stimmigen Ganzen zusammen. Ihre langjährige Erfahrung erlaubt es Ihnen, die Vorschläge der KI zu sichten und passende anzunehmen, unpassende dagegen abzulehnen.

Mentor sein und Standards setzen

Eine weitere zentrale Aufgabe von Senior Engineers besteht darin, weniger erfahrene Teammitglieder im effektiven Einsatz von KI und in Best Practices zu schulen. Als erfahrener Entwickler kennen Sie aus eigener, teils hart erarbeiteter Erfahrung Fallstricke, die Junior Engineers möglicherweise übersehen – beispielsweise Speicherlecks, Off-by-one-Fehler oder Risiken bei Nebenläufigkeit.

Es ist wichtig, Junior Engineers, die Code mithilfe von KI generieren, beizubringen, wie sie diesen überprüfen und testen können. Seien Sie ein Vorbild, indem Sie die von Ihnen »erpromptenten« KI-Beiträge selbst gründlich testen, und fördern Sie eine Kultur, bei der maschinell erstellte Ergebnisse hinterfragt und überprüft werden. Einige Unternehmen – darunter gar einige Anwaltskanzleien – haben Regeln eingeführt, wonach jeder, der KI nutzt, um Code oder Text zu generieren, dies *offenlegen und die Ergebnisse selbst überprüfen muss*, anstatt darauf zu vertrauen, dass erfahrenere Kolleginnen und Kollegen Fehler schon entdecken werden.

Als Senior Engineer sollten Sie solche Normen in Ihrem Team vorleben: KI ist willkommen – aber Sorgfalt ist Pflicht. Indem Sie Junior Engineers auf diese Weise anleiten, verringern Sie Ihre eigene Arbeitsbelastung bei der notwendigen Kontrolle und helfen ihnen, schneller das nötige Skillset für die entscheidenden 30 % eines Projekts zu entwickeln.

Schärfen Sie kontinuierlich Fachkompetenz und strategische Weitsicht

Ihre breite Erfahrung und Ihre Kenntnisse sind wichtiger denn je. Erfahrene Entwickler verfügen oft über historisches Wissen darüber, warum Dinge in einem Unternehmen auf eine bestimmte Weise entwickelt wurden oder wie eine Branche funktioniert. Diese Fachkompetenz ermöglicht Ihnen, Fehlleistungen der KI zu erkennen, die einem Neuling entgehen würden.

Arbeiten Sie kontinuierlich daran, das Problemumfeld genau zu verstehen. Das kann bedeuten, die Geschäftsanforderungen im Blick zu behalten, Nutzerfeedback auszuwerten oder neue Vorschriften zu verfolgen, die sich auf die Software auswirken. Die KI berücksichtigt diese Aspekte nicht automatisch, es sei denn, Sie weisen sie explizit dazu an. Wenn Sie Ihre Domänenkenntnis mit der Geschwindigkeit der KI kombinieren, erzielen Sie die besten Ergebnisse.

Nutzen Sie außerdem Ihre Weitsicht, um die KI zu steuern. Wenn Sie zum Beispiel wissen, dass ein schneller Fix später zu Wartungsproblemen führt, können Sie die KI anweisen, eine nachhaltigere Lösung umzusetzen. Vertrauen Sie Ihren Instinkten, die Sie über Jahre entwickelt haben: Wenn ein Codeabschnitt »seltsam« aussieht oder zu gut, um wahr zu sein, sollten Sie genauer hinsehen. In neun von zehn Fällen haben Sie etwas erkannt, das der KI entgangen ist. Die Fähigkeit, auch die mittel- und langfristigen Auswirkungen von Code zu bedenken, ist ein Markenzeichen von Senior Engineers. Stumpfen Sie in dieser Hinsicht durch den Komfort der KI nicht ab, sondern wenden Sie diese Fähigkeit gezielt auf deren Ergebnisse an.

Vervollkommnen Sie Ihre Soft Skills und Führungsqualitäten

Da die KI einen Teil des Codings übernimmt, können Senior-Entwickler mehr Energie in die menschliche Seite der Arbeit investieren: in die Kommunikation mit Stakeholdern, die Leitung von Design-Meetings und in Ermessensentscheidungen, die Technologie und Geschäftsstrategie in Einklang bringen. Tim O'Reilly und andere (*https://oreil.ly/rbIKm*) weisen darauf hin, dass es mit der Vereinfachung des Routine-Codings umso wichtiger wird, zu entscheiden, *was entwickelt* wird und *wie* komplexe Systeme *orchestriert* werden.

Senior Engineers sind oft diejenigen, die als Orchestratoren agieren und das große Ganze im Blick haben. Nehmen Sie diese Rolle aktiv an. Melden Sie sich freiwillig, um Architektur-Roadmaps zu schreiben, um Tools – ob KI-gestützt oder nicht – zu bewerten, die eingeführt werden sollen, oder um die KI-Coding-Guidelines Ihrer Organisation zu definieren. Das sind Aufgaben, die KI nicht übernehmen kann – sie erfordern Erfahrung, menschliches Urteilsvermögen und oft die Konsensbildung über Teamgrenzen hinweg. Indem Sie Ihre Führungsrolle in den Vordergrund stellen, sorgen Sie dafür, dass Sie nicht bloß als Codeschreiber wahrgenommen werden (der durch ein anderes Tool ersetzbar wäre), sondern als unverzichtbarer technischer Leader.

Kurz gesagt: Tun Sie weiterhin das, was erfahrene Entwickler am besten können – den ganzen Wald zu sehen, nicht nur die einzelnen Bäume. KI wird Ihnen helfen, den Wald besser zu erkennen und zu bewirtschaften, aber um zu entscheiden, *welche* Bäume gefällt werden können (und welche nicht) und *wie* das gewonnene Holz am besten verwendet wird, sind Sie zuständig. Ihr Urteilsvermögen, Ihr strategisches Denken und Ihr Mentoring sind heute wichtiger denn je. Ein erfahrener Entwickler, der KI wirkungsvoll einsetzt, kann erheblich produktiver sein als einer, der dies nicht tut – doch wirklich herausragend sind diejenigen, die ihre menschlichen Stärken einsetzen, um die KI-Ergebnisse zu verbessern, anstatt sie einfach unkontrolliert machen zu lassen.

Wie ein Reddit-Nutzer anmerkte (*https://oreil.ly/HulC9*), ist »KI in der Programmierung ein Multiplikator«, der »die Produktivität erfahrener Entwickler erheblich steigert«. Der Multiplikationseffekt ist real, doch es ist Ihr Fachwissen, dessen Wirkung dabei vervielfacht wird. Bewahren und vertiefen Sie Ihre Expertise – und rücken Sie sie ins Zentrum des Entwicklungsprozesses.

Midlevel Engineers: anpassen und spezialisieren

Midlevel Engineers stehen vermutlich unter dem größten Druck, sich weiterzuentwickeln. Viele ihrer Aufgaben – Features implementieren, Tests schreiben, einfache Bugs beheben – lassen sich zunehmend automatisieren.

Das bedeutet nicht, dass sie überflüssig werden – im Gegenteil, hier entsteht eine Aufwertung. Der Fokus verschiebt sich vom reinen Codieren hin zum Aufbau von spezialisiertem Wissen.

Lernen Sie, Systemintegration und Schnittstellen zu managen

Mit zunehmender Komplexität der Systeme wird es entscheidend, die Grenzen zwischen Komponenten zu verstehen und deren Zusammenspiel zu steuern. Dazu gehören API-Design, Eventschemata und Datenmodelle – alles Felder, die eine sorgfältige Berücksichtigung der Geschäftsanforderungen und künftige

Flexibilität verlangen. Vertiefen Sie Ihre Grundlagenkenntnisse der Informatik insbesondere durch ein fortgeschrittenes Verständnis von Disziplinen wie:

- Datenstrukturen und Algorithmen
- Prinzipien verteilter Systeme
- Interna von Datenbanken und Abfrageoptimierung
- Netzwerkprotokolle und Sicherheit

Dieses Wissen hilft Ihnen, die Auswirkungen von KI-generiertem Code zu verstehen und bessere Architekturentscheidungen zu treffen.

Lernen Sie auch, mit Randfällen und Mehrdeutigkeiten umzugehen. Reale Software muss dauernd mit Sonderfällen umgehen und auf sich ändernde Anforderungen reagieren. KI neigt dazu, standardmäßig nur den Normalfall zu betrachten. Es liegt am Entwickler, nach »Was wäre, wenn ...?« zu fragen und gezielt nach Schwachstellen zu suchen.

Die entscheidenden Fähigkeiten sind kritisches Denken und Weitblick, um Randfälle zu berücksichtigen, mögliche Fehler zu antizipieren und sie in Code oder Design zu adressieren. Dazu gehört es, an Null-Eingaben, Netzwerkausfälle, ungewöhnliche Nutzeraktionen oder die Integration mit anderen Systemen zu denken.

Erweitern Sie Ihre Expertise

Wer den Geschäftskontext oder die Arbeitsbedingungen der Nutzer versteht, erkennt Randfälle, die eine generische KI schlicht übersieht. Erfahrene Entwickler berücksichtigen solche Szenarien routinemäßig. Üben Sie daher, systematisch Grenzfälle zu testen und Annahmen zu hinterfragen. Spezialisieren Sie sich auf komplexe Bereiche, in denen menschliches Verständnis unverzichtbar bleibt:

- Finanzsysteme mit regulatorischen Anforderungen
- Gesundheitswesen mit Datenschutzauflagen
- Echtzeitsysteme mit strengen Leistungsanforderungen
- Infrastruktur für Machine Learning

Für die Softwareentwicklung spezifische Bereiche umfassen Frontend- und Backend-Entwicklung, Mobile Development, DevOps und Security Engineering, um nur einige zu nennen. Domänenexpertise liefert Kontext, den KI-Tools nicht haben, und führt zu besseren Entscheidungen dahin gehend, wo und wie Sie KI einsetzen.

Performanceoptimierung und DevOps meistern

LLMs können zwar grundlegende Optimierungen vorschlagen, doch systemweite Leistungsprobleme zu erkennen und zu beheben, erfordert ein tiefes Verständnis des gesamten Stacks – von Datenbankabfragen bis zu Rendering-Strategien im Frontend. Zu verstehen, wie Systeme in der Produktion funktionieren, wird umso wertvoller, je stärker die Codegenerierung automatisiert wird.

Konzentrieren Sie sich auf diese Bereiche:

- Monitoring und Observability
- Performance-Profiling und -Optimierung
- Sicherheitspraktiken und Compliance
- Kostenmanagement und -optimierung

Konzentrieren Sie sich auf Code-Review und Qualitätssicherung

Da zunehmend KI Code schreibt, wird die Fähigkeit, diesen gründlich zu überprüfen und zu testen, noch wichtiger. »Alle müssen das Testen und Überprüfen von Code deutlich ernster nehmen«, betont Yegge. (*https://oreil.ly/QtJ7_*) Behandeln Sie KI-generierten Code so, wie Sie es mit dem Output eines Junior-Entwicklers tun würden: als Reviewer, der Bugs, Sicherheitslücken oder schlampige Implementierungen aufdecken muss. Stärken Sie deshalb Ihre Kenntnisse hinsichtlich Unit-Tests, Integrationstests und Debugging.

Gute Tests zu schreiben, ist eine bleibende Fähigkeit, die Sie zwingt, die Spezifikationen zu verstehen und die Korrektheit zu prüfen. Es ist ratsam, zunächst davon auszugehen, dass nichts funktioniert, bis das Gegenteil bewiesen ist. Solange Sie KI nicht durch iterative Verbesserung anleiten, liefert sie oft funktionalen, aber kaum oder überhaupt nicht optimierten Code. Das kann viele Gründe haben, etwa dass die Trainingsdaten von Coding-Modellen nicht alle Best Practices so umfassend abbilden, wie es wünschenswert wäre.

Kultivieren Sie eine Testmentalität: Überprüfen Sie jeden kritischen Logikpfad, setzen Sie statische Analysen oder Linter ein und scheuen Sie sich nicht, von der KI vorgeschlagenen Code neu zu schreiben, wenn er Ihre Qualitätsstandards nicht erfüllt. Selbst wenn Sie dem im vorherigen Kapitel besprochenen Muster »KI als Validator« folgen, ist Qualitätssicherung kein Bereich, den man einfach an die KI auslagern kann – hier ist menschliche Sorgfalt vonnöten. Wenn Software nicht wie erwartet funktioniert, brauchen Sie echte Problemlösungskompetenz, um Ursachen zu diagnostizieren und zu beheben. KI kann beim Debugging unterstützen, etwa durch Hinweise auf mögliche Ursachen, doch ihr fehlt das wirkliche Verständnis für den spezifischen Kontext, in dem Ihre Anwendung läuft. Menschliche Tester besitzen domänenspezifisches Wissen und ein Verständnis für Nutzererwartungen, das KI derzeit fehlt. Diese Einsicht ist entscheidend, um die Relevanz und die Auswirkungen potenzieller Probleme beurteilen zu können. Die Diagnose komplexer Bugs erfordert oft kreatives Problemlösen und die Fähigkeit, eine Vielzahl von Faktoren zu berücksichtigen – Fähigkeiten, die uns Menschen angeboren sind. Auch die Bewertung der ethischen Implikationen von Softwareverhalten, etwa in Bezug auf Fairness, Voreingenommenheiten und Barrierefreiheit, erfordert menschliche Sensibilität und menschliches Urteilsvermögen.

Die Fähigkeit, einen komplexen Bug zu untersuchen – ihn zu reproduzieren, die Ursachen zu isolieren und die zugrunde liegenden Systeme (Betriebssystem, Datenbanken, Bibliotheken) zu verstehen –, ist eine grundsätzliche Entwicklerkompetenz. Das erfordert meist ein eingehendes Verständnis der Grundlagen (etwa wie Speicher und Zustand funktionieren oder wie Nebenläufigkeit gehandhabt wird), das Junior-Entwickler erst durch lange Praxis erwerben müssen. Nutzen Sie KI als Helfer, um sich Fehlermeldungen erklären oder Fixes vorschlagen zu lassen, aber *verlassen Sie sich nicht gedankenlos darauf*. Die Fähigkeit, Probleme methodisch zu analysieren und dabei grundlegende Prinzipien anzuwenden, unterscheidet exzellente Entwickler von durchschnittlichen. Hier wirkt auch eine Feedbackschleife: Wer KI-generierten Code debuggt, lernt daraus, beim nächsten Mal bessere Prompts zu formulieren oder bestimmte Muster zu vermeiden.

Denken Sie systemisch

Softwareprojekte sind nicht einfach isolierte Coding-Aufgaben. Sie existieren in einem größeren Kontext aus Nutzerbedürfnissen, Zeitplänen, Legacy-Code und Teamprozessen. KI hat von sich aus kein Verständnis für das große Ganze – etwa die Projektgeschichte oder die Beweggründe für bestimmte Entscheidungen (es sei denn, Sie stellen diese Informationen der KI explizit per Prompt oder Kontext bereit, was jedoch meist nicht sonderlich praktikabel ist). Dieses Verständnis müssen Menschen einbringen.

Die entscheidende Fähigkeit ist dabei systemisches Denken: zu verstehen, wie die unterschiedlichen Teile des Systems ineinandergreifen, wie sich Änderungen in einem Teil auf andere Teile auswirken könnten und wie das System insgesamt die Erreichung der Geschäftsziele unterstützt.[2] Diese ganzheitliche Perspektive

2 Mehr über systemisches Denken erfahren Sie hier: Donella H. Meadows: Thinking in Systems: *A Primer*, 2nd edition (Rizzoli, 2008); Peter M. Senge, *The Fifth Discipline: The Art and Practice of the Learning Organization* (Crown, 2010).

ermöglicht Ihnen, KI-Ergebnisse angemessen einzusetzen. Wenn eine KI etwa eine clevere Abkürzung vorschlägt, die jedoch einer regulatorischen Vorgabe oder einer Unternehmenskonvention widerspricht, werden Sie das bemerken, weil Sie den Kontext kennen. Machen Sie es sich zur Gewohnheit, den Hintergrund Ihrer Projekte zu verstehen und Designdokumente zu lesen, um möglichst gut beurteilen zu können, ob ein KI-Vorschlag geeignet ist oder nicht.

Seien Sie anpassungsfähig – und hören Sie nie auf zu lernen

Ständig neue Tools zu erlernen und sich an Veränderungen anzupassen, ist angesichts der rasanten Evolution der KI-gestützten Softwareentwicklung eine grundsätzliche, übergeordnete Fähigkeit. Nur Entwicklerinnen und Entwickler, die offenbleiben und lernen, neue KI-Funktionen effektiv einzusetzen, bleiben an der Spitze der Entwicklung. Tim O'Reilly betont (*https://oreil.ly/BYrNh*), dass Entwickler, die »begierig darauf sind, neue Fähigkeiten zu erlernen«, die größten Produktivitätsgewinne durch KI erzielen werden. Vertiefen Sie Ihr *Grundlagenverständnis* und bewahren Sie sich Ihr Interesse an neuen Techniken und Methoden. Diese Kombination ermöglicht Ihnen, KI als Werkzeug zu nutzen, ohne von ihr abhängig zu werden.

Es ist ein Balanceakt: Nutzen Sie KI, um sich weiterzuentwickeln, aber programmieren und arbeiten Sie gelegentlich auch ohne sie, um sicherzugehen, dass Sie keine grundlegenden Kenntnisse verlernen. Einige Entwickler machen tatsächlich regelmäßig ein »KI-Detox« (*https://oreil.ly/XFPqu*), damit ihre Programmierfähigkeiten nicht einrosten. Kurz gesagt: Lernen Sie als Entwicklerin oder Entwickler ständig dazu – was Ihnen natürlich in jedem Karrierestadium zugutekommt.

Kommunizieren Sie über Bereichsgrenzen hinweg

Die Fähigkeit, zwischen Geschäftsanforderungen und technischen Lösungen zu vermitteln, wird umso wertvoller, je kürzer die Implementierungszeiten werden. Die Rolle von Entwicklern, die effektiv mit Produktmanagern, Designern und anderen Stakeholdern kommunizieren können, gewinnt dabei zunehmend an Bedeutung. Wichtige Schwerpunkte sind hier:

- Anforderungserhebung und -analyse
- technisches Schreiben und Dokumentation
- Projektplanung und Aufwandsschätzung
- Teamführung und Mentoring

Lernen Sie Systemdesign und Architektur

Anstatt Tage damit zu verbringen, ein neues Feature zu implementieren, sollten Midlevel Engineers diese Zeit darauf verwenden, robuste Systeme zu entwerfen, die Skalierung und Fehlerszenarien zuverlässig bewältigen. Dafür ist ein tiefes Verständnis der Prinzipien verteilter Systeme, der Interna von Datenbanken und der Cloud-Infrastruktur erforderlich – Bereiche, in denen LLMs derzeit nur begrenzten Nutzen bieten.

Üben Sie, Systeme zu entwerfen, die reale Probleme in großem Maßstab lösen. Diese Fähigkeiten bleiben wertvoll – unabhängig davon, wie Code generiert wird –, da sie das Verständnis von Geschäftsanforderungen und technischen Kompromissen erfordern.

Ein kohärentes System zu entwerfen, heißt, jenseits des Schreibens einzelner Funktionen auch Trade-offs, Einschränkungen und das »große Ganze« zu verstehen und zu berücksichtigen. KI kann Code generieren, wählt jedoch nicht automatisch die beste Architektur für ein komplexes Problem.

Das Gesamtdesign – wie Komponenten interagieren, wie Daten fließen, wie Skalierbarkeit und Sicherheit gewährleistet werden – gehört zu den 30%, die menschliches Urteilsvermögen erfordern. Dazu zählen insbesondere:

- Lastverteilung und Caching-Strategien
- Datenpartitionierung und Replikation
- Fehlerszenarien und Wiederherstellungsverfahren
- Kostenoptimierung und Ressourcenmanagement

Erfahrene Entwickler haben diese Fähigkeiten über Jahre vervollkommnet, und auch Entwickler auf mittlerer und Junior-Ebene sollten sie aktiv kultivieren. Denken Sie in Mustern und Prinzipien (wie Trennung der Verantwortlichkeiten und Modularität), denn dadurch verbessern Sie die Wartbarkeit von KI-generierten Lösungen. Denken Sie daran: Eine *solide Architektur entsteht nicht zufällig* – sie erfordert die erfahrene Hand eines Menschen.

Setzen Sie KI ein!

KI sollte ein fester Bestandteil Ihres Workflows sein – und nichts, dem Sie sich verweigern sollten. Praktische Möglichkeiten, KI in Ihre tägliche Arbeit einzubinden, sind zum Beispiel:

- das Gerüst für erste Codestrukturen erstellen zu lassen,
- schnelle Prototypen und Proof of Concepts zu entwickeln,

- Pair-Programming für schnelleres Debugging und zur Problemlösung zu nutzen,
- sich Optimierungen und alternative Ansätze vorschlagen zu lassen sowie
- wiederkehrende Codemuster generieren zu lassen, während Sie sich auf Architektur- und Designentscheidungen konzentrieren.

Wagen Sie sich an UI- und UX-Design

Zuletzt konnte man immer häufiger hören, Midlevel Engineers sollten am besten »gleich die Brocken hinwerfen«, da reine Entwicklerfähigkeiten ohnehin obsolet würden, sobald KI die Implementierungsdetails übernimmt. Auch wenn diese Schlussfolgerung sicherlich übertrieben ist, lohnt sich die Diskussion über die Bedeutung von Fähigkeiten jenseits des Engineerings (etwa im Design). In einem exemplarischen Austausch auf X im Dezember 2024 schrieb @fchollet: (*https://oreil.ly/BokTH*)

> *Bald werden wir in einer Welt leben, in der sich Rechenleistung zur Testzeit in Kompetenz verwandeln lässt – erstmals in der Geschichte der Software wird der Grenzkostenfaktor entscheidend.*

Darauf antwortete @garrytan:

> *UX, Design und aufrichtige Hingabe für die eigene Arbeit werden künftig im Mittelpunkt stehen.*
>
> *Erschafft einfach etwas, das die Menschen wirklich wollen. Software und Programmierung werden nicht der entscheidende Engpass sein. Großartige Software entsteht durch Universalisten, die in vielen unterschiedlichen Bereichen zugleich klug und effektiv agieren.*

Erfolgreiche Softwareentwicklung hat schon immer mehr verlangt als reines Programmieren. Engineering stirbt nicht aus. Nur die Implementierungshürden werden niedriger. Durch diesen Wandel werden technisches Urteilsvermögen und Design Thinking tatsächlich wichtiger, nicht unwichtiger.

Überlegen Sie, was Anwendungen wie Figma, Notion oder VSCode erfolgreich macht. Es ist nicht nur deren technische Exzellenz – entscheidend ist das tiefe Verständnis für Nutzerbedürfnisse, Workflows und Schmerzpunkte. Dieses Verständnis basiert auf:

- Design Thinking im Bereich User Experience,
- fundierter Domänenkenntnis,
- dem Verständnis menschlicher Psychologie und Verhaltensweisen,

- Systemdesign, das Leistung, Zuverlässigkeit und Skalierbarkeit berücksichtigt, sowie
- der Ausrichtung auf das Geschäftsmodell.

Die besten Entwickler waren schon immer mehr als reine Coder. Sie sind Problemlöser, die sowohl technische Einschränkungen als auch menschliche Bedürfnisse verstehen. Da KI-Tools die Hürden bei der Implementierung senken, wird dieses ganzheitliche Verständnis noch wertvoller.

Das heißt noch lange nicht, dass jeder Entwickler zum UX-Designer mutieren muss. Vielmehr geht es darum, das eigene Produktdenken zu entwickeln und die Zusammenarbeit mit Designern und Produktmanagern zu verbessern. Es geht darum, Nutzer stärker in den Blick zu nehmen, ihre Psychologie und ihre Verhaltensmuster zu verstehen und technische Entscheidungen so zu treffen, dass sie die Ziele der User Experience unterstützen. Sie haben ein Niveau erreicht, auf dem Sie saubere und elegante technische Lösungen entwickeln können: Nun gilt es, dies durch die genaue Beobachtung und die Integration praktischer Nutzerbedürfnisse zu ergänzen.

Die Zukunft gehört den Entwicklern, die die Kluft zwischen menschlichen Bedürfnissen und technischen Lösungen überbrücken können – sei es, indem sie selbst ein besseres Gespür für Design entwickeln oder indem sie effektiver mit spezialisierten Designern zusammenarbeiten.

Junior Developers: Erfolg gemeinsam mit KI

Wenn Sie als Junior Developer oder weniger erfahrener Entwickler tätig sind, begegnen Sie dem Thema KI möglicherweise mit einer Mischung aus Begeisterung und Sorge. KI-Assistenten können Code schreiben, den Sie selbst vielleicht noch nicht beherrschen, und so Ihren Lernprozess potenziell beschleunigen. Gleichzeitig lesen Sie Schlagzeilen vom »Tod des Junior Developer« (*https://oreil.ly/QtJ7_*), die behaupten, dass Einstiegspositionen in der Softwareentwicklung vom Aussterben bedroht seien. Doch entgegen vielen Spekulationen gilt: Auch wenn KI den Berufseinstieg spürbar verändert, werden Junior Developers *keineswegs überflüssig*.

Sie müssen aktiv daran arbeiten, Fähigkeiten zu entwickeln, mit denen Sie einen Mehrwert schaffen, der über das hinausgeht, was eine KI automatisch produzieren kann. Der klassische Lernweg über die Implementierung grundlegender CRUD-Anwendungen und einfacher Features wird sich verändern, da diese Aufgaben zunehmend automatisiert werden.

Ein typischer Auftrag für Berufseinsteiger war bislang beispielsweise die Implementierung eines neuen API-Endpunkts auf der Basis bestehender Muster. Früher konnte das für Programmierung und Tests schnell einen ganzen Arbeitstag beanspruchen. Mit KI-Unterstützung sinkt die Umsetzungszeit möglicherweise auf eine Stunde. Entscheidend sind dann andere Fähigkeiten:

- Das Verständnis der bestehenden Systemarchitektur, um Anforderungen präzise spezifizieren zu können.
- Die Überprüfung des generierten Codes im Hinblick auf Sicherheitsaspekte und Sonderfälle.
- Die Sicherstellung, dass die Implementierung mit bestehenden Mustern übereinstimmt.
- Das Schreiben aussagekräftiger Tests, die die Businesslogik zuverlässig absichern.

Diese Fähigkeiten lassen sich nicht allein durch Tutorials oder KI-Prompts erlernen – sie erfordern praktische Erfahrung mit Produktionssystemen und ein Mentoring durch erfahrene Entwicklerinnen und Entwickler.

Diese Entwicklung bringt für Berufseinsteiger sowohl Herausforderungen als auch Chancen mit sich. Die Anforderungen an Einstiegspositionen könnten steigen, weil es größeres Grundlagenwissen braucht, um KI-generierten Code wirksam prüfen und validieren zu können. Gleichzeitig eröffnet sich dadurch die Möglichkeit, dass Junior-Entwickler schon früh in ihrer Laufbahn an interessanteren Problemen arbeiten.

In den folgenden Abschnitten erfahren Sie, wie Sie sich am besten auf die 30% vorbereiten, in denen es vor allem auf den menschlichen Beitrag ankommt.

Lernen Sie die Grundlagen – und fragen Sie immer nach dem »Warum«

Es ist verlockend, sich bei jeder Frage auf KI zu verlassen (»Wie löse ich X in Python?«), dabei aber die zugrunde liegenden Konzepte nie wirklich zu verinnerlichen. Widerstehen Sie diesem Impuls. Nutzen Sie KI als Tutor, nicht als bloßen Antwortautomaten. Wenn die KI Ihnen ein Stück Code liefert, fragen Sie nach, *warum* sie diesen Ansatz gewählt hat, oder lassen Sie sich den Code Zeile für Zeile erklären.

Sie sollten Konzepte wie Datenstrukturen, Algorithmen, Speicherverwaltung und Nebenläufigkeit verstehen, ohne sich dabei ständig auf KI verlassen zu müssen. Das hat einen einfachen Grund: Ist die Ausgabe der KI fehlerhaft oder unvollständig, brauchen Sie Ihr eigenes mentales Modell, um den Fehler zu erkennen und zu beheben. Wenn Sie sich nicht aktiv damit auseinandersetzen, warum die KI bestimmten Code erzeugt, lernen Sie im Ergebnis womöglich weniger und bremsen damit Ihre eigene Entwicklung. Nehmen Sie sich also die Zeit, Dokumentationen zu lesen, kleine Programme von Grund auf selbst zu schreiben und Ihr Grundlagenwissen zu festigen. Das sind zeitlose Basisfähigkeiten, die Ihnen auch dann weiterhelfen, wenn sich die Werkzeuge, die Sie benutzen, ändern.

Trainieren Sie Problemlösung und Debugging ohne KI-Sicherheitsnetz

Um echtes Vertrauen in die eigenen Fähigkeiten aufzubauen, müssen Sie manchmal allein arbeiten. Viele Entwickler empfehlen, regelmäßig einen »KI-freien Tag« einzulegen oder die Unterstützung durch KI zumindest zeitweise bewusst einzuschränken. So stellen Sie sicher, dass Sie Probleme auch weiterhin allein aufgrund Ihrer eigenen Fähigkeiten lösen können – und beugen so einem Abbau Ihrer Kompetenzen vor. Sie werden feststellen, dass diese Herangehensweise Sie dazu zwingt, die Logik eines Problems gründlich zu durchdenken. Das wiederum verbessert auch Ihren Umgang mit KI, weil Sie deren Einsatz genauer und intelligenter steuern können.

Darüber hinaus gilt: Wenn Sie in von KI erzeugtem Code auf einen Fehler stoßen, debuggen Sie ihn zunächst *selbst*, bevor Sie die KI um eine Korrektur bitten. Sie lernen weitaus mehr, wenn Sie den Code schrittweise mit einem Debugger durchgehen oder an passenden Stellen Debugging-Hinweise einbauen, um die Ursache des Problems zu erkennen.

Betrachten Sie die Vorschläge der KI als Hinweise, nicht als endgültige Lösungen. Mit der Zeit stärkt gerade das eigenständige Lösen der letzten schwierigen Teile einer Aufgabe Ihre Fähigkeiten in den Bereichen, in denen KI an ihre Grenzen stößt – und genau das macht Ihren Beitrag wertvoll.

Konzentrieren Sie sich auf Tests und Überprüfung

Gerade als Berufseinsteiger gehört es zu den gewinnbringendsten Gewohnheiten, für den eigenen Code konsequent Tests zu schreiben. Das gilt umso mehr, wenn Sie zur Codegenerierung KI einsetzen.

Wenn Ihnen ein LLM einen Codeblock liefert, sollten Sie nicht davon ausgehen, dass er korrekt ist: Hinterfragen Sie ihn. Schreiben Sie Unit-Tests oder führen Sie manuelle Tests durch, um zu prüfen, ob die Anforderungen und

Randfälle wirklich abgedeckt sind. Damit erreichen Sie zweierlei: Sie decken nicht nur mögliche Probleme im KI-Output auf, sondern trainieren auch sich darin, über das erwartete Verhalten nachzudenken, bevor Sie einer Implementierung vertrauen.

Sie können die KI auch beim Schreiben von Tests einsetzen – aber *Sie* müssen festlegen, was getestet werden soll. Der Rat von Steve Yegge (*https://oreil.ly/QtJ7_*), Tests und Code-Reviews ernst zu nehmen, gilt auf allen Erfahrungsstufen. Wenn Sie sich den Ruf erarbeiten, Ihre Arbeit sorgfältig zu überprüfen (ob mit KI oder ohne), gewinnen Sie das Vertrauen erfahrener Kolleginnen und Kollegen. Zugleich vermeiden Sie den Eindruck, Sie würden ihnen fragwürdigen Code vorlegen.

Behandeln Sie Tests in der Praxis als integralen Bestandteil der Entwicklung, nicht als nachträgliche Pflichtübung. Lernen Sie, mit Test-Frameworks umzugehen, exploratives manuelles Testen durchzuführen und Bugs systematisch zu reproduzieren. Diese Fähigkeiten verbessern nicht nur Ihre Leistung bei den »verbleibenden 30 %« der Arbeit, sondern vergrößern zugleich Ihr Verständnis dafür, wie der Code tatsächlich funktioniert.

Und bedenken Sie: Wenn Sie einen Bug entdecken, den die KI verursacht hat, haben *Sie* gerade etwas geleistet, wozu die KI nicht in der Lage war – ein klarer Mehrwert.

Entwickeln Sie ein Gespür für Wartbarkeit

Junior-Entwickler konzentrieren sich oft darauf, den Code einfach »irgendwie« zum Laufen zu bringen. Aber in der KI-Ära ist es leicht, eine erste lauffähige Version zu erstellen, weil das natürlich die KI übernehmen kann. Die eigentliche Herausforderung (und darauf sollten Sie sich fokussieren) besteht darin, Code zu schreiben, der lesbar, wartbar und »clean« ist.

Entwickeln Sie ein Gespür für eine saubere Codestruktur und sauberen Stil. Vergleichen Sie den Output der KI mit bekannten Best Practices: Wenn der Code unübersichtlich oder unnötig komplex wirkt, übernehmen Sie die Initiative und refaktorieren ihn. Wenn Ihnen ein LLM beispielsweise eine 50-zeilige Funktion liefert, die zu viele Aufgaben gleichzeitig übernimmt, teilen Sie sie in kleinere, klar abgegrenzte Funktionen auf. Gibt es unklare Variablennamen, benennen Sie sie um.

Gehen Sie im Grunde so vor, als würden Sie den Code einer Kollegin reviewen – und verbessern Sie den KI-Code, als stamme er von einem Menschen. Auf diese Weise verinnerlichen Sie nach und nach gute Designprinzipien. Mit der Zeit werden Sie die KI so anleiten, dass von Anfang an saubererer Code entsteht, weil Sie von vornherein den gewünschten Stil vorgeben. Diejenigen, die Software Monate oder Jahre später warten müssen, werden es Ihnen danken. Zugleich zeigen Sie damit, dass Sie nicht nur darauf bedacht sind, dass der Code »läuft«, sondern auch, dass Sie wie ein Engineer denken. Gerade die Wartbarkeit gehört zu den menschlich geprägten 30%. Deshalb sollten Sie sie von Beginn Ihrer Laufbahn an zu einem Ihrer Schwerpunkte machen.

Entwickeln Sie Ihr Prompting und Ihre Tool-Skills (umsichtig) weiter

Es lässt sich nicht leugnen, dass Prompt Engineering – also die Fähigkeit, effektiv mit KI-Tools zu arbeiten – nützlich ist. Als Junior-Entwickler sollten Sie unbedingt lernen, wie Sie Fragen an die KI formulieren, ihr den passenden Kontext geben und durch wiederholtes Anpassen der Prompts bessere Ergebnisse erzielen (Kapitel 2 ist ein guter Ausgangspunkt). Das sind neue Skills, die Ihnen einen Vorsprung verschaffen können – zumal viele erfahrene Entwickler noch dabei sind, sich diese anzueignen. Denken Sie jedoch daran, dass gutes Prompting meist ein Indikator dafür ist, ob man ein Problem wirklich verstanden hat. Wenn Sie die KI nicht dazu bringen, das gewünschte Ergebnis zu liefern, könnte das daran liegen, dass *Sie* das Problem noch nicht ausreichend durchdrungen haben. Betrachten Sie das als Warnsignal.

Eine mögliche Strategie besteht darin, zunächst selbst eine Lösung in natürlicher Sprache zu skizzieren, bevor Sie die KI um die Umsetzung bitten. Experimentieren Sie außerdem mit unterschiedlichen KI-Tools (Copilot, Claude, Codex usw.), um deren Stärken und Schwächen kennenzulernen. Je vertrauter Sie mit diesen Assistenten sind, desto produktiver können Sie arbeiten – aber behandeln Sie die Ergebnisse niemals als unfehlbar. Betrachten Sie KI als einen getunten Stack Overflow: als Hilfe, nicht als letzte Instanz.

Vielleicht entwickeln Sie sogar kleine persönliche Projekte mit KI, um Ihre Grenzen auszuloten (»Kann ich mit KI-Hilfe eine einfache Webanwendung entwickeln?«). Auf diese Weise lernen Sie, wie sich KI sinnvoll in einen Entwicklungsworkflow integrieren lässt, und bilden eine wertvolle Fähigkeit aus, die Sie in ein Team einbringen können. Aber achten Sie, wie bereits zuvor beschrieben, darauf, auch Phasen einzulegen, in denen Sie bewusst ohne KI arbeiten.

Suchen Sie Feedback und Mentoring

Eine weitere grundsätzliche Fähigkeit, um sich weiterzuentwickeln, ist die Bereitschaft, aktiv Feedback einzuholen und von anderen zu lernen. Eine KI mag Ihnen wichtige Hinweise geben, aber für Ihre Entwicklung sind vor allem Ihre menschlichen Kollegen und Mentorinnen von unschätzbarem Wert – besonders wenn es um Soft Skills, Führung, Kommunikation und den Umgang mit Büropolitik geht.

Zögern Sie nicht, einen Senior Developer zu fragen, warum er eine bestimmte Lösung einer anderen vorzieht – insbesondere wenn diese von dem abweicht, was eine KI vorgeschlagen hat. Diskutieren Sie Designentscheidungen und Abwägungen mit erfahreneren Kolleginnen und Kollegen: Solche Gespräche geben Einblick in deren Denkweise und sind für Sie von unschätzbarem Wert. Seien Sie bei Code-Reviews besonders offen für Kommentare zu KI-generiertem Code. Weist ein Reviewer etwa darauf hin, dass »eine Funktion nicht threadsicher ist« oder »ein Ansatz Skalierungsprobleme verursachen wird«, dann nehmen Sie sich die Zeit, die Ursache wirklich zu verstehen. Genau diese Aspekte übersieht eine KI leicht – und Sie sollten lernen, sie zu erkennen. Mit der Zeit entwickeln Sie so eine mentale Checkliste wichtiger Aspekte.

Suchen Sie außerdem nach Gelegenheiten zum Pair-Programming – gegebenenfalls auch remote. Wenn Sie mit einem Senior Engineer zusammenarbeiten, der in seinem Workflow KI nutzt, können Sie dabei nicht nur beobachten, wie er promptet und korrigiert, sondern vor allem auch, wie er kommuniziert, Diskussionen führt und mit sensiblen Dynamiken im Team umgeht. Offen für Feedback zu sein und aktiv um Anleitung zu bitten, hilft Ihnen, sich von Aufgaben, die auch eine KI erledigen könnte, hin zu Tätigkeiten fortzubilden, die ausschließlich Menschen leisten können. Im Grunde geht es darum, sich so effizient wie möglich die Einsichten und die Urteilskraft anzueignen, die normalerweise erst durch langjährige Erfahrung entstehen. Dadurch können Sie zu einem Entwickler werden, den Teams unbedingt halten und fördern wollen.

Kommunizieren und kooperieren

Softwareentwicklung ist ein Mannschaftssport. KI nimmt bisher (zum Glück) nicht aktiv an Meetings teil – Menschen aber müssen miteinander sprechen, um Anforderungen zu klären, Kompromisse zu diskutieren und ihre Arbeit zu koordinieren. Gute Kommunikationsfähigkeiten sind deshalb weiterhin extrem wertvoll. Üben Sie, gute Fragen zu stellen und Probleme klar zu beschreiben – sowohl gegenüber Kolleginnen und Kollegen als auch in Prompts gegenüber der KI.

Das Prompten einer KI ist natürlich selbst eine Form der Kommunikation, in der Sie präzise ausdrücken müssen, was Sie wollen. Dadurch überschneidet es sich mit einer Kernkompetenz der Softwareentwicklung: der *Anforderungsanalyse*.[3] Wenn Sie einen klaren Prompt oder eine Spezifikation formulieren können, bedeutet das, dass Sie das Problem bereits gründlich durchdacht haben.

---

3 Mehr dazu finden Sie bei Mark Richards und Neal Ford, *Fundamentals of Software Architecture*, 2nd edition (O'Reilly, 2025), sowie bei Mark Richards, Neal Ford und Raju Gandhi, *Head First Software Architecture* (O'Reilly, 2024).

Darüber hinaus gehören Wissensaustausch, das Schreiben von Dokumentation und das Reviewen fremden Codes zu den kooperativen Fähigkeiten, die KI nicht ersetzen kann. Auch wenn Entwickler künftig »mit« KI arbeiten, bleibt die Zusammenarbeit von Mensch zu Mensch im Team entscheidend – etwa um sicherzustellen, dass die richtigen Probleme gelöst werden. Ein neuer Trend ist, dass sich Entwickler stärker auf übergeordnete Diskussionen über Architektur und Design (oft im Dialog mit KI) und auf die Koordination von Aufgaben konzentrieren und damit zunehmend die Rolle eines Dirigenten übernehmen. Gerade in dieser Rolle sind Kommunikations- und Führungsfähigkeiten von großem Wert.

Ändern Sie Ihre Denkweise: vom Konsumieren zum Gestalten

Im KI-Zeitalter müssen vor allem Berufseinsteiger umdenken: Statt nur fertige Lösungen zu verwenden, *sollten sie auch verstehen, wie sie funktionieren*. Früher mussten Sie sich mühsam durch Dokumentationen kämpfen, um am Ende ein neues Feature zu schreiben, während KI Ihnen heute die Lösung direkt auf einem Tablett serviert. Wenn Sie diese jedoch einfach nur per Copy and Paste übernehmen, werden Sie kaum etwas dazulernen.

Nutzen Sie stattdessen jede von der KI vorgeschlagene Lösung als Lernmöglichkeit. Analysieren Sie sie, experimentieren Sie damit und überlegen Sie, wie Sie selbst auf diesen Lösungsweg hätten kommen können. Wenn Sie die KI-Ausgaben nicht als endgültige Antworten, sondern als interaktives Lernmaterial behandeln, stellen Sie sicher, dass Sie – als Mensch – kontinuierlich dazulernen. So behindert KI Ihr Wachstum nicht, sondern beschleunigt es.

Viele Fachleute sind der Ansicht, dass KI zwar den Bedarf an großen Teams von reinen Codern verringern könnte, aber zugleich dafür sorgt, dass *die Messlatte dafür höher gelegt wird*, was es bedeutet, Junior Developer zu sein. Das Berufsbild verschiebt sich hin zu jemandem, der effektiv mit KI arbeiten und sich schnell in der Wertschöpfungskette nach oben bewegen kann. Wenn Sie sich die in diesem Abschnitt beschriebenen Gewohnheiten aneignen, heben Sie sich als Junior-Entwickler deutlich ab: nicht, weil Sie etwas liefern, das auch eine KI bereitstellen könnte (das kann sich heutzutage jedes Unternehmen per Abo beschaffen), sondern weil Sie Einsicht, Verlässlichkeit und kontinuierliche Weiterentwicklung einbringen. Und genau das sind die Eigenschaften eines künftigen Senior Developer.

Zusammenfassung und Ausblick

Um in einer KI-gestützten Entwicklungswelt erfolgreich zu sein, sollten Entwicklerinnen und Entwickler auf allen Ebenen ihre Anstrengungen verstärkt auf jene Fähigkeiten und Praktiken richten, die KI (noch) nicht ersetzen kann. Diese Kompetenzen bleiben entscheidend, ganz gleich, wie fortschrittlich unsere Werkzeuge sein mögen. Konzentrieren Sie sich vor allem auf diese Dinge:

- Vertiefen Sie Ihre Kenntnisse in Systemdesign und Softwarearchitektur.
- Denken Sie systemisch und behalten Sie immer das große Ganze im Blick.
- Vervollkommnen Sie Ihr kritisches Denken, Ihre Problemlösungskompetenz und Ihre Weitsicht.
- Bauen Sie Expertise in spezialisierten Fachbereichen auf.
- Legen Sie Wert auf Code-Reviews, Tests, Debugging und Qualitätssicherung.
- Verbessern Sie Ihre Kommunikations- und Kooperationsfähigkeiten.
- Bleiben Sie anpassungsfähig.
- Lernen Sie kontinuierlich hinzu, festigen Sie Ihr Grundlagenwissen, erwerben Sie neue Fähigkeiten und aktualisieren Sie laufend Ihr Wissen.
- Nutzen Sie KI.

Diese Fähigkeiten sind das, was Menschen in der Softwareentwicklung weiterhin unverzichtbar macht. Sie sind zeitlos, weil sie nicht mit dem nächsten Framework- oder Toolwechsel veralten. Tatsächlich sind sie im Zeitalter der KI noch wichtiger als zuvor. Simon Willison hat argumentiert (*https://oreil.ly/5F3O7*), dass KI-gestützte Entwicklung starke Programmierfähigkeiten tatsächlich *wertvoller* macht und nicht etwa entwertet, weil Fachleute die Werkzeuge wesentlich wirkungsvoller einsetzen können.

Eine leistungsstarke Maschine in ungeübten Händen kann gefährlich oder nutzlos sein, in fähigen Händen jedoch entfaltet sie transformative Wirkung. Im KI-Zeitalter gleicht ein erfahrener Entwickler einem routinierten Flugkapitän, der über einen hochmodernen Autopiloten verfügt: Die Reise verläuft vielleicht bequemer, aber bei schwierigen Bedingungen muss weiterhin der Pilot selbst eingreifen und für eine sichere Landung sorgen.

Softwaretechnik war schon immer ein Feld ständigen Wandels – von Assembler zu Hochsprachen, von lokalen Servern zur Cloud und nun vom manuellen Programmieren zur KI-gestützten Entwicklung. Jeder dieser Sprünge hat bestimmte Aspekte des Programmierens automatisiert, doch jedes Mal konnten sich Entwicklerinnen und Entwickler anpassen und neue Aufgabenfelder finden. Als Reaktion auf eine Anmerkung (*https://oreil.ly/BYrNh*) von Tim O'Reilly schrieb (*https://oreil.ly/OewGO*) ein Kommentator auf Hacker News, frühere Innovationen hätten »fast immer zu mehr Arbeit, mehr Wachstum und mehr Chancen« für Entwickler geführt. Der Aufstieg von KI bildet da keine Ausnahme. Entwickler werden dadurch nicht überflüssig, auch wenn sich die Kompetenzen verändern, um in diesem Beruf Erfolg zu haben. Die routinemäßigen 70 % des Codings werden einfacher, aber die Fähigkeiten, die man für die anspruchsvollen 30 % benötigt, machen unseren wirklichen Wert aus.

Um das menschliche »30 %-Potenzial« voll auszuschöpfen, sollten Sie sich auf die zeitlosen Skills konzentrieren: Probleme tief zu durchdringen, saubere Lösungen zu entwerfen, Code kritisch auf Qualität zu prüfen sowie Nutzer und Kontext zu berücksichtigen. Erfahrene Programmierer profitieren stärker von KI, weil sie wissen, wie man sie steuert und was zu tun ist, wenn sie versagt. Wer diese Fähigkeiten mit KI-Tools kombiniert, wird diejenigen übertreffen, die nur eines von beidem beherrschen. Unter Fachleuten setzt sich zunehmend die Ansicht durch (*https://oreil.ly/5gfvc*), dass KI ein Werkzeug für Könner ist – und dass LLMs vor allem Powertools für Poweruser darstellen. Deshalb sind wir alle gefordert, zu solch einem »Poweruser« zu werden, indem wir das nötige Fachwissen erwerben, um diese neuen Werkzeuge effektiv einzusetzen.

Letztlich ist die Kunst der Softwareentwicklung mehr als nur das Schreiben von lauffähigem Code. Es geht darum, dass Anwendungen *zuverlässig funktionieren* – in realen Umgebungen, über längere Zeiträume hinweg und unter sich wandelnden Anforderungen. Die heutigen KI-Modelle können beim Schreiben von Code unterstützen, aber sie können noch nicht sicherstellen, dass dieser in all diesen Dimensionen gut funktioniert. Das ist die Aufgabe von Entwicklerinnen und Entwicklern.

Indem sie die zuvor beschriebenen Fähigkeiten konsequent pflegen und vervollkommnen, können erfahrene Entwickler weiterhin führen und Innovationen vorantreiben, Entwickler auf mittlerem Niveau ihre Expertise vertiefen und Berufseinsteiger den Weg zur Könnerschaft beschleunigen. KI wird zunehmend die Routineaufgaben übernehmen, doch es sind Ihre Kreativität, Ihre Intuition und Ihr durchdachtes Engineering, die aus dem rohen Output etwas wirklich Wertvolles machen. KI ist ein mächtiges Werkzeug, doch entscheidend ist, wie wir es einsetzen. Gute Entwicklungspraktiken, menschliches Urteilsvermögen und ständige Lernbereitschaft bleiben unverzichtbar.

Ganz praktisch heißt das: Ob Sie nun im Pair-Programming mit einer KI (als »eifrigem Junior Developer«) arbeiten, die Ihre Funktionen schreibt, oder ein Diff mit KI-generiertem Code überprüfen – vergessen Sie nie, Ihre einzigartige menschliche Perspektive einzubringen. Fragen Sie sich: Löst dieser Code wirklich das *richtige* Problem? Ist er für andere verständlich und wartbar? Welche Risiken und Randfälle müssen berücksichtigt werden? Die Beantwortung dieser Fragen liegt in Ihrer Verantwortung. Die Zukunft des Programmierens wird zweifellos weniger darin bestehen, jedes Semikolon selbst zu tippen, als vielmehr zu steuern und zu kuratieren. Aber es wird nach wie vor Entwicklerinnen und Entwickler am Steuer brauchen, die dafür die nötige Erfahrung und Umsicht mitbringen.

Am Ende ging es bei exzellentem Engineering immer um Problemlösungen, nicht in erster Linie um das schnelle Herunterschreiben von Code. Daran ändert auch KI nichts. Sie fordert uns lediglich heraus, unsere Fähigkeit zur Problemlösung auf ein neues Niveau zu heben. Nehmen Sie diese Herausforderung an – dann werden Sie auch in diesem neuen Zeitalter der Softwareentwicklung erfolgreich sein.

KAPITEL 5

Generierten Code verstehen: prüfen, verfeinern, verantworten

Nachdem Sie gelernt haben, wie man eine KI durch Prompts dazu bringt, Code zu erzeugen, und vermutlich auf diese Weise bereits erste Ergebnisse erzielt haben, folgt nun eine weitere entscheidende Phase, in der es darum geht, sicherzustellen, dass der Code korrekt, sicher und wartbar ist.

Als Entwickler oder Entwicklerin dürfen Sie die Ausgabe der KI nicht einfach unbesehen übernehmen und ausliefern. Sie müssen sie prüfen, testen, gegebenenfalls verbessern und in Ihre bestehende Codebasis integrieren. In diesem Kapitel geht es darum, den von der KI gelieferten Code zu verstehen, ihn schrittweise zu bearbeiten und zu debuggen und schließlich die volle Verantwortung dafür zu übernehmen, als wäre er von Ihnen selbst entwickelt worden.

Dieses Kapitel behandelt:

- die Beurteilung des KI-Codes im Hinblick auf Ihre ursprünglichen Ziele,
- das Phänomen der »Mehrheitslösung« – warum KI-generierter Code oft wie eine Standardlösung wirkt –,
- Techniken, um Code auf Verständlichkeit und mögliche Schwachstellen zu überprüfen,
- das Debugging, wenn der KI-Code nicht wie erwartet funktioniert,
- Refactoring im Hinblick auf Stil oder Effizienz sowie
- das Schreiben von Tests, um das Verhalten des Codes abzusichern.

Wenn Sie diese Fähigkeiten beherrschen bzw. Aspekte abdecken, können Sie KI-Beiträge mit dem nötigen Vertrauen in Ihre Projekte integrieren.

Von der Vorgabe zur Umsetzung: die Interpretation der KI verstehen

Generierten KI-Code sollten Sie als Erstes mit Ihrer Vorgabe, also Ihrem Prompt, abgleichen: Erfüllt der Code die von Ihnen formulierten Anforderungen? Mitunter interpretiert die KI Ihre Vorgabe leicht anders oder setzt sie nur teilweise um.

Lesen Sie den Code sorgfältig. Gehen Sie ihn gedanklich oder auf Papier Schritt für Schritt durch:

- Verfolgen Sie, was er bei einem typischen Eingabewert macht.
- Wenn Ihr Prompt mehrere Teile enthielt (»mache X und Y«), prüfen Sie, ob die KI alle umgesetzt hat.
- Stellen Sie sicher, dass die KI keine Funktionalität hinzugefügt hat, die Sie nicht angefordert haben – mitunter ergänzt sie »Features«, die sie für nützlich hält, etwa Logging oder einen Parameter. Manchmal ist das sinnvoll, manchmal nicht.

Gehen Sie mit KI-generiertem Code so um, wie Sie es mit Code von Kollegen tun würden: Wenn etwas unklar ist, notieren Sie es. Vielleicht gibt es einen guten Grund für eine bestimmte Stelle im Code. Falls nicht, sollten Sie nachhaken oder erwägen, die unklare Stelle zu entfernen.

Wenn Sie beispielsweise ein Programm zur Primzahlprüfung angefordert haben und der Code zusätzlich Ausgaben wie »Prüfe [Zahl] ...« erzeugt, könnte das ein Artefakt Ihrer Formulierung im Prompt oder ein Muster aus den Trainingsdaten sein (weil solche Fortschrittsanzeigen in den Beispielen mancher Programmiertutorials enthalten sind). Fordern Sie die KI gegebenenfalls auf, solche Stellen wieder zu entfernen.

Stellen Sie außerdem sicher, dass Randfälle wie erwartet behandelt werden. Wenn Sie vorgesehen haben, dass das Programm leere Eingaben verarbeitet: Tut es das tatsächlich? Hat die KI berücksichtigt, dass die Eingabe den Wert `None` oder `null` haben oder `negativ` sein könnte?

Wenn Ihr Prompt mehrdeutig war und sich die KI für eine mögliche Interpretation entscheiden musste, sollten Sie überlegen, woran das gelegen hat. Möglicherweise haben Sie kein Ausgabeformat definiert, und die KI hat sich im Code dafür entschieden, die Ergebnisse nur am Bildschirm anzuzeigen, statt sie am Ende einer Funktion zurückzugeben. In solchen Fällen müssen Sie entscheiden, ob Sie die vorgeschlagene Lösung akzeptieren oder den Code anpassen möchten.

Alles genau nachzuvollziehen, ist entscheidend: Überspringen Sie diese Phase nicht. Auch wenn Sie den Code später noch testen, ist es wichtig, ihn vorher zu lesen, weil Tests niemals alles abdecken – und man manche Dinge beim Lesen einfach schneller erkennt.

Hinterfragen Sie schließlich die Annahmen der KI. Häufig entscheidet sie sich für die »Mehrheitslösung« oder die gängigste Interpretation (darauf gehen wir im nächsten Abschnitt ein).

Das »Mehrheitsproblem«: Die gebräuchlichste Lösung ist nicht immer die beste

KI-Modelle, die auf großen Mengen von Code trainiert wurden, erzeugen oft die Lösung, die im Trainingsmaterial am häufigsten vorkommt – oder die einfachste Lösung, die zur Anfrage passt. Das nenne ich den *Mehrheitslösungseffekt*. Diese Lösungen mögen sich für Standardsituationen eignen, sind aber nicht zwangsläufig die beste Wahl für Ihren speziellen Anwendungsfall.

Wenn Sie beispielsweise ohne weitere Spezifikation nach einem Suchalgorithmus fragen, wird die KI möglicherweise als naheliegende und häufig anzutreffende Lösung eine einfache lineare Suche vorschlagen. Vielleicht benötigen Sie aber in Wirklichkeit eine binäre Suche, weil es auf Effizienz ankommt. Eine lineare Suche reicht vielleicht bei moderaten Datenmengen aus, ist aber ungeeignet, wenn die Performance im Vordergrund steht.

Eventuell verwendet die KI auch eine globale Variable, weil das in vielen einfachen Beispielen so gemacht wurde, obwohl das in Ihrem Projekt möglicherweise anders gehandhabt wird.

Sie sollten immer im Hinterkopf behalten, dass die Lösung der KI tendenziell für ein generisches Szenario optimiert ist. Als menschlicher Entwickler verfügen Sie aber über Kontextwissen, das der KI fehlt.

Gehen Sie daher so vor:

- Identifizieren Sie Annahmen im Code. Wird vorausgesetzt, dass eine Liste sortiert ist oder eine Eingabe gültig? Ist diese Annahme gerechtfertigt? Haben Sie das im Prompt explizit angegeben? Wenn nicht, hätte die KI besser selbstständig eine entsprechende Prüfung eingebaut.
- Berücksichtigen Sie Alternativen: Wenn Sie wissen, dass es mehrere Lösungswege gibt (z.B. verschiedene Algorithmen), welchen hat die KI gewählt? Entspricht er Ihrer Absicht? Falls nicht, können Sie die KI gezielt nach einer Alternative fragen – oder den Code einfach selbst anpassen.

Wenn der von der KI erzeugte Code im »Normalfall« funktioniert, aber bei für Sie wichtigen Randbedingungen versagt, müssen Sie nachbessern. Vielleicht wird im Code in einer Berechnung ein Integer-Überlauf nicht berücksichtigt. In vielen Trainingsbeispielen wird so etwas möglicherweise nicht abgefangen, in Ihrem Kontext könnte es jedoch wichtig sein.

Zu wissen, dass die KI meist eine generische Lösung vorschlägt, hilft Ihnen bei der Prüfung des Codes. KIs können nicht zaubern. Statt einer maßgeschneiderten Lösung liefern sie Ihnen meist einen Anzug oder ein Kleid von der Stange. Die individuelle Anpassung ist Ihre Aufgabe.

Lesbarkeit und Struktur von Code: Muster und potenzielle Probleme

KI-generierter Code weist oft typische Muster auf. Er kann etwa:

- übermäßig viele oder ungewöhnlich formulierte Kommentare enthalten (da das Sprachmodell unter anderem mit Tutorial-Code trainiert wurde, der oft intensiv kommentiert ist),
- immer wiederkehrend mit bestimmten Variablennamen arbeiten (etwa `i`, `j`, `k` für Schleifen) oder
- einen eher ausführlichen Stil aufweisen, um möglichst viele Fälle abzudecken.

Prüfen Sie, ob diese Merkmale zum Stil Ihres Projekts passen, und überlegen Sie, ob Sie sie beibehalten oder anpassen möchten. Der Code kann funktional völlig in Ordnung sein, muss aber eventuell lesbarer gestaltet werden. Bei einer entsprechenden Überarbeitung könnten Sie Folgendes tun:

- Variablennamen anpassen, um sie aussagekräftiger zu machen oder an die Konventionen Ihrer Codebasis anzugleichen.
- Kommentare entfernen oder überarbeiten: Wenn ein Kommentar wie `# Prüfung, ob Zahl eine Primzahl ist` über einer selbsterklärenden `if`-Anweisung steht, können Sie ihn entfernen. Sinnvolle Kommentare, die komplexe Logik erläutern, sollte Sie dagegen behalten oder verbessern.
- Ein konsistentes Format sicherstellen, indem Sie den Code durch einen Linter oder Formatter laufen lassen (z.B. Black für Python oder `gofmt` für Go), damit Einrückungen und Klammerstile Ihren Vorgaben entsprechen.

Achten Sie auch auf ungewöhnliche Strukturen. Hat die KI mehrere Klassen oder Funktionen definiert, obwohl Sie nur eine erwartet haben? Manchmal zerlegt sie ein Problem in mehrere Funktionen, weil das in einem Trainingsbeispiel so vorkam. Wenn das übertrieben ist, können Sie diese Funktionen zusammenführen – oder umgekehrt Code weiter modularisieren, wenn er zu kompakt ist. Ist der Code zu »clever« oder zu schlicht? KI-generierter Code ist manchmal sehr direkt und einfach gehalten, gelegentlich aber auch unnötig trickreich und komprimiert. Entspricht das den Vorlieben Ihres Teams? Falls nicht, passen Sie ihn entsprechend an.

Weitere potenzielle Probleme, auf die Sie achten sollten, sind:

Off-by-one-Fehler
: Ja, auch KI kann solche Fehler machen. Schleifengrenzen sind beispielsweise oft heikel. Wenn es die Zeit erlaubt, spielen Sie ein einfaches Beispiel in Gedanken Schritt für Schritt durch.

Nicht abgefangene Ausnahmen
: Geht der Code einfach davon aus, dass eine Datei erfolgreich geöffnet wird oder dass alle Eingaben im richtigen Format vorliegen? Falls nicht, ergänzen Sie eine entsprechende Fehlerbehandlung.

Leistungsprobleme
: Die KI prüft unter Umständen innerhalb einer Schleife jedes Mal erneut, ob ein Element in einer umfangreichen Datenmenge vorkommt. Solche wiederholten Mitgliedschaftsprüfungen lassen sich effizienter umsetzen, etwa mithilfe einer Mengenstruktur (*Set*), die konstanten Zugriff erlaubt. In solch einem Fall wäre die KI-Lösung zwar korrekt, aber nicht optimal.

Verwendung von Bibliotheken
: Wenn der Code eine Bibliothek verwendet, prüfen Sie, ob es tatsächlich diejenige ist, die Sie einsetzen möchten – und ob sie in Ihrer Umgebung verfügbar ist. Manchmal greift ein Modell in Python-Code etwa auf die Bibliothek numpy zurück, nur um eine einfache Summe zu berechnen, weil sie das in ihren Trainingsbeispielen so gesehen hat. Wenn es sich nicht lohnt, eine bestimmte Abhängigkeit einzubinden, können Sie die Funktion stattdessen in reinem Python oder mit einer besser geeigneten Bibliothek umsetzen.

Inkonsistenzen
: Gelegentlich enthält KI-generierter Code kleine Unstimmigkeiten, etwa wenn in der Beschreibung einer Funktion (z. B. im Docstring) etwas anderes steht, als der Code tatsächlich tut – beispielsweise weil die KI die Logik geändert, aber den Kommentar nicht angepasst hat. Beheben Sie solche Inkonsistenzen.

Kleinere Syntaxprobleme
: Bei gut trainierten Modellen kommt das selten vor, ist aber nicht ausgeschlossen – besonders in Sprachen, deren Syntax leicht zu Verwechslungen führt.

Verwendung veralteter APIs
: Manchmal verwendet die KI einen veralteten Funktionsaufruf einer Bibliothek, der sich zwischenzeitlich geändert hat. Wenn Sie auf Funktionsaufrufe stoßen, die Sie nicht kennen, prüfen Sie kurz die Bibliotheksdokumentation, um sicherzustellen, dass sie zur von Ihnen verwendeten Version passen.

Platzhalter
: Wenn der KI-generierte Code Platzhalter wie »Your code here« enthält (was hin und wieder in generischen Vorlagen vorkommen kann), ersetzen Sie diese durch eine geeignete Implementierung.

Kurz gesagt: Behandeln Sie KI-generierten Code so, als hätte ihn ein Praktikant geschrieben, der anschließend nach Hause gegangen ist. Sie müssen ihn auf Qualität prüfen und sauber integrieren.

Debugging-Strategien: Fehler finden und korrigieren

Angenommen, Sie führen einen Code aus – oder schreiben Tests dafür, worauf wir gleich noch eingehen – und etwas funktioniert nicht. Das Debuggen von KI-generiertem Code unterscheidet sich grundsätzlich nicht von der Fehlersuche in eigenem oder fremdem Code, wenn man davon absieht, dass Sie ihn nicht selbst geschrieben haben und daher weniger vertraut damit sind. Aber da Sie ihn bereits sorgfältig gelesen haben, sind Sie gut vorbereitet (siehe Abbildung 5.1).

Ein sechsstufiger Ansatz zum Debuggen:

1. *Reproduzieren Sie das Problem.*

   Führen Sie die Funktion oder den Code mit Eingaben aus, bei denen der Fehler auftritt. Beobachten Sie die Ausgabe bzw. den Fehler.

2. *Lokalisieren Sie die Ursache des Fehlers.*

   Verwenden Sie typische Debugging-Techniken wie print-Anweisungen oder setzen Sie einen Debugger ein, um dem Ablauf Schritt für Schritt nachzuvollziehen. Wenn es sich um einen logischen Fehler (falsche Ausgabe) handelt, verfolgen Sie den Programmfluss manuell oder durch Print-Ausgaben, um festzustellen, wo der Ablauf von Ihren Erwartungen abweicht.

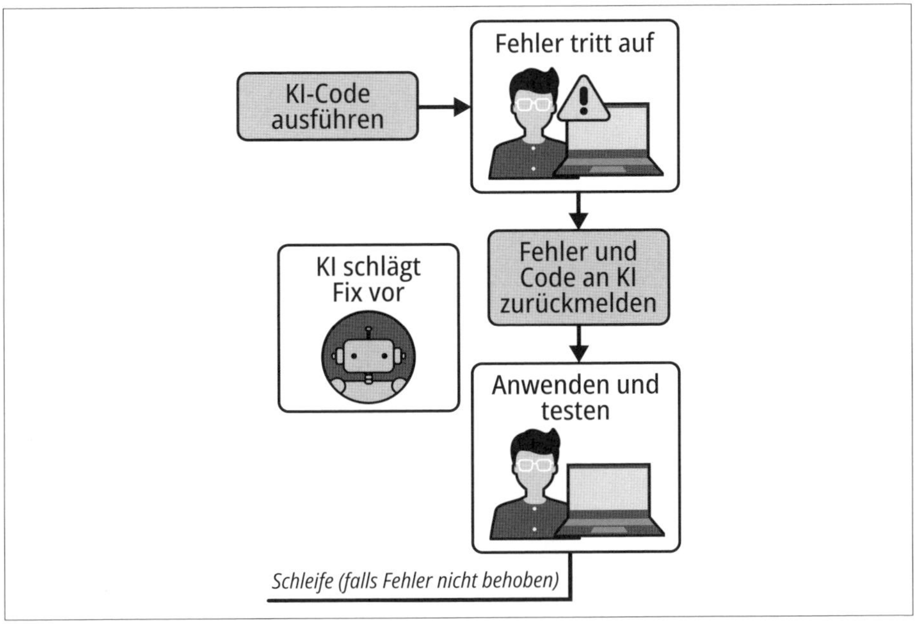

Abbildung 5.1: Der Debugging-Zyklus für KI-generierten Code: Code ausführen, Fehlermeldung und Fehlerkontext zur Analyse der KI zurückmelden, vorgeschlagene Korrekturen umsetzen und den Vorgang wiederholen, bis das Problem behoben ist

3. *Vergleichen Sie den Prompt mit dem erzeugten Code.*

   Manchmal liegt der Fehler einfach darin, dass die Anforderung im Code nicht vollständig umgesetzt wurde, etwa wenn Sie eine Sortierung verlangt haben, diese aber nicht korrekt erfolgt. Das könnte bedeuten, dass die Logik der KI fehlerhaft ist oder dass ein Randfall (etwa eine leere Liste) nicht behandelt wird.

4. *Nutzen Sie die KI zur Fehlersuche!*

   Sie können den fehlerhaften Code erneut der KI zeigen und auf den Fehler hinweisen: »Dieser Code liefert das falsche Ergebnis für X. Kannst du mir helfen, den Fehler zu finden?« Oft analysiert sie den Code (ähnlich wie bei einem Code-Review) und weist auf mögliche Probleme hin. Vielleicht stellt sie fest, dass eine Schleife bis `len(arr)` laufen sollte, aber schon bei `len(arr)-1` abbricht. Solche Fehler entdeckt ein Sprachmodell oft schneller als ein Mensch. (Vertrauen Sie ihr trotzdem nicht blind – betrachten Sie es eher als eine gemeinsame Fehlersuche mit einer Kollegin oder einem Kollegen.)

5. *Korrigieren Sie den Code.*

   Nun haben Sie die Wahl: Sie können den Fehler manuell beheben oder die KI um eine überarbeitete Version bitten. Wenn die Korrektur offensichtlich ist, nehmen Sie sie direkt vor. Wenn nicht, können Sie prompten: »Die obige Funktion schlägt bei Eingabe X fehl (erwartet war Y, Ausgabe war Z). Bitte korrigiere.« Die KI passt den Code daraufhin in der Regel entsprechend an.

6. *Testen Sie erneut.*

   Vergewissern Sie sich, dass der Fehler behoben wurde und keine neuen Probleme aufgetreten sind.

Ich empfehle, beim Debuggen ein testgetriebenes Vorgehen zu verwenden. Schreiben Sie für kritische Funktionen möglichst einige Tests (mehr dazu im Abschnitt über Tests weiter unten in diesem Kapitel). Fehlschlagende Tests zeigen unmittelbar, wo das Problem liegt. Das ist, außer bei sehr einfachen Funktionen, meist schneller als eine manuelle Überprüfung.

Fragen Sie beim Debuggen nicht nur, *was* schiefgelaufen ist, sondern vor allem, *warum* das geschehen ist. Versuchen Sie zu verstehen, warum die KI den Fehler gemacht hat. War der Prompt an diesem Punkt unklar? Eine entsprechende Analyse hilft Ihnen, entweder weitere Prompts präziser zu formulieren oder künftig jene Aspekte, bei denen die KI Schwächen zeigt, systematisch zu überprüfen. Wenn Sie beispielsweise feststellen, dass die KI leere Eingaben oft nicht berücksichtigt, solange man sie nicht ausdrücklich darauf hinweist, können Sie solche Fälle künftig im Prompt klar benennen.

Refactoring für bessere Wartbarkeit: aus KI-Code eigenen Code machen

Sobald der Code funktional korrekt ist, sollten Sie ihn refaktorieren, damit er den Standards Ihres Projekts entspricht und sich künftig leichter pflegen lässt. Die Aufgabe der KI besteht darin, Ihnen schnell funktionierenden Code zu liefern. Ihre Aufgabe ist es, ihn zu veredeln.

Hier ist ein weiterer sechsstufiger Prozess, diesmal für das Refactoring:

1. *Gleichen Sie den Code Ihren Stilrichtlinien an.*

   Lassen Sie den Code durch Ihren Formatter oder Linter prüfen. Beheben Sie Warnungen wie »Variablenname sollte kleingeschrieben werden« oder »Zeile zu lang«. Das passt den Code optisch sofort an den Rest Ihrer Codebasis an. Auch wenn viele KI-Tools bereits stilistisch recht ordentliche Ergebnisse liefern, können dennoch kleinere Anpassungen nötig sein.

2. *Verbessern Sie Namensgebung und Struktur.*

   Wenn die KI in einer Klasse Funktionen mit `_helper1` und `_helper2` bezeichnet, Sie aber aussagekräftigere Namen bevorzugen, benennen Sie sie um. Hat die KI mehrere kleine Hilfsfunktionen erzeugt, die nur einmal aufgerufen werden, können Sie deren Code direkt inline an der Aufrufstelle einfügen, um den Code zu vereinfachen – es sei denn, die Aufteilung erhöht tatsächlich die Lesbarkeit.

3. *Entfernen Sie alle überflüssigen Teile.*

   Manchmal fügt ein Modell einen `main`-Block oder Testcode ein, ohne dass Sie darum gebeten haben. Entfernen Sie solche nicht benötigten Abschnitte. Umgekehrt kann es sein, dass die KI alles in eine einzige Funktion gepackt hat, Sie aber eine klarere Struktur wünschen. In diesem Fall sollten Sie jetzt modularisieren.

4. *Fügen Sie Dokumentation hinzu.*

   Wenn generierter Code Teil einer Bibliothek oder eines Moduls ist und von anderen Personen verwendet wird, fügen Sie an geeigneter Stelle Docstrings oder Kommentare hinzu. Auch wenn die KI möglicherweise bereits einige Kommentare eingefügt hat, sollten Sie sicherstellen, dass diese Ihren Standards entsprechen. Falls in Ihrem Projekt ein bestimmtes Docstring-Format mit dokumentierten Parametern und Rückgabewerten üblich ist, passen Sie die Kommentare entsprechend an.

5. *Optimieren Sie bei Bedarf.*

   Nun, da der Code funktioniert, stellt sich die Frage, ob er auch effizient genug ist. Insbesondere wenn er sehr häufig aufgerufen wird oder selbst eine Schleife enthält, die oft ausgeführt wird, oder wenn er mit großen Datenmengen umgehen muss, sollten Sie seine algorithmische Komplexität prüfen. Die KI hat möglicherweise die einfachste, verbreitetste Lösung – die erwähnte »Mehrheitslösung« – gewählt, beispielsweise eine lineare Schleife statt einer optimierten Variante. Wenn es auf Performance ankommt, refaktorieren Sie den Code entsprechend. Sie können dabei erneut die KI einbeziehen:

   > *Optimiere diesen Code, damit er schneller ausgeführt wird, indem du für Suchvorgänge ein Set statt einer Liste verwendest.*

   Oft wissen Sie als Entwicklerin oder Entwickler jedoch selbst, welches Muster sich am besten eignet, und können die Änderung direkt umsetzen.

6. *Vereinfachen Sie bei Bedarf.*

   Manchmal ist KI-generierter Code unnötig ausführlich. Vielleicht enthält er ein `if-else` mit zwei `return`-Anweisungen, obwohl ein einziger Rückgabewert mit Bedingung genügen würde. Expliziter Code ist zwar nicht grundsätzlich schlecht, doch durch eine ein paar Zeilen sparende Vereinfachung können Sie möglicherweise die Lesbarkeit und Wartbarkeit erhöhen, ohne an Klarheit zu verlieren.

Das Ziel des Refactorings besteht auch darin, dass anderen Entwicklerinnen und Entwicklern nicht direkt ins Auge springt, dass der Code KI-generiert ist. Er sollte einfach wie gut geschriebener Code aussehen. Dazu gehören oft genau jene kleinen menschlichen Anpassungen, die sauberen Code ausmachen.

Und natürlich müssen Sie sicherstellen, dass bei der Überarbeitung keine neuen Fehler eingebaut werden – womit wir beim Thema Testen wären.

Die Bedeutung des Testens: Unit-, Integrations- und End-to-End-Tests

Tests sind immer wichtig, aber bei KI-generiertem Code aus zwei Gründen ganz besonders: Zum einen benötigen Sie, zumal Sie ihn nicht von Grund auf selbst geschrieben haben, die Sicherheit, dass er in allen Fällen korrekt funktioniert. Außerdem stellen Tests, wenn Sie die KI später um Änderungen bitten oder zusätzlichen KI-Code integrieren, sicher, dass neue Anpassungen die bestehende Funktionalität nicht beeinträchtigen. Werfen wir einen kurzen Blick auf verschiedene Arten von Tests:

Unit-Tests

Schreiben Sie Tests für jede Funktion und jedes Modul, das Sie von der KI erhalten haben, insbesondere für Randfälle. Für unser bereits weiter oben verwendetes Primzahlbeispiel könnten Sie beispielsweise mit einer Primzahl, einer Nicht-Primzahl, der Zahl 1, 0 oder einer negativen Zahl (gegebenenfalls mit definiertem Verhalten) sowie einer großen Primzahl testen. Besteht der Code all diese Tests, ist er mit hoher Wahrscheinlichkeit korrekt.

Sie können auch die KI bitten, diese Tests zu erstellen:

> *Schreibe PyTest-Unit-Tests für die obige Funktion, einschließlich Randfällen.*

Meist liefert sie dabei ordentliche Ergebnisse. Überprüfen Sie die generierten Tests jedoch sorgfältig, um sicherzugehen, dass sie korrekt sind und alles abdecken, was Ihrer Meinung nach unbedingt getestet werden sollte.

Integrationstests

Wenn der KI-generierte Code mit anderen Teilen Ihres Projekts interagiert, etwa mit einer Datenbank, schreiben Sie einen Test, der die Funktion im tatsächlichen Zusammenhang ausführt. Wird wirklich korrekt in der Datenbank gespeichert? Wenn eine Funktion eine Ausgabe erzeugt, die von einer anderen Funktion weiterverarbeitet wird, verketten Sie in einem Test beide.

End-to-End-Tests

Ist der Code Teil eines umfassenderen Workflows, testen Sie ein entsprechendes Szenario von Anfang bis Ende. Wenn der KI-generierte Code als Folge des Aufrufs einer Webroute ausgeführt wird, senden Sie in einer Testumgebung eine Testanfrage an diese Route und prüfen, ob Format, Fehlerbehandlung und alle anderen Aspekte korrekt funktionieren.

Der Testumfang hängt davon ab, wie kritisch und komplex der Code ist. Doch selbst ein kurzer manueller Testlauf oder einfache `assert`-Anweisungen in einem Skript sind besser, als komplett auf eine Überprüfung zu verzichten. Denken Sie daran: Tests dienen nicht nur dazu, Fehler zu finden – sie legen auch das erwartete Verhalten fest. Wenn Sie später etwas ändern (oder eine KI dies tut), garantieren Tests, dass die Funktionalität des Codes nicht kompromittiert wird.

Außerdem sind Tests ein gutes Mittel, um Verantwortung (*Ownership*) für den Code zu übernehmen. Sobald Sie alle Probleme geprüft und behoben haben, können Sie dem Code guten Gewissens vertrauen. An diesem Punkt können Sie mit Recht sagen, dass der Code »Ihr« Code ist – wie alles andere in der Codebasis. Sie verstehen ihn, Sie vertrauen ihm, und Sie sichern ihn mit Tests ab.

Ein Hinweis zu KI und Tests

Einige KI-gestützte Coding-Tools machen inzwischen direkt Testvorschläge. CodeWhisperer etwa schlägt nach der Generierung eines Codeabschnitts manchmal eine `assert`-Anweisung vor. Nutzen Sie diese Vorschläge als Ausgangspunkt, gehen Sie aber nicht davon aus, dass sie vollständig sind. Denken Sie auch an ungewöhnliche Randfälle – hier bleibt menschliche Intuition weiterhin von großem Wert.

Zusammenfassung und Ausblick

Wir haben nun den gesamten Zyklus durchlaufen: Code generieren, verstehen, debuggen und überarbeiten. Dieser Ablauf kann sich in kurzer Zeit vollziehen –

etwa innerhalb weniger Minuten bei einer kleinen Funktion – oder sich über Stunden oder Tage erstrecken, wenn es um ein komplexes Modul geht, das mit gelegentlicher KI-Unterstützung entsteht.

Es ist wichtig, sich bewusst zu machen, dass *Sie als Entwicklerin oder Entwickler letztendlich für den finalen Code verantwortlich sind.* KI ist ein Werkzeug, um die Erstellung zu beschleunigen, sie übernimmt aber keine Verantwortung, wenn etwas schiefläuft. Hinzu kommt ein mögliches Lizenz- oder Urheberrechtsrisiko: Einige KI-Anbieter (*https://oreil.ly/kYyO_*) weisen darauf hin, dass generierter Code ab einer bestimmten Länge statistisch gesehen Material aus bestehenden Quellen enthalten könnte. Das kommt selten vor, und die Anbieter haben das Problem inzwischen weitgehend eingedämmt, aber genau so, wie Sie bei Antworten auf Stack Overflow auf offensichtliche Lizenzhinweise achten sollten, ist auch bei KI-generiertem Code ein kurzer diesbezüglicher Plausibilitätscheck sinnvoll – besonders bei größeren oder ungewöhnlich »perfekten« Ausgaben. Wenn Sie im Prompt beispielsweise »Implementiere Quicksort« verlangen und die KI Ihnen daraufhin 20 Zeilen makellosen Code liefert, ist das normalerweise unbedenklich, denn dieser Algorithmus gilt als allgemein bekannt. Wenn Sie hingegen nach etwas Speziellem fragen und einen umfangreichen Codeblock erhalten, prüfen Sie zur Sicherheit per Internetsuche eine markante Zeichenfolge aus dem Code, um auszuschließen, dass er wortwörtlich übernommen wurde. Dieses Problem ist in letzter Zeit offenkundiger geworden, weil es dokumentierte Fälle (*https://oreil.ly/h_BzA*) gegeben hat, in denen KI-Systeme Texte aus Fachartikeln und anderen urheberrechtlich geschützten Quellen reproduziert haben. Im Rahmen einer verantwortungsvollen Code-Ownership sollten Entwickler die Herkunft von KI-generierten Inhalten, die über generische Muster hinausgehen oder ungewöhnlich spezifisch wirken, überprüfen.

Abschließend integrieren Sie den Code in Ihr Projekt: Fügen Sie ihn Ihrem Versionskontrollsystem hinzu und erwähnen Sie bei Bedarf in der Commit-Nachricht, dass KI daran mitgewirkt hat. Das ist natürlich keine Pflicht, doch manche Teams dokumentieren diese Tatsache gern zur besseren Nachverfolgung.

Im Laufe der Zeit werden Sie diesen KI-generierten Code wahrscheinlich aufgrund veränderter Anforderungen anpassen müssen. Behandeln Sie ihn dabei wie jeden anderen Code und denken Sie nicht: »Das ist KI-generierter Code, deshalb lasse ich ihn am besten auch nur per KI ändern.« Natürlich können Sie erneut KI hinzuziehen, aber ebenso gut können Sie den Code auch manuell überarbeiten. Tun Sie, was am effizientesten und am besten wartbar ist.

Durch sorgfältige Prüfung und Tests wird KI-generierter Code zu einem ganz normalen Bestandteil Ihres Projekts. An diesem Punkt spielt es keine Rolle mehr, ob Zeile 10 von Ihnen oder von der KI stammt – entscheidend ist, dass der Code den Anforderungen und Qualitätsstandards Ihres Projekts entspricht.

Wenn Sie diese Vorgehensweise befolgen, nutzen Sie die Geschwindigkeit der KI-gestützten Entwicklung, ohne Abstriche bei der Qualität zu machen. Anstatt blind der KI-Ausgabe zu vertrauen, integrieren sie sie in einen professionellen Entwicklungsworkflow.

Im nächsten Kapitel, Kapitel 6, geht es darum, wie KI-Tools die Prototyping-Phase der Softwareentwicklung grundlegend verändern. Ich werde praxisnahe Methoden vorstellen, um KI-Assistenten effektiv einzusetzen und den Weg vom ersten Konzept bis zum lauffähigen Prototyp erheblich zu beschleunigen: Häufig verkürzt sich die Entwicklungszeit dabei von Tagen auf Stunden. Es wird um konkrete KI-gestützte Prototyping-Tools gehen, darunter Vercel v0 und Screenshot-to-Code-Tools, sowie um Strategien für die iterative Verfeinerung unter KI-Anleitung.

Darüber hinaus werde ich den kritischen Übergang von KI-generierten Prototypen zu produktionsreifem Code beleuchten und sowohl die Chancen als auch die möglichen Herausforderungen untersuchen, die entstehen, wenn KI zum zentralen Bestandteil des Entwicklungsworkflows wird. Anhand realer Fallstudien zeige ich, wie Entwicklerinnen und Entwickler KI erfolgreich einsetzen, um Ideen schnell zu erproben, ohne die Codequalität zu kompromittieren – und dabei typische Fallstricke vermeiden, die auftreten können, wenn man zu schnell vom Konzept zur Implementierung übergeht.

KAPITEL 6

KI-getriebenes Prototyping: Tools und Methoden

In diesem Kapitel geht es darum, durch KI-getriebenes Vibe Coding die Prototyping-Phase der Softwareentwicklung zu verkürzen. Beim Prototyping soll eine Idee schnell in ein funktionsfähiges Modell überführt werden. Mit KI-Assistenten können Entwicklerinnen und Entwickler Konzepte schnell iterativ weiterentwickeln und in wenigen Stunden Ergebnisse erzielen, für die sonst Tage nötig gewesen wären. Ich stelle Techniken vor, mit denen sich mithilfe von KI aus einem Konzept ein Prototyp entwickeln lässt, vergleiche gängige KI-Prototyping-Tools (darunter Vercel v0 und Screenshot-to-Code-Utilities) und zeige, wie Prototypen unter Anleitung der KI schrittweise verfeinert werden können. Außerdem geht es um einen entscheidenden Schritt, um einen groben KI-generierten Prototyp in produktionsreifen Code zu überführen. Im Verlauf des Kapitels gehe ich auf einige Fallstudien für erfolgreiches KI-getriebenes Prototyping ein und demonstriere sowohl das Potenzial als auch die Fallstricke des hier beschriebenen Ansatzes.

Schnelles Prototyping mit KI-Assistenten

Beim Prototyping profitiert man stark von der Geschwindigkeit, mit der Sprachmodelle Code generieren. Das Ziel beim Prototyping ist kein fertiger, produktionsreifer Code, sondern ein *Proof of Concept*, den man bewerten und weiterentwickeln kann. Hier spielen KI-Coding-Assistenten ihre Stärken aus, indem sie auf Basis von minimalem Input schnell funktionsfähigen Code erzeugen. Anstatt beispielsweise ein UI-Mock-up manuell zu programmieren, kann ein Entwickler die gewünschte Oberfläche in natürlicher Sprache beschreiben und die KI das nötige HTML/CSS oder die React-Komponenten generieren lassen. Das ermöglicht einen sehr schnellen Übergang von der Idee zur Umsetzung.

Ein UX-Engineer (*https://oreil.ly/dP5U3*) beschreibt, wie der Einsatz eines generativen KI-Tools seinen Workflow grundlegend verändert hat: »Das Tempo, mit dem ich mit generativer KI funktionale Prototypen erzeugen konnte, war beeindruckend. Ich habe in wenigen Stunden Prototypen gebaut, für die ich normalerweise Tage gebraucht hätte.« Die KI generiert wiederkehrende Strukturen und Standardcode automatisch, sodass sich Entwickler stärker auf strategische Designentscheidungen konzentrieren können. Dadurch können während des Prototypings in der gleichen Zeit deutlich mehr Ideen getestet werden. Wenn die KI die langweiligen Routinearbeiten beim Bau eines Prototyps übernimmt, etwa für grundlegende UI-Komponenten, Formularlogik oder Beispieldaten zuständig ist, können sich Entwickler auf das Kernkonzept bzw. das spezifische zu testende Feature konzentrieren.

Es ist jedoch wichtig, sich bewusst zu machen, dass der Code eines Prototyps nur vorläufig ist – eine Art Wegwerfcode. Eine KI kann zwar schnell eine funktionierende Lösung erzeugen, doch ist dieser Code oft nicht auf Wartbarkeit oder Skalierbarkeit ausgelegt. Bei einem Prototyp ist das vertretbar, weil hier Geschwindigkeit und Experimentierfreude mehr zählen als saubere Architektur. Das gilt aber nur, solange man zentrale Komponenten für den Produktionseinsatz refaktoriert schreibt (darauf gehe ich weiter unten im Kapitel noch ein). Wie in Kapitel 3 und Kapitel 4 bereits beschrieben, kann die KI etwa 70 % der Programmierarbeit an einem Prototyp übernehmen. Die Gesamtarchitektur und die Korrektur kritischer Schwächen liegen jedoch weiter in Ihrer Verantwortung.

Die Intent-basierte Programmierung, die in Kapitel 1 eingeführt wurde, spielt hier eine zentrale Rolle. Dabei geben Sie der KI übergeordnete Anweisungen, die beschreiben, was der Prototyp tun oder wie er aussehen soll, und überlassen die Implementierung der KI. Zur Veranschaulichung betrachten wir ein sehr einfaches Beispiel für das Prototyping mithilfe eines KI-Assistenten. Angenommen, Sie haben eine Idee zu einer Anmeldeseite für einen neuen Dienst. Sie möchten das Frontend schnell prototypisch umsetzen und beginnen mit folgendem Prompt:

> *Erstelle eine einfache HTML-Seite für ein Anmeldeformular mit den Feldern Name, E-Mail und Passwort sowie einem Absenden-Button. Verwende ein einfaches, ansprechendes Styling.*

Ein moderner Coding-Assistent wie Cline würde daraufhin vermutlich ein vollständiges HTML/CSS-Beispiel wie dieses bereitstellen:

```
<!DOCTYPE html>
<html lang="en">
<head>
  <meta charset="UTF-8" />
  <meta name="viewport" content"width=device-width, initial-scale=1.0" />
```

```
    <title>Sign Up</title>
    <style>
      body { font-family: Arial, sans-serif; max-width: 400px;margin: 2em
        auto; }
      form { display: flex; flex-direction: column; }
      label { margin-top: 1em; }
      input, button { padding: 0.5em; font-size: 1em; }
      button { margin-top: 1em; background: #4CAF50; color: #fff;
      border: none; }
    </style>
  </head>
  <body>
    <h2>Sign Up</h2>
    <form>
      <label>Name: <input type="text" name="name" required></label>
      <label>Email: <input type="email" name="email" required></label>
      <label>Password: <input type="password" name="password" required>
      </label>
      <button type="submit">Create Account</button>
    </form>
  </body>
  </html>
```

Dieser KI-generierte Code ist ein solider Ausgangspunkt für einen Prototyp des Anmeldeformulars. Er enthält ein grundlegendes Layout und etwas Inline-CSS zur Gestaltung. Als Entwickler mussten Sie kein HTML/CSS von Hand schreiben – Sie haben lediglich das gewünschte Ergebnis beschrieben, und die KI hat die Implementierung übernommen. Das veranschaulicht Intent-basiertes Programmieren: Sie konzentrieren sich darauf, *was* die Benutzeroberfläche leisten soll, während die KI entscheidet, *wie* sie es umsetzt.

Natürlich handelt es sich hier um ein sehr einfaches Beispiel. In der Praxis sind Prototypen normalerweise komplexer und setzen sich aus unterschiedlichen Dateien, Frameworks oder Datenquellen zusammen. Das Grundprinzip bleibt jedoch dasselbe: Sie nutzen die KI, um schnell einen ersten Entwurf zu erzeugen, öffnen diesen im Browser, prüfen das Ergebnis und verfeinern den Entwurf anschließend. Das führt mich zum nächsten Thema: dem Einsatz spezialisierter KI-Tools für das Prototyping, die über einfaches Prompting hinausgehen.

Prototyping mit KI-Tools

Allgemeine KI-Assistenten wie Gemini, ChatGPT oder Claude können zwar bereits aus Prompts Prototypcode erzeugen, doch die Landschaft der spezialisierten Tools für KI-unterstütztes Prototyping entwickelt sich rasant weiter.

Zum Zeitpunkt des Schreibens dieses Buchs verwenden die verfügbaren Tools unterschiedliche Ansätze, um den grundlegenden Zielkonflikt zwischen Genauigkeit und Kontrolle bei KI-generierten Prototypen zu lösen.

Das Ökosystem hat sich also weiterentwickelt und deckt inzwischen sehr unterschiedliche Anforderungen ab. Einige Tools sind besonders darauf spezialisiert, visuelle Entwürfe automatisch in Code zu übersetzen: Designer können Screenshots oder Skizzen hochladen und erhalten innerhalb von Sekunden lauffähigen HTML-, CSS- oder React-Code. Diese sogenannte *Screenshot-to-Code*-Funktionalität beschleunigt den Übergang vom Design zur Umsetzung erheblich – insbesondere wenn handgezeichnete Skizzen oder Figma-Designs schnell in lauffähige Prototypen überführt werden sollen. Tools wie Vercel v0 stehen exemplarisch für diesen Ansatz: Sie bieten eine hohe Übereinstimmung mit dem Originaldesign, allerdings muss man dafür einige Abstriche bei der Kontrolle über die Codestruktur in Kauf nehmen.

Andere Plattformen konzentrieren sich darauf, vollständige Anwendungen über dialogbasierte Schnittstellen zu generieren. Dabei können Nutzer die gewünschte Funktionalität in natürlicher Sprache beschreiben und erhalten eine komplette Full-Stack-Implementierung. Eine Designerin, die schnell eine App erstellen möchte, ohne selbst etwas programmieren zu müssen, könnte beispielsweise Tools wie Lovable oder Bolt.new verwenden. Diese bieten Prompt-basierte Oberflächen, mit denen sich komplette Anwendungen automatisch aufsetzen lassen. Einige Designer berichten, dass sie mit solchen Tools funktionsfähige Prototypen in wenigen Stunden statt wie zuvor in mehreren Tagen erstellt hätten, wobei die KI zeitaufwendig zu erstellende Komponenten und typische Strukturen generiert habe.

Eine dritte Kategorie integriert KI direkt in die Entwicklungsumgebung und fungiert in der Prototyping-Phase als intelligenter Partner im Pair-Programming. Diese KI-gestützten IDEs wie Cursor, Windsurf und Cline ermöglichen Entwicklern, die Kontrolle über die Codegenerierung zu behalten und zugleich von der Beschleunigung durch KI zu profitieren. Der Unterschied liegt oft in der Workflow-Philosophie: Einige Systeme setzen auf die automatische Durchführung von Änderungen, um schnelles Experimentieren zu ermöglichen, während andere eine bewusste Bestätigung jeder Modifikation verlangen, um eine kontrolliertere, schrittweise Weiterentwicklung zu gewährleisten.

Alle diese Ansätze verkürzen den Weg vom Konzept zum funktionsfähigen Prototyp deutlich. Sie unterscheiden sich jedoch in zwei zentralen Dimensionen, die bestimmen, für welche Nutzer und Anwendungsfälle sie am besten geeignet sind.

Die erste Dimension ist die sogenannte *Fidelity*, die beschreibt, wie genau das Ergebnis der beabsichtigten Gestaltung entspricht. Screenshot-to-Code-Tools bieten in der Regel eine hohe Übereinstimmung mit visuellen Entwürfen, erzeugen jedoch mitunter Code, der nicht Ihrer bevorzugten Architektur entspricht. Dialogbasierte Tools wie Chatbots dagegen interpretieren Anforderungen meist freier und erzeugen funktionale, aber generische Implementierungen, die noch verfeinert werden müssen.

Die zweite Dimension – *Control* – bezeichnet den Grad, in dem Sie den Generierungsprozess steuern und anpassen können. Einige Tools arbeiten als Blackboxes, die vollständige Ergebnisse liefern, während andere eine schrittweise Verfeinerung durch fortlaufenden Dialog oder direkte Codebearbeitung ermöglichen. Die Dimension der Steuerbarkeit wird besonders wichtig, wenn spezifische Architekturmuster, Performanceoptimierungen oder eine Integration in eine bestehende Codebasis erforderlich sind.

Sie sollten diesen Zielkonflikt zwischen Fidelity und Control im Hinterkopf haben, um das am besten geeignete Tool für Ihre individuellen Prototyping-Anforderungen auszuwählen. Ein Designer, der ein neues Interaktionsmuster validieren möchte, wird vermutlich Fidelity und Geschwindigkeit höher gewichten und dafür weniger Kontrolle über Implementierungsdetails in Kauf nehmen. Ein Entwickler, der die technische Machbarkeit erkundet, wird dagegen normalerweise mehr Wert auf Kontrolle und Nachvollziehbarkeit legen, selbst wenn das mehr manuelle Eingriffe während des Generierungsprozesses erfordert.

Keines dieser Tools kann ohne menschliche Aufsicht Code in Produktionsqualität erzeugen. In der Regel liefern sie das, was ich als »80-%-Prototyp« bezeichne: einen Entwurf, der gut genug funktioniert, um Konzepte zu testen und sie Stakeholdern zu präsentieren, aber noch nicht für den produktiven Einsatz bereit ist. Die verbleibenden 20 % betreffen meist Sicherheitsaspekte, Performanceoptimierung, Fehlerbehandlung und architektonische Verfeinerung.

Selbst beim Rapid Prototyping bleibt daher eine kurze Codeüberprüfung unerlässlich: Auch wenn Sie im Prototyp nicht jedes Detail ausarbeiten, sollten Sie zumindest auf offensichtliche Probleme wie nicht geschützte Zugangsschlüssel zu Drittdiensten, die im Code oder in Dateien sichtbar sind, oder unsichere Datenverarbeitung achten, um zu verhindern, dass solche Schwachstellen in spätere Entwicklungsphasen übernommen werden. Die meisten modernen Tools bieten Einblick in den erzeugten Code, sodass Sie nachvollziehen können, was erstellt wurde.

Da sich die Landschaft des KI-gestützten Prototypings stetig weiterentwickelt, werden sich die konkreten Tools zweifellos verändern, aber der grundlegende Balanceakt zwischen Fidelity und Control und die Notwendigkeit menschlicher Aufsicht werden bleiben. Entscheidend ist, die eigenen Prototyping-Ziele zu verstehen und Ansätze zu wählen, die zu den jeweiligen Anforderungen passen – sei es eine schnelle visuelle Umsetzung, eine funktionale Demoversion oder eine technische Erkundung.

Vom Konzept zum Prototyp: iterative Verfeinerung

Eine der größten Stärken des KI-getriebenen Prototypings ist der *iterative Entwicklungszyklus*: Sie können eine erste Version generieren und sie anschließend durch Interaktionen mit der KI schrittweise verfeinern. Statt den Code manuell zu bearbeiten, sagen Sie der KI einfach, was Sie geändert haben möchten (siehe Abbildung 6.1). Auch wenn ich für einen verantwortungsbewussteren Ansatz plädiere als für ein eher planloses Vibe Coding rein aus dem Bauch heraus, ist der schnelle Rückkopplungszyklus zweifellos ein zentraler Vorteil beim Arbeiten mit Prototypen.

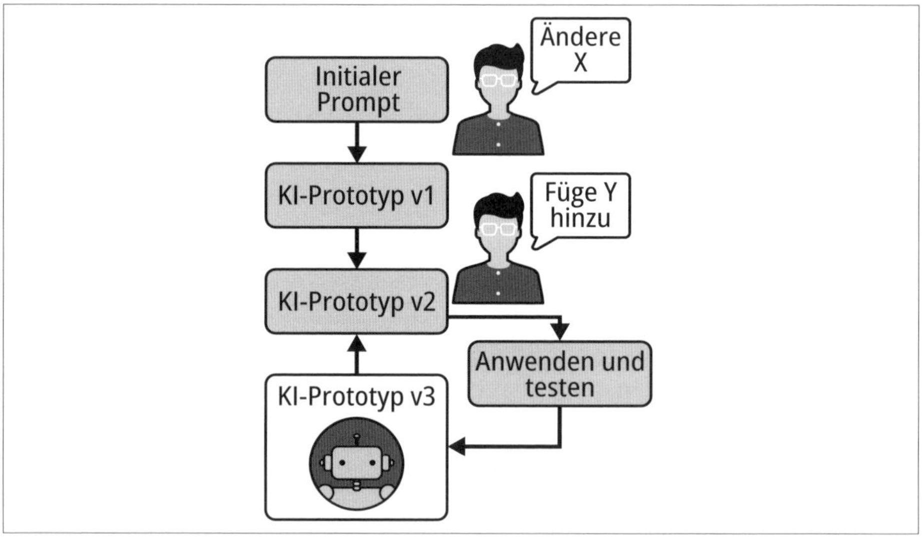

Abbildung 6.1: Iterative Entwicklung eines Prototyps: Erste Prompts erzeugen grundlegende Prototypen, anschließend führt das Feedback der Entwickler zu schrittweisen Verbesserungen, sodass in Zusammenarbeit mit der KI zunehmend ausgereiftere Lösungen entstehen.

Die meisten KI-Prototyping-Tools speichern den Verlauf bzw. Kontext Ihrer Anfragen, was äußerst hilfreich ist. Dadurch »erinnert« sich die KI daran, welchen »Zweck« Ihre Anwendung verfolgt und welche Anweisungen Sie zuvor gegeben haben, sodass Sie nicht jedes Mal alles wiederholen müssen. Diese *Kontextpersistenz* ist ein zentrales Merkmal von Vibe-Coding-Umgebungen: Das Gespräch mit der KI wird dabei praktisch zum Entwicklungsprotokoll.

So könnte eine typische schrittweise Verfeinerung aussehen:

Schritt 1: Erste Generierung

Sie geben einen Prompt ein oder stellen eine anderweitige Vorgabe bereit, um den Prototyp zu generieren:

> *Erstelle eine einfache App zur Erfassung von Ausgaben: Es soll ein Formular geben, um Einträge hinzuzufügen, sowie eine Tabelle zur Anzeige der erfassten Beträge.*

Schritt 2: Code überprüfen und ausführen

Sie erhalten den generierten Code und führen ihn aus. Er funktioniert möglicherweise bereits, aber Sie bemerken einige Punkte, die verbessert werden könnten, etwa eine zwar funktionale, aber zu schlichte Benutzeroberfläche oder eine Tabelle, in der die Ausgaben nicht sinnvoll sortiert werden.

Schritt 3: Prompts verfeinern

Sie wenden sich erneut an die KI und geben zusätzliche Anweisungen, beispielsweise:

> *Die Ausgabenliste soll nach Betrag oder Datum sortierbar sein.*

Die KI ergänzt daraufhin die Sortierlogik oder bindet eine Bibliothek für sortierbare Tabellen ein. Aber Ihnen gefällt auch das Styling noch nicht:

> *Füge eine gefällige Farbgestaltung hinzu, vielleicht mit einem modernen CSS-Framework.*

Daraufhin integriert die KI möglicherweise eine CSS-Bibliothek (z.B. Tailwind oder Bootstrap) oder ergänzt eigene Styles, um das Erscheinungsbild zu verbessern. Sie möchten zudem, dass Eingaben überprüft werden:

> *Im Formular dürfen keine Ausgaben ohne Namen und Betrag hinzugefügt werden.*

Die KI wird dann in der Regel eine einfache Frontend-Validierung hinzufügen.

Jeder dieser Prompts verändert den Prototyp. Da die KI den Kontext versteht – Tools wie Cursor oder chatbasierte Entwicklungsumgebungen merken sich den aktuellen Stand des Codes –, kann sie Änderungen meist an den richtigen Stellen vornehmen, etwa Validierungscode im Formular einfügen oder die Tabellendarstellung so anpassen, dass sie sortierbare Spalten enthält.

Schritt 4: Wiederholen und fortsetzen

Nach jeder Anpassung prüfen Sie das Ergebnis. Wenn die KI dabei einen neuen Fehler einbaut oder nicht genau das umsetzt, was Sie beabsichtigt hatten, können Sie das durch neue Prompts klären oder korrigieren:

- Die Sortierung läuft rückwärts – bitte standardmäßig aufsteigend sortieren.
- Das neue Farbschema ist gut, aber ich hätte gern einen dunkelblauen Header statt einen schwarzen.

Die Iterationen benötigen oft nur wenige Sekunden, sodass Sie innerhalb einer Stunde ziemlich weit kommen können. Im Vergleich zum manuellen Programmieren und Testen all dieser Änderungen ist der KI-gestützte Ansatz deutlich schneller, insbesondere bei umfangreicheren Anpassungen, etwa bei einem Restyling oder dem Hinzufügen eines neuen Features.

Iteratives Arbeiten mit KI erfordert klare Kommunikation. Hier kommen Ihre Fähigkeiten im *Prompt Engineering* ins Spiel. Je präziser und eindeutiger Sie die gewünschte Änderung beschreiben, desto eher setzt die KI sie korrekt um. Eine Anweisung wie »Mach es etwas hübscher« wäre viel zu vage. Ein konkreter Prompt gibt dem Assistenten dagegen eine klare Richtung vor:

> *Verwende ein helles Farbschema mit blauem Header und größerer, besser lesbarer Schrift.*

Wenn Sie ein Tool wie Vercel v0 oder Lovable verwenden, können Sie sogar direkt einen Teil der Benutzeroberfläche des Entwurfs markieren und verlangen: »Ändere das zu X.«

Schauen wir uns einen kurzen, dialogbasierten Iterationsprozess zwischen einer Entwicklerin und einem KI-Coding-Assistenten an:

> *Erzeuge eine React-Komponente für eine To-do-Liste. Sie soll eine Liste von Aufgaben anzeigen und ein Textfeld enthalten, um neue Aufgaben hinzuzufügen.*

Die KI erzeugt daraufhin eine React-Komponente, die den Zustand der Aufgaben verwaltet und eine Liste, ein Eingabefeld und einen Button zum Hinzufügen neuer Aufgaben anzeigt. Weiter geht's:

> *Super. Alle Aufgaben sollen auch bearbeitbar sein. Und füge Checkboxen hinzu, um sie als erledigt markieren zu können.*

Die KI aktualisiert den Code, sodass Aufgaben Checkboxen haben, bearbeitet werden können und der Zustand entsprechend angepasst wird. Die Entwicklerin führt die App aus und stellt fest, dass man Aufgaben auch löschen können muss:

> *Füge allen Aufgaben einen Lösch-Button hinzu.*

Die KI ergänzt die Löschfunktion im Code.

> *Das Layout wirkt etwas gedrängt. Entzerre mit einigen einfachen CSS-Anweisungen die Listenelemente und vergrößere die Schrift etwas.*

Die KI erzeugt das entsprechende CSS-Styling entweder als `<style>`-Block in der Komponente oder als separates CSS-Snippet.

Das sieht besser aus!

Dieses Hin und Her kann so lange weitergehen, bis der Prototyp der ursprünglichen Vorstellung entspricht. Am Ende erhält die Entwicklerin einen funktionsfähigen Prototyp einer To-do-App mit Funktionen zum Erstellen, Bearbeiten, Erledigen und Löschen – alles umgesetzt durch natürlichsprachige Anweisungen und schnell generierten KI-Code.

Während des gesamten Prozesses bleibt die Entwicklerin die entscheidende Instanz. Die KI kann zwar Vorschläge dazu machen, wie eine Funktion umgesetzt werden könnte, doch *Sie* entscheiden, ob diese Lösung Ihren Anforderungen entspricht. Manchmal ist vielleicht die Umsetzung der KI technisch korrekt, entspricht aber noch nicht Ihren Erwartungen, etwa weil Sie sich eine andere UI-Variante vorgestellt hatten. In solchen Fällen können Sie die Lösung entweder akzeptieren, sofern sie dem Ziel des Prototyps nicht widerspricht, oder die KI anweisen, zu Ihrem bevorzugten Ansatz zu wechseln.

Einen Prototyp bis zur Produktionsreife entwickeln

Ein Prototyp dient als Proof of Concept und damit als Nachweis, dass eine Idee funktioniert und sich praktisch umsetzen lässt. Sobald er diesen Zweck erfüllt hat (beispielsweise indem Sie das Design mit Nutzern validiert oder gezeigt haben, dass eine bestimmte Funktion umsetzbar ist), besteht der nächste Schritt meist darin, den Prototyp in eine Produktivanwendung zu überführen. Dieser Übergang ist ein kritischer Moment im Entwicklungsprozess. KI kann hier weiterhin unterstützen, doch die Feinarbeit liegt nun bei den menschlichen Entwicklern, die die rauen Kanten des Prototyps glätten müssen. In diesem Abschnitt geht es um die zentralen Aspekte beim Übergang vom Prototyp zum Produktionscode.

Überprüfen Sie zunächst sorgfältig die Architektur und die Codestruktur. Prototypen sind unter der Haube oft unordentlich: Vielleicht liegt der gesamte Code in einer einzigen Datei, oder Sie haben bewusst einige Best Practices ignoriert, um schneller voranzukommen. Jetzt ist es an der Zeit, für eine saubere Struktur zu sorgen. War der Prototyp beispielsweise ein Single-Page-Skript, könnten Sie den Code in mehrere Module aufteilen. Bei einer Web-UI empfiehlt es sich, eine klare Komponentenstruktur einzuführen, und für ein Backend bietet sich der Aufbau eines Model-View-Controller-(MVC-)Musters an.

Auch wenn die KI große Teile des Prototyps erstellt hat, kennen Sie als Entwickler die Architekturziele am besten. Sie könnten auch ein komplett neues

Projekt aufsetzen und den Prototyp lediglich als Referenz oder Gerüst verwenden und dabei vielleicht einzelne Codeabschnitte übernehmen. Hauptsache, sie behandeln den Entwurf insgesamt als »Wegwerfcode«. Ein alternativer Ansatz wäre es, die Codebasis des Prototyps schrittweise zu refaktorieren, wobei die KI die Änderungen vorschlägt oder Tests generiert, um sicherzustellen, dass beim Aufräumen nichts kaputtgeht.

Anschließend sollten Sie Fehlerbehandlung und Randfälle ergänzen. Prototypen konzentrieren sich oft auf den Idealverlauf, den Happy Path, aber was passiert, wenn beispielsweise ein API-Aufruf fehlschlägt? Oder wenn ein Eingabefeld leer bleibt? Gehen Sie jedes Feature systematisch durch und berücksichtigen Sie mögliche Fehler- und Ausnahmefälle.

KI kann Sie dabei unterstützen, Randfälle zu identifizieren, wenn Sie einen entsprechenden Prompt verwenden, etwa:

> *Welche potenziellen Fehlerfälle gibt es bei diesem Feature, und wie sollten sie behandelt werden?*

Der Assistent wird daraufhin wahrscheinlich verschiedene Szenarien nennen, wie Netzwerkfehler, ungültige Eingaben oder Nebenläufigkeitsprobleme, für die Sie anschließend eine Fehlerbehandlung implementieren oder sich dabei von der KI helfen lassen können. Die Robustheit Ihres Codes sicherzustellen, ist ein wesentlicher Schritt auf dem Weg zur Produktionsreife.

Der Code des Prototyps ist vermutlich nicht optimiert, daher sollten Sie prüfen, ob es ineffiziente oder sicherheitskritische Stellen gibt. Möglicherweise hat die KI im Prototyp einen sehr einfachen Algorithmus verwendet, der zwar bei wenig umfangreichen Testdaten gut funktioniert, aber bei großen Datenmengen zu langsam wäre. Identifizieren Sie solche Stellen und optimieren Sie sie. (Häufig anzutreffende Schwachstellen in KI-generiertem Code werden in Kapitel 8 behandelt.)

Eine Strategie besteht darin, Performancetests durchzuführen oder Profiler auf den Prototyp anzuwenden, um Engpässe zu erkennen, und anschließend die KI zu bitten, diese Funktion zu optimieren. Überprüfen Sie unbedingt auch die Sicherheitsaspekte, insbesondere Authentifizierung und Datenverarbeitung. Es ist keine Seltenheit, dass KI-generierter Code SQL-Abfragen ohne Parametrisierung enthält – ein klassisches Risiko für SQL-Injection-Angriffe – oder sensible Informationen (*https://oreil.ly/gzUjn*) im Klartext speichert. Solche Probleme *müssen* behoben werden. Eine Studie aus dem Jahr 2021 (*https://oreil.ly/a72lb*) ergab, dass rund 40 % des KI-generierten Codes potenzielle Sicherheitslücken enthielt. Beim Übergang zur Produktionsreife gilt es daher, wachsam zu bleiben. Führen Sie statische Analysen und/oder manuelle Sicherheitstests durch – oder prompten Sie: »Untersuche diesen Code auf Sicherheitsprobleme.«

Prototypen fehlt häufig noch eine Dokumentation, die Sie beim Übergang zum Produktionscode ergänzen sollten. Eine klare, von Menschen geprüfte Beschreibung aller Module hilft nicht nur zukünftigen Teammitgliedern, sondern auch Ihnen selbst, wenn Sie den Code nach einigen Monaten erneut vor sich haben. Sobald Sie Ihren Code bereinigt haben, können Sie ein KI-Tool auffordern, auf Basis des Codes beispielsweise eine API-Dokumentation im Markdown-Format oder eine README-Datei zu erstellen, die beschreibt, wie das System funktioniert. Bereits in Kapitel 1 ging es unter anderem darum, wie man mit KI Codebeschreibungen erstellen kann – jetzt ist ein guter Moment dafür.

Es ist entscheidend, Ihren Prototyp gründlich zu testen, wie Sie schon in Kapitel 5 erfahren haben. Sie sollten Unit-Tests für zentrale Logikkomponenten und Integrationstests für die wichtigsten Abläufe schreiben. Dieser Prozess lässt sich beschleunigen, indem Sie die KI auffordern, Testfälle zu erzeugen:

> *Schreibe Jest-Tests für die To-do-Komponente, die das Hinzufügen, Bearbeiten, Abhaken und Löschen von Aufgaben abdecken.*

Führen Sie anschließend die von der KI generierten Tests aus und passen Sie sie bei Bedarf an. Eine gute Testsuite gibt Ihnen bei der Refactoring des Prototypcodes und der Überführung in eine stabile Anwendung die nötige Sicherheit.

Manchmal werden Sie sich vielleicht entscheiden, bestimmte Codeabschnitte vollständig zu ersetzen – etwa wenn der Prototyp eine provisorische Bibliothek oder einen Hack verwendet. Auch dabei kann die KI das Tempo erhöhen. Angenommen, Ihr Prototyp verwendet lokale Arrays zur Datenspeicherung, Sie benötigen in der Produktionsumgebung aber eine reguläre Datenbankintegration. Ihr Prompt könnte dann etwa lauten:

> *Integriere eine SQLite-Datenbank zur Speicherung der Aufgaben anstelle des In-Memory-Arrays.*

Die KI liefert daraufhin einen ersten Implementierungsvorschlag, den Sie anschließend überarbeiten und verfeinern sollten.

Bei diesen Änderungen ist es sinnvoll, vom Rapid-Prototyping-Modus zu einer disziplinierteren Entwicklungsweise überzugehen. Die KI ist nun nicht mehr bloß ein Werkzeug, das schnell neue Funktionen erzeugt, sondern Ihr Assistent zur Verbesserung der Codequalität. Die Zusammenarbeit verändert sich dadurch: Sie sollten die Vorschläge der KI jetzt kritischer bewerten, da Stabilität und Qualität Vorrang haben. Wie bereits in Kapitel 4 erläutert, *können Sie als erfahrener Entwickler enorm von KI-Unterstützung profitieren*, weil Sie wissen, welche Ergebnisse Sie übernehmen können und wo Nachbesserungen nötig sind. In der aktuellen Phase wenden Sie genau dieses Urteilsvermögen konsequent an: Sie haben ein klares Bild vom angestrebten Zielsystem und beauftragen die KI mit konkreten Verbesserungen oder Implementierungen.

Sehen wir uns ein kurzes Beispiel an, um das zu veranschaulichen. Stellen Sie sich eine Einzelentwicklerin namens Jana vor, die eine kleine Web-App erstellen möchte, die Daten aus CSV-Dateien in Diagramme umwandelt. Mithilfe eines KI-Assistenten entwickelt sie innerhalb eines Wochenendes einen funktionierenden Prototyp: ein einfaches Node.js-Skript mit API sowie ein Frontend, um CSV-Dateien hochzuladen und mithilfe einer JavaScript-Chart-Bibliothek Diagramme zu rendern.

Sie zeigt diesen Prototyp einigen potenziellen Nutzern, erhält positives Feedback und beschließt daraufhin, einen entsprechenden Webservice als echtes Produkt anzubieten. Den Übergang gestaltet sie so:

Härtung des Backends
: Die Node.js-API des Prototyps verfügte über keine Authentifizierung, jeder konnte Daten hochladen. Für den produktiven Einsatz benötigt sie daher Benutzerkonten und ein Authentifizierungssystem. Mit Unterstützung der KI integriert sie eine entsprechende Lösung, beispielsweise eine JWT-basierte Authentifizierung. Die KI liefert dafür ein Gerüst, das Jana jedoch gründlich überprüft, um sicherzustellen, dass Passwörter korrekt gehasht und Tokens sicher verwaltet werden. Zusätzlich ergänzt sie eine Eingabevalidierung für den Upload-Endpunkt – etwas, das die KI im Prototyp nicht umgesetzt hatte – und kombiniert dabei KI-generierten Code mit eigenen Anpassungen.

Refactoring des Frontends
: Das ursprüngliche Frontend bestand aus einer einzigen HTML-Datei mit <script>-Tags, die Abhängigkeiten direkt über ein CDN luden. Jana beschließt, daraus eine strukturierte React-Anwendung zu machen, um die Wartbarkeit zu verbessern. Zunächst bittet sie die KI, ihr Projekt produktionsreifer zu machen, indem ein Build-System und npm anstelle von Script-Tags verwendet werden. Anschließend lässt sie sich von der KI beim Einbinden der Komponenten unterstützen. So wird beispielsweise der im Prototyp enthaltene Diagrammcode in eine eigene <Chart>-Komponente überführt. Jana nutzt die KI, um die Implementierung dieser Komponenten zu beschleunigen, achtet dabei aber darauf, dass State-Management und Komponentenhierarchie den Best Practices folgen – was im Prototyp noch kaum berücksichtigt wurde.

Tests und Funktionsprüfung
: Jana schreibt Unit-Tests für zentrale Funktionen wie das Parsen von CSV-Dateien und die Datentransformation. Wenn sie sich bei Randfällen unsicher ist, befragt sie die KI:

Welche Randfälle sollte ich beim CSV-Parsing testen?

Die KI schlägt Szenarien wie fehlende Eingaben und inkorrekt formatierte Daten vor, die Jana daraufhin in ihre Tests einbezieht. Außerdem stellt sie fest, dass der Prototyp die gesamten CSV-Dateien in den Arbeitsspeicher lädt, was bei großen Dateien zu Abstürzen führen kann. Sie passt den Code an, um die Verarbeitung per Streaming durchzuführen, und nutzt die KI, um das geänderte Vorgehen zu überprüfen. Damit kann die App nun auch größere Dateien zuverlässig verarbeiten.

Feinschliff der UI

Die Benutzeroberfläche des Prototyps war rein funktional. Für das eigentliche Produkt legt Jana nun mehr Wert auf die User Experience. Sie bittet die KI, ein responsives Layout vorzuschlagen und eventuell ein CSS-Framework einzubinden. Die KI integriert Bootstrap, das Jana anschließend nutzt, um Formulare, Buttons und das Seitenlayout zu verbessern. Einige CSS-Details passt sie danach manuell an. In dieser Phase geht es weniger um aufwendiges Programmieren als um gestalterische Entscheidungen, aber die KI kann weiterhin unterstützen, indem sie schnellen Code für gängige UI-Elemente liefert, etwa eine Navigationsleiste oder einen Ladespinner.

Nach diesen Schritten ist der einst grobe Prototyp zu einer deutlich saubereren, sichereren und skalierbareren Anwendung geworden, die jetzt für den Einsatz mit echten Nutzern bereit ist. Mit der Sicherheit, die ihr die Tests und die sorgfältige Überprüfung des KI-generierten Codes geben, stellt Jana die Anwendung nun öffentlich als Webservice bereit. Der gesamte Übergang vom Prototyp zur Produktionsreife dauert auf diese Weise nur wenige Wochen, während eine komplette Neuentwicklung deutlich mehr Zeit beansprucht hätte. Die KI beschleunigte den Bau des initialen Prototyps und unterstützte während der Transition zur Produktionsreife, doch Janas menschliche Kontrolle und strukturelle Überarbeitung waren entscheidend, um die finale Produktionsqualität zu erreichen.

Herausforderungen beim KI-Prototyping

Auch wenn KI-getriebenes Prototyping sehr leistungsfähig ist, ist es nicht frei von Herausforderungen. Sie sollten sich dieser Risiken bewusst sein und wissen, wie Sie ihnen begegnen können. Zwei besonders relevante Bereiche sind die schleichende Ausweitung des Funktionsumfangs sowie die Integration in reale Systeme.

Weil es mit KI so einfach ist, neue Features und Funktionen hinzuzufügen, entsteht schnell die Versuchung, weiterzubasteln und dem Prototyp ständig »noch eine Kleinigkeit« hinzuzufügen – ein Phänomen, das auch als *Scope Creep* bezeichnet wird. Das kann dazu führen, dass der Prototyp stetig wächst und beginnt, sich wie ein fertiges Produkt zu verhalten. Erinnern Sie sich an den eigentlichen Zweck eines Prototyps: Er soll sich auf die zentrale Fragestellung konzentrieren, die Sie beantworten möchten, oder auf die Kernfunktion, die Sie demonstrieren wollen. Wenn Sie feststellen, dass Sie bereits Log-in-Systeme oder eine Zahlungsabwicklung oder die Benutzerverwaltung implementieren, sollten Sie sich fragen, ob das in dieser Phase wirklich nötig ist. Oft ist es sinnvoller, solche Bereiche nur zu simulieren, etwa indem die KI einen fiktiven Log-in-Ablauf erzeugt, der nur die spätere Benutzererfahrung veranschaulicht. Ein fokussierter Prototyp spart Zeit und lässt sich später leichter verwerfen oder gezielt überarbeiten.

Bleiben Sie fokussiert

Notieren Sie das Ziel Ihres Prototyps, um sich immer wieder daran zu orientieren – etwa: »Machbarkeitsnachweis, dass Nutzer eine CSV-Datei hochladen und daraus ein Diagramm erzeugen können.« Nutzen Sie die KI, um dieses Ziel schnell zu erreichen, und widerstehen Sie der Versuchung, den Prototyp übermäßig zu verfeinern oder auszuschmücken.

Darüber hinaus stellt sich die Frage der Integration in reale Systeme. Prototypen arbeiten häufig mit Mock-Daten oder vereinfachten Teilsystemen. Wenn ein KI-generierter Prototyp Dummy-Daten oder eine lokale Datei verwendet, kann die spätere Anbindung an echte Datenbanken oder Dienste im Produktivbetrieb durchaus anspruchsvoll werden. Behalten Sie beim Prototyping im Hinterkopf, dass Sie an manchen Stellen Abkürzungen genommen haben. Vielleicht wurden E-Mails im Prototyp gar nicht verschickt, sondern nur in der Konsole protokolliert. In Produktion benötigen Sie dafür einen echten E-Mail-Dienst. Die KI kann natürlich später bei der Integration helfen, aber es ist wichtig, solche Punkte zu notieren. Führen Sie deshalb während des Prototypings eine Liste mit Punkten, die im nächsten Schritt adressiert werden müssen. So behalten Sie alle vorläufigen Lösungen im Blick. Wenn Sie im Team arbeiten, kommunizieren Sie diese klar, etwa durch Kommentare im Code: `// TODO: hier echten E-Mail-Dienst integrieren`. Viele KI-Tools fügen solche `TODO`-Kommentare übrigens automatisch ein, wenn sie eine vereinfachte Lösung erzeugen – eine ziemlich hilfreiche Praxis.

Wenn Sie diese Herausforderungen frühzeitig berücksichtigen, können Sie KI-gestütztes Prototyping effektiv einsetzen, ohne über die typischen Fallstricke zu stolpern. Bei überlegtem Einsatz entsteht so ein robuster Prototyp, der in Rekordzeit entweder in ein fertiges Produkt überführt oder – je nach gewonnenen Erkenntnissen – zurückgestellt oder verworfen werden kann.

Zusammenfassung und Ausblick

In diesem Kapitel haben Sie gesehen, wie KI-gestütztes Vibe Coding den Prototyping-Prozess massiv beschleunigt. Wenn die KI den Großteil der Codegenerierung übernimmt, können Entwicklerinnen und Entwickler mit beispielloser Geschwindigkeit von einem Konzept zu einem ersten lauffähigen Modell gelangen. Wir haben Tools wie Vercel v0 für die UI-Generierung, Lovable für Full-Stack-Prototypen und KI-erweiterte IDEs wie Cursor und Windsurf betrachtet, die jeweils unterschiedliche Aspekte des Rapid Prototyping unterstützen. Ein weiterer Schwerpunkt lag auf dem iterativen Charakter des KI-Prototypings: dem schnellen Wechsel aus Erzeugen, Testen und Verfeinern, gesteuert durch Prompts in natürlicher Sprache.

Auch wenn KI-gestütztes Prototyping in wenigen Stunden eine funktionsfähige Demo liefern kann, muss ebenso der entscheidende Übergang zur Produktionsreife bewältigt werden. Die Botschaft ist eindeutig: Ein Prototyp ist kein fertiges Produkt, sondern nur ein erster Entwurf. Menschliche Entwicklerinnen und Entwickler müssen den Code refaktorieren und härten, wobei die KI weiterhin unterstützt, etwa durch Verbesserungsvorschläge oder das Erzeugen von Tests. Fallstudien von Einzelentwicklern und Teams, die mit diesen Methoden arbeiten, zeigen den tatsächlichen Produktivitätsgewinn: Prototypen entstehen in Tagen statt Wochen und ermöglichen damit schnelleres Nutzerfeedback und zeitnahe Geschäftsentscheidungen.

Vibe Coding verändert das Prototyping: Es ist nun eher ein kreativer Austausch mit einem Assistenten als das mühevolle Schreiben von Routinecode. Es ist dialogorientiert, verläuft viel schneller und ist konzeptionell auf einer höheren Ebene angesiedelt – und fühlt sich damit grundsätzlich anders an als früher. Es wurde aber auch deutlich, wie wichtig es ist, auch bei einem schnell realisierten Prototyp die Codequalität im Blick zu behalten – insbesondere wenn dieser später weiterentwickelt oder produktionsreif gemacht werden soll.

In Kapitel 7 erweitern wir unseren Blick über das Rapid Prototyping hinaus. Während beim Prototyping vor allem Möglichkeiten ausgelotet werden, erfordert die vollständige Anwendungsentwicklung mit KI-Unterstützung ein systematisches Vorgehen bei Architektur, Implementierung und Deployment.

KAPITEL 7

Webanwendungen KI-gestützt entwickeln

In diesem Kapitel gehen wir vom schnellen Prototyping über zur KI-gestützten Entwicklung vollständiger Webanwendungen. Eine solche Anwendung besteht typischerweise aus einem Frontend, das oft mit Frameworks wie React, Angular oder Vue umgesetzt wird, einem Backend mit APIs, Datenbanken und Servern sowie einer Verbindungsschicht, die alle Komponenten miteinander verknüpft. Vibe Coding kann die Entwicklung in all diesen Bereichen beschleunigen.

Ich zeige Ihnen in diesem Kapitel einen vollständigen Workflow zur Entwicklung einer Webanwendung mit einem KI-basierten Pair-Programming-Ansatz. Dazu gehören:

- das Einrichten des Projekts und seiner Grundstruktur,
- die Programmierung der Benutzeroberfläche,
- das Implementieren der Backend-Logik,
- die Anbindung an eine Datenbank sowie
- das Testen und Validieren des gesamten Systems.

Im Verlauf werden wir einige typische Muster für die KI-gestützte Entwicklung von Frontends und Backends genauer betrachten – wie sich beispielsweise React- oder Vue-Komponenten aus Beschreibungen generieren oder sich Routen, Geschäftslogik und Datenbankabfragen mit natürlichsprachigen Prompts erstellen lassen. Außerdem geht es darum, wie sich die Zusammenarbeit zwischen Mensch und KI in einem Full-Stack-Projekt so optimieren lässt, dass beide Seiten ihre jeweiligen Stärken bestmöglich einbringen. Am Ende dieses Kapitels wissen Sie, wie Sie KI nicht nur für einzelne Codierungsaufgaben, sondern für den gesamten Entwicklungsprozess effizient und zielgerichtet einsetzen können.

Projekt einrichten: Grundgerüst mit KI

Jede Webanwendung beginnt mit einem *Grundgerüst* – der anfänglichen Einrichtung von Build-Tools, Dateistruktur, Abhängigkeiten und Ähnlichem. KI kann einen großen Teil dieser Routinearbeit automatisieren. Moderne Web-Frameworks bieten häufig Werkzeuge für die Kommandozeile (CLI-Tools), mit denen sich ein Basisprojekt erzeugen lässt. Dennoch müssen oft noch einzelne Einstellungen vorgenommen oder zusätzliche Bibliotheken eingebunden werden. Ein KI-Assistent kann Sie dabei unterstützen, indem er entweder beim Einsatz dieser CLI-Tools hilft oder bei Bedarf benutzerdefinierte Projektstrukturen einrichtet.

Angenommen, Sie möchten ein neues Anwendungsprojekt mit React im Frontend und Express im Backend aufsetzen. Ohne KI würden Sie dabei typischerweise so vorgehen:

1. Sie führen ein CLI-Tool oder Vite aus, um das React-Projekt einzurichten.
2. Sie initialisieren eine Express-App, zum Beispiel mit `npm init`, und installieren Express.
3. Sie richten für die Entwicklung einen Proxy ein oder konfigurieren Cross-Origin Resource Sharing (CORS) (*https://oreil.ly/bgw1V*), damit das React-Frontend mit dem Express-Backend kommunizieren kann.
4. Sie binden eine Datenbank wie MongoDB oder – für einfache Anwendungen – SQLite ein.

Mit einer KI-gestützten Entwicklungsumgebung wie Cursor oder Cline können Sie Ihr gewünschtes Setup stattdessen in einem Schritt beschreiben:

> *Richte ein neues Projekt mit einem React-Frontend (nutze Vite) und einem Express-Backend ein. Das Backend soll eine REST-API für eine To-do-Liste bereitstellen und zunächst ein Array im Arbeitsspeicher verwenden. Konfiguriere das Frontend so, dass es API-Anfragen während der Entwicklung an das Backend weiterleitet.*

Eine fortgeschrittene KI-IDE würde aufgrund dieser Anweisung Folgendes tun:

- Sie erstellt zwei Verzeichnisse (*frontend* und *backend*).
- Sie führt `npm create vite@latest` aus (falls Shell-Zugriff möglich ist) oder legt alternativ ein einfaches React-Projekt an.
- Sie initialisiert im Backend eine einfache Express-Serverdatei mit einem Endpunkt wie */api/to-dos*, der Beispieldaten zurückgibt.
- Sie legt in jedem Verzeichnis eine *package.json* mit den passenden Skripten an (z. B. `start both`).

- Sie richtet die Kommunikation zwischen Frontend und Backend ein, entweder durch die Konfiguration eines Proxys im React-Entwicklungsserver oder durch Hinweise zur Implementierung von CORS-Headern.

Auf diese Weise steht nach wenigen Minuten das Grundgerüst einer Full-Stack-Webanwendung. Selbst wenn die KI nicht alle Schritte automatisch ausführt, liefert sie meist den benötigten Code und die passenden Anweisungen, um das Setup abzuschließen – etwa mit Hinweisen wie: »Füge diese Proxy-Einstellung in deine React-*package.json* ein«). Das erspart Ihnen einen Großteil der monotonen Einrichtungsarbeit, sodass Sie sich sofort auf die eigentliche Funktionalität konzentrieren können.

Wenn Sie keine KI-IDE verwenden, können Sie stattdessen ChatGPT oder einen anderen Chatbot einsetzen, indem Sie beispielsweise fragen:

> *Ich möchte eine neue React-App erstellen. Welche Befehle muss ich ausführen?*

Die KI wird Sie durch die einzelnen Schritte führen und dabei gegebenenfalls aktuelle Tools wie Vite oder Next.js vorschlagen. Danach empfiehlt Sie Ihnen beispielsweise:

> *Richte nun einen Express-Server mit einer Route wie /api/to-dos ein.*

In einem weiteren Schritt wird sie den Code für den Express-Server erzeugen, den Sie in eine Datei kopieren können. Sie fragen die KI daraufhin möglicherweise:

> *Wie verbinde ich meine React-App während der Entwicklung mit dieser API?*

Die KI wird nun entweder eine Proxy-Konfiguration vorschlagen oder erklären, wie Sie die API aufrufen (einschließlich der vollständigen URL, falls kein Proxy verwendet wird).

Auf diese Weise wird selbst die grundlegende Einrichtung zu einer entspannten Unterhaltung anstelle einer mühsamen Suche in der Dokumentation. Wie in früheren Kapiteln beschrieben, bedeutet *Intent-basierte Programmierung*, dass Sie der KI das gewünschte Ergebnis beschreiben und diese daraus die einzelnen Schritte ableitet. Die Einrichtung eines neuen Projekts ist ein ideales Beispiel dafür.

In dieser Phase ist es wichtig, Ihre Architekturentscheidungen klar zu formulieren, damit die KI Ihrer Vorgabe folgt. Menschen sind für Architektur- und grundlegende Entscheidungen unverzichtbar. Sie müssen sich also für den Stack und bestimmte zentrale Muster entscheiden: Soll das Projekt als Monorepo angelegt werden oder mit getrennten Repositories für Frontend und Backend? Möchten Sie REST oder GraphQL verwenden? Und welche Datenbank soll zum Einsatz kommen?

Sobald Sie diese Entscheidungen getroffen haben, können Sie die KI entsprechend anweisen:

Richte auch ein einfaches Prisma-Schema für die SQLite-Datenbank ein.

Oder:

Verwende statt REST einen GraphQL-Server.

Die KI wird komplexe Setups möglicherweise nicht vollständig fehlerfrei umsetzen, übernimmt aber den Großteil der Arbeit – und Sie können das Ergebnis anschließend nachjustieren.

Viele erfahrene Entwickler integrieren diese Schritte – ohne KI einzusetzen – in Projektvorlagen oder nutzen Boilerplate-Generatoren. KI bietet jedoch einen flexibleren Ansatz: Sie können Ihr Setup spontan und per natürlicher Sprache anpassen. Wenn Ihr Projekt also etwas vom Üblichen abweicht (etwa weil Sie drei Services statt der klassischen Zwei-Schichten-Architektur benötigen oder eine bestimmte Bibliothek wie Tailwind CSS vorab einbinden möchten), sagen Sie der KI einfach, was sie berücksichtigen soll.

Frontend-Entwicklungsmuster mit KI

Sobald das Grundgerüst steht, macht die Entwicklung des Frontends einer Web-App einen wesentlichen Teil der Gesamtarbeit aus.In diesem Abschnitt geht es darum, wie Sie für den Frontend-Code einen KI-Pair-Programmer nutzen können.

Komponenten anhand von Beschreibungen implementieren

Sie können die KI bitten, Komponenten allein auf Basis einer Beschreibung ihrer Funktion und ihres Erscheinungsbilds zu erstellen, zum Beispiel:

Erstelle eine React-Komponente namens TodoList, die eine Liste von To-do-Einträgen entgegennimmt und anzeigt. Jeder Eintrag soll einen Titel und ein Kontrollkästchen haben, um ihn als erledigt markieren zu können.

Daraufhin generiert die KI den Code als funktionale Komponente mit den nötigen Props und States. Im nächsten Schritt prompten Sie:

Erstelle eine Vue-Komponente für ein Log-in-Formular mit Eingabefeldern für Benutzername und Passwort und löse beim Absenden ein Ereignis aus, das die Formulardaten übergibt.

Die KI wird daraufhin vermutlich die entsprechenden Abschnitte `<template>`, `<script>` und `<style>` generieren. Sie müssen sich also nicht um Boilerplate-Code kümmern und erhalten direkt die benötigte Struktur, die sich bei Bedarf leicht anpassen lässt. Häufig fügt die KI sogar einfache Validierungen oder Zustandslogik hinzu, wenn Ihr Prompt erkennen lässt, dass dies erforderlich ist.

In dieser Phase ist es wichtig, auf Konsistenz zu achten. Wenn Sie mehrere Komponenten getrennt voneinander generieren, müssen Sie sie gegebenenfalls aufeinander abstimmen, damit sie korrekt zusammenarbeiten. Erwartet die `TodoList` beispielsweise Items in einer bestimmten Prop-Struktur, stellen Sie sicher, dass jede Komponente, die `TodoList` verwendet, dieses Format bereitstellt. Sie können entweder alle Komponenten in einem Prompt generieren (damit die KI den gesamten Kontext kennt) oder die Komponenten selbst verknüpfen und die KI bitten, eventuelle Unstimmigkeiten zu beheben.

Styling und Layout

CSS-basiertes Styling ist manchmal mühsam. Beschreiben Sie stattdessen einfach den gewünschten Look und überlassen Sie die CSS-Details der KI:

> *Gestalte die To-do-Listen-Komponente: Verwende eine Flex-Column für die Liste, füge etwas Abstand hinzu und ändere die Textfarbe erledigter Einträge auf Grau, mit durchgestrichenem Text.*

> *Zentriere die Log-in-Form-Komponente auf der Seite und vergrößere die Eingabefelder, die abgerundete Ecken haben sollen.*

Der Assistent kann je nach Kontext CSS-in-JS, klassisches CSS oder Inline-Styles ausgeben. Wenn Sie ein Framework wie Tailwind CSS verwenden, können Sie die KI auch bitten, die passenden Klassen zu erzeugen (wobei nicht alle Modelle Tailwind vollständig beherrschen).

Entscheidend ist: Sie können das Design iterativ verfeinern, ohne sich manuell mit einzelnen CSS-Werten beschäftigen zu müssen. So bleibt Ihr Fokus auf einer höheren Abstraktionsebene: Sie legen nur fest, wie etwas aussehen soll, statt jeden einzelnen Abstand und jede Farbe zu definieren.

API-Integration und State-Management

Web-Frontends müssen häufig Daten von Backends abrufen und den Zustand mit Tools wie Redux oder React Context oder einfach über lokalen Komponenten-State verwalten. KI kann bei der Implementierung der entsprechenden Funktionalität unterstützen, zum Beispiel durch Prompts wie diese:

> *Füge Code hinzu, der die To-do-Liste von /api/to-dos abruft, sobald die* `TodoList`*-Komponente geladen wird, und speichere die Daten im State.*

> *Implementiere in der* `TodoList` *eine Funktion, die beim Umschalten eines Kontrollkästchens eine* `POST`*-Anfrage an /api/to-dos/{id}/complete sendet und anschließend den State entsprechend aktualisiert.*

Die KI kann für den Fetch in React den `useEffect`-Hook generieren oder den `mounted()`-Hook in Vue. Sie kann außerdem die HTTP-Aufrufe stubben (etwa mit `fetch` oder Axios). Sie sollten anschließend prüfen, ob die API-Endpunkte und Payloads mit den Anforderungen Ihres Backends übereinstimmen, sofern Sie dieses bereits entwickelt haben oder eine Spezifikation dafür vorliegt.

Wenn das Backend noch nicht existiert, können Sie es mit KI parallel zum Frontend entwickeln (dazu kommen wir gleich), da beide relativ unabhängig spezifiziert und generiert werden können – solange Sie die nötige Schnittstelle im Blick behalten.

Komplexität mit KI-Unterstützung bewältigen

Wenn Ihr Frontend komplexe Logik enthält – etwa dynamische Validierungsregeln für Formulare, bedingtes Rendering oder anspruchsvolle Benutzerinteraktionen –, können Sie diese Schritt für Schritt mit KI umsetzen. Bewährt hat sich dabei, das Problem in einzelne Teilaufgaben zu zerlegen:

> *Füge eine Funktion hinzu: Wenn der Nutzer das Kontrollkästchen »Erledigt« bei einem To-do aktiviert, soll der entsprechende Listeneintrag ausgeblendet werden (CSS-Transition) und nach einer Sekunde aus der Liste entfernt werden.*

Die KI wird nun Code erzeugen, der beim Aktivieren des Kontrollkästchens eine CSS-Klasse hinzufügt und anhand eines Timers den Eintrag entfernt – einschließlich des nötigen CSS für den Ausblendeffekt. Oder:

> *Das Formular enthält ein optionales Feld für Notizen. Zeige es nur an, wenn das Kontrollkästchen »Notizen hinzufügen« aktiviert ist.*

Die KI kann den Komponenten-State und das JSX so anpassen, dass das Notizfeld bedingt gerendert wird.

Jeder dieser Schritte kann nacheinander durch einen eigenen Prompt umgesetzt werden. Im Prinzip beschreiben Sie das UX-Verhalten, und die KI schreibt den Code dazu. Testen Sie jede Ergänzung, um sicherzustellen, dass sie wie erwartet funktioniert.

Framework-spezifische Tipps

Verschiedene Frameworks haben unterschiedliche Eigenheiten:

- In React verwendet die KI möglicherweise Hooks wie `useState` und `useEffect`. Überprüfen Sie sorgfältig, ob dabei Best Practices eingehalten werden (zum Beispiel ob das Dependency Array – also die Liste der Werte, bei deren Änderung der Effekt erneut ausgeführt wird – in `useEffect` korrekt ist).

- In Vue kann eine KI – auch abhängig von ihrem Training – Code erzeugen, der entweder die Options-API oder die in Vue 3 bevorzugte Composition-API nutzt. Wenn Sie eine dieser Varianten bevorzugen, sollten Sie dies angeben (z. B. »Verwende die Vue-3-Composition-API«).
- KI kann auch Angular-Komponenten generieren, allerdings ist die Lernkurve bei Angular steiler. Die KI wird also auf Anfrage ein Template, eine TypeScript-Klasse und eine grundlegende Service-Injection erzeugen, doch ist in der Praxis meist zusätzliche Handarbeit nötig – oder Sie verwenden Angular CLI, um die Struktur zu erzeugen, und bitten die KI erst danach, bestimmte Teile (z. B. die Validierungslogik) zu ergänzen.

Backend-/API-Entwicklungsmuster mit KI

Kommen wir nun zum Backend.Die KI-gestützte Entwicklung der serverseitigen Aspekte einer Webanwendung folgt wieder dem gleichen Prinzip: Sie beschreiben die gewünschten Endpunkte, Datenmodelle und die Logik, und die KI generiert den Code. Zu den typischen Backend-Komponenten gehören Route-Handler, die Geschäftslogik, Datenbankzugriffe und Validierungen. Bei all diesen Aufgaben kann die KI unterstützen.

API-Endpunkte implementieren

Angenommen, Sie entwickeln eine RESTful API für Ihre To-do-App. Mögliche Endpunkte wären etwa `GET /to-dos`, `POST /to-dos`, `PUT /to-dos/:id`, `DELETE /to-dos/:id`. Sie können Endpunkt für Endpunkt durchgehen:

> *Füge in der Express-App eine* `GET` */api/to-dos-Route hinzu, die die To-do-Liste zurückgibt (zunächst genügt ein im Speicher gehaltenes Array).*

> *Füge eine* `POST` */api/to-dos-Route hinzu, die einen JSON-Body entgegennimmt und ein neues To-do zur Liste hinzufügt. Gib das neue To-do mit ID zurück.*

Die KI erstellt daraufhin die entsprechenden Express-Routen-Handler, typischerweise mit Aufrufen wie `app.get('/api/to-dos', ...)`. Wenn Sie angegeben haben, dass Sie Express mit JSON verwenden, fügt sie gegebenenfalls die erforderliche Middleware hinzu, falls diese noch nicht vorhanden ist.

```
app.use(express.json())
```

Wenn Ihr Backend wächst, können Sie die KI bitten, ein Refactoring vorzunehmen:

> *Lagere die Express-Routen in ein separates Router-Modul aus.*

Daraufhin wird sie die Routen in eine separate Datei auslagern – eine gute Praxis, um die Wartbarkeit des Codes zu verbessern.

Datenbankintegration

Bei einem Prototyp können Sie zunächst mit In-Memory-Daten arbeiten, für eine vollwertige Anwendung benötigen Sie jedoch eine Datenbank. Nehmen wir an, Sie entscheiden sich für MongoDB oder PostgreSQL. Sie können dazu prompten:

> *Integriere MongoDB mithilfe von Mongoose in die Express-App. Erstelle ein To-do-Modell mit den Feldern: title (string), completed (boolean). Passe die GET-/POST-Routen so an, dass sie die Datenbank anstelle eines In-Memory-Arrays verwenden.*

Die KI wird nun die Mongoose-Modelldefinition erzeugen und die Routen-Handler so anpassen, dass sie auf die Datenbank zugreifen – etwa mit `Todo.find()` für `GET` und `Todo.create()` für `POST`. Für SQL-basierte Systeme können Sie sie stattdessen bitten, ein *Object-Relational Mapping* (ORM) (*https://oreil.ly/AoWDL*) wie Prisma oder Sequelize einzurichten. Beachten Sie, dass Sie gegebenenfalls Konfigurationsdaten wie Verbindungszeichenfolgen selbst angeben müssen, denn die KI kennt Ihren Datenbank-URI nicht. Den allgemeinen Code und die Struktur erzeugt sie jedoch problemlos.

Geschäftslogik und Validierung

Wenn Ihr Backend bestimmte Regeln beachten soll (etwa dass Benutzer keine als wichtig markierten To-dos löschen dürfen oder dass Listentitel eindeutig sein müssen), können Sie diese per KI abbilden:

> *Füge der* `POST /api/to-dos`*-Route eine Validierung hinzu: Lehne den Aufruf ab, wenn der Titel leer oder länger als 100 Zeichen ist, und gib in diesem Fall den Status 400 zurück.*

Die KI wird daraufhin entsprechende Prüfungen und passende Antworten in den Code einbauen.

> *Füge Logik hinzu: Wenn ein To-do als erledigt markiert wird (z.B. über* `PUT /api/to-dos/:id`*) und alle To-dos erledigt sind, protokolliere die Meldung »Alles erledigt!«*

Diese Logik wird die KI im `PUT`-Handler einfügen.

Sie müssen den generierten Code dennoch testen, um sicherzustellen, dass er wie erwartet funktioniert.

Einsatz von Frameworks oder Boilerplates

Viele Web-Backends nutzen statt eines einfachen Express Frameworks wie NestJS für Node oder Django für Python. Auch damit kommt die KI zurecht, wobei komplexere Aufgaben meist in Teilschritte zerlegt werden sollten.

- Für Django (Python) könnten Sie beispielsweise prompten:

  Erstelle ein Django-Modell To-do mit den Feldern X, Y usw. sowie die zugehörigen Views zur Listenanzeige und Anlage eines To-do-Items.

  Die KI wird daraufhin vermutlich den Modellcode und eine generische View oder – falls sie den Kontext erkennt – einen Serializer bzw. ein Viewset für das *Django REST Framework* (DRF) erzeugen.

- Bei Ruby on Rails kann die KI beim Erstellen von Models und Controllern unterstützen. (Sie können in diesem Fall auch das integrierte Rails-Scaffolding nutzen und per KI nur ergänzende Validierungen hinzufügen oder Routen anpassen.)

KI-Modelle zeigen je nach Programmiersprache und Technologiestack unterschiedliche Kompetenzniveaus, und zwar abhängig davon, wie stark diese Technologien im Trainingsmaterial vertreten waren. Zwar können die Modelle mit jeder Sprache arbeiten, die sie während des Trainings »gesehen« haben, doch ihre Effektivität variiert deutlich. Beliebte Sprachen wie JavaScript, Python und Java werden in der Regel besser unterstützt, da sie in Open-Source-Repositories, Dokumentationen und Lernmaterialien besonders häufig vorkommen – und somit einen großen Teil des Trainingskorpus ausmachen.

Die Kompetenz eines Modells bezüglich Ihres bevorzugten Technologiestacks lässt sich nur durch praktische Tests ermitteln. Beginnen Sie, um die Fähigkeiten des Modells einzuschätzen, mit einfachen Aufgaben in der jeweiligen Sprache und steigern Sie schrittweise die Komplexität. Achten Sie darauf, ob der erzeugte Code idiomatisch ist, also sprachtypische Konventionen beachtet, ob das Modell gängige Frameworks und Bibliotheken ohne ausführliche Erklärungen erkennt und passende Entwurfsmuster für das jeweilige Ökosystem vorschlägt. Hohe Kompetenz zeigt sich in kontextgerechten, stimmigen Vorschlägen – schwächere Unterstützung dagegen in generischem oder veraltetem Code.

Viele KI-Anbieter veröffentlichen zwar Dokumentationen zu den Fähigkeiten ihrer Modelle, allerdings enthalten diese selten detaillierte sprachspezifische Benchmarks. Am zuverlässigsten ist es daher, eigene kleine Tests mit dem tatsächlich verwendeten Technologiestack durchzuführen. Wenn Sie beispielsweise mit Ruby on Rails arbeiten, prüfen Sie, ob das Modell Rails-Konventionen – etwa die ActiveRecord-Muster – versteht oder korrekte RSpec-Tests erzeugen kann. Bei neueren Frameworks oder weniger verbreiteten Sprachen sollten Sie hingegen mit schwankenden Ergebnissen rechnen und in Ihren Prompts zusätzlichen Kontext mitliefern, um mögliche Lücken im Trainingswissen des Modells auszugleichen.

Mehrstufige Abläufe orchestrieren

Einige Endpunkte erfordern mehrere aufeinanderfolgende Schritte – etwa das Erstellen eines Eintrags in einer ersten und anschließend in einer weiteren Tabelle oder den Aufruf einer externen API. Sie können die Abfolge einfach skizzieren und die KI den Entwurf übernehmen lassen:

> *Wenn sich ein neuer Benutzer registriert (`POST /api/users`), lege einen Benutzerdatensatz an und sende zusätzlich eine Willkommens-E-Mail über die SendGrid-API.*

Die KI kann Code schreiben, um den Benutzer zu speichern (etwa mithilfe eines *Object-Relational Mapper*, kurz ORM) und anschließend eine HTTP-Anfrage mit dem passenden Payload an die SendGrid-API zu senden. Sie müssen dann nur noch die tatsächlichen API-Keys einfügen oder Inhalte anpassen, den Großteil des Boilerplate-Codes erstellt die KI. Sie könnten beispielsweise fortsetzen mit:

> *Implementiere folgende Transaktion: Bei einem Geldtransfer (`POST /api/transfer`) wird von Konto A abgebucht und auf Konto B gutgeschrieben. Stelle sicher, dass der Vorgang atomar erfolgt – also vollständig oder gar nicht ausgeführt wird.*

Wenn Sie ein ORM oder eine Datenbank verwenden, die Transaktionen unterstützt, kann die KI diese Funktionen nutzen, beispielsweise Transaktionsblöcke in SQL oder die Transaktionsmethoden des jeweiligen ORM. Prüfen Sie solchen Code sorgfältig auf Korrektheit – insbesondere die Transaktionslogik kann tückisch sein. Oft kennt die KI gängige Fallstricke und fügt entsprechende Prüfungen ein. Nach einem Endpunkt für Geldüberweisungen gefragt, erzeugte eine KI die folgende Codestruktur:

```
async function transferMoney(fromAccountId, toAccountId, amount) {
  const session = await db.startSession();

  try {
    await session.startTransaction();

    // Deduct from source account
    const sourceAccount = await Account.findByIdAndUpdate(
```

```
      fromAccountId,
      { $inc: { balance: -amount } },
      { session, new: true }
    );

    if (sourceAccount.balance < 0) {
      throw new Error('Insufficient funds');
    }

    // Add to destination account
    await Account.findByIdAndUpdate(
      toAccountId,
      { $inc: { balance: amount } },
      { session }
    );

    await session.commitTransaction();
    return { success: true };

  } catch (error) {
    await session.abortTransaction();
    throw error;
  } finally {
    session.endSession();
  }
}
```

Die KI hat beide Datenbankoperationen korrekt zu einer Transaktion zusammengefasst, eine Deckungsprüfung integriert und ein sauberes Rollback bei Fehlern implementiert. Auch wenn Sie noch Randfälle prüfen und geeignetes Logging ergänzen müssten, zeigt die grundlegende Transaktionsstruktur, dass das Modell das Prinzip atomarer Operationen verstanden hat.

API-Dokumentation und -Tests

Beim Entwickeln von APIs können Sie die KI auch dazu nutzen, automatisch Dokumentation zu erstellen, beispielsweise mit der Anweisung: »Schreibe mir eine kurze Dokumentation für die `/api/to-dos`-Endpunkte.« Die KI würde daraufhin etwas in dieser Art erzeugen:

```
GET /api/to-dos - returns list of to-dos.
POST /api/to-dos - create a new to-do. Expects JSON: {title: string}.
Returns the created to-do.
...
```

Das eignet sich als kurze Referenz, die man zudem Frontend-Entwicklern als API-Dokumentation bereitstellen kann. Außerdem können Sie die KI nutzen, um Tests für Ihre API-Endpunkte schreiben zu lassen – etwa mit Test-Frameworks wie Jest oder Mocha unter Node.js oder mit PyTest für eine Python-API. Mit einem Prompt wie »Erzeuge Tests für die To-dos-API – einen Test zum Auflisten, einen zum Erstellen und einen für einen Validierungsfehler« wird die KI entsprechenden Testcode generieren, den Sie anschließend ausführen und überprüfen können.

Datenbanken, Design und Integration

Zwar ist fachliches Wissen über die Geschäftslogik wesentlich für das Design eines Datenbankschemas, aber die KI kann dabei helfen, dieses Konzept in Code zu übersetzen, etwa in Form von Migrationsskripten oder ORM-Modellen. Wenn Sie sich bei der Gestaltung Ihres Schemas unsicher sind, können Sie es außerdem gemeinsam mit der KI durchdenken und Varianten ausloten.

Angenommen, Ihre Anwendung soll über einfache To-do-Listen hinaus zu einem vollständigen Projektmanagementtool ausgebaut werden. Dazu müssen Sie mehrere Tabellen entwerfen: Projekte, Tasks, User und so weiter. Sie könnten die KI fragen: »Welche Datenmodelle benötige ich für eine einfache Projektmanagement-App mit Benutzern, Projekten und Tasks? Bitte mit Relationen.« Die KI könnte daraufhin etwa Folgendes vorschlagen:

- User (id, name, email, etc.)
- Project (id, name, owner_id verweist auf User)
- Task (id, description, project_id, assigned_to (User), status, etc.)

Das entspricht vielleicht nicht exakt Ihren Vorstellungen, liefert aber eine solide Ausgangsbasis. Sie können diese Entwürfe anschließend prüfen, anpassen und dann umsetzen.

Verwendung eines ORM

Wenn Sie ein ORM wie Prisma, Entity Framework oder SQLAlchemy einsetzen, kann die KI Modellklassen oder Schemadefinitionen erzeugen:

> *Definiere mit Sequelize (für Node) Modelle für User, Project und Task mit folgenden Beziehungen: Ein User hat viele Projects, ein Project gehört zu einem User. Ein Project hat viele Tasks, ein Task gehört zu einem Project. Ein Task kann einem User zugewiesen werden (many-to-one).*

Die KI würde daraufhin JavaScript- oder TypeScript-Code erzeugen, um die entsprechenden Sequelize-Modelle und ihre Beziehungen zu definieren, die Sie anschließend in Ihre Codebasis integrieren können. Ist das Modell damit vertraut, schlägt es möglicherweise auch passende Fremdschlüssel oder Kaskadenregeln vor.

Wenn Sie kein ORM verwenden und stattdessen rohe SQL-Migrationen schreiben, können Sie die KI auch damit beauftragen, Migrationsskripte vorzubereiten:

> *Schreibe ein SQL-Skript, das Tabellen für User, Projects und Tasks mit passenden Fremdschlüsseln erstellt.*

Die KI gibt daraufhin ein SQL-DDL-Skript aus, das Sie prüfen und anschließend ausführen können.

Datenbankabfragen

Bei der Einbindung der Datenbank in Ihren Code benötigen Sie unter Umständen komplexere Abfragen als einfache CRUD-Operationen. Angenommen, Sie möchten alle Projekte zusammen mit ihren Tasks und dem jeweils zugewiesenen User abrufen. Das erfordert einen Join über die Tabellen *Project*, *Task* und *User*. Sie könnten dazu prompten:

> *Schreibe eine SQL-Query, die alle Projekte mitsamt ihren Tasks sowie deren jeweils zugeordneten Usern zurückgibt.*

Die KI wird daraufhin eine SQL-Abfrage mit passendem Join erstellen.

Wenn Sie ein ORM verwenden, könnten Sie stattdessen Folgendes anweisen:

> *Verwende Sequelize, um alle Projekte zusammen mit ihren zugehörigen Aufgaben und dem jeweils zugeordneten Benutzer abzurufen.*

Der erzeugte Code wird dabei in der Regel Funktionen enthalten, um die verknüpften Daten zu laden, etwa:

```
include: [Task, { model: User, as: 'assignedUser' }]
```

KI-generierte Abfragen überprüfen

Datenbankoperationen müssen sorgfältig überprüft werden, um sicherzustellen, dass der von der KI erzeugte Code mit Ihrem tatsächlichen Schema übereinstimmt und die Datenintegrität gewahrt bleibt. Die KI kennt Ihre konkreten Tabellen- und Feldnamen sowie die Relationen nur dann, wenn Sie sie ausdrücklich im Prompt angeben. Auch wenn ein Sprachmodell diese Angaben aus früheren Angaben während des Chatverlaufs bereits kennen könnte, sollten Sie bei komplexen datenbankbezogenen Aufgaben die relevanten Schemadetails in jedem Prompt erneut angeben, um Fehler zu vermeiden. So verhindern Sie typische Probleme, etwa dass die KI Abfragen mit generischen Feldnamen wie `user_id` erzeugt, obwohl Ihr Schema tatsächlich `userId` oder `customer_ref` benutzt.

Performanceaspekte erfordern oft menschliche Kontrolle. Zwar verstehen KI-Modelle grundlegende Datenbankkonzepte wie Primärschlüssel und Joins, sie schlagen jedoch von sich aus meist keine Optimierungen vor, etwa das Hinzufügen von Indizes für häufig abgefragte Felder oder die Analyse von Abfrageausführungsplänen. Prüfen Sie generierte Abfragen daher stets auf Effizienz, insbesondere bei Vorgängen, die häufig ausgeführt werden oder auf großen Datenmengen arbeiten.

Regeln zur Wahrung der Datenkonsistenz sind ein weiterer kritischer Bereich, der genaue Festlegungen erfordert. Bei der Implementierung von Löschoperationen sollten Sie klar festlegen, welches Kaskadierungsverhalten gelten soll. Wenn Sie beispielsweise einen *Project*-Datensatz löschen, müssen Sie entscheiden, ob die Datenbank automatisch alle zugehörigen *Task*-Datensätze per Cascading Delete entfernen oder ob diese Bereinigung durch die Anwendungslogik erfolgen soll. Kommunizieren Sie diese Geschäftsregeln eindeutig:

> *Wenn ein Projekt gelöscht wird, sollen alle zugehörigen Tasks automatisch kaskadierend gelöscht werden.*

Oder alternativ:

> *Prüfe vor dem Löschen eines Projekts zunächst, ob noch Aufgaben vorhanden sind, und verhindere das Löschen, falls welche existieren.*

Sofern die KI klare Anweisungen erhält, kann sie beide Ansätze zuverlässig umsetzen. Für Kaskadenlöschungen wird sie typischerweise Fremdschlüssel-Constraints mit `ON DELETE CASCADE` erstellen, bei einer anwendungsseitigen Lösung hingegen Code, der vor dem Löschen nach verknüpften Datensätzen sucht. Entscheidend ist, dass Sie Ihre Anforderungen an die Datenintegrität ausdrücklich formulieren, statt darauf zu vertrauen, dass die KI das gewünschte Verhalten selbstständig ableitet.

Full-Stack-Integration: Frontend und Backend verbinden

Nachdem Sie mithilfe der KI sowohl das Frontend als auch das Backend erstellt haben, besteht die nächste Herausforderung darin, beide zu einer nahtlos funktionierenden Webanwendung zu verbinden. Es gilt sicherzustellen, dass die

API-Endpunkte korrekt vom Frontend aufgerufen werden, dass die Datenflüsse stimmen und dass das Gesamtsystem konsistent arbeitet.

Frontend und Backend aufeinander abstimmen

Es ist entscheidend, dass Frontend und Backend miteinander harmonieren: Das Frontend erwartet Daten in einem bestimmten Format – und das, was das Backend liefert, muss genau dazu passen. Wenn Sie die KI beide Seiten unabhängig voneinander entwickeln lassen, können leicht kleine Abweichungen entstehen – etwa indem das Backend eine Antwort wie `{ success: true, data: [...] }` zurückgibt, das Frontend aber ein Array erwartet. Um solche Probleme zu vermeiden, sollten Sie der KI beim Erstellen beider Komponenten das gewünschte Antwortformat ausdrücklich vorgeben. Alternativ können Sie nach Fertigstellung beider Seiten einen End-to-End-Test durchführen: Öffnen Sie die Webanwendung und prüfen Sie, ob die Liste geladen wird. Falls nicht, vergleichen Sie die Browserkonsole mit den Server-Logs, um den Fehler einzugrenzen.

Ich setze häufig KI ein, um eine Seite an die andere anzupassen:

- Wenn das Backend andere JSON-Schlüsselnamen liefert, als das Frontend erwartet, und dadurch ein Fehler auftritt, können Sie der KI, bezogen auf einen der beteiligten Bereiche, einfach sagen:

  Ändere den Code so, dass im JSON statt »taskList« (Singular) der Schlüssel »tasks« (Plural) verwendet wird.

- Wenn das Frontend Formulardaten form-encodiert sendet, das Backend aber JSON erwartet, können Sie die KI bitten, das anzupassen – beispielsweise durch die Verwendung von `JSON.stringify` im Frontend oder durch Hinzufügen von `body-parser` im Backend.

Echtzeitfunktionen mit KI umsetzen

KI-ergänzte IDEs, die den Kontext des gesamten Projekts erfassen, wie Cline oder Cursor, sind in der Integrationsphase besonders hilfreich. Öffnen Sie dazu parallel die Frontend- und Backend-Dateien in Ihrer IDE und prompten Sie:

Stelle sicher, dass der Fetch-Aufruf des Frontends an /api/to-dos mit der erwarteten Request- und Response-Struktur der Express-Route übereinstimmt. Behebe eventuelle Abweichungen.

Die KI wird daraufhin den Code angleichen, indem sie im Frontend ein fehlendes `await response.json()` ergänzt oder die JSON-Struktur anpasst.

State-Management und Synchronisation

In einer Full-Stack-App sollten Sie im Frontend Aspekte wie die Anzeige von Ladeindikatoren und die Fehlerbehandlung bei fehlgeschlagenen API-Aufrufen berücksichtigen, um ein professionelles Ergebnis zu erzielen. Mögliche Prompts wären zum Beispiel:

> *Füge Ladeindikatoren hinzu: Wenn die React-Komponente Tasks abruft, soll der Text »Lade Aufgaben …« angezeigt werden, bis die Daten geladen sind.*

Oder:

> *Behandle Fehler: Wenn der API-Aufruf fehlschlägt (keine 200er-Antwort), zeige eine Fehlermeldung in der Benutzeroberfläche an.*

Die KI ergänzt daraufhin einen `isLoading`-State und bedingtes Rendering oder umschließt den `fetch`-Aufruf mit einem `try/catch`, um Fehler abzufangen und anzuzeigen. Solche Details verleihen der Anwendung den letzten Schliff und lassen sie insgesamt robust erscheinen.

WebSockets und erweiterte Integrationen

Wenn Ihre Anwendung Echtzeit-Updates benötigt (z.B. über WebSockets oder SSE), könnten Sie beispielsweise folgende Prompts verwenden:

> *Richte eine WebSocket-Verbindung mit Socket.io ein. Wenn auf dem Server eine neue Aufgabe erstellt wird, sende sie an alle verbundenen Clients. Passe das Frontend so an, dass es auf neue Tasks reagiert und sie in Echtzeit zur Liste hinzufügt.*

Das ist zwar komplex, aber eine KI kann sowohl den serverseitigen Socket.io-Code – wie das Hinzufügen von `io.on('connection', ...)` und das Auslösen eines Events bei der Erstellung einer neuen Aufgabe – als auch clientseitigen Code generieren, der die Verbindung herstellt und auf dieses Event reagiert. Die Integration erfordert dann etwas Sorgfalt, aber es ist bemerkenswert, dass solche kurzen Beschreibungen bereits zu funktionierendem Echtzeitcode führen können. Und falls nicht alles sofort reibungslos läuft, lässt sich das Ergebnis durch wiederholtes Prompten und Testen schnell verbessern.

Beispiel: Full-Stack-Workflow mit KI

Stellen Sie sich vor, Sie entwickeln eine einfache Webanwendung zur Kontaktverwaltung:

- Sie erzeugen – wie bereits zuvor in diesem Kapitel beschrieben – ein React-Frontend und ein Node/Express-Backend als Grundgerüst.

- Zuerst fordern Sie die KI auf, für das Frontend die Komponenten `ContactList` und `ContactForm` zu erstellen. Anschließend sollen API-Aufrufe hinzugefügt werden:

  In ContactList sollen beim Laden der Komponente die Kontakte von /api/contacts abgerufen werden.

  In ContactForm soll beim Absenden des Formulars ein `POST`*-Request an /api/contacts mit den Formulardaten gesendet und nach erfolgreichem Anlegen die Kontaktliste aktualisiert werden.*

- Im Backend können Sie zunächst ein In-Memory-Array verwenden oder eine Datenbank anbinden. Bitten Sie die KI dann, die passenden Express-Routen `GET /api/contacts` (zum Zurückgeben einer Liste) und `POST /api/contacts` (zum Hinzufügen eines Kontakts) zu erstellen.

- Testen Sie anschließend das Hinzufügen eines Kontakts über die Benutzeroberfläche. Wenn der neue Eintrag in der Liste erscheint – perfekt. Falls nicht, debuggen Sie: Vielleicht gibt die `POST`-Route das neue Objekt nicht korrekt zurück, oder das Formular aktualisiert die Liste nicht. Identifizieren Sie die Ursache und geben Sie der KI eine Anweisung, sie zu beheben:

  Nach dem Hinzufügen eines Kontakts sollte das Backend das neue Contact-Objekt in der Response zurückgeben, und das Frontend sollte es der Liste hinzufügen, ohne einen vollständigen Reload zu erfordern.

  Die KI wird daraufhin sowohl die Backend-Antwort als auch die State-Logik im Frontend anpassen, indem sie beispielsweise den neuen Kontakt per React-State-Update in die Liste einfügt.

- Auf ähnliche Weise können Sie Funktionen zum Bearbeiten und Löschen implementieren. Lassen Sie dabei die KI die Routinearbeit erledigen und konzentrieren Sie sich auf die fachliche Logik – also darauf, was die jeweilige Funktion *leisten* soll.

Für eine manuelle Entwicklung bräuchte ein Junior-Entwickler leicht ein bis zwei Wochen. Mit einer KI als Co-Entwicklerin lässt sich das in ein bis zwei Tagen umsetzen, da ein Großteil des Standardcodes und der Verknüpfungen automatisch entsteht.

Zusammenarbeit zwischen KI und Mensch in der Full-Stack-Entwicklung optimieren

Wenn Sie mit KI-Unterstützung an einem kompletten Stack arbeiten, lohnt es sich, einen effizienten Arbeitsrhythmus zu entwickeln. Hier einige Strategien für eine produktive Zusammenarbeit:

Nutzen Sie die KI für Routinecode, aber schreiben Sie individuelle Logik selbst.
Differenzieren Sie, welche Teile des Codes eher profaner Natur sind und welche den eigentlichen Kern Ihrer Anwendung bilden. Lassen Sie die KI beispielsweise eine CRUD-API oder eine Standardkomponente generieren – aber wenn es um eine besonders knifflige Logik geht, etwa einen proprietären Algorithmus oder eine spezifische Geschäftsregel, implementieren Sie diesen Teil selbst, und bitten Sie die KI anschließend, ihn zu reviewen oder zu testen. Betrachten Sie die KI dabei als Werkzeug für eher repetitive Aufgaben, während Sie sich auf die neuen, kreativen oder geschäftsrelevanten Teile konzentrieren.

Nutzen Sie die KI, um Ihre To-do-Liste Punkt für Punkt abzuarbeiten.
Während der Entwicklung sollten Sie Ihre Aufgaben im Blick behalten, beispielsweise Funktionen, die noch hinzugefügt, oder Fehler, die behoben werden müssen. Erklären Sie der KI jede Aufgabe separat und lassen Sie sie jeweils eine Lösung vorschlagen. Angenommen, auf Ihrer Liste steht noch »Password-Hashing bei der User-Registrierung implementieren«. Dann könnten Sie folgenden Prompt verwenden:

> *Füge der Route* `POST /api/register` *Password-Hashing mit bcrypt hinzu, bevor der Benutzer gespeichert wird.*

Dieser gezielte, systematische Ansatz hilft dabei, strukturiert vorzugehen und sicherzustellen, dass keine Aufgabe übersehen wird.

Verbessern Sie mithilfe der KI fortlaufend die Codequalität.
Sobald die gewünschte Funktionalität erreicht ist, können Sie die KI mit Prompts wie »Refaktoriere diesen Code für bessere Lesbarkeit« oder »Optimiere diese Funktion« beauftragen. Oft entdeckt die KI tatsächlich Strukturoptimierungen oder schlägt Leistungsverbesserungen vor – ähnlich wie ein Assistent, der unter Ihrer Aufsicht eine Nachbearbeitung vornimmt. Achten Sie jedoch darauf, dass nach den Änderungen weiterhin alle Tests erfolgreich absolviert werden.

Nutzen Sie die KI für Gegenprüfungen.
Wenn Sie sich bei einer Designentscheidung nicht sicher sind, fragen Sie die KI:

> *Ist es okay, Kontakte in einem Array im Arbeitsspeicher zu speichern, oder sollte ich besser eine Datenbank verwenden? Was sind die Vor- und Nachteile?*

Auch wenn Sie die Antwort vermutlich kennen (für eine dauerhafte Speicherung ist natürlich eine Datenbank besser geeignet), funktioniert dieser Austausch wie ein kurzes technisches Sparring mit einer Kollegin. Manchmal weist die KI auf Aspekte hin, an die Sie nicht gedacht haben:

Wenn es mehrere Serverinstanzen gibt, wird ein In-Memory-Speicher nicht zwischen ihnen synchronisiert.

Nutzen Sie die KI zur Teamkoordination.
: Wenn Sie in einem Team arbeiten, gibt es möglicherweise Personen, die (noch) ohne KI arbeiten. Bitten Sie in diesem Fall die KI, Ihre Arbeitsschritte zu dokumentieren. Außerdem ist es sinnvoll, Ihr Vorgehen im Team transparent zu kommunizieren: »Diese Controller sind KI-generiert. Ich habe sie geprüft, achtet aber bitte dennoch auf ungewöhnliche Muster.« Fördern Sie eine Code-Review-Kultur, in der KI-generierter Code genauso sorgfältig geprüft wird wie manuell geschriebener, um Auffälligkeiten frühzeitig zu erkennen.

Entwicklungsteams, die KI einsetzen (etwa bei Snyk (*https://oreil.ly/8Dmn7*)), berichten von deutlich höherer Produktivität, betonen aber zugleich, dass menschliche Kontrolle für die Validierung unerlässlich bleibt. Laut einer GitHub-Umfrage aus dem Jahr 2024 (*https://oreil.ly/oivAx*) gaben 97% der Entwickler an, bei ihrer Arbeit in irgendeiner Form KI-gestützte Programmierwerkzeuge zu verwenden.

Tests und Validierung für KI-generierte Webanwendungen

Nachdem Sie Ihre Webanwendung mit KI-Unterstützung entwickelt haben, sollten Sie sie gründlich testen, um sicherzustellen, dass alles wie beabsichtigt funktioniert, und um mögliche Fehler zu finden, die Sie oder die KI verursacht haben könnten. So können Sie das Testen im KI-gestützten Entwicklungsprozess angehen:

Unit-Tests
: Schreiben Sie für die Backend-Logik Unit-Tests für zentrale Funktionen, etwa für Berechnungen oder Eingabevalidierungen. Wenn die KI eine Funktion erstellt hat, können Tests helfen, versteckte Fehler aufzudecken. Sie können diese Tests sogar von der KI erstellen lassen, wie bereits erwähnt. Seien Sie dabei jedoch vorsichtig: KI-generierte Tests sind manchmal zu oberflächlich oder basieren auf vorschnellen Annahmen über die Implementierung. Weisen Sie die KI deshalb an, auch Randfälle abzudecken, beispielsweise so:

Schreibe Tests für die Funktion zur Prüfung der Passwortstärke, die auch Randfälle wie leere, sehr lange oder Passwörter mit Sonderzeichen abdeckt.

Integrationstests
: Testen Sie API-Endpunkte mit Tools wie Supertest (für Node) oder über direkte HTTP-Aufrufe. Überprüfen Sie dabei, ob alle Endpunkte die erwarteten Ergebnisse liefern. Die KI kann Ihnen auch beim Erstellen dieser Tests helfen, zum Beispiel mit folgendem Prompt:

  > *Schreibe Integrationstests mit Jest und Supertest für die Endpunkte /api/to-dos.*

  Daraufhin wird die KI Tests erzeugen, die die Anwendung starten, die Endpunkte aufrufen und die Antworten überprüfen.

Frontend-Tests
: Die Benutzeroberfläche der Anwendung können Sie mit Tools wie Jest für die Komponentenlogik und Cypress oder Playwright für End-to-End-UI-Tests prüfen. Sie können die KI problemlos bitten, ein entsprechendes Cypress-Testszenario zu erstellen:

  > *Schreibe einen Cypress-Test, der die Anwendung lädt, über das Formular ein neues To-do-Item hinzufügt und überprüft, ob es in der Liste erscheint.*

  Daraufhin erhalten Sie ein Testskript, das Sie direkt ausführen können. Das ist äußerst effizient: Indem Sie die KI nutzen, um Benutzerinteraktionen zu automatisieren, erreichen Sie sehr schnell eine End-to-End-Testabdeckung.

Manuelle Tests
: Unabhängig davon, wie viele automatisierte Tests Sie durchführen, sollten Sie immer auch manuelle, explorative Tests einplanen. Klicken Sie sich selbst durch die Webanwendung – oder überlassen Sie das, falls Sie im Team arbeiten, den QA-Verantwortlichen. Die KI kann nicht alle realen Nutzungsszenarien vorhersehen: Vielleicht führt die Verwendung des Zurück-Buttons im Browser zu einem fehlerhaften Zustand, oder eine bestimmte Abfolge von Aktionen löst einen Darstellungsfehler aus. Wenn Sie Bugs entdecken, beheben Sie sie direkt, oder bitten Sie die KI um entsprechende Unterstützung. Manuelle Tests sind außerdem entscheidend für die UI/UX-Bewertung: Fühlt sich die Anwendung im Gebrauch stimmig an? Gibt es umständliche Abläufe oder unklare Interaktionen? Hier bleibt menschliches Feedback unverzichtbar, weil die KI solche subjektiven UX-Aspekte nicht beurteilen kann.

Code-Review
: Wenn Sie im Team arbeiten, lassen Sie den von der KI erzeugten Code unbedingt von anderen Teammitgliedern prüfen. Mit deren frischem Blick lassen sich Dinge entdecken, die Ihnen vielleicht entgangen sind – etwa

eine Sicherheitslücke oder eine Stelle, an der eine elegantere, idiomatischere Schreibweise eingesetzt werden könnte. Teams, die KI nutzen, behalten in der Regel ihre normalen Code-Review-Prozesse bei, legen dabei aber einen stärkeren Fokus (*https://oreil.ly/O5Dbj*) auf subtile Bugs oder Sicherheitsprobleme, die eine KI unbeabsichtigt einbringen könnte.

Sicherheitsprüfung
: In Kapitel 8 wird es ausführlich um Sicherheit gehen, aber schon in der Entwicklungsphase lohnt es sich, den Code auf bekannte Schwachstellenmuster zu checken. Dafür können Sie automatisierte Tools wie Linter und (SAST)-Tools (*https://oreil.ly/T531z*) (*Static Application Security Testing*) einsetzen – oder Sie fordern die KI auf:

  > *Überprüfe den gesamten Express-Servercode und liste potenzielle Sicherheitslücken oder Verstöße gegen Best Practices auf.*

  Die KI könnte dabei auf überraschende Punkte hinweisen, beispielsweise »Hier wird die Benutzereingabe nicht bereinigt« oder »CORS sollte korrekt eingerichtet werden«. Nutzen Sie solche Hinweise als Checkliste zur Härtung Ihrer Anwendung.

Ein interessanter Effekt beim Einsatz von KI besteht darin, dass Sie möglicherweise Tests schreiben, die Sie sonst gar nicht erstellt hätten – einfach, weil die KI deren Erstellung erheblich erleichtert. Das kann am Ende zu *robusterem* Code führen. Wenn Sie sich angewöhnen, unmittelbar nach dem Erstellen neuer Features auch die dazugehörigen Tests zu erzeugen – oder im Sinne eines KI-gestützten Test-Driven Development sogar vorher –, stellen Sie sicher, dass die schnelle Entwicklung nicht zulasten der Qualität geht. Vielleicht betrachten Sie es so: Da die KI Ihnen Zeit beim Coden spart, sollten Sie einen Teil dieser gewonnenen Zeit in das Schreiben und Ausführen von Tests investieren.

Wenn man nicht aufmerksam genug ist, kann von der KI vorgeschlagener unsicherer Code ins Projekt einsickern. Frühere KI-Versionen erzeugten beispielsweise – wenn man sie nicht ausdrücklich anwies, das zu vermeiden – gelegentlich SQL-Queries, die anfällig für Injection-Angriffe waren. Durch gründliches Testen und Code-Reviews lassen sich solche Schwachstellen aufdecken. Eine Studie (*https://oreil.ly/U3b8H*) ergab, dass Entwicklerinnen und Entwickler, die mit KI-Unterstützung arbeiteten, häufig übermäßiges Vertrauen in die Sicherheit ihres Codes hatten – selbst dann, wenn dieser tatsächlich unsicherer war als manuell geschriebener Code.

Überspringen Sie daher niemals die Validierung, nur weil der Code von einer KI stammt. Gehen Sie davon aus, dass er Bugs enthalten kann, genau wie von Menschen geschriebener Code.

Beispiele erfolgreicher, KI-gestützt entwickelter Webprojekte

Sehen wir uns einige Beispiele an, die aus verschiedenen Erfahrungsberichten stammen, in denen KI maßgeblich zur Entwicklung funktionsfähiger Webanwendungen beigetragen hat.

E-Commerce-Website eines Solo-Entwicklers

Ein einzelner Entwickler wollte – innerhalb eines begrenzten Zeitfensters – eine kleine E-Commerce-Anwendung zum Verkauf individuell gestalteter T-Shirts erstellen. Über eine IDE-Erweiterung nutzte er GPT, um den gesamten Stack zu entwickeln. Er ließ die KI ein React-Frontend mit Produktübersicht, Warenkorb und Check-out-Seiten sowie ein Node.js-Backend mit Endpunkten für Produkte und Bestellungen generieren. Für die Zahlungsabwicklung setzte er Stripe ein, das er mithilfe der KI in die Anwendung integrierte. Nach zwei Wochen abendlicher Arbeit verfügte er über eine vollständig funktionsfähige Website.

Dieser Entwickler berichtete, dass die KI rund 70 % des Codings übernommen hatte, insbesondere für die repetitiven UI-Elemente und die Formularverarbeitung, während er sich auf die korrekte Konfiguration von Stripe und die Feinanpassung der Benutzeroberfläche im Hinblick auf das Branding konzentriert hatte. Am Ende gab es eine Produktsuche, und Kunden konnten Produkte über eine vollständige Warenkorbfunktion kaufen und im Check-out bezahlen – das alles in einem System, das größtenteils per Vibe Coding entstanden war. Das Beispiel zeigt auch, dass sich die Integration externer Dienste (wie Stripe) mit KI-Unterstützung gut umsetzen lässt, solange Dokumentation verfügbar ist oder von Ihnen bereitgestellt wird.

Internes Unternehmens-Dashboard

Eine Produktmanagerin mit grundlegenden Programmierkenntnissen nutzte einen KI-basierten Pair-Programmer, um für ihr Team ein internes Analytics-Dashboard zu entwickeln. Normalerweise hätte sie dafür auf Unterstützung aus der Entwicklungsabteilung warten müssen, doch mit Tools wie Replit Ghostwriter oder GitHub Copilot gelang es ihr, selbst eine einfache Webanwendung zu erstellen. Die KI half beim Einrichten eines schlanken Flask-Backends, das Datenbankabfragen ausführt (mit Read-only-Zugang), sowie eines Vue.js-Frontends, das die Ergebnisse mithilfe einer Charting-Bibliothek visualisiert. Sie beschrieb der KI einfach, welche Diagramme angezeigt werden sollen, etwa »Gesamtzahl der Registrierungen im Zeitverlauf« oder »aktive Nutzer nach Region«, und die KI schrieb daraufhin die passenden SQL-Abfragen und den Diagrammcode.

Der gesamte Prozess dauerte samt sämtlicher Experimente und inklusive Testen ein paar Wochen, doch am Ende stand ein funktionierendes Dashboard zur Verfügung. Die Codequalität erreichte zwar kein Enterprise-Niveau, war aber für eine interne Anwendung völlig ausreichend. Entscheidender war, dass sie ihrem Team in kurzer Zeit ein nützliches Werkzeug bereitstellen konnte. Dieses Beispiel zeigt, wie KI-Tools auch Programmierer ohne Spezialkenntnisse in die Lage versetzen, funktionsfähige Webanwendungen zu erstellen und damit Aufgaben zu übernehmen, die sonst erst viel später (oder gar nicht) realisiert würden. Es steht damit exemplarisch für das »Unbundling of the Programmer« (siehe *https://addyo.substack.com/p/personal-software-the-unbundling*), durch das Einzelpersonen heute persönliche oder teamspezifische Software schneller und einfacher entwickeln können als jemals zuvor – ein Thema, das ich in Kapitel 10 aufgreife.

Startup-Minimum Viable Product (MVP)

Ein kleines Start-up – bestehend aus nur zwei Gründern, einer aus dem Business- und einer aus dem Technikbereich – benötigte eine MVP-Webanwendung, um Investoren eine funktionsfähige Demo zeigen zu können. Der technische Mitgründer setzte ganz auf Vibe Coding, um das MVP in Rekordzeit zu entwickeln. Mithilfe eines KI-Assistenten erstellte er das Grundgerüst einer modernen Webanwendung mit Next.js für das serverseitige React-Frontend (SSR) und einer einfachen Node-API als Backend. Die KI half bei der Implementierung zentraler Funktionen wie Social Login (inklusive der OAuth-Flows), Bild-Uploads (über eine Cloud-Storage-API) sowie einer KI-basierten Produktfunktion. Sogar die Integration eines NLP-Modells über eine externe API erfolgte mit Unterstützung der KI. Innerhalb weniger Monate erreichte ein einzelner Entwickler damit, wofür ein kleines Team normalerweise vier bis sechs Monate gebraucht hätte. Das Ergebnis war zwar technisch nicht perfekt, aber voll funktionsfähig sowie ausreichend für eine überzeugende Demo und um erste Betanutzer auf der Plattform zu registrieren.

Als die Gründer später weitere Entwickler einstellten, um das Produkt zu veredeln, fanden diese den von der KI geschriebenen Code größtenteils nachvollziehbar, auch wenn sie wesentliche Teile im Hinblick auf eine bessere Skalierbarkeit refaktorierten. Das unterstreicht, dass KI zwar den Einstieg erheblich beschleunigen kann, doch in späteren Entwicklungsphasen normalerweise zusätzliche Investitionen in Codequalität und Architektur nötig sind.

Diese Erfahrungsberichte sind zwar anekdotisch, spiegeln aber die bereits erkennbaren Branchentrends wider. Gerade in der Webentwicklung, in der es häufig darum geht, viele Komponenten miteinander zu verbinden, ist der Produktivitätsschub durch KI-Unterstützung deutlich spürbar. Laut Studien von Microsoft (*https://oreil.ly/QLunu*) und anderen (*https://oreil.ly/BNVrB*) konnten Entwickler mit KI-Unterstützung ihre Aufgaben erheblich schneller abschließen als ohne.

Es gibt jedoch auch warnende Beispiele: So hat etwa ein Entwickler eine von der KI erzeugte Webanwendung mit einer Sicherheitslücke veröffentlicht, weil er den generierten Code nicht vollständig verstand. Das zeigt, wie wichtig Tests und Code-Reviews bleiben, auch (und gerade) bei KI-generiertem Code.

Webanwendungen mit KI-Unterstützung zu entwickeln, wird also zunehmend zum Standardansatz. Dadurch werden qualifizierte Entwickler nicht überflüssig: Die KI-Assistenz unterstützt und ergänzt sie vielmehr in ihrer Arbeit. Weiterhin planen Entwicklerinnen und Entwickler die Softwarearchitektur, garantieren die Korrektheit des Codes und kümmern sich um dessen komplexe oder die neuartigen Aspekte, während die KI den Routinecode erstellt, der die einzelnen Komponenten verbindet. Der durchlaufene End-to-End-Workflow – vom Aufsetzen der initialen Projektstruktur über Frontend und Backend bis hin zu Tests – zeigt, dass sich nahezu jeder Schritt der Webentwicklung mit KI beschleunigen lässt, sofern man den Prozess durch menschliches Urteilsvermögen und Fachkenntnis angemessen steuert.

Zusammenfassung und Ausblick

In diesem Kapitel haben Sie gesehen, wie sich Vibe Coding bei allen Aspekten der Entwicklung kompletter Webanwendungen einsetzen lässt. Wenn Sie die KI als stets verfügbaren Pair-Programmer betrachten, können Sie Frontend- und Backend-Aufgaben parallel angehen, Komponenten und APIs auf Basis natürlichsprachiger Beschreibungen generieren und einen Prototyp schrittweise zur Produktionsreife weiterentwickeln. Zu den Erfolgsfaktoren gehört es, Ihre Ziele und Absichten klar zu kommunizieren (damit die KI bei jedem Schritt versteht, was genau Sie wollen), die Ergebnisse sorgfältig zu verifizieren (um mögliche Fehler im KI-Ausgabecode früh zu erkennen) und die KI nicht nur zur Codeerzeugung, sondern auch für Aufgaben wie Schemaentwurf und Testentwicklung einzusetzen.

Dieses Kapitel hat auch gezeigt, wie ein einzelner Entwickler mithilfe von KI praktisch als Full-Stack-Engineer agieren kann – unterstützt durch Vorschläge der KI in Bereichen, in denen ihm selbst Erfahrung fehlt. Das verkürzt die Entwicklungszeit für gängige Features erheblich und demokratisiert in gewisser Weise die Softwareentwicklung, sodass auch Einzelpersonen ohne die Unterstützung großer Teams maßgeschneiderte Weblösungen erstellen können (ein Thema, auf das ich in Kapitel 10 noch einmal zurückkomme).

KI ersetzt weder das eigene Verständnis der Anforderungen noch die Qualitätssicherung. Aber sie beschleunigt die Implementierung.

Jetzt, da Ihre Webanwendung läuft, gilt es als Nächstes sicherzustellen, dass sie sicher, zuverlässig und gut wartbar ist. Kapitel 8 befasst sich deshalb mit der Sicherheit und Zuverlässigkeit von KI-generiertem Code – es zeigt, welche typischen Schwachstellen sich einschleichen können, wie man sie erkennt und behebt und welche Best Practices (wie Tests und Code-Reviews) es ermöglichen, schnell zu arbeiten, ohne Stabilität oder Sicherheit zu gefährden. Kurz gesagt: Wir wechseln von der Entwicklung zur Härtung – damit Ihre per Vibe Coding erstellte Software auch unter realen Bedingungen funktioniert und Bedrohungen standhält.

TEIL III

Vertrauen und Autonomie

KAPITEL 8

Sicherheit, Wartbarkeit und Zuverlässigkeit

Dieses Kapitel widmet sich einem kritischen Aspekt des Vibe Coding und der KI-gestützten Entwicklung: Wie kann sichergestellt werden kann, dass mit KI-Unterstützung erzeugter Code sicher, zuverlässig und wartbar bleibt? Geschwindigkeit und Produktivität sind wertlos, wenn die resultierende Software voller Sicherheitslücken steckt oder häufig abstürzt.

Zunächst werden typische Sicherheitsrisiken in KI-generiertem Code beleuchtet – von Injection-Schwachstellen bis hin zum unbeabsichtigten Offenlegen vertraulicher Informationen. Sie erfahren, wie sich KI-erzeugter Code auf solche Probleme prüfen und bewerten lässt und wie Sie dabei als Sicherheitsnetz für Ihren KI-Partner fungieren.

Des Weiteren geht es darum, wie Sie KI-generierten Code durch effektive Test- und QA-Frameworks absichern können, um Bugs und Stabilitätsprobleme frühzeitig zu erkennen. Auch Performanceaspekte werden behandelt, denn KI schreibt zwar oft korrekten Code, aber nicht immer den effizientesten. Daher zeige ich Ihnen, wie sich Leistungsengpässe identifizieren und beheben lassen. Ich werde außerdem Strategien zur Sicherung der Wartbarkeit untersuchen, etwa konsistente Stilvorgaben oder das gezielte Refactoring von KI-generiertem Code, da KI-Vorschläge mitunter uneinheitlich oder unnötig ausschweifend sind.

Ich zeige Ihnen, wie Sie Ihre Code-Review-Prozesse an einen KI-gestützten Workflow anpassen können und worauf menschliche Reviewer besonders achten sollten, wenn sie Code prüfen, der teilweise oder vollständig maschinell erzeugt wurde. Abschließend fasse ich Best Practices zusammen, mit denen sich KI-gestützte Projekte zuverlässig in Produktion bringen lassen – von Continuous-Integration-Pipelines bis zum Monitoring der Produktionsumgebung. Am Ende dieses Kapitels werden Sie über ein praxisnahes Instrumentarium verfügen, um Ihre KI-erweiterte Entwicklung sicher und robust zu gestalten.

Häufige Sicherheitslücken in KI-generiertem Code

KI-gestützte Coding-Assistenten sind zwar mächtige Werkzeuge, können ohne richtige Steuerung jedoch unbeabsichtigt Sicherheitsprobleme erzeugen. Sie wurden auf großen Mengen an öffentlich zugänglichem Code trainiert, der sowohl gute als auch schlechte Praktiken enthält, und können unsichere Muster reproduzieren, wenn Prompt oder Kontext sie nicht davon abhalten. Daher ist es entscheidend, die typischen Stolperfallen zu kennen, um sie rechtzeitig wahrnehmen und beseitigen zu können. Um potenzielle Sicherheitsprobleme aufzuspüren, sollten Sie sowohl manuelle als auch automatisierte Verfahren einsetzen (siehe Abbildung 8.1).

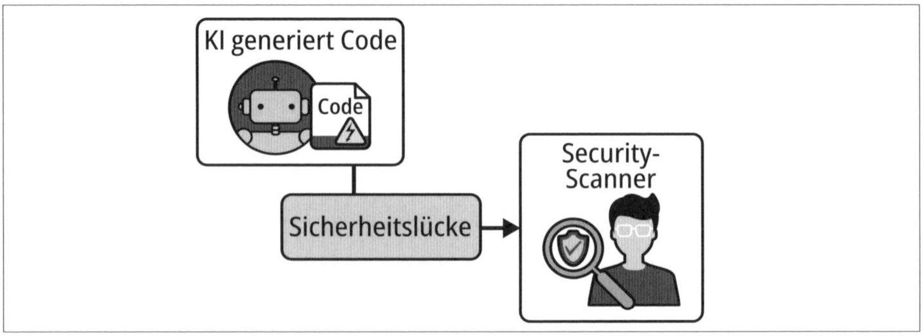

Abbildung 8.1: Durch KI verursachte Sicherheitslücken: KI-generierter Code kann subtile Sicherheitsmängel enthalten, die nur durch sorgfältige Prüfung und automatisierte Sicherheitsscans erkannt und behoben werden können.

Zu den typischen Sicherheitsproblemen, die in KI-generiertem Code beobachtet werden, gehören unter anderem:

Hartcodierte Credentials oder Secrets
: Manchmal erzeugt KI Code, der API-Keys, Passwörter oder Tokens im Klartext enthält, insbesondere wenn ähnliche Beispiele in den Trainingsdaten vorkamen. Wenn so etwas im Code verbleibt, ist das gefährlich: Wird der Code geteilt, könnten sensible Informationen offengelegt werden. Stellen Sie immer sicher, dass Zugangsdaten korrekt über Umgebungsvariablen oder Konfigurationsdateien verwaltet werden. Wenn eine KI also etwas vorschlägt wie `api_key="[echter API-Key]"`, werten Sie das als Warnsignal: Echte Schlüssel gehören nicht in den Source-Code.

SQL-Injection
: Wenn Sie ein KI-Modell SQL-Abfragen oder Code zur Nutzung eines ORM (*Object-Relational Mapping*, also einer Abstraktionsschicht für Datenbankzugriffe) generieren lassen, stellen Sie sicher, dass es Abfragen

nicht durch einfaches Verketten von Benutzereingaben zusammensetzt. Ein unsicheres Muster wäre zum Beispiel:

```
sql = "SELECT * FROM users WHERE name = '" + username + "'";
```

Das ist in dieser Form anfällig für Injection-Angriffe. Eine KI könnte zu einer solchen Variante greifen, wenn Sie sie nicht ausdrücklich anweisen, Abfragen zu parametrisieren. Verwenden Sie deshalb immer Prepared Statements oder Parameterbindung. Viele KI-Assistenten halten sich zwar an Best Practices und verwenden ? oder Platzhalter für Benutzereingaben in SQL, aber das ist nicht zwangsläufig so. Es liegt in Ihrer Verantwortung, dies zu überprüfen und die KI bei Bedarf zu korrigieren – zum Beispiel mit dem Prompt:

```
Ändere diese Abfrage so, dass Parameter verwendet werden, um SQL-
Injection zu verhindern.
```

Cross-Site Scripting (XSS) in Webanwendungen

Beim Generieren von Webcode achten KI-Tools nicht immer automatisch darauf, Benutzereingaben im Output zu escapen. So kann etwa ein von der KI erzeugtes Template-Snippet `{{comment.text}}` Eingaben direkt in HTML einfügen, ohne diese zu maskieren, sodass ein schädliches Skript ausgeführt werden könnte, das beispielsweise in böswilliger Absicht in einem Feld für Benutzerkommentare platziert wurde. Viele Frameworks maskieren standardmäßig, doch wenn die KI rohes HTML verarbeitet, ist Vorsicht geboten. Setzen Sie in solchen Fällen Output-Encoding oder Sanitization-Routinen ein. Sie können die KI zum Beispiel auffordern:

```
Füge eine Sanitization für Benutzereingaben hinzu, um XSS zu verhindern.
```

Viele moderne Frameworks verfügen über eingebaute Schutzmechanismen. Achten Sie darauf, dass die KI diese nutzt, etwa `innerText` statt `innerHTML` bei Manipulationen des Document Object Model (DOM) (*https://oreil.ly/5o_2x*).

Fehlerhafte Authentifizierung und Autorisierung

KIs können zwar Authentifizierungsabläufe erzeugen, doch schleichen sich dabei leicht subtile Fehler ein – etwa wenn ein *JSON Web Token* (JWT) (*https://oreil.ly/rf7JL*) mit einem zu schwachen Secret generiert oder ein Passwort-Hash nicht korrekt geprüft wird.

Ähnliches gilt für die Autorisierung: Eine KI erzwingt nicht zwangsläufig, dass eine Aktion – etwa das Löschen einer Ressource – nur vom jeweiligen Eigentümer ausgeführt werden darf. Solche Logikfehler lassen sich nur schwer automatisch erkennen und erfordern ein durchdachtes Sicherheitsmodell. Wenn Sie entsprechenden Code generieren lassen, formulieren Sie Ihre Anforderungen klar, zum Beispiel:

```
Stelle sicher, dass nur der Besitzer der Ressource sie löschen kann.
Füge Prüfungen der Benutzer-ID hinzu.
```

Und testen Sie diese Bedingungen gründlich. Eine KI übersieht solche Prüfungen leicht, da sie den Kontext nicht wirklich »versteht«, sofern er nicht explizit beschrieben wird.

Unsichere Standardwerte oder Konfigurationen

Eine KI entscheidet sich, sofern sie nicht ausdrücklich anders angewiesen wird, oft für Bequemlichkeit statt für Sicherheit. Typische Beispiele:

- Verwendung von HTTP statt HTTPS für API-Aufrufe (wenn kein TLS verlangt wurde).
- Fehlende Validierung von SSL-Zertifikaten (einige Codebeispiele im Internet verwenden in Requests `verify=false`, was die KI einfach übernehmen könnte).
- Zu weit gefasstes CORS, bei dem etwa alle Ursprünge und Methoden ohne Einschränkung zugelassen werden, was beliebige Cross-Origin-Requests ermöglicht.
- Veraltete Kryptografieverfahren für Hashes und Passwörter, etwa die Nutzung von MD5 oder SHA1 anstelle moderner Verfahren wie SHA-256, Bcrypt oder Argon2.

Solche Probleme sind oft schwer zu erkennen – ein weiterer Grund, Konfigurationsdateien und Initialisierungscode regelmäßig zu prüfen. Wenn die KI also etwas wie `app.UseCors(allowAll)` einfügt oder eine veraltete Verschlüsselungsmethode wählt, sollten Sie das erkennen und korrigieren.

Fehlerbehandlung, die sensible Informationen preisgibt

Eine KI-generierte Fehlerbehandlung könnte Stacktraces ausgeben oder sie an den Client zurücksenden. Eine Node.js-API könnte beispielsweise einen Fehler abfangen, `res.send(err.toString())` ausführen und dadurch interne Details preisgeben. Stellen Sie sicher, dass Fehlermeldungen für Nutzer bereinigt sind und Logs sicher gehandhabt werden. Passen Sie die Ausgabe so an, dass Angreifer keine Hinweise wie vollständige Fehlermeldungen oder Dateipfade zu sehen bekommen.

Abhängigkeitsmanagement und Updates

Wenn die KI Ihrem Projekt Abhängigkeiten – etwa externe Bibliotheken – hinzufügt, stellen Sie sicher, dass diese aktuell sind und aus vertrauenswürdigen Quellen stammen. Eine KI könnte eine populäre Bibliothek auswählen, weil sie oft in den Trainingsdaten verwendet wurde, die aber inzwischen nicht mehr gepflegt wird oder bekannte Sicherheitslücken enthält.

Schlägt sie die Nutzung einer älteren Version eines Pakets vor, sollten Sie auf die aktuelle stabile Version aktualisieren. Es empfiehlt sich außerdem, nach der Codegenerierung ein Tool wie `npm audit` oder ein entsprechendes Äquivalent auszuführen. Oder fragen Sie die KI:

Wird diese Bibliothek noch gepflegt, und ist sie sicher?

Sie kennt vielleicht nicht immer den aktuellen Wartungsstatus, kann aber häufig auf veraltete oder unsichere Pakete hinweisen.

Eine groß angelegte Analyse aus dem Jahr 2023 zum Einsatz von GitHub Copilot in realen Projekten zeigte, dass je nach Programmiersprache rund 25 bis 33 % des generierten Codes Sicherheitsrisiken enthielten, darunter schwerwiegende CWEs[1] wie Command Injection, Code Injection und Cross-Site Scripting (*https://arxiv.org/abs/2310.02059*). Diese Befunde unterstreichen, dass Copilot tatsächlich unsichere Muster aus seinen Trainingsdaten reproduziert (und nicht etwa absichtlich fehlerhaften Code generiert). Die zentrale Empfehlung der Studie: Entwicklerinnen und Entwickler sollten wachsam bleiben und KI-generierten Code manuell prüfen, sicherheitsbewusste Tools einsetzen und auf strikte Codehygiene achten. Gerade beim Vibe Coding erfordern Geschwindigkeit und Umfang KI-generierter Inhalte erhöhte Wachsamkeit. Wird in gleicher Zeit mehr Code erzeugt, muss auch mehr Code geprüft werden.

Schauen wir uns ein kurzes Beispiel an.

Fehlerhafte Authentifizierung und Autorisierung

Stellen Sie sich vor, Sie bitten eine KI, in einer Express-App eine Log-in-Route zu erstellen. Das Ergebnis könnte so aussehen:

```
// Unsicheres Beispiel
app.post('/login', async (req, res) => {
  const { username, password } = req.body;
  const user = await Users.findOne({ username: username });
  if (!user) return res.status(401).send("No such user");
  if (user.password === password) {// Klartextvergleich des Passworts
    res.send("Login successful!");
  } else {
    res.status(401).send("Incorrect password");
  }
});
```

1 CWEs (Common Weakness Enumerations) beschreiben wiederkehrende Arten von Sicherheitslücken auf Code- oder Designebene und unterscheiden sich damit von CVEs (Common Vulnerabilities and Exposures), die einzelne, öffentlich dokumentierte Schwachstellen in konkreten Produkten kennzeichnen.

Worin bestehen hier die Probleme?

- Der Code vergleicht Passwörter direkt, was impliziert, dass das Passwort in der Datenbank im Klartext gespeichert wird – ein absolutes No-Go.
- Zudem werden sehr allgemeine Fehlermeldungen zurückgegeben. Das kann sicherheitstechnisch sinnvoll sein, führt aber leicht dazu, dass unbeabsichtigt sensible Informationen preisgegeben werden.

Gerade bei Fehlermeldungen zur Authentifizierung ist Vorsicht geboten: Ein hinreichend sicheres System sollte bei einem fehlgeschlagenen Log-in stets eine neutrale Meldung wie »Ungültige Anmeldedaten« ausgeben – unabhängig davon, ob der Benutzername oder das Passwort falsch war. KI-generierter Code gibt dagegen oft präzisere Fehlermeldungen aus, etwa »Benutzername nicht gefunden« oder »Falsches Passwort für diesen Benutzer«.

Solche spezifischen Meldungen schaffen eine Sicherheitslücke, da sie potenziellen Angreifern verraten, welche Teilinformation korrekt und welche falsch ist. Erhält ein Angreifer etwa die Meldung »Falsches Passwort«, weiß er, dass der Benutzername gültig ist. So kann er durch wiederholte Versuche eine Liste legitimer Benutzernamen erstellen und sich anschließend gezielt auf das Knacken der zugehörigen Passwörter konzentrieren. Diese Technik, bekannt als *User Enumeration*, benutzt ein einfaches Ratespiel als Vorbereitung auf einen gezielteren Angriff. Die Neigung von KIs, »hilfreiche« und präzise Fehlermeldungen zu formulieren, unterstützt unbeabsichtigt solche Angriffe, wenn sie nicht ausdrücklich angewiesen wird, sicherheitsrelevante Abläufe mit bewusst vagen Meldungen zu versehen.

Im gezeigten Code fehlt zudem jede Form von Rate Limiting oder anderen Schutzmechanismen.

Eine sichere Implementierung würde mehrere zentrale Schutzmaßnahmen enthalten:

- In erster Linie dürfen Passwörter niemals im Klartext gespeichert werden. Stattdessen sollte das System mit kryptografisch gehashten Passwörtern arbeiten und eine sichere Vergleichsfunktion verwenden, um Anmeldeversuche zu verifizieren.
- Dieser Vergleich muss mit konstanter Laufzeit erfolgen, um sogenannte Timing-Angriffe zu verhindern, also Angriffe, bei denen Angreifer aus den Antwortzeiten Rückschlüsse auf die Korrektheit eines Passworts ziehen. Viele sicherheitsorientierte Bibliotheken stellen dafür spezielle Constant-Time-Vergleichsfunktionen bereit, um genau diese Schwachstelle auszuschließen.
- Darüber hinaus sollte das Authentifizierungssystem Rate Limiting oder Throttling-Mechanismen implementieren, um Brute-Force-Angriffe zu ver-

hindern. Fehlgeschlagene Anmeldeversuche sollten zu Sicherheitszwecken protokolliert werden, damit Administratoren verdächtige Muster erkennen und darauf reagieren können. Diese Maßnahmen greifen ineinander und bilden einen Defense-in-Depth-Ansatz, der Benutzer-Credentials selbst dann schützt, wenn eine einzelne Sicherheitsstufe kompromittiert wird.

Sie können die KI bitten, den Code entsprechend zu fixen:

> *Verbessere die Log-in-Route so, dass bcrypt zum Hashen und Vergleichen von Passwörtern verwendet wird, und stelle sicher, dass Passwörter in der Datenbank nur gehasht gespeichert werden.*

Daraufhin könnte sie Folgendes ausgeben:

```
const bcrypt = require('bcrypt');

app.post('/login', async (req, res) => {
  const { username, password } = req.body;
  const user = await Users.findOne({ username });
  if (!user) {
    return res.status(401).send("Invalid credentials");
  }
  const match = await bcrypt.compare(password, user.passwordHash);
  if (!match) {
    return res.status(401).send("Invalid credentials");
  }
  res.send("Login successful!");
});
```

Das ist besser: Hier wird `bcrypt` verwendet, um das eingegebene Passwort mit dem gespeicherten Hash zu vergleichen (unter der Annahme, dass die Variable `user.passwordHash` diesen enthält). Beim Anlegen neuer Benutzer sollten Sie außerdem darauf achten, deren Passwörter mit `bcrypt.hash` zu hashen.

Auch wenn die erste, naive Ausgabe der KI oft noch nicht sicher genug ist, wird sie mit entsprechender Anleitung einen angemessenen Ansatz wählen. Das unterstreicht das Grundmuster beim Umgang mit KI-generiertem Code: *Prüfen und Verfeinern*.

Problem beim Paketmanagement

Ein weiterer anfälliger Bereich ist das Paketmanagement. KI erfindet bisweilen Bibliotheken oder verwechselt deren Namen – ein Problem, das als *Package Hallucination* bezeichnet wird. Auch wenn ein Paket möglicherweise gar nicht existiert, könnten Angreifer gerade diese Tatsache ausnutzen und theoretisch Pakete mit darin platziertem Schadcode unter häufig halluzinierten Namen veröffentlichen. Würden Sie ein solches Paket installieren, ohne seine Legitimität zu prüfen, setzten Sie Ihr System einem erheblichen Risiko aus. Wenn Sie sich bei einem bestimmten Package nicht sicher sind, suchen Sie kurz im Web oder prüfen direkt in npm bzw. PyPI, ob das Paket legitim ist.

Außerdem kann die KI unbeabsichtigt Code erzeugen, der mit einem lizenzierten Ausschnitt aus den Trainingsdaten identisch ist. Das ist weniger ein Sicherheits- als vielmehr ein Urheberrechtsproblem bzw. eine Frage des geistigen Eigentums, das jedoch sorgfältige Aufmerksamkeit erfordert. GitHub Copilot etwa verfügt über eine Duplikaterkennung, die warnt, wenn generierter Code öffentlichen Repositories zu stark ähnelt, und auf diese Weise hilft, potenzielle Lizenzkonflikte zu vermeiden. Zurzeit entstehen weitere vergleichbare Tools, um diese Herkunftsprüfung von KI-generiertem Code anzugehen. In Kapitel 9 werden wir uns in einer praxisnahen Orientierung zum Umgang mit diesen komplexen Themen ausführlicher mit Lizenz- und Urheberrechtsfragen befassen.

Zusammenfassend bleibt die Hauptbotschaft – und mir ist bewusst, dass ich sie in diesem Buch so oft wiederholt habe, dass Sie sie vermutlich schon im Schlaf aufsagen können –, *dass KI-Ausgaben mit der gleichen Sorgfalt geprüft werden müssen, die Sie auch auf den Code eines Junior-Entwicklers anwenden würden.* Die ständige Wiederholung ist beabsichtigt, denn dieses Prinzip bildet das Fundament für praktisch alle Aspekte einer sicheren und verantwortungsvollen KI-gestützten Softwareentwicklung. Ob beim Prototyping, beim Aufbau von Backends oder bei der Implementierung von Sicherheitsfunktionen – diese Grundausrichtung sorgt für die richtige Balance zwischen Vertrauen und Kontrolle. Erst auf diese Weise wird KI zu einer verlässlichen Partnerin statt zu einer riskanten Abkürzung. KI kann in kurzer Zeit sehr viel Code schreiben, doch die Sicherheitsprinzipien müssen *Sie* ihr nahebringen – und den Code konsequent auf Schwachstellen prüfen. Der Science-Fiction-Autor Frank Herbert formulierte es in *Der Gottkaiser des Wüstenplaneten* (God Emperor of Dune, 1981), dem vierten Band seines Dune-Zyklus, treffend so (*https://oreil.ly/yr2B_*): »Sie vergrößern die Zahl der Dinge, die wir tun können, ohne nachzudenken. Dinge, die wir ohne nachzudenken tun – darin liegt die eigentliche Gefahr.«

Der Einsatz von KI kann dazu verleiten, beim Schreiben von Routinecode weniger nachzudenken. Gerade deshalb sollten Sie sich immer wieder bewusst dafür entscheiden, eine Sicherheitsperspektive einzunehmen. Nur so lassen sich jene »Dinge, die wir tun, ohne nachzudenken« rechtzeitig erkennen und korrigieren.

Security-Audits

Angesichts der zuvor beschriebenen Schwachstellen stellt sich die Frage: Wie lässt sich KI-generierter Code wirksam prüfen und absichern? In diesem Abschnitt werden mehrere Verfahren und Werkzeuge vorgestellt, die Sie dafür einsetzen können.

Automatisierte Security-Scanner

Werkzeuge zur statischen Sicherheitsanalyse (SAST, *Static Application Security Testing*) können Ihren Code auf bekannte Schwachstellenmuster prüfen:

- ESLint mit Security-Plug-ins (*https://oreil.ly/55ppH*) erkennt unsichere Funktionen oder unbereinigte Eingaben in JavaScript- und Node-Code.
- Bandit (*https://bandit.readthedocs.io*) für Python warnt vor dem Einsatz von `assert` in Produktionscode, schwacher Kryptografie, hartcodierten Secrets und ähnlichen Problemen.
- GitHub CodeQL (*https://github.com/github/codeql*) ermöglicht Abfragen über den gesamten Codebestand, um SQL-Injection-, XSS- und andere häufig zu findende Schwachstellen zu identifizieren.
- Semgrep (*https://semgrep.dev*) bietet Regeln für viele Sprachen – darunter von der Community gepflegte Sets für JavaScript, Python, Java, Go und andere – und kann zahlreiche Standardrisiken bereits »out of the box« erkennen.

Diese Tools lassen sich in CI/CD- oder Entwicklungspipelines integrieren. Führen Sie sie auch auf KI-generiertem Code aus – diese Scanner entdecken zwar nicht alles, markieren aber in der Regel die offensichtlichen Schwachstellen (etwa Klartext-Passwortprüfungen, unbereinigte SQL-Abfragen oder unsichere Kryptoverfahren). Sie bilden ein solides Sicherheitsnetz.

Separate KI als Reviewer einsetzen

Zwei verschiedene Ansätze – jeweils mit eigenen Vorteilen – ermöglichen den Einsatz von KI zur Sicherheitsprüfung von generiertem Code. Der erste Ansatz verwendet dasselbe KI-Modell, das den Code erzeugt hat: Man bittet es um einen Perspektivwechsel, damit es seine eigene Ausgabe überprüft. Dazu können Sie beispielsweise prompten:

> *Überprüfe diesen Code auf Sicherheitslücken und erkläre die gefundenen Probleme.*

Dieser Ansatz liefert oft überraschend gute Ergebnisse, da das Modell typische Sicherheitsprobleme wie die Speicherung von Passwörtern im Klartext, fehlende Eingabevalidierung oder potenzielle SQL-Injection-Schwachstellen erkennen kann.

Beim zweiten Ansatz wird ein anderes KI-Modell als unabhängiger Reviewer eingesetzt. Wenn Sie den Code beispielsweise mit ChatGPT erzeugt haben, können Sie ihn zur Sicherheitsanalyse in Claude oder Gemini einfügen. Ein solcher Cross-Model-Review eröffnet neue Perspektiven und kann Probleme aufdecken, die dem ursprünglichen Modell entgangen sind – ähnlich wie verschiedene Sicherheitstools oder menschliche Reviewer jeweils eigene Schwerpunkte und Fachkenntnisse einbringen. Da unterschiedliche Modelle mit verschiedenen Datensätzen und Gewichtungen trainiert wurden, erkennen sie mitunter unterschiedliche Arten von Schwachstellen.

Beide Techniken bieten eine wertvolle zusätzliche Ebene der Sicherheitsprüfung: Sie ergänzen gründliche Sicherheitstests und menschliche Fachkompetenz, auch wenn sie diese niemals ersetzen dürfen. Obwohl KI-Reviewer gelegentlich Fehlalarm auslösen (*False Positives*) oder subtile Schwachstellen übersehen, eignen sie sich dennoch hervorragend dazu, typische Security-Antipatterns schnell zu erkennen. Betrachten Sie diesen Prozess als eine Art automatisiertes Pair-Programming, das speziell auf Sicherheitsaspekte fokussiert ist. Entscheidend ist, solche KI-basierten Sicherheitsprüfungen als zusätzliche Informationsquelle innerhalb des gesamten Security-Assessments zu betrachten, aber nicht als endgültige Sicherheitsfreigabe.

Manuellen Code-Review mit Sicherheits-Checkliste durchführen

Wenn Sie im Team arbeiten, sollten Sie eine Checkliste für sicherheitsorientierte Code-Reviews einsetzen. KI erzeugt häufig Code, der im Regelfall »funktioniert«, aber nicht ausreichend gehärtet ist, um mit böswilligen Eingaben oder Angriffsszenarien umzugehen. Bei KI-generiertem Code sollten Sie insbesondere prüfen:

- Authentifizierungsabläufe: Sind sie robust umgesetzt?
- Punkte, an denen Daten ins System gelangen: Werden alle Eingaben validiert?
- Punkte, an denen Daten das System verlassen: Werden Ausgaben bereinigt (*sanitized*)? Werden vertrauliche Daten geschützt?
- Verwendung externer APIs: Werden Fehlerfälle korrekt behandelt? Werden API-Keys sicher verwaltet?
- Datenbankzugriffe: Werden ORMs auf sichere Weise eingesetzt? Werden parametrisierte Abfragen verwendet?
- Speicherverwaltung in Low-Level-Code: Falls die KI in C/C++ oder Rust schreibt – treten Überläufe oder Speicherfehler auf? Wird Speicher korrekt genutzt und freigegeben?

Penetrationstests und Fuzzing

Setzen Sie auf dynamische Prüfverfahren. Beim Fuzzing speisen Sie zufällige oder speziell erzeugte Eingaben in Funktionen oder Endpunkte ein, um zu prüfen, ob sie abstürzen oder unerwartete Seiteneffekte zeigen. Sie können sich Fuzzing-Testfälle per KI generieren lassen, oder Sie nutzen bestehende Fuzzing-Tools (*https://oreil.ly/OoFzT*), etwa OSS-Fuzz von Google (*https://oreil.ly/FvKSU*).

Führen Sie Penetrationstesttools wie OWASP ZAP gegen Ihre KI-generierte Webanwendung aus, um XSS- und SQL-Injection-Schwachstellen automatisiert aufzuspüren. ZAP versucht zum Beispiel, über einen Request ein Skript einzuschleusen und zu prüfen, ob es reflektiert, also ungeprüft in die Antwortseite geschrieben wird. Daran lässt sich erkennen, dass eine betreffende Eingabe nicht ausreichend bereinigt wird.

Beim Aufbau von APIs können Tools wie Postman oder eigene Skripte absichtlich fehlerhafte oder schlecht geformte Anfragen senden, um zu prüfen, wie das System reagiert: Löst es einen 500er-Fehler aus, oder gibt es eine kontrollierte Fehlermeldung bzw. Fehlerseite aus?

Sicherheitsorientierte Unit-Tests hinzufügen

Für sicherheitskritische Codebereiche sollten Sie Tests schreiben, die explizit Sicherheitsanforderungen überprüfen. Sie könnten beispielsweise testen, ob der Log-in-Rate-Limiter nach einer bestimmten Zahl fehlgeschlagener Anmeldeversuche tatsächlich greift oder ob bestimmte Eingaben – wie `"<script> alert(1)</script>"` – in der Antwort korrekt maskiert werden. Um sicherzustellen, dass unautorisierte Nutzer keinen Zugriff auf geschützte Ressourcen erhalten, simulieren Sie sowohl autorisierte als auch unautorisierte Aufrufe und prüfen, ob sich die Anwendung korrekt verhält.

Sie können die KI bitten, diese Tests zu generieren:

> *Schreibe Tests, die sicherstellen, dass ein unautorisierter Nutzer beim Aufruf von /deleteUser den Statuscode 403 erhält.*

Führen Sie die Tests anschließend aus.

Updates bereitstellen, um Trainings-Cut-offs zu kompensieren

KI-Modelle unterliegen einer grundlegenden Einschränkung, die sich direkt auf die Sicherheit auswirkt: Ihr Wissen reicht maximal bis zu einem bestimmten Zeitpunkt, dem sogenannten *Cut-off-Datum*. Nach Abschluss des Trainings erfährt das Modell nichts mehr über neu entdeckte Schwachstellen, veröffentlichte Sicherheitspatches oder veränderte Best Practices. Dieser Knowledge-Cut-off erzeugt eine kritische Lücke zwischen dem, was die KI weiß, und den jeweils geltenden Sicherheitsstandards.

Stellen Sie sich ein Modell vor, das 2023 trainiert wurde und 2025 Code generiert. In den beiden Jahren dazwischen wurden zahlreiche Sicherheitslücken entdeckt, behoben und dokumentiert. Neue Angriffsvektoren sind entstanden, Frameworks haben zusätzliche Sicherheitsfunktionen erhalten, und Best Practices haben sich weiterentwickelt. Die KI bekommt von diesen Entwicklungen aber nichts mit. Sie müssen ihr deshalb explizit aktualisierte Informationen in Ihren Prompts bereitstellen.

Diese Problematik wirkt sich besonders stark aus, wenn sich Sicherheitsstandards und Schwachstellendatenbanken schnell weiterentwickeln. Die OWASP Top 10 (*https://oreil.ly/US-uh*), eine regelmäßig veröffentlichte Liste der häufigsten Sicherheitsrisiken in Webanwendungen, wird beispielsweise regelmäßig aktualisiert, um die sich wandelnde Bedrohungslage abzubilden. Bitten Sie eine KI zum Beispiel, eine »sichere Datei-Upload-Funktion« zu schreiben, wird sie vermutlich sinnvolle Schutzmechanismen umsetzen – etwa eine Prüfung des Dateityps, Größenbeschränkungen und das Speichern außerhalb des Webroots. Doch neu entdeckte Angriffsvektoren oder kürzlich empfohlene Gegenmaßnahmen könnte sie übersehen, weil diese zum Zeitpunkt ihres Trainings noch nicht bekannt waren.

Die Lösung besteht darin, das Wissen der KI aktiv durch aktuelle Sicherheitsinformationen zu ergänzen. Wenn Sie sicherheitskritischen Code anfordern, sollten Sie in Ihren Prompts auf aktuelle Best Practices verweisen. Anstatt also einfach nur um »sicheren Code« zu bitten, könnten Sie schreiben:

> *Schreibe eine Datei-Upload-Funktion, die die Sicherheitsrisiken aus der OWASP Top 10 von 2025 berücksichtigt, mit besonderem Fokus auf Injection-Angriffe und Server-Side Request Forgery.*

So wird die Antwort der KI an aktuellen Sicherheitsstandards ausgerichtet, nach denen sie selbstständig im Web suchen wird, als dass sie sich ausschließlich auf möglicherweise veraltete Trainingsdaten stützt.

Ebenso entstehen nach dem Training eines Modells neue Framework-spezifische Sicherheitsfunktionen. Express.js-Anwendungen profitieren beispielsweise erheblich von der Helmet-Middleware (*https://oreil.ly/WSPar*), die wichtige Security-Header setzt. Ein Modell, das trainiert wurde, bevor Helmet zum Standard wurde, könnte Express-Anwendungen ohne diese zentrale Sicherheitsschicht erzeugen. Wenn Sie in Ihren Prompts ausdrücklich aktuelle Sicherheitstools und -praktiken erwähnen, helfen Sie der KI, Code zu erzeugen, der sich an heutigen statt an bereits überholten Sicherheitsstandards orientiert.

Logging-Praktiken optimieren

Stellen Sie sicher, dass sowohl von KI als auch von Menschen geschriebener Code über aussagekräftiges Logging verfügt, insbesondere bei kritischen Vorgängen oder potenziellen Fehlerszenarien. Das hilft beim Debuggen im Produktivbetrieb. Wenn ein von der KI erzeugter Codeabschnitt nur spärlich oder gar nicht loggt, sollten Sie zusätzliche Logeinträge ergänzen. Beispielsweise sollte ein KI-generierter `catch`-Block, der Fehler einfach unterdrückt, so angepasst werden, dass er den Fehler (gegebenenfalls mit Kontext) protokolliert und damit sichtbar macht. Achten Sie außerdem darauf, die Logs zu bereinigen, sodass keine vertraulichen Informationen enthalten sind.

Aktuelle Modelle oder Tools mit Sicherheitsfokus verwenden

Einige KI-gestützte Coding-Tools kombinieren Codegenerierung mit integrierten Sicherheitsprüfungen. Snyk ist ein Paradebeispiel: Es nutzt einen hybriden Ansatz (*https://oreil.ly/0ZGFv*), der LLM-generierte Vorschläge mit regelbasierter Taint-Analyse kombiniert. Nach Angaben von Snyk analysiert Snyk Code auch Code, der über LLM-APIs wie die von OpenAI, Anthropic oder Hugging Face generiert wurde, verfolgt dabei potenziell unsichere Datenflüsse und markiert unkontrollierte Eingaben, bevor sie eine sicherheitskritische Senke erreichen. In der Praxis bedeutet das: Wenn eine KI eine Datenbankabfrage vorschlägt, stellt Snyk sicher, dass sie parametrisiert ist und damit SQL-Injections verhindert – selbst wenn Sie das übersehen sollten. Solche Tools tragen dazu bei, dass durch KI-generierte Vorschläge kein unsicherer Code eingeführt wird.

Warnungen und Hinweise in IDEs beachten

Wenn Sie eine IDE verwenden, sehen Sie häufig Warnungen oder Wellenlinien, die verdächtigen Code hervorheben. Moderne IDEs mit IntelliSense erkennen mitunter unsichere Muster, beispielsweise das Zusammenfügen von SQL-Strings durch einfache Verkettung. Ignorieren Sie solche Warnungen und Hinweise nicht, nur weil der Code von einer KI stammt. Gehen Sie ihnen nach und beheben Sie die Ursache. Diese Echtzeitwarnungen sehen nur Sie in Ihrer IDE, aber nicht die KI beim Generieren des Codes.

Tempo drosseln

Nachdem Sie mit KI in kurzer Zeit viel Code erzeugt haben, sollten Sie bewusst *einen Gang runterschalten*, sobald es an die Prüfung geht. Der schnelle Einbau neuer Features verleitet leicht dazu, sofort dem nächsten hinterherzujagen. Planen Sie deshalb bewusst Zeit für gründliche Audits ein. Man könnte es auch so ausdrücken: »KI-erweiterte Entwicklung, aber menschlich geprüfte Sicherheit.« Die Best Practices (*https://oreil.ly/uUExW*) von Snyk empfehlen, KI-generierten Code direkt in der IDE zu scannen, und warnen davor, dass die Sicherheitsprüfungen nicht mit dem Tempo der KI Schritt halten. Mit anderen Worten: Integrieren Sie Sicherheitsscans fest in Ihren Entwicklungszyklus, damit Schwachstellen erkannt werden, sobald der Code geschrieben wurde.

Zusammenfassend lässt sich sagen, dass beim Audit von KI-generiertem Code im Grunde dieselben Werkzeuge zum Einsatz kommen wie in der traditionellen Entwicklung – statische Analyse, dynamische Tests und Code-Reviews –, nur meist in höherer Frequenz, weil der Code sehr viel schneller entsteht. *Behandeln Sie jede KI-Ausgabe als prüfbedürftig.*

Effektive Test-Frameworks für KI-generierte Systeme aufbauen

Sicherheit ist nur eine Säule der Zuverlässigkeit, der Begriff reicht jedoch weiter. In der Softwarearchitektur beschreibt *Zuverlässigkeit*, wie ein System auf Ausfälle reagiert und welche Folgen diese haben können: Muss Ihr System so konstruiert sein, dass es im Fehlerfall in einen sicheren Zustand übergeht (*failsafe*)? Handelt es sich um eine kritische Anwendung, die Auswirkungen auf das Leben oder die Sicherheit von Menschen haben könnte? Würde ein Ausfall erhebliche finanzielle Schäden verursachen? Diese Fragen bestimmen, wie strikt Entwicklungs- und Testprozesse gestaltet werden müssen.

Das gilt natürlich auch bei der KI-gestützten Entwicklung. Eine Banking-Anwendung, die mithilfe von KI erstellt wurde, unterliegt denselben Anforderungen an Transaktionsgenauigkeit und Datenintegrität wie eine vollständig von Menschen programmierte. Ein Softwaresystem im Gesundheitswesen muss die gleichen Standards für Patientensicherheit erfüllen, unabhängig davon, wie der Code entstanden ist. Die Beteiligung einer KI an der Codeerzeugung mindert diese grundlegenden Zuverlässigkeitsanforderungen nicht.

Aufgrund der möglichen Schwächen, die durch KIs in den Code eingeführt werden können, ist umfassendes Testen in der KI-gestützten Entwicklung noch wichtiger als ohnehin schon. Ein solides Test-Framework stellt sicher, dass der

Code seine vorgesehenen Funktionen korrekt ausführt – und dass dies im Laufe des Projekts auch so bleibt. Das Testen von KI-generiertem Code folgt denselben grundlegenden Prinzipien wie das Testen manuell erstellter Software, auch wenn der KI-gestützte Entwicklungsprozess eigene Besonderheiten und Chancen mit sich bringt, die besondere Beachtung verlangen.

Die folgenden Abschnitte zeigen, wie Sie KI nicht nur als Codegenerator, sondern auch zum Aufbau robuster Testsuites einsetzen können, um die Zuverlässigkeit zu prüfen, die Systemstabilität zu sichern und das Vertrauen zu entwickeln, dass Ihre Software auch in kritischen Momenten korrekt funktioniert.

Nutzen Sie automatisiertes Testen frühzeitig und regelmäßig. Wenn die Entwicklung nur langsam vorangeht, ist die Versuchung groß, Tests zugunsten neuer Features aufzuschieben. Ironischerweise passiert dasselbe, wenn die Entwicklung dank KI besonders *schnell* ist: Die Vielzahl neuer Features kann leicht dazu führen, dass Tests vernachlässigt werden. Doch gerade wenn in hohem Tempo Code entsteht, sind Tests unerlässlich, um Regressionen oder Integrationsfehler frühzeitig zu erkennen. Gewöhnen Sie sich daher an, nach jedem mit KI-Unterstützung implementierten Feature sofort Tests zu schreiben (oder die KI dafür einzusetzen). So wird das neue Feature geprüft und zugleich gegen künftige Änderungen abgesichert.

Eine Studie aus dem Jahr 2022 (*https://oreil.ly/Vc8Gd*) zeigte, dass Entwicklerinnen und Entwickler, die einen Coding-Assistenten nutzten, selbst dann *mehr* Vertrauen in die Sicherheit ihres Codes hatten, wenn dieser objektiv weniger sicher war als Code, der von Entwicklern ohne KI-Unterstützung erstellt wurde. Dieser Selbstüberschätzung müssen Sie durch Tests entgegenwirken.

Wie in Kapitel 4 erwähnt, lässt sich KI nicht nur zur Codeerzeugung, sondern auch zur Erstellung einer Testsuite einsetzen. So hilft die KI, sich selbst zu überprüfen. Gewissermaßen übernimmt sie neben der Implementierung damit auch einen ersten Validierungsschritt. Nachdem Sie ein neues Modul geschrieben haben, könnten Sie beispielsweise die KI auffordern:

> *Schreibe Unit-Tests für dieses Modul, einschließlich Randfällen.*

Wenn die Tests bestanden werden: großartig. Wenn sie fehlschlagen, gibt es entweder einen Bug im Code, oder die Erwartung der Tests stimmt nicht. Analysieren Sie die Ursache und korrigieren Sie je nach Befund Code oder Test.

Seien Sie sich dessen bewusst, dass die KI falsche Annahmen über Ausgaben oder Verhaltensweisen des Codes treffen kann. Behandeln Sie KI-generierte Tests daher – genauso wie generierten Code – immer nur als Vorschlag, nicht als endgültige Wahrheit. Möglicherweise müssen Sie die in den Tests geprüften Erwartungen an das tatsächlich beabsichtigte Verhalten anpassen. Doch auch dieser Schritt ist wertvoll, weil er dazu zwingt, das gewünschte Verhalten präzise zu definieren.

Binden Sie Ihre Testsuite in eine CI-Pipeline ein, die bei jedem Commit automatisch ausgeführt wird. Auf diese Weise werden jedes Mal, wenn KI-generierter Code hinzugefügt oder verändert wird, alle Tests durchlaufen. Führt der neue Code zu Fehlern, bekommen Sie es sofort mit. Mitunter führt die KI subtile Breaking Changes ein – etwa leicht veränderte Funktionssignaturen oder Ausgabeformate. Eine solide Testsuite erkennt das. Integrieren Sie in die CI auch Sicherheitsscans (etwa `npm audit` oder statische Analysen), damit neu eingeführte riskante Muster sofort erkannt werden. Testarten, die Sie dabei einsetzen können, sind unter anderem:

Property-based Testing und Fuzzing

Property-based Testing (beispielsweise mit Tools wie Hypothesis für Python (*https://oreil.ly/JcYBf*) oder fast-check für JavaScript (*https://fast-check.dev*)) ist eine weitere wirkungsvolle Technik. Anstatt einzelne Testfälle mit konkreten Eingaben und erwarteten Ausgaben zu schreiben, definieren Sie allgemeine Eigenschaften, die Ihr Code unter allen Umständen erfüllen muss. Das Framework erzeugt dann automatisch eine Vielzahl von Eingabewerten, um zu prüfen, ob diese Eigenschaften tatsächlich vorhanden sind.

Ein Beispiel: Beim Sortieren müssten Sie nicht ausdrücklich prüfen, dass `sort([3, 1, 2]) === [1, 2, 3]`, sondern könnten stattdessen Eigenschaften definieren:

- Die Ausgabe soll sortiert sein.
- Sie soll dieselben Elemente enthalten wie die Eingabe.

Das Testtool erzeugt daraufhin Dutzende oder Hunderte von Eingabefällen, um diese Bedingungen zu überprüfen – und entdeckt dabei oft Randfälle, die man beim manuellen Vorgehen vielleicht übersehen würde.

Das ist besonders nützlich für KI-generierten Code. Wenn Ihre KI etwa eine Funktion schreibt, die E-Mail-Adressen normalisiert (z.B. durchgängige Kleinschreibung herstellt), kann ein Property-Test prüfen, ob das Ergebnis *idempotent* ist – ob ein zweimaliges Ausführen also dasselbe Resultat liefert wie eine einmalige Ausführung. Verletzt ein Randfall diese Eigenschaft, generiert das Framework ein Gegenbeispiel, das bei der Fehlersuche hilft.

Last- und Performancetests

KI-generierter Code ist nicht immer optimiert. Daher sollte das System regelmäßig unter Last getestet werden, denn Zuverlässigkeit erstreckt sich auch auf die Performance. Verwenden Sie Tools wie JMeter, Locust oder k6, um viele gleichzeitig eintreffende Anfragen oder große Datenmengen zu simulieren und zu prüfen, ob das System dabei stabil bleibt. Wenn nicht, lassen sich so Engpässe identifizieren.

Die KI schreibt möglicherweise einen zu simplen `O(n^2)`-Algorithmus, der bei 100 Elementen gut funktioniert, dessen Performance bei 10.000 Elementen jedoch einbricht. Ohne Performancetests würden Sie das erst in der Produktion bemerken. Berücksichtigen Sie daher, falls möglich und sinnvoll, unterschiedliche Lastszenarien. Messen Sie die Laufzeit kritischer Operationen bei zunehmenden Eingabegrößen oder nutzen Sie Profiling-Tools, um zu analysieren, welche Teile des Codes besonders viel CPU-Zeit oder Speicher beanspruchen.

Fehlerbehandlung

Verursachen Sie absichtlich Fehler, um sicherzustellen, dass das System kontrolliert und benutzerfreundlich reagiert, zum Beispiel:

- Fahren Sie bei einer API die Datenbank herunter und prüfen Sie so, ob die API eine verständliche Fehlermeldung zurückgibt oder einfach abstürzt. Falls sie abstürzt, ergänzen Sie Code (oder lassen Sie die KI entsprechenden Code erzeugen), um Datenbankverbindungsfehler abzufangen.
- Simulieren Sie im Frontend ein Backend, das 500er-Fehler zurückgibt, und stellen Sie sicher, dass eine aussagekräftige Fehlermeldung angezeigt wird und nicht etwa eine leere Seite oder ein sich endlos drehender Ladeindikator.

Die KI berücksichtigt solche Fehlerszenarien beim Schreiben von Code oft nicht von selbst, sodass Sie dahin gehend testen und gegebenenfalls nachbessern müssen. Das Durchspielen dieser Situationen erhöht die Zuverlässigkeit, weil es Sie dazu zwingt, angemessene Fallback-Logik, Wiederholungsmechanismen und sinnvolle Benutzerhinweise zu implementieren.

Monitoring und Logging

Integrieren Sie Logging und prüfen Sie die Logs zur Verifikation gegebenenfalls auch in Tests. Wenn eine bestimmte Aktion beispielsweise einen Eintrag im Audit-Log auslösen soll, testen Sie, ob dieser vom KI-generierten Code tatsächlich in der gewünschten Form erzeugt wird.

Sie können auch überlegen, ein Monitoring einzurichten, etwa als In-Memory-Simulation der späteren Überwachung im Produktivbetrieb. Dabei könnten Sie beispielsweise nachverfolgen, ob während der Testläufe unbehandelte Ausnahmen protokolliert werden. Falls das der Fall ist, sollte das als Testfehler gelten – als Hinweis darauf, dass bestimmte Fälle noch nicht korrekt behandelt werden.

Wartbarkeit

Wartbarkeitstests, etwa zur Einhaltung von Stilvorgaben und Standards, sind ein wichtiger Bestandteil der Qualitätssicherung. Verwenden Sie Linter und Formatter, um Code konsistent zu halten, da KI je nach Prompt leicht unterschiedliche Stile erzeugen kann. Ein Formatierungstool wie Prettier (*https://prettier.io*) oder Black (für Python) (*https://pypi.org/project/black*) kann den Stil vereinheitlichen. Um auch logische Konsistenz sicherzustellen und überkomplexen KI-generierten Code frühzeitig zu erkennen, lassen sich zusätzliche Linting-Regeln definieren, etwa zur Begrenzung der Funktionskomplexität. (Weitere Details finden Sie in »Wartbarkeit in KI-erweiterten Codebasen sicherstellen«.)

Sobald Tests eingerichtet sind, können Sie KI-generierten Code mit größerem Vertrauen refaktorieren. Falls die KI eine funktionierende, aber umständliche Lösung geliefert hat, die Sie aber noch weiter verbessern, stellen erneute Tests sicher, dass sich dadurch das Verhalten nicht verändert hat. Sie können die KI auch bitten, ihren eigenen Code zu verbessern:

> *Refaktoriere diese Funktion für bessere Lesbarkeit, ohne dass bestehende Tests fehlschlagen.*

Wenn Ihre Tests gut sind, können Sie damit überprüfen, dass die Überarbeitung nichts beschädigt hat.

Um Nichtdeterminismus in KI-Systemen zu verstehen, muss man zwischen zwei grundlegend unterschiedlichen Szenarien unterscheiden. Wenn KI zur Laufzeit in Produktionssystemen eingesetzt wird – etwa bei einem Chatbot, der auf Kundenanfragen reagiert, oder bei einer Empfehlungskomponente, die Inhalte personalisiert –, können die Ausgaben selbst bei identischen Eingaben variieren. Diese Variabilität ergibt sich aus Faktoren wie dem Wert des Temperaturparameters des Modells, Seed-Werten (*Random Seed*) oder sich verändernden Modellzuständen. Beim Testen solcher Systeme muss man einen Ansatz wählen, der eine zulässige Variationsbreite erlaubt, statt exakte Übereinstimmungen zu erwarten.

Die KI-gestützte Codegenerierung stellt jedoch ein gänzlich anderes Paradigma dar. Sobald der von der KI erzeugte Code in Ihr Repository übernommen wird, verhält er sich ebenso deterministisch wie von Menschen geschriebener Code. Eine Funktion, die Steuersätze berechnet, liefert bei gleichen Eingaben stets dieselben Ergebnisse – unabhängig davon, ob sie ursprünglich von einer KI oder von einem Menschen erstellt wurde. Dieser Determinismus ist entscheidend für die Systemzuverlässigkeit und macht klassische Testmethoden uneingeschränkt auf KI-generierten Code anwendbar.

Eine weitaus subtilere Herausforderung entsteht, wenn mehrere KI-generierte Komponenten integriert werden, die jeweils isoliert und mit unterschiedlichen impliziten Annahmen entstanden sind. Ein konkretes Beispiel: In einem E-Commerce-System lassen Sie die KI ein Modul zur Auftragsverarbeitung erstellen, das auch mit internationalen Bestellungen umgehen kann. Separat bitten Sie die KI, für dasselbe System eine Versandkostenberechnung zu programmieren. Nun formatiert das Auftragsmodul – gemäß US-amerikanischen Konventionen – Daten als »12/24/2025«, also mit führendem Monat. Das Modul zur Berechnung von Versandkosten erwartet hingegen – möglicherweise weil die KI bei seiner Generierung durch europäische Beispiele in den Trainingsdaten beeinflusst wurde – Datumsangaben im Format »24/12/2025«. Beide Komponenten funktionieren für sich genommen einwandfrei und bestehen ihre jeweiligen Unit-Tests.

Die Inkonsistenz wird sich erst beim Integrationstest zeigen, wenn das Auftragsmodul ein Datum an den Versandservice übergibt. Der Versanddienst interpretiert »12/01/2026« als 12. Januar statt 1. Dezember und berechnet deshalb möglicherweise die Versandzeiten auf Basis einer falschen Monatsangabe. Solche Annahmewidersprüche treten bei KI-generierten Komponenten besonders häufig auf, da die KI bei der getrennten Erzeugung einzelner Module möglicherweise auf unterschiedliche Beispiele oder Konventionen zurückgreift. Um diese subtilen Inkompatibilitäten zu erkennen, bevor sie in der Produktion zu Fehlern führen, sind umfassende Integrationstests erforderlich, die den tatsächlichen Datenfluss zwischen den Komponenten prüfen.

Der QA-Prozess für KI-gestützte Projekte erfordert manchmal etwas mehr Kreativität, da KI ungewöhnliche Randfälle einführen kann. Vielleicht hat die KI eine Funktion erzeugt, die Sie gar nicht vorgesehen hatten: Testen Sie auch diese Funktion. Wenn dadurch zusätzliches Verhalten hinzugefügt wurde, sollten Sie es entweder entfernen oder ordnungsgemäß testen.

Führen Sie Ihre Tests nach Möglichkeit in einer Umgebung durch, die der Produktionsumgebung möglichst nahekommt – mit realistischen Datenmengen und unter entsprechenden Lastbedingungen. Performanceprobleme treten häufig erst bei größeren Datenvolumina oder höherer Parallelität auf. Nutzen Sie diese Testergebnisse, um Ineffizienzen zu identifizieren.

Performanceoptimierung

Auch wenn KI in der Regel funktionierenden Code erzeugt, ist dieser nicht zwangsläufig *performant*. LLMs führen von sich aus keine Performanceanalysen durch, sondern reproduzieren nur, was häufig in ihren Trainingsdaten vorkommt. Achten Sie daher besonders auf mögliche Performanceprobleme, vor allem bei kritischen Pfaden oder großskaligen Anwendungen.

Sie können die KI auch nach Hinweisen zur Performanceoptimierung befragen:

> *Wie komplex ist dieser Code? Lässt er sich verbessern?*
>
> *Diese Funktion ist langsam – hast du eine Idee, wie sie sich beschleunigen lässt?*

Die Antworten werden vielleicht nicht immer korrekt sein, können aber nützliche Anregungen liefern oder Ihre eigenen Überlegungen bestätigen.

Trotzdem sollten Sie nicht überoptimieren – und schon gar nicht zu früh oder an Stellen, an denen es keinen Nutzen bringt. Manchmal ist die KI-Lösung vollkommen ausreichend, wenn etwa die Datenmengen klein sind oder der Vorgang selten ausgeführt wird. Nutzen Sie Profiling-Daten, um echte Engpässe zu erkennen und nur dort zu optimieren, wo es tatsächlich erforderlich ist. Unkritische Stellen, die weder die User Experience beeinträchtigen noch Kosten verursachen, können Sie so lassen, wie sie sind. Dieser Ansatz entspricht agilen Prinzipien: erst zum Laufen bringen, dann – falls nötig – beschleunigen.

Hier sind einige Bereiche, die Sie berücksichtigen sollten, damit Ihr KI-ergänztes Projekt effizient läuft:

Komplexitätsanalyse

Wenn die KI einen Algorithmus generiert, sollten Sie sich einen Moment Zeit nehmen, um dessen Komplexität zu prüfen. Bisweilen verwendet die KI dabei eine Brute-Force-Lösung, obwohl ein effizienterer Ansatz existiert. Beispielsweise könnte eine Liste doppelt sortiert werden, weil der KI keine einstufige Methode eingefallen ist, was eine Laufzeit von $O(n \log n \times 2)$ ergibt, obwohl $O(n \log n)$ möglich wäre. (Das große *O* beschreibt hier den asymptotischen Laufzeitaufwand, also wie stark die Rechenzeit mit wachsender Eingabegröße steigt.) Oder die KI verwendet verschachtelte Schleifen, wodurch eine Operation eine Laufzeit von $O(n^2)$ hat, obwohl es einen bekannten $O(n)$-Ansatz gibt. Wenn Sie so etwas entdecken, bitten Sie um Verbesserungen:

> *Können wir das so optimieren, dass keine verschachtelten Schleifen mehr nötig sind? Vielleicht lässt sich stattdessen ein Set für die Abfragen verwenden.*

Oft liefert die KI eine bessere Lösung, wenn Sie ihr einen Hinweis auf einen sinnvollen Ansatz geben. Falls nicht, müssen Sie den entsprechenden Teil gegebenenfalls selbst implementieren.

Um langsame Funktionen zu identifizieren, führen Sie ein Profiling durch oder messen die Ausführungszeit zentraler Codepfade mit repräsentativen oder Worst-Case-Daten. Wenn sich ein Engpass zeigt, können Sie manuell oder mit KI-Unterstützung optimieren:

Optimiere diese Funktion, sie ist derzeit viel zu langsam. Versuche, ihre Komplexität zu reduzieren.

Die KI wird den Code dann so umstrukturieren, dass er performanter wird. Verwenden Sie Tests, um sicherzustellen, dass die Funktion weiterhin korrekt arbeitet.

Für kritische Algorithmen lohnt es sich, ein kleines Benchmark-Harness (eine einfache Testumgebung zum Leistungsvergleich) zu schreiben. Wenn die KI etwa eine Berechnungslösung liefert, vergleichen Sie sie mit einer alternativen Implementierung, oder messen Sie zumindest, wie die Ausführungszeit mit wachsender Eingabegröße skaliert. Gegebenenfalls entscheiden Sie sich, den Code effizienter zu formulieren.

Speicherverbrauch und -lecks

KI-generierte Lösungen verwenden manchmal mehr Speicher als nötig, indem sie beispielsweise ganze Dateien einlesen, statt sie zu streamen, und dadurch große Datenstrukturen im Speicher gehalten werden. Wenn Ihr Anwendungsfall große Datenmengen umfasst, sollten Sie die Speichernutzung Ihres Systems prüfen und bei Bedarf durch Streaming oder Chunking optimieren. Wenn Sie beispielsweise Millionen von Datensätzen verarbeiten müssen, sollten Sie eine KI-generierte Funktion `loadAllRecords()` so refaktorieren, dass die Daten in Batches verarbeitet oder direkt aus der Datenbank gestreamt werden.

Stellen Sie sicher, dass der von der KI erzeugte Code Ressourcen auch wieder freigibt. In Sprachen wie Java oder C# kann es vorkommen, dass eine Datei oder eine Datenbankverbindung geöffnet, aber nicht wieder geschlossen wird. In einer Single-Page-Anwendung (SPA) werden möglicherweise Event-Listener nicht entfernt, was zu Speicherlecks führt. Tools wie der Memory Inspector in den Chrome DevTools für Frontends oder Valgrind zur Lecksuche in C++-Programmen können hier unterstützen, aber oft hilft schon das aufmerksame Lesen des Codes. Identifizieren Sie solche Stellen und verbessern Sie sie. Wenn Sie einen nicht geschlossenen Datei-Handle sehen, schließen Sie ihn in einem `finally`-Block.

Nebenläufigkeit und Parallelität

Nutzen Sie eine Sprache, die Threads oder eine asynchrone Ausführung unterstützt, prüfen Sie, ob der von der KI erzeugte Code single-threaded arbeitet, obwohl eine parallele Ausführung möglich wäre. Die KI nutzt nicht immer von sich aus async/await und lagert rechenintensive CPU-Aufgaben möglicherweise nicht an einen Worker-Thread aus. Identifizieren Sie solche Optimierungspotenziale. Beispielsweise sollten Sie bei I/O-lastigen Aufgaben in Node oder Python asynchron arbeiten, damit das

System nicht blockiert. Bei CPU-lastigen Aufgaben kann die KI im Code möglicherweise wenig helfen; Sie könnten überlegen, das in einer performanteren Sprache zu implementieren oder in einen Hintergrundjob auszulagern.

Caching

Eine häufig anzutreffende Performanceoptimierung, die KI nicht immer automatisch vornimmt, ist das Zwischenspeichern der Ergebnisse rechenintensiver Operationen. Prüfen Sie den Code: Wird eine aufwendige Berechnung mehrfach ausgeführt, obwohl sich das Ergebnis nicht ändert? Dann sollten Sie ein Caching implementieren – entweder im Arbeitsspeicher oder über einen externen Cache wie Redis. Sie können die KI wie folgt dazu auffordern:

> *Füge dieser Funktion Caching hinzu, um überflüssige Berechnungen zu vermeiden.*

Die KI kann dann eine einfache Memoisierung umsetzen oder die Verwendung einer Caching-Bibliothek vorschlagen.

Optimierung von Datenbankabfragen

Wenn Ihre Anwendung eine Datenbank verwendet, sollten Sie die von der KI erzeugten Abfragen sorgfältig prüfen. Werden Indizes korrekt genutzt? Vielleicht hat die KI ein `SELECT *` geschrieben, obwohl nur wenige Spalten benötigt werden. Oder sie lädt große Datenmengen, um erst anschließend im Anwendungscode zu filtern – ein klassischer Auslöser für Performanceprobleme wie das N+1-Query-Problem. Solche Ineffizienzen lassen sich durch gezielte Optimierungen beheben, indem Sie so viel Logik wie möglich in die Datenbank selbst verlagern und sicherstellen, dass geeignete Indizes verwendet werden.

Wenn der generierte Code zum Beispiel innerhalb einer Schleife wiederholt `findOne` aufruft, entstehen dadurch zahlreiche einzelne Datenbankabfragen. Das lässt sich in eine einzige Batch-Abfrage umwandeln, etwa mit `WHERE id IN (...)`. Ebenso kann es vorkommen, dass die KI in einer Migration für häufig abgefragte Felder keine Indizes anlegt, sodass Sie dies unbedingt nachholen sollten, um die Performance auf einem akzeptablen Niveau zu halten. Die KI erzeugt oft funktional korrekte, aber suboptimale Datenbankzugriffe, deren Schwachstellen sich nur mit menschlicher Erfahrung zuverlässig erkennen und beheben lassen.

Um das zu veranschaulichen, ein Beispiel: Angenommen, die KI schreibt eine Funktion, die zwei sortierte Arrays zusammenführt, indem sie sie einfach miteinander verknüpft und das Ergebnis anschließend sortiert: Das entspricht einer Laufzeit von *(O(n log n))* – obwohl es einen bekannten linearen Algorithmus gibt, um zwei sortierte Listen zusammenzuführen (etwa Merge-Schritt oder Mergesort, *O(n)*). Im Code-Review stellen Sie fest, dass dies bei großen Arrays zum Flaschenhals werden könnte, und fordern die KI deshalb auf, das lineare Merge zu implementieren:

> *Optimiere die Funktion mergeSortedArrays, sodass das Merging in linearer Zeit erfolgt und keine eingebaute Sortierfunktion verwendet wird.*

Die KI erkennt dies als den klassischen Merge-Algorithmus und implementiert ihn. Die Lösung besteht Ihre Tests – Glückwunsch: Sie haben die Performance verbessert, ohne die Korrektheit zu gefährden.

KI-gestützte Entwicklung ersetzt Performance-Tuning nicht, sondern verschiebt lediglich den *Zeitpunkt*, an dem es stattfindet. Meist erhalten Sie von Beginn an eine funktionierende Lösung (was bereits enorm hilfreich ist), müssen sich aber danach darauf konzentrieren, bestimmte Bereiche zu messen und gegebenenfalls zu optimieren. Sind tatsächlich Optimierungen erforderlich, kann die KI dabei unterstützen, solange Sie klar vorgeben, was genau verbessert werden soll.

Wartbarkeit in KI-erweiterten Codebasen sicherstellen

Die *Wartbarkeit* einer Codebasis beschreibt, wie leicht sie sich im Laufe der Zeit anpassen, erweitern und verstehen lässt. Manche befürchten, dass KI-generierter Code unübersichtlich oder uneinheitlich sein könnte, insbesondere wenn verschiedene KI-Vorschläge unterschiedliche Stile oder Muster aufweisen. In diesem Abschnitt geht es um bewährte Vorgehensweisen, mit denen Sie solchen Problemen begegnen und Ihr KI-gestütztes Projekt sauber und wartbar halten können.

Beim Prompten

Bei der Formulierung Ihrer Prompts sollten Sie Folgendes beachten:

Verwenden Sie einheitliche Coding-Standards.
: Nutzen Sie Linter und Formatierer, um einen konsistenten Stil durchzusetzen. Wie bereits erwähnt, verwendet KI in verschiedenen Ausgaben oft unterschiedliche Namenskonventionen oder Formatierungen. Ein automatischer Formatierungslauf nach der Codegenerierung (etwa mit Prettier für JavaScript, Black für Python oder gofmt für Go) sorgt dafür, dass der gesamte Code einem einheitlichen Stil folgt. Das erleichtert das Lesen des

Codes erheblich, da es die kognitive Belastung durch wechselnde Formatierungsstile verringert. Legen Sie außerdem klare Namenskonventionen für Ihr Projekt fest, halten Sie diese konsequent ein und informieren Sie die KI darüber im Prompt, im Kontext oder über Regeln in Ihrer IDE. Wenn die KI an einer Stelle `get_user_data` und an einer anderen `fetchUserData` ausgibt, sollten Sie sich für eine Konvention entscheiden (`snake_case` versus `camelCase`) und den Code entsprechend vereinheitlichen.

Fördern Sie Modularität und vermeiden Sie Wildwuchs.

Ermuntern Sie die KI, modularen Code zu erzeugen, indem Sie in Ihren Prompts eine saubere Trennung der Verantwortlichkeiten verlangen. Anstatt etwa eine einzige große Datei generieren zu lassen, die alles implementiert, sollten Sie die Arbeit in einzelne Aufgaben aufteilen:

> *Erstelle eine Klasse* `UserService` *für die Benutzerlogik.*
>
> *Erstelle ein separates Modul für das Versenden von E-Mails.*

So entsteht eine logisch gegliederte Codebasis. Wenn jedes Modul eine klar umrissene Aufgabe hat, lässt sich das System leichter warten und erweitern. Sie können die Architektur gezielt steuern:

> *Kapsele Datenbankzugriffe in einer eigenen Datei oder Klasse und trenne sie konsequent vom API-Routing-Code.*

Da sich mit KI neue Funktionen und Features so extrem einfach hinzufügen lassen, ist es entscheidend, Feature Creep und ein unkontrolliertes Anwachsen des Codes frühzeitig zu verhindern. Ohne eine disziplinierte architektonische Linie riskieren Sie, dass Ihre Codebasis zu einem – wie Softwarearchitekten es nennen – *Big Ball of Mud* verkommt: ein Antipattern, bei dem der Codebasis jede klare Struktur und Abgrenzung fehlt. Dieses Risiko verschärft sich durch den KI-Einsatz, da die Reibung, die das Hinzufügen neuer Funktionen sonst bremst, weitgehend entfällt und ein möglicher architektonischer Verfall dadurch schneller voranschreiten kann.

Um dem entgegenzuwirken, sollten Sie Ihre KI-gestützte Entwicklung konsequent auf bewährte Architekturmuster und Prinzipien stützen. Verweisen Sie in Ihren Prompts ausdrücklich auf die in Ihrem Projekt etablierten Muster:

> *Füge dieses neue Feature gemäß dem im Projekt verwendeten Repository-/Service-Pattern hinzu.*
>
> *Implementiere das nach der in unserer Domänenschicht verwendeten hexagonalen Architektur.*

Diese Präzision sorgt dafür, dass auch bei rasantem Funktionszuwachs eine konsistente Architektur gewahrt bleibt.

Entwickler, die ihre architektonischen Grundlagen vertiefen wollen, finden in folgenden Standardwerken eine wesentliche Orientierung:

- *Design Patterns: Elements of Reusable Object-Oriented Software* (Addison-Wesley, 1994) von Erich Gamma, Richard Helm, Ralph Johnson und John Vlissides (der »Gang of Four«) ist nach wie vor das maßgebliche Kompendium wiederverwendbarer Entwurfslösungen.
- *Fundamentals of Software Architecture: An Engineering Approach* (*https://learning.oreilly.com/library/view/fundamentals-of-software/9781098175504/*) von Mark Richards und Neal Ford bietet eine umfassende Darstellung architektonischer Muster und Prinzipien über verschiedene Technologiestacks hinweg.
- *Domain-Driven Design: Tackling Complexity in the Heart of Software* von Eric Evans (Addison-Wesley, 2003) vermittelt zentrale Techniken, um Softwaredesign und Geschäftsdomäne eng aufeinander abzustimmen – und ist damit besonders relevant, wenn KI Code erzeugt, der komplexe Geschäftslogik präzise abbilden muss.

Diese Ressourcen versetzen Sie in die Lage, KI-Tools effektiv anzuleiten und sicherzustellen, dass der erzeugte Code soliden Architekturprinzipien folgt, anstatt technische Schulden aufzubauen. Denken Sie daran: KI ist hervorragend darin, etablierte Muster umzusetzen, aber sie kann nicht entscheiden, welche Muster für Ihren konkreten Kontext geeignet sind. Solche architektonischen Entscheidungen zu treffen, bleibt eine genuin menschliche Aufgabe.

Arbeiten mit Code-Output

Sobald die KI Code erzeugt hat, sollten Sie verschiedene Maßnahmen zur Sicherung der Wartbarkeit ergreifen:

Refaktorieren Sie kontinuierlich.
: Zögern Sie nicht, KI-generierten Code bei Bedarf zu überarbeiten. Oft ist der erste Entwurf zwar funktional korrekt, aber nicht optimal strukturiert, weil die KI beispielsweise eine sehr lange Funktion schreibt oder die gleiche Logik mehrfach vorkommt. Unbeabsichtigte Duplizierung ist ein häufiges Problem: Die KI erkennt nicht immer, dass zwei Funktionen Ähnliches leisten und zusammengefasst werden könnten. Wenn Sie solche Überschneidungen bemerken, führen Sie den Code zu einer zentralen Implementierung zusammen. Linter können doppelte oder sehr ähnliche Codeabschnitte erkennen. Ein Lauf solcher Tools zeigt oft klar, wo sich der Code nach dem DRY-Prinzip (*Don't Repeat Yourself*) straffen lässt.

Um die KI beim Refaktorieren einzubinden, könnten Sie folgenden Prompt verwenden:

> *Refaktoriere diesen Code, um Duplikate zu entfernen und die Lesbarkeit zu verbessern.*

Die KI könnte dazu Hilfsfunktionen einführen oder die Logik vereinfachen. Führen Sie nach einem Refactoring stets Tests durch, um sicherzustellen, dass die Funktionalität erhalten bleibt.

Testen.

Das Thema Testen wurde in diesem Kapitel bereits behandelt, daher nur ein kurzer Hinweis: Eine gute Testsuite erleichtert die Wartung erheblich. Wenn Sie oder andere den Code später – möglicherweise erneut mithilfe von KI – ändern, schlagen die Tests an, falls dabei etwas in Mitleidenschaft gezogen wurde. So können Sie ruhigen Gewissens Refactorings oder Implementierungsänderungen durchführen. Tests entkoppeln das *Was* vom *Wie*: Sie sichern das Verhalten ab, während die konkrete Umsetzung flexibel angepasst oder verbessert werden kann.

Vermeiden Sie übermäßige Komplexität oder Abhängigkeit von KI-spezifischen Konstrukten.

Manchmal verwendet die KI ausgeklügelte Tricks oder selten genutzte Funktionen, die viele Entwicklerinnen und Entwickler nicht kennen. Das ist nicht grundsätzlich schlecht, kann aber die Wartbarkeit beeinträchtigen: Müsste ein durchschnittlicher Entwickler den Code erst mühsam entschlüsseln, sollten Sie diesen vielleicht besser vereinfachen. Wenn die KI beispielsweise besonders knappe Regex-Konstruktionen oder extrem verdichtete List Comprehensions nutzt, sollten Sie den Code zur besseren Lesbarkeit in eine klar strukturierte Schleife umschreiben oder zumindest aussagekräftig kommentieren.

Eine hilfsbereite KI kann eine Lösung auch übermäßig verkomplizieren, indem sie etwa zusätzliche Abstraktionsebenen hinzufügt, die keinen echten Nutzen bringen. Wenn ein direkter Ansatz ausgereicht hätte, sollten Sie solche unnötigen Schichten entfernen, um den Code klar und übersichtlich zu halten. Einfacherer Code ist in der Regel leichter zu warten.

Sorgen Sie für Resilienz und bauen Sie Fallbacks ein.

Denken Sie an Fallback-Strategien, falls etwas schiefläuft. Wenn beispielsweise eine von der KI geschriebene Komponente eine externe API aufruft und diese nicht erreichbar ist oder unerwartete Daten liefert, sollte ein Fallback vorhanden sein – etwa durch Zwischenspeicherungen oder Standardantworten. Die Implementierung solcher Resilienz-Patterns (Circuit Breaker, Retries mit Backoff usw.) kann die Robustheit des System deutlich erhöhen. Wenn Sie nicht ausdrücklich darum bitten, wird die KI solche Mechanismen in der Regel nicht von selbst einbauen. Stellen Sie sicher, dass das System Teilausfälle kontrolliert abfangen kann. Wenn ein einzelner Microservice ausfällt, sollte nach Möglichkeit nicht die gesamte Anwendung betroffen sein. Verwenden Sie Time-outs und Fallback-Logik.

Nachbereitung

Wenn Sie mit dem Code zufrieden sind, tragen einige zusätzliche Maßnahmen dazu bei, die Wartbarkeit langfristig zu sichern:

Dokumentieren und kommentieren Sie sorgfältig.

Stellen Sie sicher, dass der Code ausreichend dokumentiert ist. KI schreibt, sofern sie nicht ausdrücklich dazu aufgefordert wird, oft nur sehr knappe Kommentare. Sie können Docstrings oder Kommentare per Prompt anfordern:

> *Füge Kommentare hinzu, die den Zweck jedes Abschnitts in diesem Code erklären.*
>
> *Schreibe einen Docstring für diese Funktion.*

Das spart zukünftigen Leserinnen und Lesern Zeit. Die KI liefert meist recht gute Erläuterungen, stellt aber bisweilen subtile Punkte falsch dar – prüfen Sie daher, ob die Kommentare richtig sind.

Denken Sie auch daran, eine übergeordnete Projektdokumentation zu pflegen (z. B. eine README-Datei oder ein Designdokument), das Architektur, Hauptkomponenten und Ähnliches beschreibt. Das können Sie größtenteils selbst schreiben, die KI kann jedoch bei Bedarf beim Zusammenfassen der Codebasis helfen.

Wenn Sie auf eine Eigenheit stoßen, etwa dass die KI einen bestimmten Parameter immer auf seltsame Weise benennt, erwähnen Sie das in Ihren Entwicklernotizen, damit Ihre Kolleginnen und Kollegen es mitbekommen. Das gehört zur neuen kollaborativen Arbeitsweise. Sollten nur Sie mit dem KI-generierten Code arbeiten, sind ein paar solcher Eigenheiten akzeptabel. Aber wenn weitere Personen zum Projekt stoßen, werden diese sich vielleicht fragen: »Warum diese seltsame Bezeichnung?« Standardisieren Sie gegebenenfalls die Namen.

Zur Wartbarkeit gehört auch, nachvollziehen zu können, welche Codeteile von der KI erzeugt wurden und welche von Menschen stammen. Eine Kennzeichnung ist nicht zwingend erforderlich, aber manche Teams kommentieren zwecks Nachvollziehbarkeit beispielsweise: »Erstellt mithilfe von GPT-4 am 01.05.2025«. Idealerweise vermerken Sie in der Beschreibung Ihrer Pull Requests alles, worüber Sie noch unsicher sind, zum Beispiel: »Habe bei dieser Funktion ChatGPT verwendet. Es scheint zu funktionieren, aber prüft bitte die Fehlerbehandlung.«

Das ist keine gängige Praxis, kann aber bei Code-Reviews eine hilfreiche Information darstellen. Wenn bereits ein Mensch den Code geprüft hat und dieser als regulärer Projektcode gilt, ist es aber vermutlich überflüssig. Wenn Sie Gesprächsprotokolle oder Prompts aufbewahren, können Sie bei komplexem Code darauf verweisen, etwa mit einem Kommentar wie: »Dieser Algorithmus wurde mit GPT-4 auf Grundlage des Prompts X erstellt; siehe Dokumentation zur Herleitung.« Für die Prüfung selbst spielt das keine besondere Rolle, da sämtlicher Code mit gleicher Sorgfalt geprüft werden sollte, allerdings kann der Hinweis helfen, den Kontext zu verstehen. Weist der Code beispielsweise einen Stilbruch oder ein ungewöhnliches Idiom auf, kann der Hinweis, dass es von einer KI stammt, für den Reviewer als Indiz dafür dienen, dass dies kein bewusster Entwurfsentscheid war, sondern möglicherweise ein Artefakt der KI ist.

Code-Reviews und Teamstandards.

Wenn Sie im Team arbeiten, sollten alle Mitglieder den Code prüfen – auch dann, wenn er von einer Person und einer KI gemeinsam verfasst wurde. So lassen sich ungeeignete Muster oder Verstöße gegen die Teamkonventionen leichter erkennen. Mit der Zeit entwickelt sich ein gemeinsames Gespür dafür, wie sich die KI so anleiten lässt, dass sie sich dem Stil des Teams anpasst – etwa durch präzisere System-Prompts oder klar formulierte Richtlinien. Wenn mehrere Entwickler mit KI arbeiten, sollte allen der gewünschte Stil bekannt sein, damit sie ihre Prompts entsprechend formulieren können, zum Beispiel: »Schreibe das im funktionalen Stil« oder »Verwende async/await, keine Callbacks«. Im nächsten Hauptabschnitt finden Sie einige Hinweise zum Code-Review bei KI-generiertem Code.

Technische Schulden dokumentieren.

Wenn Sie während des Entwicklungsprozesses eine KI-Lösung übernehmen, von der Sie wissen, dass sie nicht optimal ist, sollten Sie sie als technische Schuld in Kommentaren oder Projekt-To-dos festhalten, zum Beispiel: »TODO: Die Lösung funktioniert, ist aber $O(n^2)$; bei wachsendem Datenvolumen optimieren«, oder »TODO: Verwendet zur Vereinfachung eine globale Variable; später überarbeiten«. Die KI kann solche To-do-Kommentare auch selbst einfügen, wenn Sie sie dazu auffordern:

> *Wenn es Bereiche gibt, die künftig verbessert werden müssen, füge dort To-do-Kommentare hinzu.*

Wichtig ist nur, dass Sie diese To-dos später tatsächlich abarbeiten.

Von KI-Mustern lernen.
Wenn die KI Entwurfsmuster oder Bibliotheken verwendet, die Ihnen unbekannt sind, sollten Sie sich die Zeit nehmen, sich damit vertraut zu machen, statt sie zu ignorieren. Ein gutes Verständnis einer eingesetzten Caching-Strategie oder einer verwendeten Bibliothek hilft Ihnen, diesen Teil später sicher zu warten oder anzupassen. Wenn die Lösung zu exotisch erscheint, können Sie sie durch eine vertrautere ersetzen, doch manchmal überrascht die KI positiv mit einer nützlichen Bibliothek oder einem bislang unbekannten Muster. Handelt es sich um eine bekannte Lösung, die Sie und das Team übernehmen können, kann das die Wartbarkeit sogar verbessern.

In der Praxis hängt die Wartbarkeit letztlich davon ab, dass Sie die bewährten Prinzipien solider Softwareentwicklung konsequent anwenden – nur eben auf Code, der teilweise von einer KI geschrieben wurde. Glücklicherweise bleibt Ihnen, weil KI viele Routineaufgaben übernimmt, oft mehr Zeit als zuvor, um den Code zu bereinigen und zu dokumentieren, was die Wartbarkeit deutlich verbessert.

Einige Unternehmen berichten (*https://oreil.ly/2lrTW*), dass sie nach einer intensiven Phase der Codegenerierung gezielt einen »Hardening Sprint« einlegen, um alles zu refaktorieren und zu dokumentieren. Überlegen Sie, strategisch zwischen Sprints zur Generierung und zum Aufräumen zu wechseln.

Strategien für Code-Reviews

Wie bereits in Kapitel 4 besprochen, ist das Reviewing von Code ein zentraler Bestandteil klassischer Softwareentwicklung – und das gilt ebenso für KI-gestützte Projekte. In diesem Abschnitt geht es um einige Besonderheiten, die zu beachten sind, wenn Teile des zu überprüfenden Codes von einem Sprachmodell vorgeschlagen wurden. Da Code mit KI-Hilfe sehr schnell erzeugt werden kann, steht die Frage im Raum, ob Code-Reviews dadurch zum Engpass werden könnten – doch lassen Sie sich davon nicht abhalten. Es ist wichtig, für Reviews ausreichend Zeit einzuplanen. Vermeiden Sie die Haltung: »Wenn der Code schnell geschrieben wurde, können wir ihn auch schnell mergen.« Es ist im Gegenteil sogar sinnvoll, kleinere Änderungen häufiger zu committen, um den Umfang der Reviews überschaubar zu halten – eine ohnehin bewährte Praxis. Häufige, kleinere Pull Requests (PRs) lassen sich wesentlich gründlicher prüfen als ein einziger großer PR. Mit entsprechender Planung kann die KI auch dabei helfen, Aufgaben in kleinere PRs zu unterteilen.

Gehen Sie nicht davon aus, dass Code korrekt ist, nur weil die KI ihn geschrieben hat und alle Tests bestanden wurden. Denken Sie kritisch und versuchen Sie, die Logik nachzuvollziehen. Überprüfen Sie den Code möglichst noch einmal gedanklich oder anhand zusätzlicher Testfälle, die über die vorhandenen Tests hinausgehen, die womöglich nicht alle Szenarien abdecken. Sie können den Code auch ausführen und mit schwierigen Eingabedaten experimentieren, um sein Verhalten zu prüfen.

Darüber hinaus können Code-Reviews wertvolle Lerngelegenheiten sein. Wenn die KI eine neuartige, aber tatsächlich gute Lösung vorschlägt, kann ein Reviewer bei der Prüfung etwas dazulernen. Ein Reviewer kann aber auch, wenn eine KI-Mensch-Kombination eine weniger optimale Lösung liefert, eine bessere Vorgehensweise aufzeigen. Im Laufe der Zeit verbessert dieser Rückkopplungsprozess den Umgang des Teams mit der KI, weil beispielsweise alle besser verstehen, welche Ansätze man besser vermeidet oder wie man gezielter fragt. In gewissem Sinn schließt der Code-Review den menschlichen Lernkreislauf: Die Autorin oder der Autor sollte alles nachvollziehen und verstehen, was die KI beigetragen hat.

Wenn Sie Code reviewen, müssen Sie in erster Linie sicherstellen, dass er die Anforderungen und das beabsichtigte Design erfüllt. Tut dieser Code tatsächlich das, was das Feature oder der Bugfix leisten soll? Deckt er alle Sonderfälle ab, die in den Spezifikationen genannt sind? Wenn der Prompt ungenau formuliert war, kann es vorkommen, dass die KI ein leicht anderes Problem löst, beispielsweise einen nicht benötigten Fall berücksichtigt oder aber einen relevanten Fall gänzlich übersieht. Das ist nicht ungewöhnlich, aber achten Sie darauf, dass der Entwickler das KI-Ergebnis nicht einfach übernommen hat, wenn es das eigentliche Ziel nur teilweise erfüllt. Zum Beispiel könnte eine KI Code erzeugen, um ein Datum zu formatieren, dabei aber stillschweigend eine bestimmte Zeitzone voraussetzen, was möglicherweise nicht den Anforderungen entspricht.

Ist im Code etwas nicht offensichtlich, bitten Sie den Autor, zu erklären, wie es funktioniert oder warum es auf diese Weise umgesetzt wurde. Wenn sich daraufhin jemand sich mit der Erklärung schwertut oder sich auf eine Aussage wie »Die KI hat es so gemacht, und ich gehe davon aus, dass es richtig ist« ausweicht, ist das ein Alarmsignal. Das Team sollte jedes Element der Codebasis verstehen. Ermutigen Sie den Autor, noch einmal die KI oder die Dokumentation zu konsultieren und anschließend eine nachvollziehbare Erklärung zu liefern – idealerweise als Kommentar im Code.

Achten Sie auch auf die in diesem Kapitel bereits behandelten Sicherheits- und Performancerisiken. Wenn dabei gegen bekannte Best Practices verstoßen wird, sollten Sie das ansprechen, etwa wenn Ausgaben im Webcode nicht maskiert werden oder Credentials im Code auftauchen.

Fordern Sie Änderungen oder ein Refactoring an, wenn Sie Code entdecken, der zwar funktioniert, aber vereinfacht oder besser an den Teamstil angepasst werden könnte:

> *Die KI hat drei separate Funktionen für verschiedene Benutzergruppen erstellt, die sich größtenteils überschneiden. Können wir diese zu einer einzigen Funktion zusammenführen, die die Benutzerrolle als Parameter erhält?*

Der Autor des Codes kann das anschließend umsetzen, gegebenenfalls mit Unterstützung der KI. Entspricht der KI-Vorschlag nicht dem üblichen Stil oder werden andere als die Standardbibliotheken des Teams verwendet, sollten Sie das ebenfalls ansprechen:

> *Wir verwenden üblicherweise die Bibliothek requests für HTTP-Aufrufe, aber hier wird http.client genutzt. Bleiben wir der Einheitlichkeit halber bei requests.*

Der Autor kann die KI dann anweisen, den Code so umzuschreiben, dass die bevorzugte Bibliothek verwendet wird.

Wenn die KI etwas besonders Komplexes geschrieben hat, etwa einen anspruchsvollen Algorithmus, sollten Sie darüber mit einer weiteren Reviewerin oder dem Team sprechen, um eine vertiefte Prüfung vorzunehmen.

Zudem können Sie neue Werkzeuge ausprobieren, die KI-gestützte Code-Reviews unterstützen, etwa GitHub Copilot for Pull Requests, das Zusammenfassungen erstellen und potenzielle Bugs sowie andere Probleme markieren kann. Ein solches Tool könnte beispielsweise anmerken: »Dieser Codeausschnitt ähnelt einem Abschnitt in Modul X, mit nur wenigen Unterschieden« – ein Hinweis auf mögliche Duplizierungen. Solche Funktionen können menschliche Reviews ergänzen, sollten sie jedoch niemals ersetzen.

Seien Sie in Ihren Reviews stets respektvoll und konstruktiv, selbst wenn Fehler im Code auf die KI zurückzuführen sind. Vermeiden Sie es, der Entwicklerin oder dem Entwickler ein mögliches KI-Artefakt anzulasten: Auch wenn sie weiterhin für ihren Code verantwortlich sind, sollte der Kontext berücksichtigt werden. KI ist ein Werkzeug, mit dem sowohl Entwickler wie Reviewer arbeiten. Gemeinsames Ziel ist es, den Code zu verbessern und Wissen zu teilen, nicht mit dem Finger auf den jeweils anderen zu zeigen. Eine respektvolle Formulierung könnte lauten: »In diesem Abschnitt scheint es ein Sicherheitsproblem zu geben, vermutlich ein Problem im KI-Vorschlag. Lass uns das beheben.«

Letztlich zeigt sich beim Vibe Coding vor allem bei Code-Reviews die volle Kraft *menschlicher* Intelligenz im Zusammenspiel von Mensch und KI. Hier kann mit Fachwissen und Erfahrung aufgefangen werden, was die KI möglicherweise übersehen hat, sodass die Codequalität nicht leidet. Zugleich dient das Reviewing dem Wissensaustausch innerhalb des Teams, da die gemeinsame Diskussion des Codes sowohl das Verständnis für die Fachdomäne verbessert als auch den bestmöglichen Einsatz von KI gewährleistet.

In Code-Reviews wird außerdem das von Grant Gross in *CIO* eingeführte (*https://oreil.ly/INPFV*) Konzept »Entwickler als Redakteure« (*Developers as Editors*) formalisiert: Die Reviewer übernehmen die Rolle von Redakteuren, die dafür sorgen, dass der finale Code elegant und produktionsreif ist. Das passt ideal zum Prinzip des Vibe Coding, bei dem die »Vibes« – also die KI-Vorschläge – durch menschliches Urteilsvermögen verfeinert werden müssen.

Best Practices für zuverlässige Deployments

Sobald Ihr Code sicher, getestet und wartbar ist, geht es darum, ihn zuverlässig in Produktion zu bringen und dort stabil zu betreiben.

Die KI-gestützte Entwicklung ändert zwar nichts an den grundlegenden Prinzipien des Software-Deployments, bringt aber neue Aspekte in Bezug auf dessen Geschwindigkeit und die operative Komplexität mit sich. Wer die Grundlagen des Deployments umfassend verstehen möchte, findet im *The DevOps Handbook* (IT Revolution Press, 2016) von Gene Kim, Jez Humble, Patrick Debois, John Willis und Nicole Forsgren das maßgebliche Referenzwerk. Es behandelt alle Themen von Continuous Integration und Deployment-Pipelines bis hin zu Monitoring, Sicherheit und organisatorischem Wandel. Dieses Grundlagenwissen wird umso wichtiger, je stärker KI die Generierung von lauffähigem Code beschleunigt, da diese Prinzipien sicherstellen, dass Ihre Deployment-Praktiken mit der gestiegenen Entwicklungsgeschwindigkeit Schritt halten können.

Vor und während des Deployments

Während Sie sich auf das Deployment vorbereiten, sollten Sie die folgenden bewährten Vorgehensweisen beachten:

Automatisieren Sie Ihre CI/CD-Pipeline.
: Angesichts des hohen Tempos KI-gestützter Entwicklung ist eine stabile Pipeline für *Continuous Integration und Continuous Deployment* (CI/CD) unverzichtbar. Jedes Commit – ob mit oder ohne KI-generierten Code –

sollte automatisch erstellt, getestet und bei Bedarf ausgeliefert werden. Das reduziert menschliche Fehler und stellt sicher, dass alle Schritte wie Tests, Linting und Sicherheitsprüfungen konsequent ausgeführt werden. Falls KI-generierter Code den Build fehlschlagen lässt oder Tests nicht bestanden werden, erkennt das CI-System das sofort. Eine automatisierte CI/CD-Pipeline ermöglicht zudem schnelle Iterationen, sodass Sie Probleme, die durch KI-Code entstanden sind, rasch beheben und korrigierte Versionen zügig ausliefern können.

Infrastructure as Code (IaC).

Verwenden Sie Infrastructure as Code (Terraform, CloudFormation usw.), um Ihre Deployment-Umgebung zu definieren. Das steht zwar nicht in direktem Zusammenhang mit KI-gestützter Entwicklung, ist aber ein zentraler Bestandteil verlässlicher Deployments. Sie können KI sogar nutzen, um Terraform-Skripte zu erstellen, sollten diese jedoch mit derselben Vorsicht behandeln und ebenso gründlich testen wie anderen KI-generierten Code – idealerweise zunächst in einer isolierten Sandbox –, bevor Sie sie in der Produktionsumgebung einsetzen. Einen empfehlenswerten Einstieg in dieses Thema bietet *Terraform: Up & Running* (*https://learning.oreilly.com/library/view/terraform-up-and/9781098116736/*) (O'Reilly, 2022) von Yevgeniy Brikman, das eine umfassende Einführung in die Prinzipien und Praktiken von IaC mit Terraform bietet.

Führen Sie gestaffelte Roll-outs durch – und halten Sie einen Rollback-Plan bereit.

Setzen Sie auf gestaffelte Roll-out-Strategien, etwa durch Deployments in eine Staging-Umgebung oder über ein Canary Release, bevor Sie in die vollständige Produktion gehen. So lassen sich Probleme erkennen, bevor sie alle Nutzer betreffen. Beispielsweise können Sie ein neues, KI-generiertes Feature zunächst für 5 % der Nutzer ausrollen und mithilfe von Metriken und Logs auf Fehler oder Performanceprobleme überwachen. Wenn alles stabil läuft, können Sie den Roll-out auf 100 % ausweiten.

Sie sollten außerdem stets einen Rollback-Plan haben. Trotz aller Tests und Reviews rutscht manchmal etwas durch. Sobald ein neues Release Probleme verursacht, sollten Sie in der Lage sein, schnell auf die letzte stabile Version zurückzuschalten. Wenn Sie eine Container-Strategie wie Kubernetes verwenden, halten Sie frühere Deployments bereit, um im Bedarfsfall sofort zurückwechseln zu können. Bei serverlosen Funktionen sollten Sie die vorherige Version aktiv lassen, bis Sie sicher sind, dass die neue stabil läuft.

Observability einrichten.
Richten Sie in der Produktionsumgebung ein umfassendes Monitoring ein, sowohl für Systemmetriken als auch für Anwendungslogs.

- Verwenden Sie Tools wie Sentry, um Fehler nachzuverfolgen und Ausnahmen zu protokollieren. Wenn der KI-generierte Code in der Produktion einen unerwarteten Fehler auslöst, etwa weil ein Randfall nicht abgedeckt war, erhalten Sie sofort eine Benachrichtigung und können reagieren.
- Verwenden Sie Performance-Monitoring-Tools wie *Application Performance Monitoring* (APM), um Antwortzeiten, Durchsatz und Speicherbedarf zu überwachen. So erkennen Sie, ob der neue Code zu Verlangsamungen oder Speicherlecks führt.
- Überwachen Sie außerdem die Verfügbarkeit, indem Sie beispielsweise regelmäßig die Service-Endpunkte anpingen, um sicherzustellen, dass sie erreichbar sind. Bei einem Absturz, etwa durch ein bislang ungetestetes Szenario, sollte automatisch ein Alarm ausgelöst werden, damit Sie umgehend eingreifen können.

Wachsam bleiben bei der Sicherheit.
Stellen Sie sicher, dass geheime Informationen wie API-Schlüssel im Deployment korrekt gehandhabt werden. Wenn der von der KI erzeugte Code beispielsweise erwartet, dass ein Secret über eine Umgebungsvariable verfügbar ist, sollten Sie dieses Secret in der CI/CD- oder Cloud-Konfiguration hinterlegen, damit es nicht versehentlich protokolliert oder offengelegt wird. Verwenden Sie Tools zur Secret-Verwaltung wie HashiCorp Vault (*https://oreil.ly/NqQ-T*) (bietet Verwaltung von Secrets und Schlüsseln sowie zahlreiche Integrationen) oder AWS Secrets Manager (*https://oreil.ly/LlYX-*) (ermöglicht die sichere Speicherung und Rotation von Secrets wie Datenbankzugangsdaten, API-Schlüsseln und Tokens und lässt sich in CI/CD-Tools wie GitHub integrieren). Wenn Sie Container-Images einsetzen, sollten Sie diese außerdem regelmäßig auf Sicherheitslücken prüfen.

Testen Sie mit Methoden wie Blue-Green-Deployments oder Shadow-Testing.
Für größere Änderungen empfiehlt sich ein Blue-Green-Deployment. Dabei werden zwei identische Produktionsumgebungen eingerichtet: »Blue« steht für die aktuelle Live-Version, »Green« für die neue Version. Der Datenverkehr wird zunächst an die Blue-Umgebung geleitet. Sobald die grüne Umgebung getestet und bereit ist, wird der Traffic auf sie umgeschaltet. Treten dort Probleme auf, kann der Traffic sofort wieder auf die blaue Umgebung zurückgeleitet werden, was Ausfallzeiten und Risiken minimiert. Diese Methode ermöglicht es, die neue Version in einer voll-

ständigen Produktionsumgebung zu testen, bevor sie zur allein aktiven Live-Version wird.

Alternativ können Sie Shadow-Testing einsetzen, wenn eine bestimmte von der KI implementierte Algorithmusänderung sehr riskant ist oder Sie ihr Verhalten mit Echtdaten validieren möchten, ohne Nutzer zu beeinträchtigen. Dabei wird die neue Version parallel zur aktuellen Live-Version ausgerollt. Echte Produktionsdaten werden gleichzeitig an beide Versionen übergeben, jedoch werden den Nutzern nur die Ausgaben der aktuellen Version angezeigt. Die Ausgaben der neuen (Shadow-)Version werden gesammelt und mit denen der aktuellen Version verglichen, um deren Leistung, Genauigkeit und Stabilität zu bewerten. Wenn die Resultate der Shadow-Version zufriedenstellend sind und die Performance stimmt, können Sie sie anschließend mit gutem Gewissen zur aktiven Version machen.

Bewährte Verfahren für den laufenden Betrieb

Nach dem Deployment helfen die folgenden Strategien, den langfristigen stabilen Betrieb sicherzustellen:

Runbooks für den operativen Betrieb erstellen.
: Erstellen Sie Runbooks für das Ops-Team, in denen besondere Aspekte der KI-generierten Codeanteile beschrieben sind, zum Beispiel: »Dieser Service verwendet ein KI-Modell für X. Wenn die Modellausgabe fehlerhaft wirkt, versuchen Sie, den Dienst neu zu starten, oder prüfen Sie die Modellversion.« Oder: »Feature Y nutzt intensives Caching, um eine gute Performance zu erreichen. Bei Leistungsproblemen prüfen Sie die Cache-Hit-Rate.« Dokumentieren Sie alle betrieblichen Besonderheiten, die nicht sofort ersichtlich sind. Wenn die KI etwa eine zusätzliche Abhängigkeit – zum Beispiel die Verwendung einer temporären Datei – eingeführt hat, sollte das vermerkt werden, damit das Ops-Team beispielsweise weiß, dass es den verfügbaren Speicherplatz überwachen muss.

Tests in der Produktionsumgebung.
: Neben Tests während der Entwicklung und im Rahmen des Roll-outs führen einige Unternehmen auch Tests in der Produktionsumgebung (*Testing in Production*, TiP) auf sichere Weise durch – etwa durch kontinuierliche kleine Experimente. Sie können beispielsweise Feature Flags verwenden, um ein KI-generiertes Feature für eine kleine Teilmenge von Nutzern zu aktivieren und zu beobachten, ob sich Fehlerraten verändern. Das überschneidet sich teilweise mit Canary Releases, lässt sich mit Feature Toggles aber noch feiner steuern.

Regelmäßige Audits durchführen.
: Planen Sie regelmäßige Sicherheits- und Performanceaudits Ihrer Codebasis ein, vor allem wenn der Anteil an KI-generiertem Code zunimmt. Das ähnelt dem Umgang mit technischen Schulden: So erkennen Sie frühzeitig Aspekte, die anfangs unproblematisch waren, sich aber mit wachsendem Umfang oder verändertem Kontext negativ auswirken könnten. Achten Sie auch auf »Drift« – also darauf, dass sich Code und Datenbank nicht unbemerkt auseinanderentwickeln. Wenn die KI SQL-Abfragen generiert, stellen Sie sicher, dass diese mit den aktuellen Migrationen übereinstimmen und dass beim Deployment alle Migrationen korrekt durchgeführt werden, bevor der neue Code produktiven Traffic verarbeitet.

Menschliche Aufsicht sicherstellen.
: Das bekannte Prinzip gilt auch weiterhin: Menschen sollten die Automatisierungen überwachen. KI kann zwar hervorragend beim Schreiben von Code helfen, aber sie wird keinen Vorfall (Incident) wahrnehmen, der um zwei Uhr morgens in der Produktionsumgebung auftritt. Stellen Sie sicher, dass jemand erreichbar ist, der das System versteht. Mit der Weiterentwicklung entsprechender Tools könnten Sie KI künftig zur Unterstützung bei der Fehlersuche einsetzen, etwa für die Analyse von Logs, wie es einige neuere Tools bereits ermöglichen. Doch letztlich sollte stets ein Mensch die finalen Entscheidungen zu Korrekturen treffen.

Aus Fehlern lernen.
: Kein Prozess ist vollkommen. Wenn trotz aller Schutzmechanismen ein Fehler zu einem Zwischenfall führt, führen Sie eine Post-mortem-Analyse durch. Stellen Sie fest, ob das Problem mit dem Einsatz von KI zusammenhing (etwa: »Wir haben hier dem KI-Code vertraut, und in Szenario X hat er versagt«), und passen Sie im Nachgang Ihre Prozesse und Tests an, um diese Art von Fehler künftig zu vermeiden. Wenn Sie diese Art der Analyse nach jedem Vorfall konsequent durchführen, wird sich die Zuverlässigkeit kontinuierlich verbessern.

Zuverlässigkeit betrifft natürlich nicht nur den Code selbst, sondern ebenso die zugrunde liegende Infrastruktur und den laufenden Betrieb. KI hilft vor allem auf der Codeseite. Robuste Betriebspraktiken – die teilweise ebenfalls durch KI unterstützt werden können – sichern die Zuverlässigkeit des Gesamtsystems.

Im Prinzip sollten Sie ein stark mit KI-Unterstützung realisiertes Projekt beim Deployment genauso behandeln wie jedes andere anspruchsvolle Softwareprojekt: Testen Sie gründlich, rollen Sie schrittweise aus, überwachen Sie intensiv und stellen Sie sicher, dass Sie bei Bedarf jederzeit in der Lage sind, ein Rollback durchzuführen. Weil KI in so hohem Tempo Änderungen produzieren kann, werden Sie möglicherweise häufiger deployen – was völlig unproblematisch ist, sofern Ihre CI/CD-Pipeline zuverlässig funktioniert. Im Vergleich zu seltenen großen Releases senken häufige kleine Deployments (*https://oreil.ly/ATjYo*) bekanntermaßen das Risiko (*https://oreil.ly/Y5uDn*). Das hat den einfachen Grund, dass jede einzelne Änderung überschaubarer ist und sich leichter prüfen und korrigieren lässt, falls ein Problem auftritt. Auch ein Rollback ist bei kleinen Änderungen einfacher und schneller durchführbar. Dieser sehr granulare Deployment-Ansatz steht im Kontrast zu großen seltenen Releases, bei denen zahlreiche Änderungen gebündelt werden. Dadurch lässt sich die Ursache von Problemen schwerer eingrenzen, und die potenziellen Auswirkungen eines fehlgeschlagenen Deployments nehmen zu.

Wenn Sie diesen Best Practices folgen, können Sie darauf vertrauen, dass Ihr System zuverlässig funktioniert – selbst wenn ein großer Teil des Codes maschinell generiert wurde. Die Kombination aus automatisiertem Testen, sorgfältigem Deployment und kontinuierlichem Monitoring fängt alles ab, was in früheren Phasen möglicherweise übersehen wurde. So profitieren Sie von der Geschwindigkeit und Produktivität KI-gestützter Entwicklung, ohne dabei das Vertrauen in die Stabilität Ihrer produktiven Software zu verlieren.

Zusammenfassung und Ausblick

Kurz gesagt: Vibe Coding entbindet nicht von der in der Softwareentwicklung nötigen Disziplin – aber es steigert die Produktivität derjenigen, die mit entsprechender Sorgfalt vorgehen. Ihr Leitmotiv sollte das bekannte geflügelte Wort sein: Vertrauen ist gut, Kontrolle ist besser. Vertrauen Sie der KI bei der Routinearbeit, aber überprüfen Sie jedes Ergebnis mit geeigneten Werkzeugen und auf der Basis Ihrer eigenen fachlichen Erfahrung.

Sicherheit und Zuverlässigkeit sind zwei Dimensionen verantwortungsvoller Entwicklung – Ethik ist eine weitere. KI-gestütztes Programmieren wirft wichtige Fragen zu geistigem Eigentum, inhaltlichen Voreingenommenheiten (Bias), den Auswirkungen auf Entwicklerberufe und weiteren Themen auf. Kapitel 9 widmet sich diesen weiterführenden Aspekten. Wie lassen sich KI-gestützte Werkzeuge verantwortungsvoll und fair einsetzen? Wie geht man mit der Lizenzierung von KI-generiertem Code um, und wie lässt sich sicherstellen, dass Ihre Modelle und Prompts ethisch korrekt verwendet werden?

KAPITEL 9

Ethische Implikationen des Vibe Coding

Aufgrund der zunehmenden Verbreitung KI-gestützter Softwareentwicklung ist es notwendig, die ethischen und gesellschaftlichen Folgen dieses neuen Paradigmas zu beleuchten. Dieses Kapitel rückt die technischen Details in den Hintergrund und betrachtet Vibe Coding aus ethischer Perspektive: Diese neuen Methoden der Softwareentwicklung können äußerst wirkungsvoll sein, sollten jedoch verantwortungsvoll eingesetzt werden und sowohl jedem Einzelnen als auch der Gesellschaft insgesamt zugutekommen.

Zuerst werden wir uns mit Fragen des geistigen Eigentums (*Intellectual Property*, IP) beschäftigen. Wem gehört der Code, den eine KI erzeugt – und ist es zulässig, KI-generierte Ergebnisse zu verwenden, die möglicherweise auf Open-Source-Code beruhen, ohne diesen zu kennzeichnen? Anschließend geht es um Voreingenommenheit (Bias) und Fairness (im Sinne von Gleichbehandlung und Nichtdiskriminierung). Ein weiterer Schwerpunkt liegt auf Transparenz: Sollten Entwickler offenlegen, welche Teile des Codes von einer KI stammen? Und wie können Teams sicherstellen, dass Verantwortung für Codequalität und Fehler übernommen wird?

Ich skizziere außerdem Grundsätze für verantwortungsbewusste Entwicklungspraktiken beim Einsatz von KI: von notwendiger Transparenz und Rechenschaftspflicht über den Verzicht auf sensible Daten in Prompts bis hin zu Barrierefreiheit und Inklusion. Das Kapitel endet mit einem Leitfaden für den verantwortungsvollen Umgang mit KI-gestützten Werkzeugen.

Rechtlicher Hinweis

Der folgende Abschnitt behandelt komplexe juristische Themen, insbesondere Fragen des Urheber- und Eigentumsrechts, aus überwiegend US-amerikanischer Perspektive. Rechtssysteme und Auslegungen entwickeln sich weltweit weiter, insbesondere im Zusammenhang mit künstlicher Intelligenz. Diese Informationen dienen ausschließlich

Bildungszwecken und stellen keine Rechtsberatung dar. Vor Entscheidungen, die auf diesen Inhalten beruhen, sollten Sie eine qualifizierte Fachanwältin oder einen Fachanwalt für geistiges Eigentum konsultieren, insbesondere bei Fragen zur Urheberschaft oder Lizenzierung von Code, den Sie oder ein KI-Werkzeug erzeugen.

Aspekte des geistigen Eigentums

Wem gehört Code, der von einer KI erzeugt wurde? Und werden durch seine Nutzung die Lizenzbestimmungen und das Urheberrecht des zum Training verwendeten Materials und Quellcodes gewahrt? Sprachmodelle wie GPT werden bekanntlich mit riesigen Mengen an Code aus dem Internet trainiert, darunter Open-Source-Repositories mit unterschiedlichen Lizenzen (MIT, GPL, Apache usw.). Wenn eine KI ein Codefragment erzeugt, das einem Ausschnitt aus einem GPL-lizenzierten Projekt stark ähnelt (*https://oreil.ly/I3HxT*) oder sogar mit diesem identisch ist, kann dessen Verwendung in einem proprietären Codebestand unbeabsichtigt gegen die weitverbreitete GPL (*GNU General Public License*) verstoßen, die in der Regel vorschreibt, abgeleiteten Code offen weiterzugeben (*https://oreil.ly/8inJc*).

Nach allgemeinen urheberrechtlichen Grundsätzen sind kleine Codefragmente von wenigen Zeilen *möglicherweise nicht* urheberrechtlich geschützt, wenn ihnen die nötige schöpferische Eigenleistung fehlt, um als eigenständiges Werk zu gelten, oder ihre Nutzung *könnte* als *de minimis* betrachtet werden, also zu geringfügig, um rechtlich relevant zu sein. Substanzielle Abschnitte oder solche, die eine individuelle kreative Leistung ausdrücken, sind dagegen mit hoher Wahrscheinlichkeit per Copyright geschützt. Es ist wichtig, zu verstehen, dass »Open Source« nicht dasselbe meint wie »Public Domain« (Gemeinfreiheit). Grundsätzlich steht jedes schöpferische Werk, einschließlich Programmcode, unter dem ausschließlichen Copyright seiner Verfasserin oder seines Verfassers. Open-Source-Lizenzen räumen ausdrücklich Nutzungsrechte ein, die sonst durch das Urheberrecht beschränkt wären.

Wenn Sie sich näher mit den Grundsätzen von Open Source befassen möchten, bieten folgende Quellen gute Einstiege:

Open Source Initiative (OSI)
: Die OSI (*https://oreil.ly/hmJVN*) definiert und fördert Open-Source-Software, pflegt die Open-Source-Definition und genehmigt Lizenzen, die ihren Kriterien entsprechen.

Free Software Foundation (FSF)
: Die FSF (*https://fsf.org*) setzt sich für »freie Software« ein, deren Prinzipien sich weitgehend mit denen von Open Source decken, und verwaltet Lizenzen wie die GNU General Public License (GPL).

Projektspezifische Dokumentation
: Einzelne Open-Source-Projekte enthalten typischerweise *LICENSE*- und *README*-Dateien sowie *CONTRIBUTING*-Richtlinien, die die Nutzungs- und Beitragsbedingungen des jeweiligen Projekts beschreiben.

Community- und rechtliche Ressourcen
: Plattformen wie GitHub bieten umfangreiche Dokumentation und Diskussionen zu Open-Source-Praktiken. Organisationen wie die Linux Foundation sowie juristische Informationsportale stellen darüber hinaus wertvolle Ressourcen zu Fragen der Open-Source-Compliance und rechtlichen Rahmenbedingungen bereit.

Die Antwort auf die komplexe Frage, ob die Nutzung kleiner Code-Snippets mit der Fair-Use-Doktrin (*https://oreil.ly/d0ZK8*) (in den USA) oder mit vergleichbaren gesetzlichen Ausnahmen im Urheberrecht vieler anderer Rechtsordnungen vereinbar ist, hängt auch stark vom Einzelfall ab. Fair Use (*https://oreil.ly/EwrJ2*) erlaubt die begrenzte Nutzung urheberrechtlich geschützter Werke ohne ausdrückliche Genehmigung – beispielsweise zu Zwecken der Kritik, des Kommentars, der journalistischen Berichterstattung, des Unterrichts, der Wissenschaft oder der Forschung. US-Gerichte berücksichtigen in der Regel vier Faktoren, um Fair Use zu bestimmen:

- Zweck (*https://oreil.ly/1TE5B*) und Nutzungsart: kommerziell oder gemeinnützig, transformativ oder duplizierend.
- Die Art des urheberrechtlich geschützten Werks: hochgradig kreativ oder faktisch/stark sachbezogen.
- Umfang und Bedeutung des genutzten Teils im Verhältnis zum urheberrechtlich geschützten Werk als Ganzes.
- Die Auswirkung der Nutzung auf den potenziellen Marktwert oder die wirtschaftliche Verwertung des geschützten Werks.

Manche vertreten die Ansicht, dass das Kopieren sehr kleiner, funktionaler Codefragmente zu Zwecken der Interoperabilität oder zum Zugriff auf nicht urheberrechtlich geschützte Ideen unter Umständen unter Fair Use fallen kann – insbesondere dann, wenn die Nutzung einen erkennbar transformativen Charakter hat. Doch gerade im Bereich von Software ist die Rechtslage keineswegs eindeutig, und es gibt keine allgemein anerkannte Grenze – etwa eine bestimmte Zeilenanzahl –, ab der eine Nutzung zweifelsfrei als Fair Use oder de minimis gilt. Der sicherste Weg besteht meist darin, eine Nutzungserlaubnis einzuholen oder den zugrunde liegenden Gedankengang zu verstehen und den Code eigenständig neu zu schreiben. Das Urteil des Obersten Gerichtshofs der USA in einem Rechtsstreit *Google LLC v. Oracle America, Inc.* behandelte Fair Use im Zusammenhang mit Software-APIs und kam zu dem Schluss, dass Googles Reimplementierung des Java-API-»Declaring Code« – also jener Deklarationen, die Funktionsnamen, Parameterlisten und Klassenstrukturen einer Programmierschnittstelle festlegen – als Fair Use einzustufen sei. Allerdings war dies eine spezifische und komplexe Entscheidung, die sich ausschließlich auf API-Deklarationen bezog, nicht auf Programmcode allgemein. Grundsätzlich gilt, dass das Urheberrecht die konkrete Ausdrucksform einer Idee schützt, nicht jedoch die Idee, das Verfahren oder die Funktionsweise selbst.

In der Regel gilt der Entwickler, der die KI *verwendet*, als »Autor«, und zwar in dem Sinne, dass er die KI als Werkzeug nutzt, ähnlich wie einen Compiler oder eine Textverarbeitung. Wird der Code im Rahmen einer beruflichen Tätigkeit erzeugt, gehört der Code in der Regel dem Unternehmen, für das der Entwickler das KI-Werkzeug einsetzt – vorbehaltlich der Nutzungsbedingungen des jeweiligen KI-Diensts und der zugrunde liegenden Fragen des geistigen Eigentums. Allerdings sind hier die Nutzungsbedingungen (*Terms of Service*) von KI-Tools entscheidend. Die meisten Anbieter räumen dabei den Nutzern die Rechte an den von ihnen erzeugten Ausgaben ein. So hieß es beispielsweise in den Nutzungsbedingungen von OpenAI für GPT-4: »You own the outputs you create with GPT-4, including code.«

Dieses »Eigentum« bedarf jedoch einer sorgfältigen Betrachtung. Sie bedeutet in der Regel lediglich, dass der KI-Anbieter keinen *eigenen* Anspruch auf die mit seinem Werkzeug erzeugten Ergebnisse erhebt. Das setzt jedoch voraus, dass Sie die Rechte an den von Ihnen bereitgestellten *Eingaben* haben, und bedeutet außerdem nicht automatisch, dass das erzeugte Ergebnis urheberrechtlich schutzfähig ist oder frei von Rechten Dritter. Wenn Sie eigenen Originalcode in das Tool eingeben, um ihn zu erweitern oder zu verändern, gehört das Ergebnis in der Regel Ihnen (oder Ihrem Arbeitgeber) – abhängig davon, wie die KI den Code verarbeitet und ob sie Elemente aus ihren Trainingsdaten einfließen lässt. Geben Sie jedoch urheberrechtlich geschützten Code Dritter ein, um ihn zu reparieren oder zu transformieren, könnte die Ausgabe *möglicherweise* als ein abgeleitetes Werk dieses fremden Codes (*https://oreil.ly/mBPyq*) gelten.

In den USA wie auch in vielen anderen Rechtsordnungen ist derzeit noch ungeklärt, ob KI-generierte Ergebnisse, die dem Trainingsmaterial deutlich ähneln oder auf urheberrechtlich geschütztem Input beruhen, als abgeleitete Werke gelten. Diese Frage ist Gegenstand laufender juristischer Auseinandersetzungen und bislang nicht abschließend geklärt. Sie sollten daher keine umfangreichen Ausschnitte urheberrechtlich geschützten Codes, der nicht Ihnen gehört (oder nicht ordnungsgemäß lizenziert ist), in ein KI-Werkzeug eingeben, denn das erzeugte Ergebnis könnte als abgeleitetes Werk (*https://oreil.ly/O4ktq*) angesehen werden und damit unter die Lizenz des ursprünglichen, geschützten Codes fallen.

Angesichts dieser Unsicherheiten sollten Sie KI-generierten Code vorsichtshalber so behandeln, als stünde er unter einer unklaren Lizenz, und ihn nur dann verwenden, wenn Sie sicher sind, dass dadurch keine bestehenden Urheberrechte verletzt werden und Sie mögliche Open-Source-Lizenzauflagen erfüllen können. Zum urheberrechtlichen Status von KI-Ausgaben selbst hat das US Copyright Office erklärt (*https://oreil.ly/Y0PYG*), dass Werke, die ausschließlich von einer KI ohne hinreichenden menschlichen Beitrag erzeugt wurden, nicht urheberrechtlich geschützt sind. Wenn jedoch ein Mensch KI-generiertes Material wesentlich verändert oder in schöpferischer Weise anordnet, kann diese menschliche Leistung urheberrechtlich schutzfähig (*https://oreil.ly/NV3Gl*) sein – nicht aber die unveränderten, von der KI erzeugten Elemente. Es ist daher ratsam, davon auszugehen, dass rein KI-generierte Inhalte im Zweifel nicht urheberrechtlich geschützt sind bzw. dass sich ein Schutz ausschließlich auf die kreative Bearbeitung durch den Menschen erstreckt.

Das ist kein rein theoretisches Risiko – die rechtliche Debatte dazu läuft bereits. Eine prominente Sammelklage, *Doe v. GitHub, Inc.* (*https://githubcopilotlitigation.com*), richtet sich gegen GitHub, Microsoft und OpenAI. Darin wird behauptet, dass GitHub Copilot Code erzeugt, der lizenziertem Open-Source-Code zu stark ähnelt, ohne die entsprechenden Lizenzbedingungen einzuhalten oder die ursprünglichen Urheber zu nennen. Während einige Ansprüche in diesem Fall abgewiesen wurden oder in Berufung sind (Stand Mitte 2025 lief das Verfahren noch, einschließlich einer Berufung beim Ninth Circuit), verdeutlicht dieser Fall doch ein echtes Problem: KI gibt bisweilen urheberrechtlich geschützten Code aus Trainingsdaten wörtlich oder nur sehr leicht paraphrasiert wieder.[1]

Eine ältere, aber weiterhin relevante und später durch weitere Untersuchungen gestützte Studie von GitHub selbst (*https://oreil.ly/fFUUd*) zeigte, dass Copilot in einigen Fällen Ausgaben erzeugte, die mit Trainingsdaten übereinstimmten, darunter in seltenen Fällen auch längere, wortwörtlich übernommene Codeabschnitte. Obwohl die meisten KI-Tools darauf ausgelegt sind, ein direktes umfangreiches Kopieren von identifizierbarem Code zu vermeiden – es sei denn,

1 Informationen zum Verfahren lassen sich häufig in elektronischen Gerichtsakten (Dockets) (*https://oreil.ly/BdDiV*), etwa beim US District Court for the Northern District of California und dem Ninth Circuit Court of Appeals, oder über juristische Nachrichtenportale und Casetracker (*https://oreil.ly/AZrc-*) finden.

sie werden explizit dazu aufgefordert oder es geht um sehr gängige Algorithmen –, bleibt dieses Risiko bestehen. Zahlreiche Klagen von Autorinnen, Künstlern und Medienunternehmen machen geltend, dass ihr urheberrechtlich geschütztes geistiges Eigentum ohne Zustimmung oder Vergütung zum Training großer Sprachmodelle und anderer generativer KI-Systeme verwendet wurde. Das zusätzliche Problem bei proprietärem Code besteht darin, dass er im Gegensatz zu Open Source nicht öffentlich zugänglich ist und Nutzer dadurch kaum überprüfen können, ob eine KI-Ausgabe unbeabsichtigt Ähnlichkeiten mit solchem nicht öffentlichen Code aufweist.

Dennoch sollten Sie aus ethischer und praktischer Sicht so handeln, *als trügen Sie für jeden Code, den Sie von einem KI-Tool übernehmen, die volle Verantwortung*. Prüfen, testen und verstehen Sie jeglichen KI-generierten Code gründlich, bevor Sie ihn in Ihre Projekte integrieren, und stellen Sie sicher, dass seine Nutzung allen geltenden Lizenzen und Urheberrechtsbestimmungen entspricht.

Vorgehen bei verdächtigen KI-Ausgaben

Wenn eine KI-Ausgabe wie eine wörtliche oder nahezu identische Kopie von bekanntem Code wirkt (insbesondere wenn sie markante Kommentare oder gar Autorennamen enthält), sollten Sie äußerst vorsichtig sein. Führen Sie gegebenenfalls eine Ähnlichkeitsprüfung mit einem Tool zur Plagiatserkennung durch oder suchen Sie im Web nach einzigartigen Zeichenfolgen aus dem Code, um festzustellen, ob es Übereinstimmungen gibt.

Ein weiteres Prinzip lautet: *im Zweifel weglassen*. Verzichten Sie lieber auf die Nutzung der betreffenden Ausgabe oder stellen Sie sicher, dass sie unter einer kompatiblen Lizenz steht und Sie gegebenenfalls die Urhebernennung korrekt vornehmen. Wenn etwa Copilot eine bekannte Algorithmusimplementierung liefert, die Sie bereits auf Stack Overflow oder in einem Open-Source-Projekt gesehen haben, nennen Sie die Quelle oder formulieren den Code eigenständig um. Nutzen Sie die KI-Antwort als Orientierung, aber übernehmen Sie sie nicht eins zu eins.

Wenn Sie vermuten, dass die Ausgabe einer bestehenden Bibliothekslösung entspricht, sollten Sie stattdessen die Originalbibliothek einbinden – selbstverständlich unter Beachtung der jeweiligen Lizenz. Sie können die KI auch auffordern:

> *Bitte liefere mir eine eigenständige Implementierung statt einer aus einer Bibliothek kopierten Lösung.*

Dadurch erstellt sie mit höherer Wahrscheinlichkeit eine originäre Implementierung. Eine Garantie, dass dabei keinerlei Elemente aus dem Trainingsmaterial übernommen werden, gibt es zwar nicht – doch die KI wird zumindest versuchen, keine direkte Kopie zu erzeugen.

Aus ethischen Gründen sollte KI auch nie bewusst eingesetzt werden, um eine Urhebernennung zu entfernen. So wäre es zum Beispiel unethisch, Code aus Stack Overflow über eine KI zu übernehmen, um damit die Pflicht zur Quellenangabe zu umgehen. Das untergräbt das Vertrauen in das offene Wissensökosystem. Besser ist es, das Material unter korrekter Angabe der Quelle zu verwenden. Je nach Situation kann das Folgendes bedeuten:

- Wenn eine KI einen Codekommentar aus einer Quelle übernimmt, in dem der Name einer Autorin oder eines Autors erscheint (etwa »Erika Mustermann 2025« oder »John Doe 2018«), sollten Sie diesen Hinweis beibehalten oder in einen gesonderten Abschnitt zur Quellenangabe mit vollständigem Verweis verschieben, ihn aber nicht löschen. Damit respektieren Sie die Urheberschaft des ursprünglichen Autors.
- Wenn eine KI eine Lösung liefert, von der Sie wissen, dass sie auf einem bekannten Algorithmus oder Codefragment basiert, zitieren Sie die Quelle so, wie Sie es auch tun würden, wenn Sie sie selbst recherchiert hätten.
- Erzeugt ein KI-Werkzeug etwas, das als kreativer Beitrag gelten kann (etwa eine originelle Herangehensweise oder einen Text für die Dokumentation), können Sie offen auf die KI-Beteiligung hinweisen. Die KI hat zwar keine eigenen Rechte, doch es geht hier um Transparenz – und gegebenenfalls um eine faire Anerkennung der Technologie.

Einige Open-Source-Lizenzen, wie die MIT-Lizenz, sind so freizügig, dass die Übernahme von Code mitsamt Quellenangabe bereits genügt, um die Lizenzbedingungen zu erfüllen. Andere, wie GPL oder AGPL, würden Ihre gesamte Codebasis »infizieren«, wenn Sie entsprechenden Code übernehmen – was für proprietäre Projekte normalerweise unerwünscht ist.

Kurz gesagt: Wenn Sie vermuten, dass die KI Ihnen Code geliefert hat, der Probleme im Bereich des geistigen Eigentums verursachen könnte, verwenden Sie ihn besser nicht oder verändern ihn ausreichend, um sicherzustellen, dass er allen potenziell relevanten Lizenzbedingungen entspricht.

Grauzonen

Selbst während ich dies schreibe, werfen KI-Tools weiterhin neue Fragen zu geistigem Eigentum, Urheberrecht und Ethik auf, zum Beispiel:

- Wenn Sie beim Vibe Coding KI auch einsetzen, um nicht programmatische Inhalte – etwa Dokumentationstexte, Konfigurationsdateien oder Bilder –

zu erstellen, ergeben sich ähnliche Fragen des geistigen Eigentums. Wenn Sie beispielsweise ein Icon mit einem KI-Tool erzeugen, das auf urheberrechtlich geschützten Bildern trainiert wurde, wem gehört dieses neue Bild?

- Wenn eine KI einen wesentlichen Teil eines Softwareprodukts schreibt, sollten die ursprünglichen Autoren des Codes, auf dem die KI trainiert wurde, dann genannt werden?
- Könnte jemand geltend machen, dass KI-generierter Code sein Urheberrecht verletzt, weil er dem eigenen zu sehr ähnelt? Wenn Codeabschnitte von nicht trivialer Länge möglicherweise identisch sind, kann eine Ähnlichkeitsprüfung sinnvoll sein.

Zunehmend wird diskutiert, ob KI-Unternehmen lizenzsensible Filter implementieren oder Entwicklungsteams die Möglichkeit bieten sollten, ihren eigenen Code per Opt-out vom Training auszuschließen. Bei diesen Fragen ist noch alles in Bewegung. Entwicklerinnen und Entwickler sollten deshalb vorsichtig agieren, um keine Rechte zu verletzen.

Es wird einige Zeit dauern, bis die Gerichte alle offenen Rechtsfragen geklärt haben, und bis dahin sollten intellektuelle Redlichkeit und Respekt unser Handeln leiten. Wenn eine KI einen bekannten Algorithmus aus einem wissenschaftlichen Paper verwendet, zitieren Sie die Quelle im Kommentar. Wenn sie gängigen Open-Source-Hilfscode nutzt, nennen Sie das entsprechende Projekt. Es geht hier um Respekt vor der Urheberschaft. Wenn Sie wissen, wo etwas herkommt, entscheiden Sie sich im Zweifel dafür, die Quelle zu nennen. Das ist eine gute Praxis, die die Transparenz fördert.

Denken Sie immer daran: Das Wissen einer KI beruht auf der Arbeit Tausender Entwicklerinnen und Entwickler, die ihren Code öffentlich geteilt haben. Aus ethischen Gründen schuldet die Softwarebranche dieser Gemeinschaft den Respekt, die Prinzipien und Lizenzen von Open Source einzuhalten. Zollen Sie Anerkennung, wem sie gebührt, und missbrauchen Sie fremde Arbeit nicht unter dem Deckmäntelchen, dass es »die KI geschrieben hat, nicht ich«.

Transparenz und Urhebernennung

Transparenz bedeutet, offen darzulegen, in welchem Umfang Sie KI im Entwicklungsprozess und bei der Generierung eventueller Ausgaben Ihrer Anwendung einsetzen. Unter der *Urhebernennung* (Attribution) versteht man die korrekte Angabe der Quelle oder des Urhebers, wenn KI-generierter Code auf identifizierbare Vorlagen zurückgeht.

Transparenz ist wichtig, um Nachvollziehbarkeit und Verantwortlichkeit im Entwicklungsprozess zu gewährleisten. Wenn KI-generierter Code beispielsweise einen Bug oder eine Sicherheitslücke aufweist, kann der Hinweis »Dieser Code wurde von einer KI vorgeschlagen« helfen, die Ursache besser nachzuvollziehen – vielleicht muss ein mehrdeutiger Prompt umformuliert werden. In Codekommentaren, einer *README*-Datei oder in der Projektdokumentation können Sie allgemein vermerken: »Dieses Projekt wurde mit Unterstützung von KI-Werkzeugen wie ChatGPT erstellt.« Oder Sie werden konkreter: »Funktion zum Einlesen von CSV-Dateien hinzugefügt (mit Unterstützung von ChatGPT generiert und anschließend angepasst).« In ähnlicher Weise wird ja auch oft auf die Nutzung bestimmter Frameworks oder Bibliotheken hingewiesen.

Transparenz stärkt das Vertrauen: Stakeholder – ob Teammitglieder, Auftraggeber, Endnutzer oder Aufsichtsstellen – möchten vielleicht wissen, wie Ihre Software entwickelt und überprüft wurde. Wenn KI an der Codeerzeugung beteiligt war, kann es vorkommen, dass Stakeholder ihr entweder zu viel oder zu wenig Vertrauen schenken. Transparenz ermöglicht hier eine sachliche Diskussion über Zuverlässigkeit: »Ja, wir haben KI eingesetzt, aber den Code gründlich getestet« oder »Dieser Teil war knifflig – wir haben den initialen Code per KI generieren lassen und anschließend getestet und angepasst.«

Auch im akademischen Umfeld wird Attribution, also die korrekte Quellenangabe, häufig erwartet oder sogar gefordert. Einige Open-Source-Projekte schränken den Einsatz von KI-Code wegen lizenzrechtlicher Bedenken ein oder untersagen ihn ganz. Prüfen Sie daher stets die Contributor Guidelines, bevor Sie bei Beiträgen zum Projekt KI einsetzen. Wenn Sie offenlegen, dass ein Patch mithilfe einer KI entstanden ist, erleichtert das den Maintainern die Bewertung – insbesondere wenn Lizenzfragen eine Rolle spielen.

Tatsächlich verlangen einige stark regulierte Branchen, dass Softwareanbieter den Einsatz von KI offenlegen, um Audits vornehmen zu können. Der AI Act der EU (*https://oreil.ly/wDNKs*) schreibt Transparenzpflichten für Entscheidungsprozesse vor, die Einzelpersonen betreffen, etwa bei Kreditwürdigkeitsprüfungen oder ähnlichen Bewertungssystemen. Werden solche Anwendungen per Vibe Coding erstellt, wird es zu einer rechtlichen und ethischen Pflicht, die Nutzer klar darauf hinzuweisen, dass Empfehlungen automatisch generiert werden und auf Mustern in den zugrunde liegenden Daten beruhen.

Wenn Ihr Produkt Nutzerdaten oder proprietäre Informationen – wie vom Nutzer bereitgestellte Codebeispiele – in ein KI-Modell einspeist, um es feinzutunen und seine Analysefähigkeit zu verbessern, sollten Sie in der Datenschutzerklärung darauf hinweisen, dass diese Daten bei entsprechender Einwilligung zur Verbesserung von KI-Modellen verwendet werden können. (Wie stets gilt:

Ziehen Sie bei rechtlichen Fragen eine Fachanwältin oder einen Fachanwalt hinzu.) Hier geht es gleichermaßen um Transparenz wie um Datenschutz.

Darüber hinaus ist es grundsätzlich eine Frage der Redlichkeit, die eingesetzten Werkzeuge und Quellen offenzulegen. Wenn beispielsweise rund 30 % Ihres Codes durch Copilot generiert wurden, ist es fair, dies in der Dokumentation oder internen Kommunikation zu erwähnen – nicht, um Ihre eigene Leistung zu schmälern, sondern um den Entwicklungsprozess transparent darzustellen.

Manche Entwickler mögen sich (noch) scheuen, offen zuzugeben, dass sie KI-Unterstützung genutzt haben, aus Sorge, das könne ihre eigene Leistung oder Kompetenz infrage stellen oder als eine Art »Schummeln« gelten. Doch je stärker sich Vibe Coding etabliert, desto mehr wird dieses Stigma verblassen. Irgendwann könnte es sogar als rückständig gelten, verfügbare KI-Werkzeuge *nicht* einzusetzen. Wir müssen den KI-Einsatz als normalen Bestandteil des Workflows begreifen. Es ist genauso wenig ein »Schummeln« wie eine Suche auf Stack Overflow oder die Verwendung einer IDE.

Andererseits kann eine übermäßige Anzahl an Hinweisen unnötige Vorbehalte auslösen. Wenn Sie einem Kunden sagen: »Dieses Produkt wurde mit KI-Unterstützung entwickelt«, könnte das – häufig aufgrund von Missverständnissen – Zweifel an der Sicherheit oder Zuverlässigkeit wecken. Entscheidend ist daher die genaue Formulierung. Heben Sie im selben Atemzug die Maßnahmen zur Qualitätssicherung hervor: »Wir haben fortgeschrittene Coding-Assistenten genutzt, um die Entwicklung zu beschleunigen, aber jeglicher KI-generierter Code wurde streng geprüft und getestet, um unseren Qualitätsstandards zu genügen.«

Unterm Strich fördern Transparenz und korrekte Attributionen Vertrauen und Community-Werte. Solche Angaben stellen sicher, dass menschlichen Urhebern die nötige Anerkennung zuteilwird und dass transparent kommuniziert wird, wie die jeweilige Software entstanden ist. Wenn – und das lässt sich durchaus vergleichen – ein Künstler seine Werkzeuge oder Inspirationsquellen nennt, schmälert das seine Kunst nicht, sondern macht ihre Entstehung nachvollziehbarer. Wenn Sie – wie ich – möchten, dass Vibe Coding breite Akzeptanz findet, ist es wichtig, offen mitzuteilen, dass Sie KI einsetzen und wie Sie mit Risiken umgehen.

Bias und Fairness

Wie Sie aus den vorangegangenen Kapiteln wissen, spiegeln die Ausgaben von KI-Modellen stets die Daten wider, mit denen sie trainiert wurden. Wenn diese Daten Verzerrungen oder ausschließende Muster enthalten, kann das Modell voreingenommene oder unfaire Ergebnisse erzeugen: Es zeigt eine kognitive Verzerrung, einen *Bias*.

Sie fragen sich vielleicht: »Wie kann Code überhaupt voreingenommen sein? Es ist ja nicht so, dass ein Sprachmodell Einstellungsentscheidungen trifft oder so etwas.« Aber solche Voreingenommenheiten können sich auf subtile Weise in Ihr Programmieren einschleichen:

- Code spiegelt häufig Annahmen seiner Urheber wider. Von der KI erzeugte Texte oder Inhalte, die direkt an Nutzer gerichtet sind, können kulturelle Vorurteile oder unsensible Formulierungen reproduzieren, die bereits in den Trainingsdaten enthalten waren. Ein bekanntes Beispiel ist Microsofts Chatbot Tay (*https://oreil.ly/d8wxO*) aus dem Jahr 2016, der innerhalb weniger Stunden nach seiner Veröffentlichung begann, rassistische und frauenfeindliche Äußerungen aus Twitter-Interaktionen zu übernehmen und zu wiederholen.
- Es können auch bestimmte kulturelle Normen überbewertet sein, beispielsweise der Lebensstil der nordamerikanischen Mittelschicht, zu dem wie selbstverständlich der Besitz eines oder mehrerer Autos und der universelle Zugang zu bestimmten Technologien gehört. Ein bemerkenswertes Beispiel dafür, wie ungeprüfte Annahmen zu ausgrenzenden Produkten führen, war die erste Version der Apple-Health-App 2014 (*https://oreil.ly/67sZG*), die keinen Menstruationstracker enthielt – ein Versäumnis, das vermutlich auf mangelnde Diversität und Perspektivenvielfalt im Entwicklungsteam zurückzuführen war. Selbst in Beispielcode, Kommentaren oder synthetisierten Daten könnte ein Modell kulturelle Norman reproduzieren, indem es etwa ausschließlich *männliche* Pronomen und Schreibweisen verwendet und damit implizit die verbreiteten Geschlechterstereotype verstärkt.
- Es ist allgemein bekannt, dass Code-Repositories und das gesamte Feld der Softwareentwicklung überwiegend von westlichen Perspektiven und englischsprachigen Communitys geprägt sind. Eine KI, die auf solchen Quellen trainiert wurde, könnte daher wichtige Aspekte der Internationalisierung übersehen – etwa die korrekte Unterstützung von Unicode und Multibyte-Zeichen, die in Sprachen wie Chinesisch, Japanisch, Koreanisch, Arabisch, Hindi und vielen anderen nicht lateinischen oder silbenschriftbasierten Systemen unverzichtbar sind. Oder sie neigt vielleicht dazu, auf die englische Sprache bezogene Beispiele zu verwenden, etwa bei Typnamen oder Variablenbezeichnungen. Entwickler müssen deshalb das Thema im Blick behalten und die Internationalisierung mitdenken, wenn sie Anwendungen entwerfen und programmieren, weil die KI das möglicherweise nicht von sich aus tut.
- Wenn Sie Algorithmen schreiben, sollten Sie bei bestimmten personenbezogenen Merkmalen wie ethnischer Zugehörigkeit, Geschlecht oder Alter be-

sondere Vorsicht walten lassen. Eine KI wird solche Kriterien zwar in der Regel nicht von sich aus einbeziehen, doch wenn sie entsprechende Merkmale halluziniert oder Sie bewusst auf einem Datensatz mit einer KI wie Code Assistant arbeiten, sollten Sie Fairness-Constraints anwenden. Die KI erfasst eigenständig weder den moralischen noch den rechtlichen Kontext von Daten und Entscheidungslogik.

Über das reine Coding hinaus können Modelle auch inhaltliche Verzerrungen ihrer Trainingsdaten (*Data Bias*) widerspiegeln, also die historischen Bias, die in diesen Daten angelegt sind. Denken Sie beispielsweise an eine KI, die Code für einen Kreditbewertungsalgorithmus schreiben soll, der über Darlehensvergaben entscheidet. In den Vereinigten Staaten ist dokumentiert, dass solche Scoring-Systeme in der Vergangenheit rassistische Verzerrungen enthielten und diese zum Teil fortgeschrieben haben. Diese Verzerrungen gehen auf historische Praktiken wie Redlining – die systematische Benachteiligung bestimmter Wohngebiete bei Krediten und Versicherungen aufgrund ihrer demografischen Zusammensetzung – und andere Formen systemischer Diskriminierung zurück, die bis heute finanzielle Nachteile, insbesondere für schwarze Bevölkerungsgruppen und andere marginalisierte Gemeinschaften, nach sich ziehen. (Eine umfassende Darstellung dazu findet sich in Richard Rothsteins *The Color of Law* [Economic Policy Institute, 2017], das die Rolle staatlicher Politik bei der Segregation in den USA detailliert beschreibt.)

Wenn die Trainingsdaten solche historischen Verzerrungen widerspiegeln, könnte die KI diskriminierende Variablen übernehmen, etwa Postleitzahlgebiete, die aufgrund segregierter Wohnstrukturen als Proxy für ethnische Zugehörigkeit dienen können, oder andere scheinbar neutrale Datenpunkte, die mit geschützten Merkmalen korrelieren. Ohne angemessene Anleitung könnte die KI dadurch Code erzeugen, der Banken zu unfairen Kreditentscheidungen veranlasst und damit historische Ungleichheiten fortschreibt und das Leben realer Menschen beeinträchtigt. Ähnliche Probleme treten auch bei voraussagenden Polizeialgorithmen (*Predictive Policing*) auf, bei denen historische Festnahmedaten, die ihrerseits bereits potenziell verzerrt sind, dazu führen können, das entsprechende KI-Systeme bestimmte Bevölkerungsgruppen überproportional häufig ins Visier nehmen (*https://oreil.ly/H4rmr*).

Auch wenn Sie spezialisierte Modelle einsetzen (etwa einen KI-Codeassistenten, der für medizinische Software feingetunt wurde), sollten Sie sicherstellen, dass das Modell nicht durch Verzerrungen im jeweiligen Fachgebiet geprägt ist. So waren etwa medizinische Leitlinien in der Vergangenheit häufig durch Studien beeinflusst, die überwiegend männliche Probanden berücksichtigten, was zu Fehldiagnosen oder weniger wirksamen Behandlungen bei anderen Geschlechtern führte. Wenn eine KI Code oder Lösungen für medizinische Diagnosesysteme empfiehlt, müssen Sie daher sorgfältig prüfen, ob solche Verzerrungen nicht unbeabsichtigt reproduziert werden.

Es entstehen zwar zunehmend Werkzeuge zur Erkennung von Bias in KI-Ausgaben, aber sie sind bislang vor allem bei GPT-Modellen zur Textgenerierung verbreitet. Insgesamt unternehmen Anbieter aber große Anstrengungen, die Generierung offensichtlich voreingenommener oder toxische Inhalte zu verhindern. KI-Systeme, die auf Codegenerierung spezialisiert sind, erzeugen zwar nur selten spontan Hate Speech, doch es ist gut, dass es Inhaltsfilter gibt, die das verhindern sollen. Bei vielen KI-Tools verhindern ethische Schutzmechanismen, dass sie Schadsoftware oder diskriminierende Algorithmen erstellen. Sie sollten diese Filtermechanismen nicht umgehen, um ethisch fragwürdige Ergebnisse zu erzielen.

Es gibt viele weitere Möglichkeiten, Bias in verschiedenen Phasen der Entwicklung zu erkennen und zu verringern, beispielsweise diese:

Testen mit diversen Beispielen.
: Wenn Ihre KI an Nutzerinnen und Nutzer gerichtete Komponenten generiert oder Logik, die personenbezogene Daten verarbeitet, testen Sie sie bewusst mit diversen Eingaben. Erwartet beispielsweise eine KI-generierte Formularvalidierung Felder wie »Vorname« und »Nachname«, lässt sie dennoch auch Einzelnamen zu, wie sie in manchen Kulturen üblich sind? Wenn nicht, liegt hier eine kulturelle Voreingenommenheit vor. Oder wenn die KI beim Factoring einer Datenbank beispielhafte Benutzernamen erzeugt, sehen diese etwa alle so ähnlich aus wie »ErichMustermann« oder »JaneDoe«? Falls ja, sollten Sie für mehr kulturelle und sprachliche Vielfalt sorgen.

In Prompts inklusive Ergebnisse verlangen.
: Sie können die KI ausdrücklich anweisen, neutral oder inklusiv zu formulieren, etwa mit: »Erstelle Beispiele mit einer Vielzahl von Namen aus unterschiedlichen Kulturen.« Wenn die KI den Nutzer stets als »er« bezeichnet, könnten Sie bestimmte schriftsprachliche Ausdrucksweisen verlangen:

> *Vermeide in Codekommentaren geschlechtsspezifische Sprache. Formuliere neutral, etwa mit »die Person« oder anderen verbreiteten Genderformen, ohne/mit Binnenzeichen.*

Achten Sie außerdem darauf, dass Beispiele oder humorvolle Kommentare nicht kulturell unsensibel wirken. Weisen Sie die KI gegebenenfalls an, einen sachlichen, professionellen Ton zu wählen, um das zu verhindern. In der Regel folgen die Modelle solchen Anweisungen. Sprachmodelle haben keine eigene Agenda. Sie erzeugen einfach, was ihnen als »normal« erscheint, sofern man sie nicht anderweitig instruiert, ein »normal«, das wir der KI über die Trainingsdaten selbst beigebracht haben.

Diverse Teams einstellen.

Ein divers aufgestelltes Team kann helfen, verborgene Verzerrungen in KI-Ausgaben besser zu erkennen. Vielleicht bemerkt jemand: »Hm, unsere KI wählt zwar immer unproblematische Variablennamen wie foo/bar, aber in der Dokumentation sind alle beschriebenen Personas männlich.« Solche Muster lassen sich dann systematisch korrigieren. Wenn alle Entwicklerinnen und Entwickler aus ähnlichen sozialen oder kulturellen Hintergründen stammen, fallen subtile Formen von Bias oft nicht auf. Binden Sie daher nach Möglichkeit Personen aus unterrepräsentierten Gruppen in die Überprüfung ein oder berücksichtigen Sie zumindest deren Perspektiven, wenn Sie Richtlinien zur KI-Nutzung festlegen.

Zusammengefasst, geht es beim Thema Bias und Fairness darum, Vibe-Coding-Werkzeuge so einzusetzen, dass der erzeugte Code allen Nutzergruppen gerecht wird – unabhängig von Herkunft, Geschlecht oder sozialem Hintergrund – und keine historischen Diskriminierungen widerspiegelt oder gar fortschreibt. Auch die Art, wie wir diese Tools in Teams einsetzen, sollte gegenüber Entwicklerinnen und allen anderen Kollegen mit unterschiedlichem Erfahrungsniveau und Hintergrund fair gestaltet sein (siehe dazu ebenfalls Kapitel 4, das die ethischen Implikationen der Veränderungen durch KI-Tools in der Arbeitswelt behandelt – insbesondere im Hinblick auf Berufseinsteiger.

Goldene Regeln für den verantwortungsvollen KI-Einsatz

Nachdem wir nun viele relevante Aspekte betrachtet haben, können wir eine Reihe verantwortungsvoller Praktiken formulieren, die im Vibe Coding beachtet werden sollten:

1. *Sorgen Sie immer für menschliche Aufsicht.*

   Noch einmal: Lassen Sie die KI niemals unbeaufsichtigt arbeiten. Verantwortungsvolle KI-gestützte Entwicklung bedeutet, dass Sie als Entwickler jede Codezeile prüfen und bewusste Entscheidungen treffen – und keinen rohen KI-Output ohne menschliche Validierung ausrollen.

2. *Übernehmen Sie Verantwortung für Ihren Code.*

   Wenn etwas schiefläuft, ist das nicht die Schuld der KI, sondern die Verantwortung des Entwicklungsteams. Diese Haltung schützt vor Nachlässigkeit. Sie sollten Ihren Code jederzeit begründen können, egal ob Sie ihn selbst geschrieben oder KI-generierten Code übernommen haben. Wenn Sie jemand fragt: »Warum macht der Code dieses oder jenes?«, ist es keine Option, mit »Keine Ahnung, das war Copilot.« zu antworten. Deshalb lautet eine der goldenen Regeln aus Kapitel 3: »Committen Sie niemals Code, den Sie nicht vollständig verstehen.« So funktioniert verantwortungsvolle Softwareentwicklung.

3. *Schützen Sie die Privatsphäre der Nutzer.*

   Ethisch wie rechtlich sind Sie Ihren Nutzern und Ihrem Unternehmen gegenüber verpflichtet, vertrauliche Daten auch tatsächlich vertraulich zu behandeln. Beim Einsatz von KI-Tools – insbesondere Cloud-basierten – müssen Sie darauf achten, keine sensiblen Informationen in Prompts oder Chatverläufen offenzulegen. Wenn Sie beispielsweise ein Problem mit einer Nutzerdatenbank debuggen, sollten Sie keine echten Datensätze an ChatGPT übermitteln, sondern bereinigte oder synthetische Daten verwenden.

   Viele Werkzeuge bieten mittlerweile die Möglichkeit, dass Nutzer – zumindest Geschäftskunden – der Verwendung ihrer Eingabedaten für Trainingszwecke widersprechen können. Wenn Sie ein Enterprise-Konto nutzen, aktivieren Sie diese Option, oder setzen Sie bei sensiblen Projekten auf lokale On-Premises-Lösungen. Falls Sie dennoch Nutzerdaten an ein Modell übermitteln oder eine KI-Funktion direkt mit Endnutzern interagiert (etwa ein LLM-basierter Chatbot in Ihrer App), müssen Sie die Einwilligung der Nutzer einholen und ihnen gegebenenfalls eine Opt-out-Möglichkeit anbieten. Ein klarer Hinweis wie »Diese Funktion nutzt einen KI-Dienst. Ihre Eingaben werden zur Verarbeitung dorthin weitergeleitet.« sorgt für Transparenz und ermöglicht datenschutzbewussten Nutzerinnen und Nutzern, selbst darüber zu entscheiden.

4. *Halten Sie sich an Gesetze und Vorschriften.*

   Behalten Sie die rechtlichen Anforderungen rund um KI im Blick, die sich ständig weiterentwickeln. Datenschutzgesetze wie die Datenschutz-Grundverordnung (DSGVO) und der AI Act der EU betrachten bestimmte KI-Ausgaben als personenbezogene Daten. Das Trainieren eines Modells mit Nutzerdaten kann daher die ausdrückliche Einwilligung dieser Nutzer erfordern. Zudem könnten Aufsichtsbehörden Codegenerierung künftig als »allgemeines KI-System« einstufen und damit Transparenz- oder Risikomanagementpflichten verbinden. Halten Sie sich auf dem Laufenden und arbeiten Sie eng mit Ihren Rechts- und Compliance-Abteilungen zusammen, um keine gesetzlichen Vorschriften zu verletzen.

   Auch wenn es selbstverständlich sein sollte: Verwenden Sie KI nicht, um Schadsoftware zu erzeugen, Exploits ohne ethische Rechtfertigung zu entwickeln oder illegale bzw. unethische Praktiken zu automatisieren.[2] Auch wenn eine KI theoretisch in der Lage wäre, überzeugende Phishing-Mails oder Code-Injection-Angriffe zu schreiben, wäre ein solcher Einsatz ethisch unvertretbar, in den meisten Ländern rechtswidrig und zudem ein Verstoß gegen die Nutzungsbedingungen der KI-Anbieter. Konzentrieren Sie sich auf den konstruktiven Einsatz.

5. *Fördern Sie in Ihrer Organisation einen verantwortungsvollen Umgang mit KI.*

   Wenn in Ihrem Team Vibe Coding eingeführt (oder bereits betrieben) wird, sollten Sie ethische Fragen offen diskutieren und entsprechende Schulungen anbieten. Entwicklerinnen und Code-Reviewer könnten eine kurze Checkliste wie die in Abbildung 9.1 verwenden.

Abbildung 9.1:Checkliste für verantwortungsvolle KI-gestützte Entwicklung: mit zentralen Prüfschritten bezüglich geistigen Eigentums, möglichen Bias sowie Sicherheitsprüfungen, bevor KI-generierter Code in produktive Systeme übernommen wird.

Alle Teammitglieder sollten sich einem verantwortungsvollen KI-Einsatz verpflichtet fühlen. Es ist eine gemeinsame Aufgabe, nicht die alleinige Verantwortung der Person, die das Werkzeug gerade verwendet. Um das zu formalisieren, kann es sinnvoll sein, im Team oder Unternehmen eine verantwortliche Person für ethische Fragen oder ein kleines Ethikkomitee einzusetzen. Diese Person oder Gruppe wäre nicht allein für Ethik zuständig – diese Verantwortung bliebe geteilt –, würde aber bei folgenden Aufgaben die Federführung übernehmen:

- Verfolgen aktueller Entwicklungen in der KI-Ethik, neuer Best Practices und sich wandelnder regulatorischer Rahmenbedingungen
- Anstoßen und Moderieren von Diskussionen über ethische Fragestellungen in konkreten Projekten

2 Es gibt einige wenige begründete Ausnahmen: Penetrationstester und Sicherheitsforscher können KI einsetzen, um Schwachstellen zu erkennen, sofern sie im Rahmen verantwortungsvoller Offenlegungsprotokolle arbeiten.

- Förderung der Integration ethischer Prinzipien in den gesamten Entwicklungsprozess
- Zusammenstellen und Weitergeben relevanter Ressourcen und Schulungsmaterialien an das gesamte Team
- Funktion als Ansprechpartner für Teammitglieder, die ethische Fragen oder Bedenken haben

Aufgrund der aktuellen schnellen Veränderungen in der Softwareentwicklung ist es wichtig, als Team gemeinsam auf dem neuesten Stand zu bleiben, was neue Versionen von KI-Werkzeugen, deren Möglichkeiten und Grenzen sowie sich verändernde Best Practices für den verantwortungsvollen Einsatz betrifft.

Ein zentraler Baustein, den Sie in Ihre Arbeitsabläufe integrieren sollten, ist das Konzept der sogenannten Model Cards. *Model Cards* sind standardisierte Dokumente, die transparent über ein Machine-Learning-Modell informieren – ein wenig vergleichbar mit dem A-bis-E-Ampelsystem (Nutri-Score) bei Lebensmitteln, das auf einen Blick zeigt, wie ein Produkt zusammengesetzt ist. Model Cards enthalten in der Regel Informationen zu folgenden Bereichen:

- zum Modell selbst, seiner Version und dem Zeitpunkt seiner Entwicklung,
- zu konkreten Anwendungsfällen, für die das Modell entworfen und getestet wurde,
- zu Szenarien, in denen das Modell aufgrund von technischen Einschränkungen oder möglichen Risiken nicht eingesetzt werden sollte,
- zum Abschneiden des Modells in verschiedenen Benchmarks, einschließlich Bewertungen zu Fairness und Bias über unterschiedliche demografische Gruppen hinweg,
- zu den Datensätzen, mit denen das Modell trainiert wurde, einschließlich bekannter Einschränkungen oder Verzerrungen dieser Daten, und
- zu potenziellen Risiken und gesellschaftlichen Auswirkungen sowie den eingesetzten Strategien zu deren Minderung.

Wenn Sie ein vordefiniertes Modell verwenden oder dessen Eignung prüfen, sollten Sie stets die zugehörige Model Card studieren. Und falls Sie selbst Modelle feintunen oder entwickeln, gilt das Erstellen eigener Model Cards als Best Practice.

6. *Bauen Sie Schutzmechanismen und Sicherheitsnetze ein.*

   Verantwortungsvolles Design bedeutet auch, dass Ihre KI-generierten Systeme über Sicherheitsnetze verfügen sollten. Wenn eine KI etwa eine Korrektur für einen Indexfehler (einen Programmzugriff außerhalb des gültigen Bereichs) vorschlägt, die jedoch ein zugrunde liegendes Problem verdecken könnte, ist es besser, wenn das System kontrolliert fehlschlägt, als unbemerkt fehlerhafte Ergebnisse zu produzieren. Macht ein KI-generiertes Empfehlungssystem Vorschläge, sollte es Nutzern die Möglichkeit geben, unpassende Empfehlungen zu korrigieren oder zu übersteuern – auf diese Weise respektiert man die Entscheidungsfreiheit der Nutzer. Ziel sollte sein, Systeme so zu gestalten, dass sie sich kontrolliert und nachvollziehbar verhalten, selbst wenn KI-Komponenten unerwartet reagieren.

7. *Dokumentieren Sie in Ihrem Team Entscheidungen zur KI-Nutzung.*

   Führen Sie ein internes Protokoll darüber, warum Sie bestimmte KI-Vorschläge übernommen oder verworfen haben, zum Beispiel: »Bei Modul X haben wir KI getestet, es wurde aber zu viel duplizierter Code generiert, daher haben wir diesen Teil manuell geschrieben.« Solche Aufzeichnungen helfen, Entwicklungsprozesse zu verfeinern, neuen Teammitgliedern den Kontext der KI-Nutzung im Projektverlauf zu vermitteln und das kollektive Gedächtnis des Teams zu stärken. Zudem können sie bei Audits oder Qualitätsprüfungen nützlich sein.

8. *Arbeiten Sie proaktiv daran, Bias, Diskriminierung und Ungleichbehandlung zu vermeiden.*

   Achten Sie aufmerksam auf Anzeichen dafür, dass der Einsatz von KI zu Benachteiligungen führen könnte, und versuchen Sie, solche Situationen präventiv zu vermeiden. Wenn Ihre Anwendung beispielsweise weltweit genutzt wird: Ist eine darin eingesetzte KI in allen Sprachen gleich gut trainiert, oder begünstigt sie Nutzer, die Englisch sprechen? Haben alle Teammitglieder den gleichen Zugang zu KI-Tools und Schulungen?

Checkliste für verantwortungsvolle KI-gestützte Entwicklung

Die folgende Checkliste richtet sich in direkter Anrede an alle Teammitglieder und soll als praktischer Leitfaden im Coding-Alltag dienen.

1. Prompting und Codegenerierung (für Entwicklerinnen und Entwickler)

   - [ ] Stelle sicher, dass deine Prompts keine vertraulichen oder sensiblen Daten enthalten, etwa Kundeninformationen, personenbezogene Daten (PII) oder Credentials.

- ☐ Prüfe die Lizenzierung aller Ausgaben und stelle sicher, dass sie keinen proprietären oder GPL-lizenzierten Code enthalten – es sei denn, die Nutzung ist ausdrücklich erlaubt. Verwende Tools wie FOSSA, um Code automatisch auf Lizenzverstöße zu prüfen.
- ☐ Teste die Ausgaben auf Bias, damit Code und Kommentare keine Stereotype und keine Diskriminierung reproduzieren.
- ☐ Sorge für die Sicherheit des Codes, indem du in Prompts sichere Standardeinstellungen verlangst. Stelle sicher, dass der Code keine unsicheren Konstruktionen enthält (z.B. eval, unbereinigte Eingaben).
- ☐ Definiere klare Vorgaben im Prompt, etwa zu Stil, Framework, Performanceanforderungen oder Kompatibilität.

2. Code-Reviews (für Entwicklerinnen und Entwickler sowie Code-Reviewer)
   - ☐ Vergewissere dich, dass im Code kein urheberrechtlich geschütztes Material enthalten ist, ohne dass eine entsprechende Lizenz vorliegt.
   - ☐ Stelle sicher, dass erforderliche Urhebernennungen und Quellenangaben vorhanden sind.
   - ☐ Prüfe Logik, Sprache und Bezeichner auf Bias und Fairness – insbesondere in Bereichen mit direktem Nutzerkontakt oder UI-Elementen.
   - ☐ Stelle sicher, dass der Code nicht dazu dienen kann, Schaden anzurichten – etwa durch Missbrauch, Manipulation oder Diskriminierung.
   - ☐ Überprüfe die Eingabesäuberung (Sanitization), die Datenverarbeitung und das Logging und prüfe auf Leaks von Secrets/Credentials.
   - ☐ Validiere Funktionalität und Korrektheit des Codes mithilfe von Unit-Tests, Randfallprüfungen, Fehlerbehandlung und durch ausreichende Testabdeckung.
   - ☐ Achte auf Effizienz und darauf, dass keine unnötig energie- oder rechenintensiven Muster verwendet werden.
   - ☐ Kontrolliere Abhängigkeiten, um sicherzustellen, dass keine ungetesteten Bibliotheken verwendet werden oder versteckte Lizenzrisiken existieren.
   - ☐ Prüfe Lesbarkeit und Wartbarkeit: Der Code sollte Styleguides einhalten und klaren Namenskonventionen folgen.
   - ☐ Entferne nicht genutzten Code, bevor du den Review abschließt.

- ☐ Überprüfe, ob Kommentare den Zweck des Codes verständlich erklären, insbesondere bei KI-generierter Logik.
- ☐ Formuliere dein Feedback respektvoll, konkret und konstruktiv.

3. Governance und Prozesse (auf Organisationsebene)
   - ☐ Stelle sicher, dass integrierte Lizenzscanner, Prüfprotokolle und Herkunftsnachweise (Provenance Tracking) eingerichtet sind.
   - ☐ Biete Schulungen zu Ethik und KI-gestützter Entwicklung an und aktualisiere diese regelmäßig.
   - ☐ Führe eine geprüfte Liste zugelassener KI-Werkzeuge und untersage den Einsatz nicht freigegebener oder risikobehafteter Tools.
   - ☐ Richte einen Prozess für den Umgang mit Vorfällen (Incidents) ein mit klaren Eskalationswegen und Optionen für anonyme Meldungen (Whistleblowing) für alle, die unethischen Code entdecken.
   - ☐ Überwache Metriken zum verantwortungsvollen KI-Einsatz, beispielsweise zu Bias-Incidents, Sicherheitsmeldungen oder Lizenzverstößen. Pflege eine Checkliste für diese Metriken und aktualisiere sie regelmäßig.
   - ☐ Hole aktiv Rückmeldungen aus der Community ein und berücksichtige sie bei Verbesserungen. Beziehe unterschiedliche Perspektiven ein – etwa durch Retrospektiven im Team oder externe Audits.

So nutzen Sie diese Checkliste

- Passen Sie diese Liste an, um Fragen aufzunehmen, die speziell für Ihre Organisation und Ihren Geschäftsbereich sowie für die Technik Ihres Teams, seine Risikotoleranz und Werte relevant sind.
- Fangen Sie klein an: Beginnen Sie mit Kernfragen wie »Haben wir alle sensiblen Daten entfernt?« und »Haben wir den Code auf möglicherweise fehlende Lizenzen untersucht?«
- Integrieren Sie Prüfungen und Checklisten über PR-Vorlagen, CI-Pipelines und Code-Review-Tools direkt in Ihren Workflow.
- Planen Sie regelmäßige Überprüfungen dieser Checkliste, etwa vierteljährlich oder nach größeren Vorfällen. Nutzen Sie diese Reviews, um die Liste fortlaufend zu verbessern, neue Punkte aufzunehmen oder überholte zu streichen.
- Verstehen Sie diese Checkliste nicht als starres Regelwerk, sondern als Startpunkte für entsprechende Gespräche und Diskussionen.

Die KI-Landschaft verändert sich ständig, und es ist zu erwarten, dass die Softwarebranche irgendwann KI-Standards oder Zertifizierungen einführt. Es mag diesbezüglich noch etwas früh sein, aber bei Interesse kann auch Ihr Unternehmen an der Gestaltung solcher Richtlinien mitwirken, etwa durch die Mitarbeit in Normierungsgremien wie den IEEE- oder ISO-Arbeitsgruppen zu KI-gestützter Softwareentwicklung. Aus ethischer Sicht ist es besser, wenn auch die Entwicklergemeinschaft selbst an der Festlegung solcher Regeln und Normen beteiligt ist, anstatt dies ausschließlich den Regulierungsbehörden oder Gerichten zu überlassen.

Zusammenfassung und Ausblick

Verantwortungsvolles Vibe Coding bedeutet, KI so in den Entwicklungsprozess zu integrieren, dass alle Stakeholder respektiert werden: die Urheber und Schöpfer geistigen Eigentums, gegebenenfalls durch Namensnennung, die Kolleginnen und Kollegen durch Transparenz und Fairness, die Nutzer durch Datenschutz, Sicherheit und faire, unvoreingenommene Ergebnisse und die Gesellschaft insgesamt, indem verhindert wird, dass Anwendungen Schaden anrichten können. Das Ziel muss sein, die Stärken von KI zu nutzen, ohne ihre Schwächen aus dem Blick zu verlieren.

Vibe Coding ist keine Ausrede für minderwertige Arbeit und ebenso wenig eine Rechtfertigung für ethische Abkürzungen. Als die letztlich Verantwortlichen müssen Entwicklerinnen und Entwickler sicherstellen, dass Geschwindigkeit niemals auf Kosten von Werten geht.

In Kapitel 10 geht es um eine Technologie, die unsere Zusammenarbeit mit KI-Modellen grundlegend verändert: autonome Coding-Agenten.

KAPITEL 10

Autonome Coding-Agenten

Autonome Coding-Agenten markieren die nächste Entwicklungsstufe KI-gestützter Programmierwerkzeuge. Im Gegensatz zu den bekannten »Copilot«-Assistenten, die beim Tippen per Autocomplete Codevorschläge machen, agieren diese Systeme eher wie Nachwuchsentwickler, denen ganze Aufgaben asynchron zur Ausführung im Hintergrund übertragen werden können. Der Code wird in einer isolierten Umgebung erzeugt, in der auch Tests durchgeführt werden können. Das Ergebnis wird häufig als vollständig ausgearbeiteter Pull Request geliefert, den Sie nur noch prüfen müssen.

In diesem Abschnitt geht es darum, was solche autonomen Agenten leisten, wie sie funktionieren, welche Werkzeuge derzeit verfügbar sind (etwa OpenAI Codex, Google Jules, Cursor, Windsurf, Devin u.a.) und wie sie sich von klassischen, in IDEs integrierten Assistenten unterscheiden. Außerdem werden ihre Fähigkeiten, Grenzen und die praktischen Veränderungen beleuchtet, die sie für die Zukunft der Softwareentwicklung mit sich bringen.

Von Copilots zu autonomen Agenten

Traditionelle KI-Coding-Assistenten (wie Cursor, GitHub Copilot oder VS-Code-Erweiterungen wie Cline) sind *überwachte Coding-Agenten* – interaktive Helfer, die auf Prompts oder Inline-Kontext reagieren. Im Kern handelt es sich um eine Art Autocomplete auf Steroiden: Sie generieren Vorschläge in einem Chat oder während des Tippens, doch die Kontrolle liegt dabei vollständig beim Menschen.

Im Gegensatz dazu arbeiten *autonome Coding-Agenten* mit deutlich größerer Eigenständigkeit. Man gibt ihnen eine übergeordnete Aufgabe oder ein Ziel und schickt sie dann gewissermaßen los, um das Problem selbstständig zu lösen – ohne permanente Begleitung. Diese Agenten lesen und verändern den bestehenden Code, entwerfen Pläne, führen Code aus (bis hin zu Tests oder Terminalbefehlen) und liefern ein Ergebnis – meist in Form von Commits oder Pull Requests – in einem asynchronen Workflow.

Denken Sie an den Unterschied zwischen einem Copiloten und einem Autopiloten: Ihr Copilot – ganz wie GitHub Copilot – sitzt ständig neben Ihnen im Cockpit und wartet auf Ihre Anweisungen, während ein Autopilot – also ein autonomer Coding-Agent – ein Flugzeug eine Zeit lang selbstständig steuern kann. Diese Eigenständigkeit ermöglicht autonomen Agenten, mehrstufige Programmieraufgaben zu übernehmen, während Sie sich auf andere Dinge konzentrieren. Der Einsatz asynchroner Agenten wie Codex und Jules erweitert gewissermaßen Ihre geistige Bandbreite: Sie stoßen eine Aufgabe an, überlassen sie der KI und müssen sich erst wieder damit beschäftigen, wenn das Ergebnis vorliegt. Statt eines sequenziellen Hin und Hers mit einer KI entsteht so ein mehrspuriger Arbeitsablauf: Der Agent arbeitet parallel, ähnlich wie ein fähiger Nachwuchsentwickler, der im Hintergrund mitprogrammiert.

Entscheidend ist, dass autonome Coding-Agenten nicht direkt in Ihrem Editor arbeiten, sondern in isolierten Entwicklungsumgebungen – meist Cloud-VMs oder Containern. Sie klonen in der Regel Ihr Repository in eine Sandbox, installieren die benötigten Abhängigkeiten und verfügen über die nötigen Werkzeuge für den Build und das Testen des Projekts. Aus Sicherheitsgründen sind diese Sandboxes eingeschränkt – etwa mit Regeln wie »Kein Internetzugriff, sofern nicht ausdrücklich erlaubt« – und nur vorübergehend aktiv. Der Agent kann Compiler, Tests, Linter und ähnliche Tools ausführen, ohne dass ein Risiko für Ihr lokales System besteht. Sobald die Aufgabe abgeschlossen ist, zeigt der Agent die vorgenommenen Codeänderungen (Diffs) und liefert eine Zusammenfassung seiner Arbeit. In der Regel geschieht das in Form eines Pull Request – inklusive Code-Diffs, Commit-Message und häufig auch einer kurzen Erläuterung –, den Sie anschließend reviewen und mergen können.

Zusammengefasst, ist ein autonomer Coding-Agent ein KI-gestützter maschineller Entwickler, der Ihre Absichten versteht, komplette Aufgaben in einer Sandbox-Umgebung eigenständig bearbeiten kann – inklusive Lesen, Schreiben und Testen von Code – und Ihnen anschließend das Ergebnis zur weiteren Prüfung liefert. Er beschränkt sich also nicht darauf, ein paar Codezeilen zu generieren, sondern kann Aufgaben größeren Umfangs übernehmen:

- Eine neue Funktion X in der gesamten Codebasis implementieren.
- Modul Y im Hinblick auf Effizienz refaktorieren.
- Die Abhängigkeiten eines Projekts aktualisieren.

Damit vollzieht sich ein grundlegender Wandel in der Art, wie KI in Entwicklungsprozesse eingebunden wird – weg von unterstützenden Vorschlägen hin zur *tatsächlichen Delegation von Implementierungsarbeit*.

Wie funktionieren autonome Coding-Agenten?

Die meisten Coding-Agenten folgen einem ähnlichen Ablauf, der aus vier Phasen besteht: *planen, ausführen, überprüfen, berichten*. Schauen wir uns diese Phasen genauer an.

Planen

Wenn Sie einem Agenten eine Aufgabe übertragen – meist über einen Prompt oder einen Befehl, der beschreibt, was Sie erreichen wollen –, analysiert der Agent die Anfrage zunächst und entwickelt einen Handlungsplan. Einige Systeme zeigen diesen Plan explizit an, bevor sie fortfahren. So präsentiert etwa Googles Jules (*https://oreil.ly/jxDhZ*) seinen Ausführungsplan so, dass Sie ihn prüfen und anpassen können, bevor der Agent mit dem Coding beginnt – was Ihnen laut Anbieter »die Unsicherheit nimmt, ob der Agent Ihre Anweisung richtig verstanden hat«. Ein guter Agent zerlegt die Aufgabe in Teilschritte:

> *Schritt 1: die Codebasis nach relevanten Stellen durchsuchen, Schritt 2: Änderungen in den Dateien A, B, C vornehmen, Schritt 3: Tests ausführen, Schritt 4: Änderungen committen.*

Diese Planungsphase ist entscheidend für die effektive Autonomie eines Agenten: Auf diese Weise denkt die KI über den besten Weg nach, das vorgegebene Ziel zu erreichen.

Für die eigentliche Umsetzung startet der Agent danach eine dedizierte Entwicklungsumgebung. Jules beispielsweise »klont Ihre Codebasis in eine sichere Google-Cloud-VM« und arbeitet dort asynchron. OpenAIs Codex verfährt ähnlich und führt jede Aufgabe in einer eigenen Cloud-Sandbox aus, in die zuvor Ihr Repository geladen wurde. Werkzeuge wie die autonomen Agenten von Cursor verwenden eine entfernte, auf Ubuntu basierende Maschine, die Internetzugang hat, um Pakete zu installieren, und die über Docker oder Snapshots individuell angepasst werden kann. Sicherzustellen, dass diese Umgebung über alle nötigen Abhängigkeiten verfügt, etwa passende Laufzeitumgebungen und Build-Tools, ist gleichermaßen kritisch wie anspruchsvoll. Martin Fowler drückt es in einer Analyse so aus: »Eine reibungslose Möglichkeit zu finden, genau die richtige Umgebung für einen Agenten bereitzustellen, ist entscheidend ... und die Benutzererfahrung bei deren Einrichtung ist mindestens so frustrierend wie bei CI-Pipelines[1].« Um das etwas zu vereinfachen, können bei vielen Agenten in Konfigurationsdateien spezifische Setup-Schritte angegeben werden. Ziel ist eine *Entwicklungsumgebung in der Cloud*, die genau das enthält,

1 *https://martinfowler.com/articles/exploring-gen-ai/autonomous-agents-codex-example.html*

was auch ein menschlicher Entwickler benötigen würde, um den Code und die Tests eines Projekts erfolgreich auszuführen.

Viele Agenten deaktivieren nach dem Setup den Internetzugriff auf ihren Code, um die Ausführung vollständig zu isolieren und unautorisierte Datenabflüsse oder unkontrollierte Internetzugriffe zu verhindern. Einige Systeme erlauben jedoch einen begrenzten Internetzugriff für bestimmte Zwecke: So hat OpenAI kürzlich bei Codex-Aufgaben optionalen Internetzugang freigegeben – etwa um Paketaktualisierungen abzurufen oder Dokumentationen einzusehen.

Ausführen

Als Nächstes folgt der Hauptteil: Der Agent beginnt auf der Basis des zuvor erstellten Plans, Code zu schreiben und zu verändern. Durch Zugriff auf ein LLM (oder eine Auswahl unterschiedlicher Modelle), das für Programmieraufgaben feingetunt ist, kann er Dateien lesen, neuen Code generieren und bei Bedarf auch neue Dateien anlegen. Hier agiert der Agent im Grunde wie eine Entwicklerin: Er stellt fest, wo Änderungen erforderlich sind, bearbeitet den bestehenden Code und fügt neue Logik hinzu.

Eine interessante Beobachtung aus frühen Tests ist, dass viele Agenten zur Orientierung im Codebestand eine einfache Textsuche einsetzen – etwa den Unix-Befehle `grep`. Ein Agent durchsucht dann beispielsweise das Repository nach einem Funktionsnamen oder einem bestimmten Schlüsselwort, um herauszufinden, an welcher Stelle Änderungen vorzunehmen sind. Das wirkt überraschend schlicht – sollte eine KI nicht auf eine ausgefeilte semantische Codesuche oder AST-basierte Analysen zurückgreifen? Dennoch ist diese Brute-Force-Methode wirkungsvoll und zuverlässig. Wie Birgitta Böckeler anmerkt (*https://oreil.ly/wDSkr*), greifen viele Coding-Agenten standardmäßig auf eine einfache Volltextsuche zurück – offenbar, weil sich diese trotz fortgeschrittenerer Verfahren als die insgesamt robusteste und universell einsetzbare Lösung erwiesen hat.

Während der Agent den Code bearbeitet, zeigen einige Systeme Echtzeitprotokolle oder Statusmeldungen an, damit Sie den Fortschritt verfolgen können. OpenAI Codex etwa stellt während der Ausführung einer Aufgabe ein Protokoll seiner »Gedankengänge« und eine Zusammenfassung der ausgeführten Befehle bereit. Cursor ermöglicht es, »den Status einzusehen und sich in die Maschine einzuloggen, auf der der Agent läuft«, um den Prozess zu beobachten oder bei Bedarf einzugreifen. In der Praxis ist das jedoch meist nicht nötig – die Idee besteht gerade darin, den Agenten autonom arbeiten zu lassen, ohne ihn ständig überwachen zu müssen.

Überprüfen

Zu den zentralen Fähigkeiten dieser Agenten gehört, dass sie beim Schreiben von Code nicht stehen bleiben – viele können Code bei Bedarf auch kompilieren und *führen außerdem Tests aus*, um ihre Änderungen zu verifizieren. OpenAIs Codex ist beispielsweise darauf ausgelegt, Tests iterativ auszuführen, bis ein fehlerfreies Ergebnis vorliegt. Kann ein Agent die Testsuite eines Projekts – oder zumindest einen relevanten Teil davon – ausführen, dann kann er selbstständig Fehler erkennen und in den folgenden Durchläufen automatisch korrigieren. Das ist ein entscheidender Fortschritt: Die KI *erzeugt* nicht nur Code, sondern übernimmt auch das *Debuggen* und die *Validierung* ihrer eigenen Ergebnisse.

Theoretisch kann ein Agent mithilfe eines robusten Test-Harness eigenständig Korrekturen vornehmen: Er versucht, einen Bug zu fixen, erkennt dabei womöglich einen weiteren Testfehler, passt den Code erneut an und wiederholt den Zyklus, bis alle Tests erfolgreich durchlaufen werden – ganz ohne menschliches Eingreifen. In der Praxis scheitert das jedoch gelegentlich an Umgebungsproblemen. In einem von mir beobachteten Fall konnte Codex nicht die vollständige Testsuite ausführen, weil in der Sandbox-Umgebung bestimmte Werkzeuge fehlten. Die Folge war ein Pull Request trotz zweier weiterhin fehlschlagender Tests. Wäre die Umgebung korrekt eingerichtet gewesen, hätte der Agent diese trivialen Probleme vor dem Erstellen des PR ebenfalls beheben können.

Das unterstreicht, warum die Einrichtung der Umgebung für autonome Agenten so wichtig ist: Nur wenn sie alles ausführen können, was auch ein Entwickler nutzt – also Linter, Tests und Builds –, sind sie in der Lage, Fehler selbstständig zu erkennen und zu korrigieren. Beim Agenten Devin wird beispielsweise genau dieser Zyklus als normaler Bestandteil seines Arbeitsablaufs betont: Devin »schreibt Code, findet Fehler im Code, korrigiert den Code und führt eigene End-to-End-Tests aus, um die Funktionsfähigkeit zu überprüfen«. Tatsächlich richtet Devin sogar eine Live-Vorschau einer von ihm erstellten Frontend-Anwendung ein, damit Sie eine neue Funktion direkt im Browser manuell überprüfen können – eine clevere Erweiterung des Verifikationsschritts.

Berichten

Sobald der Agent eine mögliche Lösung erstellt hat – wenn entweder alle Tests bestanden sind oder er den Code als komplett einstuft –, bereitet er die Ergebnisse für Sie auf. Je nach Plattform geschieht das in unterschiedlicher Form: als Pull Request auf GitHub, als Diff mit Erläuterung im Chat oder als fertige Dateien, die Sie direkt mergen können.

An diesem Punkt sind wieder Sie als Mensch an der Reihe, um einen Review durchzuführen. Hier kommen wir auf das Prinzip »Vertrauen ist gut, Kontrolle ist besser« – »Trust but verify« – zurück: Sie dürfen dem Agenten durchaus vertrauen, dass er etwas Brauchbares produziert hat, aber Sie müssen die Änderungen durch einen Code-Review und zusätzliche Tests selbst verifizieren. Viele Agentensysteme integrieren sich explizit in den PR-Review-Prozess als einen Entwicklerinnen und Entwicklern vertrauten Workflow. Jules klinkt sich beispielsweise in GitHub ein, legt einen neuen Branch an und erstellt von dort einen Pull Request mit den vorgenommenen Änderungen. OpenAIs Codex zeigt das Diff direkt in ChatGPT an, sodass Sie es freigeben oder Rückfragen stellen können. Wenn Sie Probleme finden oder Änderungswünsche haben, können Sie dem Agenten für eine weitere Iteration entsprechendes Feedback geben.

Einige Agenten verarbeiten Rückmeldungen direkt aus einem Chat heraus: Devin etwa kann Feedback aus einem verknüpften Slack-Thread entgegennehmen. Wenn Sie dort auf ein Problem hinweisen oder eine Anpassung verlangen, beginnt der Agent, »an einer Antwort zu arbeiten«, um Ihr Anliegen umzusetzen. Andere Systeme erfordern einen neuen Durchlauf mit angepasstem Prompt oder bieten eine spezielle Oberfläche für Review-Kommentare. Beeindruckend ist, dass Devin sogar auf einen Kommentar in einem GitHub-Pull-Request reagierte, in dem gefragt wurde, *warum* bestimmte Änderungen vorgenommen wurden – zunächst mit einem »Augen«-Emoji als Zeichen, dass der Kommentar registriert wurde, und anschließend mit einer ausführlichen Begründung seiner Entscheidung. (Diese Begründung war zwar nicht ganz korrekt, doch allein die Fähigkeit, auf PR-Kommentare zu reagieren und sie zu diskutieren, zeigt, wie interaktiv solche Agenten inzwischen agieren können.)

Wenn alles gut aussieht, mergen Sie den Pull Request des Agenten oder integrieren die Änderungen manuell. Falls nicht, verwerfen Sie sie oder lassen den Agenten einen weiteren Versuch durchführen. Eine ganz praktische Frage, vor der Teams dabei stehen, lautet: Was tun, wenn das Ergebnis eines Agenten nur *fast* gut genug ist? Lohnt es sich, die letzten 10 bis 20 % einer von der KI begonnenen Änderung selbst durchzuführen – selbst dann, wenn es sich um eine ursprünglich nachrangige Aufgabe handelte, die man bewusst ausgelagert hatte? Man steht hier vor einem, wie ich es nenne, »Versunkene-Kosten-Dilemma bei KI-Beiträgen«. Birgitta Böckeler (*https://oreil.ly/IdJ9d*) weist darauf hin, dass Teams in solchen Fällen entscheiden müssen, »in welchen Situationen [sie] den Pull Request verwerfen und in welchen [sie] die Zeit investieren würden, um die letzten 20 % fertigzustellen«, da es hier teilweise um Aufgaben geht, für die man normalerweise nur wenig Entwicklungszeit geopfert hätte. Da alles vom jeweiligen Kontext und der Wichtigkeit der Änderung abhängt, gibt es hier keine allgemeingültige Antwort. Autonome Agenten führen dadurch ein neues Abwägungsproblem in die Entwicklungsarbeit ein.

Insgesamt können autonome Coding-Agenten also den gesamten Entwicklungszyklus abdecken: *verstehen → planen → programmieren → testen → ausliefern*. Sie bilden im Grunde das Vorgehen eines sorgfältig und methodisch vorgehenden Entwicklers nach, wenn auch innerhalb der derzeitigen Grenzen künstlicher Intelligenz (siehe Abbildung 10.1).

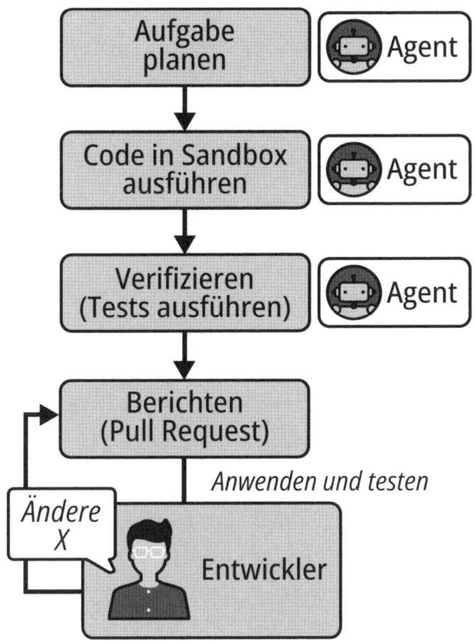

Abbildung 10.1: Selbstständig agierende Agenten planen Aufgaben, setzen Lösungen um, überprüfen Ergebnisse und berichten über die Resultate – bei nur minimalem menschlichem Eingriff.

Wie unterscheiden sich autonome Coding-Agenten von IDE-integrierten Assistenten?

Es lohnt sich, eine klare Trennlinie zu ziehen zwischen den KI-gestützten Programmierwerkzeugen, die wir seit einigen Jahren kennen – etwa GitHub Copilot oder dem Coding-Modus von ChatGPT – und der neuen Generation autonomer Agenten. Beide Varianten sind nützlich, erfüllen jedoch unterschiedliche Funktionen und haben ihre jeweils eigene Stärken und Schwächen.

Der offensichtlichste Unterschied liegt im *Grad ihrer Autonomie*. IDE-integrierte Assistenten wie Copilot oder die KI-Erweiterungen von VSCode arbeiten *synchron* mit Ihnen: Sie generieren Vorschläge oder beantworten Fragen, wenn Sie sie aufrufen, und ihr Geltungsbereich ist normalerweise auf den unmittelbaren Kontext beschränkt – etwa auf die Datei oder Funktion, an der Sie gerade arbeiten, oder auf den konkret formulierten Prompt. *Sie* als Mensch entscheiden, wann Sie einen Vorschlag annehmen, eine Alternative anfordern oder eine Änderung übernehmen möchten.

Bei autonomen Agenten läuft es anders: Sobald Sie eine Aufgabe starten, führt der Agent eigenständig potenziell Hunderte von Aktionen aus – Dateibearbeitungen, Programmläufe, Suchvorgänge –, ohne dass weitere Bestätigungen nötig sind. Er arbeitet *asynchron*. Das erfordert ein höheres Maß an Vertrauen, da Sie ihm erlauben, Änderungen selbstständig vorzunehmen, entlastet Sie aber zugleich von ständigem Mikromanagement. Ich beschreibe es oft als den Unterschied zwischen KI als *Pair-Programmer* und KI als einem zusätzlichen, Ihnen assistierenden *Entwickler*. Der Pair-Programmer (Copilot) sitzt bei jedem Tastendruck an Ihrer Seite, während der Assistent (Codex, Jules u.a.) parallel an einer anderen Aufgabe arbeitet.

Der Copilot- bzw. Pair-Programmer-Ansatz eignet sich besonders für *Mikroaufgaben* – etwa das Schreiben einer Funktion, das Vervollständigen einer Codezeile, das Erzeugen eines kurzen Snippets oder das Beantworten einer Frage zur Nutzung einer API. Diese Werkzeuge behalten jedoch keinen übergreifenden Handlungsfaden »im Kopf« und besitzen kein ganzheitliches Projektverständnis, das über die Kenntnis der im Editor geöffneten Dateien oder ihr begrenztes Kontextfenster hinausgeht.

Autonome Agenten agieren dagegen auf der *Projektebene*. Sie laden Ihr gesamtes Repository (oder indexieren es zumindest) und können koordinierte Änderungen über mehrere Module hinweg vornehmen. Dabei behalten sie einen mehrstufigen Plan im Blick. GitHub Copilot könnte Ihnen zum Beispiel dabei helfen, einen Unit-Test zu schreiben. Ein autonomer Agent hingegen könnte völlig selbstständig etwas in einer Datei implementieren, in einer zweiten den dazugehörigen Test anlegen und in einer dritten die Konfiguration anpassen – alles im Rahmen einer einzigen, zusammenhängenden Aufgabenbearbeitung. Dadurch sind solche Agenten deutlich besser geeignet für Aufgaben wie das Refaktorieren querschnittlicher Funktionen (etwa Logging oder Fehlerbehandlung), das Durchführen von Upgrades, die viele Dateien betreffen, oder das Implementieren einer Funktion, die sowohl Backend als auch Frontend betrifft. IDE-Assistenten stoßen hier an ihre Grenzen, da ihnen ein langfristiges Aufgabenverständnis und der Überblick über das gesamte Repository fehlen.

Assistenten im Copilot-Stil sind *reaktiv* – sie reagieren auf Ihren Code oder Ihre Anfragen. Sie führen keine eigenständigen Aktionen aus. Autonome Agenten hingegen sind *proaktiv*: Sobald sie aktiviert sind, ergreifen sie selbst die Initiative, um das gesetzte Ziel zu erreichen. Ein Jules- oder Devin-Agent könnte etwa entscheiden: »Hier muss ich eine neue Datei anlegen« oder »Ich führe jetzt die Tests aus«, ohne dass jeder Schritt ausdrücklich vorgegeben wird. Sie können Ihnen außerdem aktiv Hinweise geben, etwa:

> *Ich habe eine weitere Stelle gefunden, an der diese Änderung angewendet werden sollte, und werde mich darum kümmern.*

Sie verhalten sich eher wie eine Mitarbeitende, die vielleicht sagt: »Mir ist beim Arbeiten im Code etwas aufgefallen, das ich gleich mitbehoben habe.« Diese Eigenständigkeit hat allerdings auch eine Kehrseite: Ein Agent tut möglicherweise Dinge, die Sie nicht erwartet oder gewollt haben. Der überwachte Charakter klassischer Assistenzsysteme garantiert dagegen, dass nur genau das ausgeführt wird, was Sie ausdrücklich bestätigen – abgesehen vielleicht von kleineren Fehlvorschlägen, die Ihnen entgehen. Größere Autonomie verlangt größere Kontrolle.

Ein wesentlicher Unterschied zwischen Assistenten und Agenten besteht darin, dass autonome Agenten *tatsächlich Code und Befehle ausführen können*, während herkömmliche IDE-Assistenten dazu normalerweise nicht in der Lage sind – es sei denn, man zählt Funktionen wie den Code Interpreter von ChatGPT dazu, der allerdings eher für die Datenanalyse gedacht und nicht in den Build-Prozess eines Projekts integriert ist.

Autonome Agenten führen Ihre Testsuite aus, starten den Entwicklungsserver, kompilieren die Anwendung – und in manchen Fällen übernehmen sie sogar das Deployment. Sie arbeiten zwar in einer Sandbox, verhalten sich dabei aber im Prinzip wie ein automatisierter Entwickler mit Zugriff auf die Kommandozeile. Das ist ein Gamechanger, da nun auch erstellter oder geänderter Code verifiziert und gegebenenfalls korrigiert werden kann. Ein IDE-Helfer kann zwar Code generieren, der auf den ersten Blick plausibel wirkt, doch wenn dieser nie ausgeführt wird, bleiben potenzielle Laufzeitfehler oder fehlschlagende Tests unentdeckt.

Wenn ein Agent den Code tatsächlich ausführt, steigt dagegen die Wahrscheinlichkeit, dass das Ergebnis auch wirklich funktionsfähig ist. Zugleich wird der Debugging-Schritt ausgelagert: Wenn etwas fehlschlägt, versucht der Agent unmittelbar, das Problem selbst zu beheben. Dafür muss allerdings die Umgebung des Agenten korrekt eingerichtet sein (wie zuvor beschrieben), und es besteht immer das Risiko unerwünschter Nebenwirkungen. Wenn ein Agent eine Datenbankmigration ausführt oder Daten ändert, passiert das in der Regel im Sandbox-Modus, sodass es nicht die Produktionsumgebung betrifft, aber dennoch ist hier Vorsicht geboten.

GitHub Copilot und ähnliche Tools sind direkt in den Editor integriert und eignen sich damit ideal für konzentriertes, kontinuierliches, Flow-artiges Coding. Autonome Agenten dagegen sind zusätzlich oft in Projektmanagement- und DevOps-Systeme integriert. So kann man beispielsweise ein GitHub-Issue anlegen und den Agenten daraus automatisch einen Pull Request erstellen lassen oder ihn aus einer CI-Pipeline heraus starten – etwa um Lint-Fehler in PRs selbsttätig zu korrigieren. CodeGen wirbt beispielsweise damit, dass seine Agenten sich an Issue-Tracker anbinden lassen, sodass die KI mit der Bearbeitung beginnt, sobald ein Ticket den Status »In Progress« erreicht. Solche Integrationen gehen weit über die Fähigkeiten klassischer IDE-Werkzeuge hinaus. Sie deuten darauf hin, dass KI-Agenten künftig Teil der CI/CD-Kette werden könnten – etwa indem sie Build-Fehler automatisch beheben oder eigenständig Folge-PRs für kleinere Probleme erstellen. Das ist eine neue Form der Zusammenarbeit: Die KI unterstützt nicht nur beim Schreiben von Code, sondern agiert als eigenständiger Bot innerhalb der Toolchain eines Teams.

Die Arbeit mit Copilot-ähnlichen Assistenten fühlt sich nach wie vor wie klassisches Programmieren an – nur schneller: Sie tippen, die KI schlägt etwas vor, Sie akzeptieren es, Sie testen es. Die Arbeit mit einem autonomen Agenten hingegen ähnelt eher einer Delegation mit anschließendem Review. Der menschliche Aufwand verlagert sich vom Coding hin zum Formulieren einer präzisen Aufgabenbeschreibung und zum Review des generierten Ergebnisses. Ich bezeichne das als »Asymmetrie zwischen Generierung und Review«: Eine Lösung (oder Code) von Grund auf zu erstellen, ist schwierig – sie zu bewerten und zu verfeinern hingegen deutlich einfacher. Genau deshalb sparen asynchrone Agenten Zeit: Sie übernehmen die eigentliche Codeerzeugung, während Sie die – meist schneller zu bewältigende – Aufgabe des Prüfens und Nachbesserns erledigen. Das kann die Produktivität erheblich steigern, bedeutet aber zugleich, dass Entwickler ihre Fähigkeiten in Code-Review und Verifikation schärfen müssen.

Code-Reviews waren schon immer wichtig, aber jetzt geht es nicht mehr nur um den Code menschlicher Kollegen, sondern auch um von KI erzeugten Code, der oft ganz eigene Fehlermuster aufweist. Mein (oft wiederholter) Leitsatz lautet: Behandeln Sie den vom Agenten erzeugten Code so, als stamme er von einem etwas übereifrigen Nachwuchsentwickler – gehen Sie von guten Absichten und solider Kompetenz aus, aber überprüfen Sie alles, und zögern Sie nicht, Änderungen einzufordern oder Beiträge abzulehnen, wenn sie den Qualitätsstandards nicht entsprechen.

In der Praxis nutze ich Copilot-ähnliche Werkzeuge und autonome Agenten oft *parallel*. Wenn ich an komplexer Logik arbeite, bei der ich die volle Kontrolle behalten will, setze ich auf Copilot oder die Inline-Vorschläge von Cursor. Gleichzeitig übertrage ich aber vielleicht eine periphere, zeitaufwendige Aufgabe – beispielsweise das Aktualisieren sämtlicher API-Client-Bibliotheken auf neue Endpunkte – an einen autonomen Agenten, der sie im Hintergrund bearbeitet. Beide Systeme erfüllen unterschiedliche Funktionen und ersetzen einander nicht. Tatsächlich halte ich es für wahrscheinlich, dass IDEs künftig eine integrierte Nutzungserfahrung bieten werden – mit einer Palette von Optionen, die vom einfachen »Vervollständige diese Zeile« über »Erzeuge eine Funktion« bis hin zu »KI, bitte bearbeite dieses gesamte Ticket für mich« reicht. Welches Werkzeug man wählt, hinge dann vom Umfang der jeweiligen Aufgabe ab.

Kombination mehrerer KI-Modelle und ihrer jeweiligen Stärken

Bisher habe ich oft von »der KI« gesprochen, als wäre sie ein einziger, monolithischer Assistent. In Wirklichkeit gibt es, jeweils mit eigenen Stärken, viele unterschiedliche KI-Modelle. Manche verstehen natürliche Sprache hervorragend, andere generieren besonders gut Code, wieder andere sind auf bestimmte Bereiche spezialisiert, etwa mathematische Problemlösung oder UI-Gestaltung. Ein geübter Vibe Coder kann mehrere KIs miteinander kombinieren und Modelle jeweils für das einsetzen, was sie am besten können. Man arbeitet auf diese Weise gleich mit einem ganzen Team von Spezialisten als nur mit einem einzelnen Generalisten.

Stellen Sie sich einen zukünftigen Workflow vor, in dem Sie mehrere KI-Modelle nutzen:

- Eine CodeGen-KI, spezialisiert auf Programmierung, die Code effizient erzeugen und Fehler beheben kann.
- Eine TestGen-KI, die darauf trainiert ist, Testfälle zu erstellen und Randfälle aufzuspüren.
- Eine Doc-KI, die verständliche Dokumentation und Erläuterungen verfasst.
- Eine Design-KI, die sich auf die Erstellung von UI-Layouts oder Grafiken versteht.
- Eine Optimierungs-KI, die auf Performance-Tuning fokussiert ist und möglicherweise sogar niedrige Systemebenen berücksichtigt.

Sie können Teilaufgaben nacheinander von mehreren dieser KIs bearbeiten lassen. Beispielsweise bitten Sie die CodeGen-KI, eine Implementierung zu schreiben. Anschließend übergeben Sie deren Ergebnis direkt an die TestGen-KI, die passende Tests erzeugt oder den Code kritisch überprüft. Danach geben Sie Code und Tests gemeinsam an die Doc-KI weiter, die daraus eine Dokumentation oder ein Handbuch erstellt. Wenn die Aufgabe eine Benutzeroberfläche betrifft, kann vorher bereits die Design-KI zum Einsatz kommen, um die Struktur des Layouts zu entwerfen, das die CodeGen-KI anschließend umsetzt. Durch diese Verkettung nutzen Sie die jeweilige Fachkompetenz der einzelnen Modelle optimal aus. Das ähnelt einer Software-Pipeline oder Fertigungslinie – nur dass hier nicht verschiedene Menschen, sondern unterschiedliche KIs die einzelnen Arbeitsschritte übernehmen.

Selbst bei ähnlichen Modellen kann deren Kombination die Zuverlässigkeit erhöhen. Wenn Sie zwei Codegenerierungsmodelle unterschiedlicher Anbieter oder Architekturen einsetzen, können Sie beide unabhängig voneinander eine Lösung erzeugen lassen, die Sie anschließend vergleichen oder testen. Besteht nur einer dieser Vorschläge alle Tests, ist die Wahl eindeutig. Bestehen beide, verfolgen aber unterschiedliche Ansätze, könnten Sie sich für die besser lesbare Variante entscheiden. Solche Formen des kombinierten Einsatzes von Modellen verringern die Fehlerrate, da es unwahrscheinlich ist, dass zwei verschiedene Modelle exakt denselben Fehler machen. Sie holen dadurch eine Art Zweitmeinung ein. Schon heute wird an Lösungen geforscht und gearbeitet, bei denen eine KI die Begründungen einer anderen überprüft, indem beispielsweise die erste KI eine Lösung generiert, die anschließend von einer zweiten Instanz bewertet wird.

Modelle je nach Aufgabentyp auswählen

Verwenden Sie für jede Aufgabe das passende Werkzeug. Große Sprachmodelle (LLMs) sind vielseitige Generalisten, doch in manchen Fällen leisten kleinere, spezialisierte Modelle oder klassische Tools bessere Arbeit. Für arithmetische Aufgaben oder bestimmte Algorithmen kann beispielsweise ein deterministisches Werkzeug – oder eine stärker eingeschränkte KI – besser geeignet sein. In manchen ausgeklügelten Entwicklungsumgebungen kommen daher für einige Teilaufgaben symbolische Solver oder ältere regelbasierte KI-Systeme zum Einsatz, während LLMs andere Aufgaben übernehmen. Als erfahrener Coder könnten Sie eine persönliche Toolbox pflegen: Für reguläre Ausdrücke nutzen Sie vielleicht einen spezialisierten Regex-Generator, für Commit-Messages dagegen ein Modell, das auf Textzusammenfassungen trainiert wurde. Glücklicherweise lassen sich all diese Systeme über einfache Skripte oder Prompt Wrapper verbinden. Ein lokales Skript wie `ai_regex_generator` könnte beispielsweise intern eine KI ansprechen, deren Eingaben und Ausgaben vor- und nachverarbeitet werden, um sicherzustellen, dass das Ergebnis ein gültiger regulärer Ausdruck ist – und diesen gleich an bereitgestellten Beispielen testen.

Ein Orchestrierungssystem verwenden

Wenn Sie regelmäßig mehrere Modelle miteinander kombinieren, kann es sinnvoll sein, ein Orchestrierungssystem zu verwenden oder selbst eines zu entwickeln. Bei dieser noch jungen Kategorie von Frameworks wird oft von *KI-Orchestrierung* oder *Agentensystemen* gesprochen. Dabei handelt es sich nicht um Coding-Agenten, sondern um Systeme, die mehrere spezialisierte Modelle koordinieren und steuern, welches Modell welche Teilaufgabe übernimmt. Solche Systeme ermöglichen es, einen definierten Ablauf festzulegen, etwa so:

> *Schritt 1: Verwende Modell A, um die Benutzeranfrage zu interpretieren.*
>
> *Schritt 2: Wenn die Anfrage Datenanalyse betrifft, verwende Modell B, um SQL zu generieren; wenn es um Text geht, verwende Modell C …*
>
> *Schritt 3: Übergib das Ergebnis an Modell D, das es erläutert.*

Das wird besonders dann relevant, wenn Sie eine Anwendung oder einen Dienst entwickeln, der aus mehreren KI-Schritten besteht. Aber selbst im persönlichen Entwicklungsalltag können Sie einen mehrstufigen Ansatz skripten. Zum Beispiel könnte ein benutzerdefiniertes CLI-Tool, `ai_dev_assist`, einen Prompt entgegennehmen und ihn im Hintergrund durch eine KI in Kategorien wie `Code`, `Design`, `Test` und `Optimierung` einordnen. Je nach Kategorie wird der Prompt dann an die jeweils spezialisierte KI weitergeleitet. Nach Erhalt des Ergebnisses kann das Tool dieses optional an eine weitere KI zur Überprüfung oder Verbesserung übergeben.

Solch eine Meta-KI – nicht zu verwechseln mit der KI des Unternehmens Meta, dem Mutterkonzern von Facebook, Instagram und WhatsApp – koordiniert andere KIs. Das klingt komplex, lässt sich aber mit heutiger Technologie bereits umsetzen. Es wird voraussichtlich noch einfacher werden, sobald IDEs oder Cloud-Plattformen dafür entsprechende Unterstützung bieten.

Hybride Teams aus Mensch und KI

Wenn wir schon über mehrere kombiniert eingesetzte »Intelligenzen« sprechen, sollten wir die *menschlichen* Partner nicht vergessen. Ein erfahrener Vibe Coder sollte auch wissen, wann er weitere menschliche Entwicklerinnen und Entwickler einbeziehen sollte. Wenn Sie etwa mithilfe einer KI zwei oder drei unterschiedliche Designprototypen für eine neue Funktion erstellt haben, könnten Sie diese anschließend dem UX-Team zur Beurteilung vorlegen: Welcher Entwurf passt zur Marke? Welcher wirkt am intuitivsten? Wenn eine KI einen besonders komplexen Codeabschnitt erzeugt hat, bietet sich ein gemeinsamer

Code-Review mit einer Kollegin oder einem Kollegen an – mit dem Hinweis: »An diesem Modul war eine KI beteiligt, deshalb wäre mir eine Überprüfung durch eine neutrale Person wichtig.« In gewisser Weise lässt sich der Multimodellansatz auch auf Menschen ausweiten: Jede Instanz – ob Mensch oder KI – bringt eigene Stärken ein. Die Zukunft der Softwareentwicklung könnte daher zunehmend in gemischten Teams liegen, in denen Menschen und KIs gemeinsam programmieren – ob als Paar oder als Teil eines größeren Entwicklungsteams.

Stellen Sie sich vor, Sie entwickelten per Vibe Coding eine kleine Webanwendung. Ihr Workflow könnte so aussehen:

1. Sie verwenden eine UI-Layout-KI, die auf Frontend-Entwicklung spezialisiert ist, um auf Grundlage einer Beschreibung das HTML- und CSS-Gerüst Ihrer Seite zu erzeugen.
2. Anschließend nutzen Sie eine Content-KI, die Platzhaltertexte bzw. Marketingtexte oder benötigte Bilder liefert.
3. Danach setzen Sie eine Code-KI ein, um die interaktive Funktionalität in JavaScript zu erstellen, wobei Sie ihr das HTML übergeben, damit sie weiß, an welche Element-IDs sie andocken muss.
4. Im nächsten Schritt bitten Sie eine Test-KI, passende Selenium- oder Playwright-Tests für Interaktionen auf der Benutzeroberfläche zu erzeugen.
5. Zum Abschluss setzen Sie eine Security-KI ein, die den Code auf gängige Sicherheitslücken überprüft. Dabei kann es sich entweder um ein eigenes Modell handeln oder um ein klassisches Tool zur statischen Analyse, das um KI-Funktionen erweitert wurde.

Dieser Multimodellansatz deckt Frontend, Backend (falls vorhanden), Content, Testing und Security in einem integrierten Prozess ab. Jede KI übernimmt ihren Teil, und Sie sorgen als Koordinator dafür, dass alles zusammenpasst.

Heute müssen Sie die Zwischenergebnisse vielleicht noch manuell von einem Tool ins nächste übertragen oder mit kleinen Hilfsskripten verbinden. Künftig könnten IDEs solche Pipelines jedoch direkt unterstützen und so einen nahtlosen Ablauf ermöglichen. Die wichtigste Erkenntnis lautet: *Verlassen Sie sich nicht nur auf ein einzelnes KI-Modell, wenn Sie Zugang zu mehreren haben.* Nutzen Sie für jede Aufgabe das Modell, das sie am besten beherrscht, und lassen Sie sie zusammenarbeiten. Das führt nicht nur zu besseren Ergebnissen, sondern verringert auch das Risiko eines Single Point of Failure: Wenn ein Modell in einem Bereich schwächelt, kann ein anderes womöglich einspringen.

Die Kombination mehrerer KI-Modelle ist letztlich nur eine logische Weiterentwicklung des in der Softwareentwicklung längst vertrauten Prinzips der Spezialisierung – denken Sie nur an Microservices, bei denen jeder Dienst genau eine Aufgabe besonders gut erfüllt. Im Multimodellansatz übernimmt jede KI ihren eigenen, klar umrissenen Aufgabenbereich. Als Vibe Coder sind Sie damit nicht länger reiner Prompter, sondern erweitern Ihre Rolle zum KI-Dirigenten. Das erfordert etwas mehr Vorbereitung und konzeptionelles Denken, zahlt sich aber aus: Das Ergebnis ist eine Art Symphonie, gespielt von KI-Kollaborateuren, die gemeinsam zu einem hochwertigen Endprodukt beitragen.

Nachdem Sie nun wissen, wie diese Systeme arbeiten, sehen wir uns im nächsten Abschnitt einige der führenden Vertreter genauer an – und wie sie sich im Vergleich schlagen.

Wichtige autonome Coding-Agenten

Das Feld der autonomen Coding-Agenten hat sich zuletzt rasant weiterentwickelt, jedoch auf Basis einer Reihe von deutlich unterschiedlichen Ansätzen auf verschiedenen Plattformen. Diese Tools markieren einen Wandel weg vom passiven Vervollständigen einzelner Codezeilen hin zu aktiven Entwicklungspartnern, die komplexe Aufgaben eigenständig ausführen können.

Cloud-basierte Kommandozeilenagenten: OpenAI Codex
: OpenAIs Codex (*https://oreil.ly/Ml-NU*) steht exemplarisch für den Cloud-basierten Agentenansatz: Es arbeitet über die ChatGPT-Oberfläche oder über ein Open-Source-CLI und startet isolierte Sandboxes, um Programmieraufgaben parallel auszuführen – von React-Upgrades bis zur Erstellung von Unit-Tests. Das Besondere an Codex ist sein durch Reinforcement Learning auf realen Programmieraufgaben trainiertes Modell. Dadurch folgt es bewährten Praktiken und kann etwa Tests iterativ ausführen, bis sie erfolgreich absolviert werden. Auch wenn die Ergebnisse zwischen einzelnen Sitzungen variieren können, gelangt Codex bei klar umrissenen Aufgaben in der Regel zu funktionierenden Lösungen. Seine Stärke liegt in der tatsächlichen Codeausführung in CI-ähnlichen Umgebungen. Codex steht damit für eine neue Generation von Agenten, die sich erstmals wirklich in Entwicklungspipelines einfügen.

Workflow-integrierte Agenten: Google Jules
: Google Jules (*https://jules.google*) verfolgt einen anderen Ansatz, indem es sich tief in bestehende GitHub-Workflows integriert. Der Agent läuft in Google-Cloud-VMs mit vollständigen Repository-Klonen und zeichnet sich besonders durch eine transparente, strukturierte Planung aus: Er teilt

sein Reasoning mit und ermöglicht es, den präsentierten Plan vor der Ausführung zu ändern. Diese Philosophie des »erst planen, dann ausführen«, kombiniert mit der Möglichkeit, in Echtzeit Feedback zu geben, positioniert Jules eher als überwachten Assistenten denn als Blackbox-Automaten. Durch sein GitHub-natives Design arbeitet der Agent direkt dort, wo Entwicklerteams ohnehin tätig sind, und legt, ohne dass ein Kontextwechsel nötig ist, Branches an und erstellt Pull Requests. Bei diesem Agenten wird darüber hinaus mit neuartigen Funktionen wie Audio-Changelogs experimentiert, die auf künftig möglicherweise zugänglichere Formen des Code-Reviews hinweisen.

IDE-integrierte Agenten: Cursor
: Die autonomen Coding-Agenten von Cursor (*https://oreil.ly/V-Pci*) stehen für den IDE-zentrierten Ansatz: Sie werden direkt aus dem Editor heraus gestartet, führen ihre Aufgaben jedoch auf entfernten Maschinen aus. Dieses hybride Modell erlaubt Entwicklerinnen und Entwicklern, mehrere KI-Instanzen wie von einem Kontrollzentrum aus zu koordinieren, ohne dabei die lokale Kontrolle aufzugeben. Cursor stellt dafür Ubuntu-Instanzen mit individuell konfigurierbaren Umgebungen bereit – etwa über *environment.json* oder Dockerfiles – und erlaubt den Agenten vollen Internetzugang sowie die Installation benötigter Pakete. Die zentrale Neuerung ist die nahtlose IDE-Integration: Entwickler können den Fortschritt der Agenten in Echtzeit verfolgen, bei Bedarf eingreifen und die vorgenommenen Änderungen sofort lokal übernehmen, sobald sie abgeschlossen sind. Dieser Ansatz verwischt die Grenze zwischen lokaler KI-Unterstützung und Cloud-basierter Ausführung.

Team-integrierte Agenten: Devin
: Devin (*https://devin.ai*) positioniert sich eher als »KI-Teamkollege« denn als bloßes Tool und integriert sich in Slack, GitHub und Issue-Tracker wie Jira. Entwickelt von Cognition Labs, basiert Devin auf speziell angepassten KI-Modellen, die auf langfristiges Reasoning und mehrstufige Ausführung optimiert sind. Seine Stärke liegt in der parallelen Bearbeitung kleiner Wartungsaufgaben, die im Alltag oft hintenan gestellt werden – etwa Bugfixes, das Ergänzen von Tests oder das Bereinigen von Linter-Warnungen. Das kollaborative Design umfasst Statusmeldungen, Rückfragen zur Klärung und sogar automatische Vorschau-Deployments. Bei komplexeren Problemen stößt Devin allerdings noch an Grenzen und erfordert teils erheblichen menschlichen Eingriff, was auf die derzeitigen Leistungsgrenzen autonomer Softwareentwicklung hinweist.

Das Feld wächst rasant. Sowohl etablierte Anbieter als auch Start-ups wetteifern darum, diese Kategorie zu definieren. Microsoft hat bereits mit *Copilot++*

angedeutet, dass man über reine Inline-Vorschläge hinaus zu echten Agentenfunktionen übergehen will. Gleichzeitig werben Start-ups wie CodeGen – auf Basis von Anthropics Claude – mit Versprechen wie »Softwareentwickler, die niemals schlafen« um Unternehmenskunden. Parallel dazu treiben Open-Source-Projekte und die akademische Forschung die Entwicklung weiter voran mit dem Ziel, die Codegenerierung zuverlässiger und kontextsensitiver zu machen.

Diese schnelle Verbreitung deutet darauf hin, dass wir die Geburt eines neuen Entwicklungsparadigmas erleben, bei dem einzelne Entwickler den Einsatz mehrerer parallel arbeitender KI-Agenten orchestrieren, die jeweils auf unterschiedliche Aspekte des Softwarelebenszyklus spezialisiert sind. Die zentralen Unterscheidungsmerkmale, die sich derzeit abzeichnen, sind:

- Ausführungsumgebung: lokal oder in der Cloud
- Integrationsgrad: in der IDE oder in Workflow-Tools
- Autonomiegrad: überwacht oder eigenständig
- Zielanwendung: Wartung oder Funktionsentwicklung

Herausforderungen und Grenzen

Autonome Coding-Agenten erben viele der grundlegenden Herausforderungen der KI-gestützten Softwareentwicklung, die in diesem Buch angesprochen wurden – insbesondere das 70%-Problem (siehe Kapitel 3). Ihre Eigenständigkeit bringt jedoch zusätzliche spezifische Herausforderungen mit sich, die eine gesonderte Betrachtung verdienen.

Der kumulative Effekt sequenzieller Entscheidungen

Im Gegensatz zu interaktiven KI-Assistenten, bei denen der Mensch nach jedem Schritt eingreifen kann, treffen autonome Agenten viele aufeinanderfolgende Entscheidungen, deren Fehler sich auf besondere Weise aufsummieren können. Wenn ein Agent die ursprüngliche Anforderung falsch interpretiert, entsteht nicht nur *eine* fehlerhafte Funktion, er baut auf diesem Missverständnis eine vollständige Implementierungsarchitektur auf. Jede weitere nachfolgende Entscheidung verstärkt den ursprünglichen Fehler und führt zu dem, was ich »kohärente Fehlerhaftigkeit« nenne: Code, der in sich logisch und konsistent ist, aber grundlegend an den tatsächlichen Anforderungen vorbeigeht.

Diese sequenzielle Entscheidungskumulation stellt insbesondere jene Agenten vor Probleme, die Änderungen über mehrere Dateien hinweg vornehmen. Ein Agent, der eine neue Funktion implementiert, passt möglicherweise die Backend-API korrekt an, propagiert dabei jedoch fehlerhafte Annahmen in das Frontend, das Datenbankschema und die Testsuiten. Wenn schließlich der komplette Pull Request zur Überprüfung vorliegt, erweist sich das Entwirren dieser miteinander verknüpften Fehler oft als aufwendiger, als es die schrittweise Korrektur im Rahmen herkömmlicher, interaktiver KI-Unterstützung gewesen wäre.

Fragilität durch Umgebungsunterschiede

Wie in Kapitel 8 bereits beschrieben, bringt die Einrichtung von Entwicklungsumgebungen generell einige Herausforderungen mit sich. Für autonome Agenten verschärfen sich diese jedoch durch ihr Sandbox-Ausführungsmodell. Jeder Lauf eines Agenten erfordert eine isolierte Umgebung, die die lokale Entwicklungsumgebung *exakt* widerspiegeln muss – ein Anspruch, der sich nur schwer skalieren lässt. Wenn mehrere Agenten gleichzeitig aktiv sind, können selbst geringfügige Unterschiede zwischen den Umgebungen zu stark abweichenden Ergebnissen führen.

Stellen Sie sich ein Szenario vor, in dem fünf Agenten gleichzeitig an unterschiedlichen Features arbeiten. Agent A verwendet möglicherweise eine etwas ältere Node-Version in seinem Container, Agent B fehlt eine bestimmte Systembibliothek, und Agent C arbeitet mit abweichenden Zeitzoneneinstellungen. Diese Unterschiede bleiben während der Ausführung meist unsichtbar, treten jedoch später beim Zusammenführen der Ergebnisse als schwer nachvollziehbare Fehler zutage. Diese Form des »Environmental Drift« zwischen Agenten-Sandboxes stellt eine neue Klasse von Integrationsproblemen dar, die in herkömmlichen Einzelentwickler-Workflows nicht vorkommt.

Das Paradox asynchroner Koordination

Autonome Agenten versprechen paralleles Entwickeln, bringen dabei jedoch Koordinationsprobleme eigener Art mit sich, die sich grundlegend von der Dynamik menschlicher Teams unterscheiden. Wenn mehrere Agenten gleichzeitig sich überlappende Codestellen bearbeiten, fehlen ihnen jene impliziten Kommunikationskanäle, die Menschen nutzen: Es gibt keinen kurzen Nachrichtenaustausch über Slack à la »Arbeitest du gerade am Auth-Modul?« und kein informelles Bewusstsein dafür, womit die Kolleginnen und Kollegen gerade beschäftigt sind.

Das erzeugt das *Paradox asynchroner Koordination*: Je mehr Agenten man parallel einsetzt, um die Produktivität zu steigern, desto aufwendiger wird die spätere Kombination und Integration ihrer Ergebnisse. Im Gegensatz zu menschlichen Entwicklern, die sich über Stand-ups oder spontane Gespräche auf zwanglose Weise abstimmen, arbeiten Agenten vollständig isoliert. So kann es vorkommen, dass Agent A eine Utility-Funktion refaktoriert, während Agent B gleichzeitig neue Aufrufe der alten Version einbaut. Das führt zu Konflikten, die in einem menschlichen Team oft gar nicht erst entstehen.

Der intensivierte Review-Engpass

Während Code-Reviews – wie bereits in früheren Kapiteln beschrieben – für den von KIs generierten Code unverzichtbar bleiben, verschärfen autonome Agenten dieses Problem allein durch Menge und Taktung der erzeugten Ergebnisse. Im Unterschied zur interaktiven KI-Unterstützung, bei der Code schrittweise während der Arbeit entsteht, liefern Agenten ihre Ergebnisse als vollständige Implementierungen – und oft, etwa nach nächtlichen Läufen, gleich mehrere Pull Requests gleichzeitig.

Das führt zu einer Form kognitiver Überlastung, die sich deutlich von der beim Review menschlicher PRs unterscheidet. Bei menschlichen Beiträgen sind Commit-Messages und PR-Beschreibungen meist verlässliche Abbilder der zugrunde liegenden Überlegungen. Bei Agenten-PRs hingegen müssen Sie das »Denken« des Agenten rückwirkend aus dem Code selbst rekonstruieren. Wenn dann am Montagmorgen fünf Agenten jeweils Pull Requests mit 500 Zeilen oder mehr einreichen, verwandelt sich der Review-Prozess von einer gemeinsamen Qualitätskontrolle in eine archäologische Ausgrabung.

Delegation an Agenten erfordert Vertrauen

Am bedeutsamsten ist vielleicht, dass autonome Agenten unser Vertrauen auf eine Weise herausfordern, wie es interaktive KI-Tools nicht tun. Wenn Sie eine Aufgabe an einen Agenten delegieren und ihn allein vor sich hin arbeiten lassen, treffen Sie damit unausgesprochen eine Entscheidung über das von Ihnen akzeptierte Risiko. Das unterscheidet sich wesentlich von überwachter KI-Assistenz, bei der Sie in jedem Moment die Kontrolle behalten.

Außerdem darf man die Sicherheitsimplikationen agentischer Technologien nicht vernachlässigen. Autonome Agenten mit Schreibzugriff auf Repositories und Ausführungsfähigkeiten eröffnen neue Angriffsmöglichkeiten. Ein kompromittierter oder fehlgeleiteter Agent *schlägt* nicht nur fehlerhaften Code *vor* – er *committet* ihn aktiv und *deployt* ihn potenziell sogar. Dementsprechend müssen Sandboxing und Zugriffskontrollen für solche Agenten weitaus ausgefeilter sein als bei Werkzeugen, die nur Vorschläge machen (siehe Kapitel 8).

Neue organisatorische Herausforderungen

Wenn Teams den Agenteneinsatz ausweiten, entstehen neue organisatorische Muster, die es bei herkömmlicher KI-Unterstützung nicht gibt. Wer trägt die Verantwortung für den Code, den ein Agent erzeugt, wenn die anfordernde Person krank ist oder anderweitig ausfällt? Wie lässt sich die Nutzung von Agentenressourcen teamübergreifend nachvollziehen? Und was geschieht, wenn ein monatelanges Refactoring-Projekt eines Agenten mit einer dringenden Funktionsentwicklung kollidiert?

Dabei handelt es sich nicht um technische, sondern um organisatorische Herausforderungen, die spezifisch für autonome Systeme sind. Sie machen neue Rollen erforderlich (Agenten-Koordinator?), neue Prozesse (Agenten-Folgenabschätzung?) und neue Werkzeuge (Agenten-Flottenmanagement?). All das geht weit über die individuellen Entwicklerperspektiven hinaus, die in den vorangegangenen Kapiteln dieses Buchs behandelt wurden.

Die autonome Natur dieser Agenten – ihre Fähigkeit, eigenständig zu arbeiten, sequenzielle Entscheidungen zu treffen und in großem Maßstab zu operieren – verwandelt sie von reinen Werkzeugen zur Produktivitätssteigerung in etwas, das zunehmend einem Teammitglied ähnelt. Dieser Wandel erfordert nicht nur die in diesem Buch beschriebenen technischen Praktiken, sondern auch grundlegend neue Vorgehensweisen und Überlegungen hinsichtlich Koordination, Vertrauen und Integration, die wir gerade erst zu verstehen beginnen.

Best Practices für den effektiven Einsatz von KI-Coding-Agenten

Während viele allgemeine Prinzipien der KI-gestützten Entwicklung auch für autonome Coding-Agenten gelten, erfordern bestimmte Aspekte der agentischen Entwicklung besondere Aufmerksamkeit. Basierend auf den gesammelten Erfahrungen mit Werkzeugen wie Codex, Jules, Devin und den autonomen Agenten von Cursor adressieren die folgenden Empfehlungen die besonderen Herausforderungen, die entstehen, wenn man komplette Entwicklungsaufgaben an eigenständig arbeitende KI-Systeme delegiert.

Wählen Sie strategisch die Aufgaben aus, die autonome Agenten übernehmen sollen

Der grundlegende Unterschied zwischen KI-Assistenten und autonomen Agenten liegt in ihrem Aufgabenumfang und ihrem Grad an Eigenständigkeit. Agenten eignen sich besonders gut für klar umrissene, abgeschlossene Aufgaben mit eindeutigen Erfolgskriterien – insbesondere wenn sich viele kleine Arbeitsschritte parallel ausführen lassen. Ideale Einsatzfelder für Agenten sind etwa die Erweiterung der Testabdeckung, die systematische Aktualisierung von Abhängigkeiten, umfangreiche Refactoring-Vorgänge oder die einheitliche Implementierung von Funktionen über mehrere Komponenten hinweg.

Denken Sie an den Unterschied zwischen der Bitte an einen KI-Assistenten, beim Schreiben eines einzelnen Tests zu helfen, und der Beauftragung eines Agenten mit der Aufgabe, in einem gesamten Modul 80% Testabdeckung zu erreichen. Ein Agent kann dabei systematisch jede ungetestete Funktion durchgehen, passende Testfälle generieren, sie ausführen, das Ergebnis prüfen und den Prozess wiederholen, bis das Ziel erreicht ist. Solche methodischen, messbaren Aufgaben sind die eigentlichen Stärken autonomer Agenten.

Umgekehrt eignen sich Tätigkeiten, die grundlegende Architekturentscheidungen, das Interpretieren komplexer Anforderungen oder das Entwerfen neuer Algorithmen erfordern, weiterhin besser für eine menschlich geführte Entwicklung mit KI-Unterstützung. Entscheidend ist, zu erkennen, welche Teile einer größeren Aufgabe sich effektiv an Agenten delegieren lassen und welche menschliches Urteilsvermögen und menschliche Kreativität voraussetzen.

Nutzen Sie spezifische Planungs- und Überwachungsfunktionen der Agenten

Moderne autonome Agenten bieten oft ausgefeilte Mechanismen für Planung und Transparenz in der Ausführung, die jedoch Ihre aktive Beteiligung erfordern. Wenn Jules vor Beginn seiner Arbeit einen Ausführungsplan präsentiert oder Cursor Echtzeitlogs der Agentenaktivität anzeigt, sind das entscheidende Eingriffspunkte, die es nur in der agentenbasierten Entwicklung gibt.

Die Ergebnisqualität wird bereits im Wesentlichen in der *Planungsphase* sichergestellt. Prüfen Sie die vorgeschlagenen Pläne nicht nur auf inhaltliche Korrektheit, sondern auch auf Effizienz und die Übereinstimmung mit den Konventionen Ihrer Codebasis. Wenn Jules beispielsweise eine Next.js-Anwendung aktualisieren will, dabei aber wichtige Änderungen an der webpack-Konfiguration übersieht, lässt sich durch frühzeitiges Eingreifen umfangreiche Nacharbeit vermeiden. Diese proaktive Prüfung unterscheidet sich grundlegend vom klassischen, reaktiven Code-Review und stellt eine neue Kernkompetenz im Werkzeugkasten moderner Entwickler dar.

Laufzeitüberwachung bildet eine weitere Ebene der agentenspezifischen Kontrolle. Zwar müssen Sie nicht jede einzelne Operation beobachten, doch regelmäßige Überprüfungen können verhindern, dass Agenten ineffiziente Lösungswege verfolgen oder unnötig weitreichende Änderungen vornehmen. Die Fähigkeit von Cursor, die Umgebung des Agenten mitten in einer laufenden

Aufgabe zu »betreten«, zeigt exemplarisch, wie moderne Tools Interventionen unterstützen, ohne den autonomen Workflow vollständig aufzugeben. Um die Effizienz zu maximieren, gilt es zu lernen, wann ein Eingriff sinnvoll ist und wann der Agent sich selbst korrigieren sollte.

Parallele Agentenprozesse steuern

Im Gegensatz zur traditionellen Entwicklung, bei der meist eine Entwicklerin oder ein Entwickler eine Aufgabe nach der anderen bearbeitet, ermöglichen autonome Agenten echte Parallelarbeit. Diese Fähigkeit erfordert jedoch neue Koordinationsstrategien. Wenn mehrere Agenten gleichzeitig aktiv sind – etwa einer, der Abhängigkeiten aktualisiert, während ein anderer eine Logging-Infrastruktur ergänzt –, müssen Sie mögliche Konflikte und Abhängigkeiten zwischen ihren Aufgaben im Blick behalten.

Definieren Sie klare Zuständigkeitsbereiche für jeden Agenten, um spätere Merge-Konflikte zu vermeiden. Weisen Sie Agenten nach Möglichkeit unterschiedliche Module oder Schichten der Anwendung zu. Und berücksichtigen Sie die Integrationsreihenfolge: Ein Agent, der neue Funktionen hinzufügt, sollte unter Umständen warten, bis ein anderer die notwendigen Infrastrukturänderungen abgeschlossen hat. Diese Orchestrierung ähnelt eher dem Management eines verteilt arbeitenden Teams als der traditionellen Solo-Entwicklung.

Entwickeln Sie Ihre Teampraktiken weiter, um Agenten zu integrieren

Die Einführung autonomer Agenten führt zu fundamentalen Veränderungen der Teamdynamik und der Review-Prozesse. Im Gegensatz zu Pull Requests menschlicher Kolleginnen und Kollegen, die meist sorgfältig gestaltet sind, kann Code von Agenten zwar technisch korrekt, aber stilistisch uneinheitlich sein. Teams müssen neue Review-Praktiken entwickeln, die diesem Unterschied Rechnung tragen.

Erstellen Sie agentenspezifische Review-Checklisten, die nicht nur auf Korrektheit achten, sondern auch auf Konsistenz mit Teamkonventionen und architektonischen Vorgaben. Dokumentieren Sie wiederkehrende Auffälligkeiten, die Ihnen in der Zusammenarbeit mit dem Agenten begegnen, beispielsweise typische Antipatterns oder versäumte Optimierungsmöglichkeiten. Dieses geteilte Erfahrungswissen hilft Reviewern, wiederkehrende Probleme schneller zu erkennen und zu beheben.

Bauen Sie Feedbackschleifen mit autonomen Systemen auf

Vielleicht am wichtigsten ist, dass autonome Agenten eine neue Form iterativer Entwicklung ermöglichen, bei der die Feedbackschleife weit über klassische Code-Reviews hinausreicht. Wenn ein Pull Request eines Agenten Nachbesserung erfordert, lässt er sich meist einfach mit präzisen Hinweisen für eine weitere Iteration direkt an den Agenten zurücksenden. Das unterscheidet sich deutlich von herkömmlicher Entwicklung, bei der das Zurückgeben von Arbeit an menschliche Kolleginnen oder Kollegen soziale und zeitliche Kosten verursacht.

Entwickeln Sie Prompting-Muster, die gut mit den von Ihnen verwendeten Agenten funktionieren. Wenn Sie erfolgreiche Prompt-Formulierungen finden, die konsistent hochwertige Ergebnisse liefern, dokumentieren Sie sie. Erstellen Sie Vorlagen für wiederkehrende Aufgabentypen, die den erforderlichen Kontext und alle Einschränkungen enthalten. Dies ist ein speziell auf Agenten zugeschnittenes Prompt Engineering, das agentische Planungs-, Ausführungs- und Revisionszyklen berücksichtigt und eine eigenständige Fähigkeit darstellt, die sich von der allgemeinen Interaktion mit KIs unterscheidet.

Das Ziel bleibt dasselbe: auf effiziente Weise hochwertige Software zu entwickeln. Autonome Agenten sind lediglich ein neues Werkzeug, um dieses Ziel zu erreichen. Integrieren Sie sie mit Bedacht in Ihre bestehenden Praktiken, ohne bewährte Methoden vollständig zu ersetzen. Wer die Funktionsweise dieser Agenten versteht und ihre besonderen Stärken nutzt, ohne auf strenge Qualitätsstandards zu verzichten, kann die Produktivität deutlich steigern, ohne Abstriche bei Codequalität oder architektonischer Integrität hinnehmen zu müssen.

Zusammenfassung und Ausblick

Abschließend möchte ich einen Gedanken aus Kapitel 4 aufgreifen: KI wird Entwicklerinnen und Entwickler nicht ersetzen – aber diejenigen, die KI effektiv einsetzen können, werden womöglich jene überflügeln, die es nicht tun. Das Aufkommen autonomer Coding-Agenten ist ein großer Schritt in genau diese Richtung. Wer lernt, die neuen »kopflosen« Kollegen produktiv einzusetzen, wird in kürzerer Zeit mehr erreichen können. Es ist eine spannende Zeit für uns Softwareentwicklerinnen und -entwickler, vorausgesetzt, wir schaffen es, uns anzupassen und weiterhin an unseren hohen Qualitätsmaßstäben festzuhalten. Die Werkzeuge mögen sich ändern, doch die Ziele bleiben die gleichen: zuverlässige, effiziente und innovative Software zu entwickeln. Mit KI-Agenten an unserer Seite (oder im Hintergrund) stehen uns neue Wege offen, diese Ziele zu erreichen – und vielleicht können wir sogar in Ruhe schlafen, während die Bots die Nachtschicht übernehmen.

Im abschließenden Kapitel dieses Buchs richten wir den Blick auf die Zukunft der KI in der Softwareentwicklung – insbesondere auf die kommenden Weiterentwicklungen agentischer KI.

KAPITEL 11

Weit mehr als Codegenerierung: die Zukunft der KI-augmentierten Entwicklung

Auch wenn Vibe Coding ursprünglich nichts anderes bedeutete, als dass KI auf Basis unserer Prompts Code generiert, reichen die Implikationen doch weit über das bloße Schreiben von Code hinaus. Durch den Fortschritt der KI-Technologien steht uns eine tiefgreifende Transformation *aller* Phasen der Softwareentwicklung bevor. In diesem Kapitel werfe ich, ausgehend von schon bekannten Trends und Tendenzen, einen spekulativen Blick darauf, wie sich die Rolle der KI in der Software künftig weiter intensivieren könnte. Es wird um KI-getriebenes Testen, Debugging und Wartung gehen, darum, wie KI das Softwaredesign und die Personalisierung der User Experience beeinflussen könnte, um die Evolution des Projektmanagements mit KI-Unterstützung und sogar um die Zukunft der Programmiersprachen selbst. Mein Ziel ist es, eine Zukunft zu skizzieren, in der KI nicht nur als reiner Codegenerator dient, sondern zum ganzheitlichen Teilnehmer der Softwareentwicklung wird, und die Diskussion dabei zugleich in grundlegenden Prinzipien zu verankern, damit sie unabhängig vom Wandel konkreter Technologien relevant bleibt.

KI in Test, Debugging und Wartung

Stellen Sie sich eine zukünftige Entwicklungsumgebung vor, in der ein KI-Tool, sobald Sie – manuell oder per Vibe Coding – eine Funktion schreiben, dafür sofort einen vollständigen Satz von Unit-Tests erstellt, potenzielle Bugs erkennt und sie vielleicht sogar in wenigen Sekunden behebt. Dieses Szenario wird zunehmend realistischer. Sehen wir uns genauer an, welchen Beitrag KI in den Bereichen Qualitätssicherung und Wartung bereits heute leistet, vor allem aber in Zukunft beisteuern kann.

Automatisierte Testgenerierung

Gründliche Tests zu schreiben, ist zeitaufwendig und wird unter Termindruck oft vernachlässigt. Wie Sie in Kapitel 7 gesehen haben, können heutige KI-Assistenten uns hier bereits entlasten, indem sie Tests automatisch erzeugen. Gibt man ihnen ein Stück Code, schlagen sie passende Unit-Tests vor, die typische Szenarien, Randfälle und Fehlersituationen abdecken.

Künftig könnte das noch weiter ausgebaut werden: Eine KI könnte den gesamten Codebestand analysieren, Funktionen oder Module mit unzureichender Testabdeckung erkennen und automatisch zusätzliche Tests generieren. Sie könnte – etwa durch Fuzz-Testing – sogar Eingaben simulieren, an die ein menschlicher Tester nicht denken würde, und so auch Fehler aufspüren, die nur bei seltenen Randfällen auftreten. Das Ergebnis wäre eine deutlich robustere Codebasis bei minimalem manuellem Testaufwand.

Der Haken an der Sache ist, dass die Güte der Tests immer davon abhängt, wie gut die KI die zugrunde liegende Spezifikation versteht. Deshalb sollten KI-generierte Tests stets von Menschen überprüft werden, um sicherzustellen, dass sie dem beabsichtigten Verhalten der Software entsprechen. Ansonsten würde man Fälle übersehen, in denen die KI ein bestimmtes Ergebnis als korrekt annimmt, weil der Code es tatsächlich liefert, obwohl die eigentliche Anforderung eine ganz andere war. Solange jedoch Menschen eingebunden bleiben, lassen sich Missverständnisse im Code oder im Test noch rechtzeitig aufdecken.

Intelligentes Debugging

Debugging bedeutet oft ein mühsames Durchsuchen von Logdateien oder ein schrittweises Durchlaufen des Codes, um die Ursache eines Fehlers zu finden. Wie in Kapitel 5 gezeigt, kann KI hier als eine Art intelligenter Debugging-Partner fungieren. Einige aktuelle KI-Tools können bereits Fehlermeldungen oder problematischen Code als Eingabe entgegennehmen und eine Erklärung sowie einen Änderungsvorschlag zur Behebung des Problems zurückliefern.

Um einen Einblick in eine mögliche künftige Gestaltung eines KI-gestützten Debugging-Workflows zu erhalten, betrachten Sie ein KI-System, das die Programmausführung überwacht und im Fall eines Absturzes oder einer Ausnahme den Stacktrace und die Variablenzustände analysiert, um die wahrscheinliche Ursache zu ermitteln. Anstatt nur eine Fehlermeldung auszugeben, könnte es melden:

> *Die Anwendung ist abgestürzt, weil userProfiles beim Aufruf von getEmail() den Wert null hatte. Das deutet darauf hin, dass beim Laden der Benutzerprofile eine Nullprüfung fehlt.*

Darüber hinaus könnte die KI gleich einen Fix vorschlagen:

> *Eine mögliche Lösung wäre, userProfiles zu initialisieren, falls es noch null ist, oder vor dem Aufruf von getEmail() eine entsprechende Bedingung einzufügen. Soll ich diese Korrektur vornehmen?*

Künftige Debugging-KIs könnten direkt in die Laufzeitumgebung integriert sein und Fehler in Echtzeit erkennen. Sie könnten sogar potenzielle Probleme voraussagen, *bevor* sie auftreten, indem sie Codepfade analysieren:

> *Diese Funktion könnte eine DivisionByZero-Exception auslösen, wenn sie mit y=0 aufgerufen wird; du solltest diesen Fall berücksichtigen.*

Das ähnelt der statischen Codeanalyse, stützt sich jedoch auf das erlernte Wissen der KI aus unzähligen Codebasen und Fehlermustern – und könnte dadurch deutlich präzisere und flexiblere Hinweise liefern.

Vorausschauende Wartung und Refactoring

Wenn sich Anforderungen im Laufe der Zeit ändern, veraltet Code oder arbeitet ineffizient. Wartung umfasst Aufgaben wie Refactoring zur Verbesserung der Codestruktur ohne Änderung des Verhaltens, das Aktualisieren von Abhängigkeiten und die Optimierung der Performance. In all diesen Bereichen kann KI unterstützen:

Refactoring
: Eine künftige KI könnte sogenannte Code Smells – etwa duplizierten Code oder überlange Funktionen – automatisch erkennen und refaktorieren. Beispielsweise könnte sie erkennen, dass an mehreren Stellen nahezu identischer Code steht, und vorschlagen, ihn in eine gemeinsame Hilfsfunktion auszulagern. Oder sie könnte tief verschachtelte Schleifen in eine besser lesbare Form überführen. Da die KI viele Beispiele für »guten« Code gesehen hat, kann sie auch stilistische Verbesserungen (*https://oreil.ly/XWXC_*) vorschlagen, um den Code sauber und wartbar zu halten. Eines Tages könnten unsere Editoren einen Modus besitzen, in dem die KI im Hintergrund kontinuierlich Code refaktoriert, während wir als Entwickler nur noch Änderungen prüfen und freigeben.

Aktualisierung von Abhängigkeiten
: Ein zukünftiger KI-Dienst könnte die Abhängigkeiten eines Projekts – beispielsweise Bibliotheken und Frameworks – überwachen und automatisch Pull Requests erzeugen, um sie auf neuere Versionen zu aktualisieren, inklusive notwendiger Codeanpassungen bei inkompatiblen Änderungen. Wenn z.B. in einer neuen Version eines Web-Frameworks die API geän-

dert wurde, könnte die KI den bestehenden Code automatisch an die neue Schnittstelle anpassen. Das würde Entwicklern die wiederkehrende Arbeit ersparen, Migrationsanleitungen zu lesen und Versionskonflikte manuell zu beheben.

Leistungsoptimierung

Zur Wartung gehört oft auch, die Leistung zu verbessern, etwa wenn Datenmengen wachsen oder sich Nutzungsmuster verändern. Hier kann KI unterstützen, indem sie Performanceprofile analysiert und Ineffizienzen aufzeigt. So könnte eine KI beispielsweise feststellen, dass eine bestimmte Datenbankabfrage zu lange dauert, und empfehlen, einen Index anzulegen oder die Abfrage umzuschreiben. Oder sie erkennt, dass eine Schleife redundante Berechnungen durchführt, und schlägt vor, Ergebnisse zu cachen. Damit wäre sie im Grunde ein permanenter Performanceanalyst, der Anwendungen kontinuierlich beobachtet und proaktiv auf ineffiziente Schleifen, unnötige Berechnungen oder suboptimale Datenstrukturen hinweist.

Die KI könnte in einer Staging-Umgebung laufen, hohe Lasten simulieren und anschließend einen Bericht liefern: »Unter starker Belastung wird Modul X durch Y zum Engpass. Ziehen Sie ein Refactoring mit Ansatz Z in Betracht.« Damit würde die KI nicht nur Probleme aufspüren, sondern das Entwicklungsteam zugleich auf bessere Lösungs- und Architekturansätze aufmerksam machen.

KI-getriebenes Design und Personalisierung der User Experience

Jenseits von Code und Logik wird KI zunehmend auch beeinflussen, *wie Software gestaltet wird – und wie Menschen sie erleben*. Gute Software ist nicht nur funktional korrekt, sondern auch intuitiv, barrierefrei und angenehm in der Nutzung. Künftige KI-Systeme werden neue Wege bieten, um Benutzeroberflächen zu verbessern und Nutzererlebnisse gezielt an individuelle Bedürfnisse anzupassen.

Generative Designtools

Heutige KI-gestützte Designwerkzeuge nutzen Verfahren wie Generative Adversarial Networks oder Transformer-Modelle, um aus textuellen Beschreibungen UI-Entwürfe und Mock-ups zu erzeugen. Ein Produktmanager könnte eine Funktion in natürlicher Sprache beschreiben:

Wir brauchen einen Anmeldebildschirm für Mobilgeräte mit einer Willkommensnachricht, einer verspielten Illustration und einem Formular zur Eingabe von Name, E-Mail-Adresse und Passwort. Er sollte unsere Markenfarben verwenden und freundlich wirken.

Ein KI-Designassistent könnte auf der Basis einer solchen Beschreibung innerhalb weniger Sekunden mehrere UI-Entwürfe vorschlagen, inklusive Layout, Platzhaltertexten und gestalteten Komponenten. Designer oder Entwicklerinnen wählen anschließend den passendsten Vorschlag aus und verfeinern ihn.

Künftig könnten solche Werkzeuge direkt in Designsoftware oder sogar in Entwicklungsumgebungen integriert sein, sodass die Grenze zwischen »Designen« und »UI-Programmieren« zunehmend verschwimmt. Die KI könnte das Design direkt als HTML/CSS oder Flutter-Code ausgeben und damit sofort testbar machen. Das würde den Design- und Prototyping-Prozess erheblich beschleunigen: Statt von Hand zu skizzieren oder Layouts manuell zu bauen, arbeitet man mit einer KI zusammen, die Vorschläge auf Basis bewährter Designprinzipien und umfangreicher Trainingsdaten zu Nutzerpräferenzen generiert.

Selbst im kreativen Designprozess kann eine KI als Inspirationsquelle dienen. Wenn Designer über Farbschemata oder Illustrationsstile für eine App nachdenken, könnte ein KI-Tool ad hoc ein Moodboard mit passenden Farben erzeugen oder sogar ein eigenes auf das Design abgestimmtes Icon-Set entwerfen. Sie könnten der KI etwa sagen:

Ich brauche ein Logo, das die Themen Code und Musik visuell verbindet.

Daraufhin würde sie mehrere Entwürfe generieren, die etwa geschweifte Klammern mit Notensymbolen kombinieren. Auch wenn ein professioneller Designer das finale Ergebnis wahrscheinlich von Hand ausarbeitet, können die Vorschläge der KI Ideen anstoßen und die Experimentierphase erheblich beschleunigen. KI kann also, um es zusammenzufassen, die Funktion eines schnellen Prototypers und kreativen Partners übernehmen, der den gestalterischen Spielraum erweitert.

Es ist wichtig zu betonen, dass im Design und in der User Experience das menschliche Urteilsvermögen weiterhin extrem wichtig ist. Ästhetisches Empfinden, Verständnis für Emotionen und Markenidentität – all das kann eine KI durch Nachahmung nur annähernd simulieren. Daher ist KI im Design ein Werkzeug, um die menschliche Kreativität zu erweitern, aber keines, um sie zu ersetzen. KI kann die Routinearbeiten übernehmen – Varianten erzeugen, Nutzerdaten auswerten – und so Gestalterinnen und Gestalter entlasten, damit sie sich auf Empathie und kreative Entscheidungen konzentrieren können.

Für Entwicklerinnen und Entwickler bedeutet KI-getriebenes Design, dass die traditionelle Grenze zwischen Design und Entwicklung zunehmend fließend wird. Entwickler könnten in Zusammenarbeit mit Designern mithilfe von KI UI-Code generieren – und umgekehrt. Frontend-Entwickler würden dadurch weniger Zeit damit verbringen, Layouts Pixel für Pixel zu justieren, und stattdessen stärker darauf achten, dass das Design funktional stimmig und barrierefrei umgesetzt ist. Sie könnten außerdem technische Grundlagen für eine Personalisierung schaffen, indem sie Code schreiben, der es einer KI zur Laufzeit ermöglicht, je nach Nutzerdaten zwischen Layout A und B zu wählen, und zugleich sicherstellen, dass beide Varianten performant und stabil bleiben.

In einer Vibe-Coding-Zukunft könnten Sie ebenso Vibe Design betreiben: Sie beschreiben einfach die gewünschte Stimmung (den Vibe!) oder das Look and Feel Ihrer Anwendung – und die KI hilft, sie in konkrete Gestaltung umzusetzen. So entstünde ein ganzheitlicher KI-gestützter Entwicklungsprozess, bei dem nicht nur Backend-Logik oder Datenbankabfragen mit KI-Unterstützung entstehen, sondern das gesamte Produkterlebnis in Zusammenarbeit mit KI gestaltet wird.

KI für UX-Forschung

Ein weiterer Aspekt im Designprozess ist das Verständnis des Nutzerverhaltens. KI kann – unter Berücksichtigung des Datenschutzes – Nutzungsdaten einer Anwendung auswerten und aufzeigen, wo Anwender Schwierigkeiten haben. So könnte eine KI etwa erkennen, dass viele Nutzer mit der Maus über ein bestimmtes Symbol fahren in der vergeblichen Erwartung, es sei anklickbar – was auf eine mögliche Verbesserung der Benutzerführung hinweist. Oder sie stellt fest, dass Nutzer einer bestimmten Zielgruppe regelmäßig einen Workflow an einer bestimmten Stelle abbrechen, was darauf hindeutet, dass dieser Schritt nicht intuitiv genug ausgestaltet ist.

Künftig könnte KI auf Basis von Verhaltensmodellen sogar Nutzerinteraktionen simulieren, um UX-Probleme vorherzusagen, noch *bevor* echte Nutzer damit konfrontiert werden. Dieses »virtuelle UX-Testing« könnte bereits in der Entwicklungsphase auf Schwächen hinweisen – etwa eine zu komplexe Navigation oder unklare Beschriftungen – und damit zu einem Zeitpunkt, an dem sich solche Probleme noch leicht beheben lassen.

Personalisierte Nutzererlebnisse

Personalisierung ist schon seit Jahren ein Schlagwort – meist im Sinne von Inhalten, die an die Vorlieben oder Nutzungshistorien einzelner Nutzer angepasst werden. KI kann Personalisierung auf eine neue Stufe heben, indem sie das Verhalten und die Benutzeroberfläche einer Anwendung in Echtzeit individuell anpasst. So könnte die in einer App integrierte KI etwa erkennen, dass ein bestimmter Nutzer bevorzugt über die Suche statt über Menüs navigiert. Daraufhin könnte sie die Suchleiste für diesen Nutzer prominenter platzieren oder sogar Suchergebnisse im Voraus laden, von denen sie aufgrund des Kontexts annimmt, dass sie relevant sein könnten – ähnlich wie ein menschlicher Assistent, der versucht, die Wünsche seines Chefs zu antizipieren.

Ein weiteres Szenario betrifft die Barrierefreiheit: Erkennt die KI, dass ein Nutzer ein Screenreader-System verwendet und somit vermutlich sehbeeinträchtigt ist, könnte sie die Anwendung automatisch in einen Hochkontrastmodus mit größerer Schrift und optimierten Screenreader-Beschriftungen umschalten. Das ginge über das hinaus, was statische Einstellungen zur Barrierefreiheit leisten. Kurz gesagt: Die Software würde *adaptiv* werden.

Stellen Sie sich eine E-Commerce-Website vor, die ihr Layout im laufenden Betrieb dynamisch anpasst: Manche Nutzer sehen – je nachdem, was ihr Interesse vermutlich stärker wecken könnte – eine Produktübersicht in einer Rasteransicht, andere in einer detaillierteren Listenansicht. Diese Anpassungen könnten kontinuierlich und unauffällig erfolgen, während die KI experimentiert und dazulernt – ähnlich wie beim A/B-Testing, jedoch auf individueller Ebene und vollständig autonom.

Die Evolution des Projektmanagements mit KI

Softwareentwicklung besteht nicht nur aus Programmieren und Gestalten, sondern umfasst auch Kernaufgaben des Projektmanagements und der Teamleitung: Planen, Koordinieren und Entscheiden. Die analytischen und prognostischen Fähigkeiten von KI können hier von der Aufgabenverteilung über das Risikomanagement bis zur Entscheidungsfindung erheblich unterstützen. KI könnte die Planung und Umsetzung von Softwareprojekten auf folgende Weisen verändern:

Aufgabenverteilung

Ein Team zu führen, bedeutet, die Stärken, Schwächen und die aktuelle Auslastung jedes Teammitglieds zu kennen und Aufgaben entsprechend zuzuweisen. Ein KI-gestützter Projektmanagement-Assistent könnte dafür unterschiedliche Datenpunkte auswerten – etwa Commit-Historien, fachliche Schwerpunkte (erkennbar an den Codebereichen, an denen jemand häufig arbeitet) oder individuelle Produktivitätsmuster, zum Beispiel ob jemand morgens oder spätabends am effektivsten arbeitet – und daraus Empfehlungen dazu ableiten, wer eine neue Aufgabe übernehmen sollte.

Wenn eine neue Funktion beispielsweise Datenbankarbeit erfordert und die KI erkennt, dass eine bestimmte Person in diesem Bereich viele Aufgaben erfolgreich erledigt hat und nicht überlastet ist, würde sie vorschlagen, ihr diese Aufgabe zuzuweisen. Darüber hinaus könnte die KI die voraussichtliche Dauer der Aufgabe schätzen, indem sie sie mit ähnlichen Aufgaben aus der Vergangenheit vergleicht und die individuelle Arbeitsgeschwindigkeit berücksichtigt. So ließen sich realistischere Zeitpläne erstellen und Überlastungen einzelner Teammitglieder vermeiden. Mit der Zeit könnte eine solche KI lernen, die Arbeitslast ähnlich ausgewogen zu verteilen wie ein erfahrener Projektleiter, sodass niemand untätig bleibt, aber auch niemand überfordert wird.

Termin- und Sprintplanung

KI kann helfen, übergeordnete Ziele in konkrete Aufgaben herunterzubrechen. Gibt man ihr einen Feature Request oder eine User Story, könnte sie die notwendigen Teilaufgaben vorschlagen, um diese umzusetzen, und würde damit im Grunde einen ersten Entwurf eines Projektplans oder einer Work-Breakdown-Struktur erzeugen. Bei der Sprint-Planung (im Rahmen agiler Methoden) könnte die KI das Backlog analysieren und auf Grundlage der bisherigen Teamgeschwindigkeit vorschlagen, welche Aufgaben realistisch in den nächsten Sprint passen.

Sie könnte sogar Abhängigkeiten zwischen Aufgaben hervorheben und so sicherstellen, dass der Plan logisch aufgebaut ist:

> *Aufgabe B sollte nach Aufgabe A erledigt werden, da sie deren Funktionalität voraussetzt.*

Für eine langfristige Roadmap könnten KI-Werkzeuge verschiedene Szenarien simulieren:

> *Wenn wir Feature X jetzt priorisieren, prognostiziert das Modell eine Verzögerung von Feature Y um zwei Wochen, weil beide denselben Ressourcenbedarf haben.*

Solche Simulationen und datenbasierten Einblicke helfen Projektleitern, fundiertere Entscheidungen über Prioritäten zu treffen.

Risikoanalyse und -management

Risikomanagement bedeutet, mögliche Probleme – etwa Verzögerungen, technische Hürden oder Integrationsschwierigkeiten – frühzeitig zu erkennen und geeignete Gegenmaßnahmen zu planen. Da KI bekanntlich Mustererkennung besonders gut beherrscht, könnte sie historische Projektdaten auswerten – unternehmensinterne oder sogar branchenweite – und daraus Risikofaktoren ableiten.

Beispielsweise könnte die KI auf Muster wie diese hinweisen:

> *Bei Projekten, bei denen der Technologiestack gewechselt wurde, gibt es historischen Daten zufolge eine um 30% höhere Wahrscheinlichkeit, dass der Zeitplan überschritten wird.*
>
> *In den letzten drei Projekten kam es in der Integrationsphase zu Verzögerungen; vermutlich besteht auch für dieses Projekt ein ähnliches Risiko.*

Auf dieser Grundlage könnten Projektleiter frühzeitig mehr Zeit oder Ressourcen für solche Phasen einplanen. Ein weiterer Ansatz ist die laufende Überwachung des Projektfortschritts: Eine KI könnte die Geschwindigkeit bei der Aufgabenbearbeitung, die Zahl neu entdeckter Bugs und ähnliche Kennzahlen beobachten und Warnungen ausgeben, sobald sich arbeitsverhindernde Probleme abzeichnen:

> *Das Team schließt in diesem Sprint nur halb so viele Aufgaben wie erwartet ab; mögliche Blocker sollten überprüft werden.*

Im Prinzip fungiert die KI damit als aufmerksamer Projektprüfer, der Risiken erkennt, bevor sie eskalieren.

Entscheidungsunterstützung

Im Projektmanagement müssen ständig Entscheidungen getroffen werden, etwa ob eine Funktion wegen einer Deadline gestrichen wird oder ob man Ressourcen in Refactoring investiert, statt neue Features hinzuzufügen. KI kann solche Entscheidungen nicht selbst treffen, da immer auch geschäftliche und menschliche Faktoren eine Rolle spielen, aber sie kann Daten bereitstellen und damit für anstehende Entscheidungen bessere Grundlagen liefern. So könnte die KI etwa zu einem angedachten Refactoring melden:

> *Wenn wir Modul Z refaktorieren, lässt sich laut Komplexitätsmetriken und Teameinschätzungen die Entwicklungszeit für verwandte Funktionen künftig um etwa 20% reduzieren. Das würde zwar jetzt eine Verzögerung von zwei Wochen bedeuten, sich aber innerhalb von sechs Monaten auszahlen.*

Auch wenn diese Werte nur Schätzungen sind, ermöglicht eine objektive Analyse den Beteiligten, Zielkonflikte klarer gegeneinander abzuwägen.

Ein weiteres Beispiel wäre die Entscheidung, ob eine neue Bibliothek eingesetzt oder inhouse eine eigene Lösung entwickelt werden soll. Die KI könnte dazu Dokumentation, Community-Support und bekannte Probleme der Bibliothek auswerten, die jeweiligen Vor- und Nachteile zusammenfassen und dem Team dadurch viele Stunden Recherche ersparen.

Statusabfragen in natürlicher Sprache

Künftig könnten Stakeholder oder Manager eine KI einfach in natürlicher Sprache nach dem Projektstand fragen:

Wie läuft die Implementierung der Zahlungsintegration? Gibt es aktuelle Blocker?

Eine KI, die Ticket-Updates, Commit-Messages und Testergebnisse auswertet, könnte darauf antworten:

Die Zahlungsintegration ist zu 70% abgeschlossen. Aktuell blockiert ein fehlschlagender Test zur Währungsumrechnung, weil zurzeit zwei Entwickler an der Beseitigung der Ursache arbeiten. Wird das Problem bis morgen behoben, wird das Feature wahrscheinlich planmäßig bis Freitag fertig.

Zugängliche Statusberichte dieser Art verbessern insbesondere in großen Teams oder solchen mit Stakeholdern ohne technischen Hintergrund die Kommunikation. Die KI wird im Grunde zu einem allwissenden Projektassistenten, der alle Einzelheiten kennt und sie jederzeit bei Bedarf zusammenfassen kann.

Emotionale Zustände und Teamgesundheit

Das mag noch etwas spekulativ klingen, aber KI könnte künftig, indem sie Kommunikationsmuster analysiert, auch Rückschlüsse auf die Teamstimmung oder das Stresslevel ziehen – selbstverständlich unter Wahrung der Privatsphäre und persönlicher Grenzen. So könnte sie etwa feststellen, dass Kommentare in Code-Reviews zunehmend knapper ausfallen oder Jira-Tickets häufiger wieder geöffnet werden – ein mögliches Zeichen für Verwirrung oder Frustration –, und den Projektleiter dezent darauf hinweisen, beim Team nachzufragen. Gerade in verteilten oder vollständig remote arbeitenden Teams, in denen solche Signale schwerer zu erkennen sind, könnte eine KI, die die »digitale Stimmung« beobachtet, wertvolle Hinweise liefern. Allerdings müsste der Umgang damit äußerst behutsam und transparent gestaltet sein, um kein Gefühl der Überwachung zu erzeugen.

In all diesen Bereichen kann KI die Wirksamkeit von Projektmanagern und -managerinnen verstärken. Sie übernimmt die datenintensive Analyse und liefert Routinevorschläge, sodass menschliche Führungskräfte sich auf das konzentrieren können, was sie am besten können: Entscheidungen zu treffen, das Team zu motivieren und die zwischenmenschliche Seite der Zusammenarbeit zu gestalten. Gutes Projektmanagement ist ebenso sehr Kunst wie Wissenschaft: KI kann den wissenschaftlichen Teil stärken (Daten, Prognosen, Analysen), damit die Kunst (Führung, Vision, Anpassungsfähigkeit) umso stärker zur Geltung kommt. Auch Entwickler sollten diese Verbesserungen begrüßen: Ein gut geplantes und transparent überwachtes Projekt führt zu klareren Zielvorgaben und zieht weniger unangenehme Überraschungen nach sich. Zudem reduziert sich der Aufwand für Status-Meetings und Tabellenpflege – diese Details übernimmt die KI –, und es bleibt mehr Zeit für die eigentliche kreative Entwicklungsarbeit.

Wie autonome Agenten die Softwareentwicklung verändern könnten

Wir stehen noch ganz am Anfang dieser Technologie, aber die Entwicklung schreitet rasch voran. Es lohnt sich, über die längerfristigen Auswirkungen nachzudenken und darüber, wie sich die Dinge in den nächsten Jahren entwickeln könnten. Im Folgenden entwerfe ich ein mögliches Zukunftsbild der Softwareentwicklung im Zeitalter autonomer Coding-Agenten – eine fundierte Spekulation, gestützt auf heutige Trends:

KI-Agenten werden zum festen Bestandteil von Entwicklungsteams.
: So wie heute die Verwendung von Versionskontrollsystemen (wie Git) oder CI/CD bereits selbstverständlich ist, könnte bald schon KI-Agenten routinemäßig und aktiv am Entwicklungsprozess teilnehmen. Vielleicht wird es alltäglich, morgens ein »AI Assistant Board« zu prüfen, auf dem die Aufgaben stehen, die Agenten über Nacht erledigt haben – inklusive fertiger Code-Reviews, die beim Einloggen schon bereitliegen. Ansätze dazu gibt es bereits heute: Agenten, die durcharbeiten, »während man schläft«. Entwickler könnten am Ende des Arbeitstags ganze Aufgabenpakete an die KI delegieren, die bis zum nächsten Morgen erste Ergebnisse liefert. Damit verschiebt sich das Verständnis dessen, was ein »Entwicklerjob« ist: Es wird weniger um Tipparbeit, weniger um Routineänderungen gehen, dafür mehr um Problembeschreibung, Systemintegration und Steuerung der KI. Man könnte zugespitzt sagen, dass Entwicklerinnen und Entwickler zunehmend zu Produktmanagern ihrer KI-Partner werden: Sie legen fest, was getan werden soll, und stellen sicher, dass das Ergebnis den Anforderungen entspricht.

Zunehmende Zusammenarbeit mehrerer Agenten.
: Derzeit arbeiten KI-Agenten in der Regel isoliert an ihren jeweiligen Aufgaben. Künftig könnten jedoch mehrere spezialisierte Agenten in einer Art Team zusammenarbeiten. Dabei wäre beispielsweise ein Agent auf Frontend-Aufgaben spezialisiert und ein anderer auf die Backend-Entwicklung, denen man dann aufeinander abgestimmte Ziele vorgibt – falls die Agenten die Aufgabenteilung *nicht sogar vollständig unter sich aushandeln*. Alternativ könnte ein einzelner Agent mehrere Lösungswege parallel erkunden – ein Ansatz, den Kojo als *Multibranch Exploration* bezeichnet.

  Stellen Sie sich vor, Sie beauftragen eine KI mit der Lösung eines komplexen Problems, woraufhin diese drei Teilaufgaben mit jeweils unterschiedlichen Ansätzen oder Architekturen anstößt, anschließend die Ergebnisse bewertet und die beste Lösung auswählt – oder *Sie* fragt, welche Variante

Sie bevorzugen. Das könnte die Zeit, die zur Evaluierung unterschiedlicher Implementierungen benötigt wird, im Vergleich zu heute drastisch verkürzen, da mehrere Entwickler möglicherweise mehrere Tage mit Prototyping beschäftigt sind. Die Koordination solcher Abläufe ist zweifellos anspruchsvoll, doch mit zunehmender Reife von Agenten-Frameworks keineswegs unrealistisch.

KIs, die erkennen, wann sie nachfragen müssen.

Künftige Agenten könnten so weit entwickelt sein, dass sie an kritischen Entscheidungspunkten bewusst Rücksprache halten. Das ist keine bloße Spekulation: Derzeit wird intensiv daran geforscht, wie Sprachmodelle ihre eigene Unsicherheit einschätzen und Selbstreflexion entwickeln können. Erste Ergebnisse zeigen, dass sich Modelle so trainieren oder anleiten lassen, dass sie erkennen, wann sie unsicher sind, und dann nachfragen, statt einfach blind weiterzumachen. Ein Agent könnte beispielsweise an einen Punkt gelangen, an dem zwei unterschiedliche Bibliotheken für eine Implementierung infrage kommen, und, anstatt zu raten, kurz innehalten – ähnlich wie ein Junior-Entwickler – und fragen:

Ich könnte dafür Library A oder B verwenden – hast du eine Präferenz?

In der Branche setzt sich zunehmend die Ansicht durch, dass Agenten durch solch »intelligentes Nachfragen« vertrauenswürdiger wirken – eher wie Arbeitspartner denn undurchsichtige Blackboxes. Das entspricht auch dem menschlichen Arbeiten im Team: zu wissen, wann man besser nachfragt, statt zu raten oder zu improvisieren. Noch steht die Entwicklung in diesem Bereich ziemlich am Anfang, doch entstehen bereits jetzt erste Modelle, die solches Verhalten unterstützen, beispielsweise durch Reflexion bei der Toolnutzung, Planung mit eingebauten Unsicherheitsschwellen oder durch explizite Mechanismen, um während der Ausführung Nutzerfeedback einzuholen. Intelligentes Innehalten oder *Checkpointing* setzt tatsächlich voraus, dass ein Agent (bzw. ein Modell) seine eigene Unsicherheit erkennt. Genau an dieser anspruchsvollen Aufgabe arbeiten Forscher derzeit: an Formen von KI-Selbstwahrnehmung, die auch ein Verständnis für das Vertrauen in die eigenen Antworten bzw. Lösungen einschließt.

Die Benutzererfahrung im Umgang mit Agenten wird sich verbessern.

Je mehr Arbeit wir an Agenten delegieren, desto wichtiger werden übersichtliche Möglichkeiten, um nachzuvollziehen, was sie tun. Kojo schlägt dafür eine *Agenten-Inbox* vor – eine zentrale Ansicht, die zeigt, woran die Agenten gerade arbeiten, was bereits erledigt ist und wo die eigene Aufmerksamkeit gefragt ist. Das könnte ein Dashboard sein, das alle laufenden Agentenaufgaben mit ihrem Status anzeigt – etwa »3 von 5 Schritten abgeschlossen« oder »Wartet auf Review« – sowie die jeweiligen Ergebnisse.

Anstelle der heutigen Mischung aus Logs und Pull Requests wird es künftig eine klar strukturierte Oberfläche zur Verwaltung von Agenten geben. Vielleicht bekommen IDEs eine Seitenleiste *Agenten*, in der aktive Aufgaben und aktuelle Statusmeldungen angezeigt werden. Benachrichtigungen könnten etwa lauten:

Agent X hat Aufgabe Y abgeschlossen und PR #123 eröffnet.

Agent Z benötigt Eingaben, um fortzufahren.

Eine solche Infrastruktur ist wichtig, um den Einsatz von Agenten zu skalieren, ohne den Überblick zu verlieren: Schließlich möchte niemand zehn schweigend vor sich hin arbeitende Bots im Hintergrund betreiben, die ohne Aufsicht wer weiß etwas tun.

Agenten werden direkt in Issue-Tracker und CI-Systeme integriert.

Ich erwarte eine deutlich integriertere Zusammenarbeit zwischen Agenten und anderen Systemen, sodass beispielsweise Einträge in Issue-Trackern (etwa in Jira, GitHub Issues oder Linear) vollständig von einem Agenten bearbeitet werden können. Tatsächlich deutet die Integration von CodeGen in Linear bereits darauf hin.

Ein möglicher Workflow könnte so aussehen:

1. Ein Product Manager erstellt ein Ticket mit technischen Spezifikationen.
2. Eine Entwicklerin oder ein Tech Lead gibt es zur Bearbeitung durch die KI frei.
3. Ein KI-Agent bearbeitet das Ticket und hängt den zugehörigen Pull Request an.
4. Eine Person prüft und testet die Änderung und schließt das Ticket anschließend.

Das könnte den Entwicklungsprozess deutlich kontinuierlicher gestalten. CI-Systeme könnten außerdem künftig automatisch Agenten aufrufen, sobald bestimmte Prüfungen fehlschlagen. Wird bei einem Security-Scan beispielsweise eine Schwachstelle gefunden, könnte ein Agent versuchen, eine gefährdete Bibliothek zu aktualisieren oder den unsicheren Code zu refaktorieren – und anschließend einen Pull Request mit der entsprechenden Korrektur einreichen. Ein Agent könnte auch zusätzliche Tests generieren, wenn nach einem PR die Testabdeckung unter einen festgelegten Schwellenwert sinkt. Man kann sich das als *automatisierte Wartung* vorstellen.

Ein konkretes Beispiel: Das GitHub-Tool Dependabot erstellt heutzutage automatisch Pull Requests, um Abhängigkeiten zu aktualisieren. Ein künftiger KI-Agent könnte nicht nur den PR öffnen, sondern auch fehlerhaften Code nach der Aktualisierung anpassen, Tests ausführen und sicherstellen, dass alles funktioniert – im Grunde also ein Dependabot auf Steroiden.

Modellverbesserungen werden die 30-%-Lücke verkleinern.

Neuere Versionen großer KI-Modellreihen wie GPT-5, Gemini oder Claude werden Code noch besser verstehen und generieren können. Mit wachsender Leistungsfähigkeit dürfte sich die Lücke der »letzten 30%« zunehmend schließen. Künftige Agenten werden wohl kaum noch naheliegende Wiederverwendungen von Codeabschnitten oder seltene Randfälle übersehen, weil die Modelle deutlich besser trainiert sein und über besseres Reasoning, also ausgereiftere logische Schlussfolgerungsfähigkeiten verfügen werden.

Mit besseren Modellen, auf die sie zugreifen können, werden Agenten weniger Fehler machen, weniger Aufsicht benötigen und komplexere Aufgaben übernehmen können. Allerdings bleibt Softwareentwicklung von Natur aus komplex, daher wird vermutlich menschliches Urteilsvermögen *immer* eine gewisse Rolle spielen. Vielleicht müssen wir uns als Menschen künftig aber nur noch um die letzten 5 bis 10% kümmern statt um 30?

Ich rechne auch damit, dass die Modelle weiterhin effizienter werden, sodass sich auch für datenschutz- oder kostenbewusste Unternehmen lokale bzw. selbst gehostete Agenten realisieren lassen. Auf Coding spezialisierte Open-Source-Modelle könnten so weit aufholen, dass ein On-Premises-Agent bei vielen Aufgaben nahezu dieselbe Qualität bietet wie die großen Cloud-Agenten.

Agenten und Tools differenzieren sich weiter aus.

Künftig könnten spezialisierte Coding-Agenten für unterschiedliche Aufgabenfelder oder Funktionsbereiche entstehen. Stellen Sie sich einen »Bug-Fixer«-Agenten vor, den Sie auf einen fehlgeschlagenen Test oder einen Stacktrace ansetzen und der den Bug präzise lokalisiert und beseitigt, einen »PerformanceGuru«, der sich auf Profiling und die Optimierung von Engpässen konzentriert, oder einen spezialisierten Agenten, der aus bestehendem Code automatisch Dokumentation und Kommentare generiert.

Durch Spezialisierung wären Agenten in der Lage, branchenspezifischeres Wissen und passgenaue Tools zu nutzen. Denkbar wäre etwa ein Agent, der sich direkt in Game-Engines integriert und Aufgaben in der Spieleentwicklung unterstützt, oder ein Agent, der Datenpipelines entwirft, optimiert und automatisiert. Ein Team aus solchen spezialisierten KIs könnte die Aufgabenteilung menschlicher Teams widerspiegeln und aus Agenten bestehen, die unterschiedliche Schwerpunkte haben und vielleicht DocsBot, TestBot, RefactorBot oder SecurityBot heißen. Tatsächlich existiert mit BugBot in Cursor bereits ein erster Schritt in diese Richtung: BugBot schreibt keinen Code, sondern kommentiert Pull Requests mit Fokus auf potenzielle Fehlerquellen – im Grunde eine »gepimpte« statische Codeanalyse.

Das Berufsbild von Entwicklerinnen und Entwicklern wird sich verändern.
Wenn Agenten mehr Routinearbeit im Coding übernehmen, verschiebt sich das Kompetenzprofil von Entwicklern stärker in Richtung Design, Architektur und Qualitätssteuerung – wie bereits in Kapitel 4 beschrieben. Soft Skills gewinnen dabei an Bedeutung: die Fähigkeit, Anforderungen klar zu formulieren, und zwar sowohl gegenüber Menschen als auch gegenüber KIs. Fähigkeiten im Lesen und Reviewen von Code werden vermutlich mindestens so wichtig werden wie das Programmieren selbst. Außerdem dürfte das Testen stärker in den Fokus rücken: Da Tests ein wesentliches Mittel zur Überprüfung von KI-Ergebnissen sind, ist es besonders wichtig, gute Testfälle zu schreiben oder die KI dabei anzuleiten.

Bei den 30 % eines Projekts, die im Wesentlichen von Menschen bewältigt werden müssen, stehen vor allem übergeordnete Aspekte kritischen Denkens und der Qualitätssicherung im Zentrum. Auch der Einstieg für Junior-Entwicklerinnen und -Entwickler dürfte sich verändern: Sie könnten zunächst einfache Aufgaben übernehmen, indem sie KI-Agenten anleiten und deren Ergebnisse prüfen, bevor sie selbst in größerem Maßstab Code schreiben. Das hat Vorteile, weil sie relativ schnell selbst produktiv tätig werden können, birgt aber auch Risiken, falls die Aneignung von Grundlagenwissen zu kurz kommt oder die KI zu sehr als Krücke genutzt wird. Für diejenigen, die bereit sind, sich an diese Veränderungen anzupassen, wird es spannend bleiben, für jene, die an bisherigen Arbeitsweisen festhalten, dagegen vermutlich etwas ungemütlich. Wie bereits in Kapitel 4 betont, liegt ein wesentlicher Aspekt langfristiger beruflicher Sicherheit in diesem KI-Zeitalter darin, die neuen Werkzeuge anzunehmen – und zugleich auf die eigenen genuin menschlichen Stärken zu setzen.

Neue Rollen und Prozesse werden entstehen.
In Entwicklungsteams könnten neue Funktionen entstehen – beispielsweise ein »AI Wrangler« oder ein »Automation Lead« – für Fachleute, die besonders versiert darin sind, KI-Agenten effektiv einzusetzen, Arbeitsabläufe um sie herum zu gestalten und deren Konfigurationen zu pflegen. Das wäre vergleichbar mit dem Aufkommen der *Build/Release Engineers*, als Build-Systeme komplexer wurden, oder der *DevOps Engineers*, als die Automatisierung der Infrastruktur zunahm. Ebenso könnten Audits zum Standard werden, bei denen geprüft wird, ob die KI eventuell unsichere Muster eingeführt hat.

Die Testkultur dürfte stärker in den Mittelpunkt rücken, um zusätzliche Sicherheit zu schaffen: Möglicherweise wird künftig jeder Pull Request eines Agenten nur dann zum Merge zugelassen, wenn er Tests enthält – verfasst vom Agenten selbst oder von einem Entwickler. Gerade wenn KI-

Agenten einen Großteil des Codes schreiben, könnte es sinnvoll sein, dass menschliche Entwickler verstärkt die Tests übernehmen, um eine unabhängige Überprüfung sicherzustellen.

Im Prinzip deutet sich eine Zukunft an, in der Entwickler zunehmend koordinieren, orchestrieren und überprüfen, während KI-Agenten Aufgaben ausführen und Funktionalität implementieren (siehe Abbildung 11.1). Softwareentwicklung könnte sich damit stärker zu einer Art Steuerung automatisierter Coder-Flotten entwickeln, anstatt dass Menschen jeden Schritt manuell erledigen. Das eröffnet enormes Produktivitätspotenzial: Bei reduzierter Routinearbeit könnten Teams sich endlich um technische Schulden und Wartungsaufgaben kümmern, für die zuvor nie richtig Zeit war. (Stellen Sie sich vor, all die kleinen Bugs und Inkonsistenzen einfach von einer KI beseitigen zu lassen!) Zugleich sinkt die Hürde für das Prototyping neuer Ideen: Eine KI könnte in kürzester Zeit eine komplette App entwerfen, die man anschließend selbst verfeinert. Auch die Entscheidungsfindung würde sich vereinfachen, da KIs in kurzer Zeit mehrere Lösungsansätze erzeugen können, sodass sich ein Problem aus verschiedenen Blickwinkeln betrachten lässt, bevor man eine endgültige Entscheidung trifft.

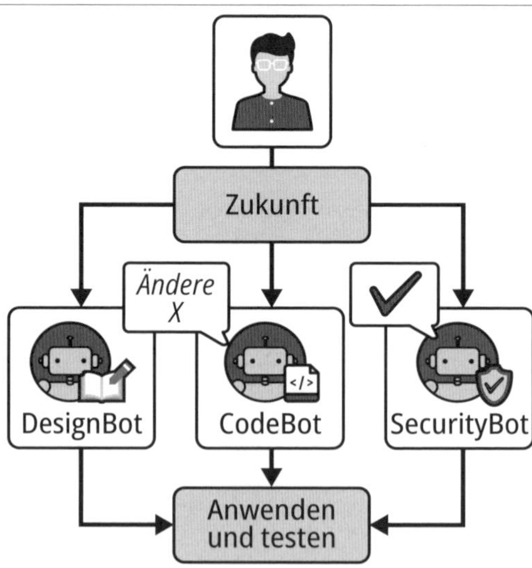

Abbildung 11.1: Kollaborationsarchitektur mit multiplen KI-Agenten: Entwicklerinnen und Entwickler orchestrieren spezialisierte KI-Agenten für Testing, Design, Coding und Security, um gemeinsam umfassende Softwarelösungen zu entwickeln.

Unsere Branche sollte diese Veränderungen jedoch mit Bedacht angehen. Das menschliche Element – mit Kreativität, Intuition und ethischem Urteilsvermögen – bleibt unersetzlich. KI kann unsere Fähigkeiten verstärken, aber auch Fehler vergrößern, wenn ihre Ergebnisse nicht kontrolliert werden.

Ich blicke dennoch optimistisch in diese Zukunft: Richtig genutzt, werden autonome Coding-Agenten Entwickler produktiver machen und ihnen ermöglichen, sich auf die wirklich anspruchsvollen und interessanten Aspekte der Softwareentwicklung zu konzentrieren – so entsteht letztlich bessere Software in kürzerer Zeit. Das gelingt jedoch nur, wenn wir angemessene Arbeitsweisen entwickeln und uns bewusst machen, dass sich unsere menschliche Rolle im Entwicklungsprozess grundlegend verändert.

Die Zukunft der Programmiersprachen: Coding mit natürlicher Sprache?

Im Zusammenhang mit Vibe Coding stellt sich auch die extrem spannende Frage, ob und wie sich dadurch Programmiersprachen verändern werden. Wenn wir der KI einfach sagen können, was wir wollen, brauchen wir dann überhaupt noch traditionelle Syntax und Sprachen? Wird Englisch (oder jede andere menschliche Sprache) zur neuen Programmiersprache? Dieser Abschnitt geht diesen Möglichkeiten nach.

Wir sehen bereits Anzeichen dafür, dass natürliche Sprache wie Code funktioniert, beispielsweise in Tools, in denen man eine Aufgabe in Alltagssprache beschreibt. Wenn sich dieser Trend fortsetzt, könnte sich der Schwerpunkt der Programmierung zunehmend von der Implementierung auf die Formulierung von *Zielen und Anforderungen* verlagern. Künftige Entwicklungsumgebungen könnten es Entwicklern – oder sogar Nichtentwicklern – ermöglichen, etwas in dieser Art zu schreiben:

> *Prüfe stündlich unsere Datenbank auf inaktive Nutzer und sende eine Erinnerungs-E-Mail an alle, die sich seit 90 Tagen nicht eingeloggt haben, mit Vorlage X. Wenn die E-Mail zurückkommt, setze in der Datenbank beim Nutzer das Flag »invalid email«.*

Die KI könnte eine solche Anweisung in den passenden Code übersetzen, indem sie etwa einen Cronjob oder eine geplante Funktion einrichtet, die nötigen SQL-Abfragen formuliert oder ein ORM sowie eine E-Mail-API verwendet. Die Aufgaben von Entwicklerinnen und Entwicklern würden sich damit hin zu einer Beschreibung von Regeln und gewünschtem Verhalten verschieben.

Das bedeutet nicht, dass Programmiersprachen über Nacht verschwinden werden. Eher wird sich eine *mehrschichtige Struktur* herausbilden, bei der wir natürliche Sprache für die übergeordnete Steuerung und die bestehenden Programmiersprachen für die feinere, granulare Kontrolle verwenden.

Ein Grund für die Existenz von Programmiersprachen ist die Mehrdeutigkeit natürlicher Sprache. Würde man formale Sprachen vollständig abschaffen, entstünde das Risiko von Missverständnissen zwischen Mensch und Maschine. KI könnte diese Lücke schließen, indem sie ihr Kontextverständnis nutzt, um Unklarheiten zu beseitigen, und klärende Fragen stellt, aber dafür gibt es wahrscheinlich Grenzen. Komplexe Algorithmen oder Optimierungen lassen sich oft präziser und zuverlässiger in Code ausdrücken als in freier Sprache. Daher ist es denkbar, dass die Programmierer der Zukunft gewissermaßen zweisprachig sein müssen: sicher darin, sich in natürlicher Sprache präzise auszudrücken, um mit der KI effektiv kommunizieren zu können, und zugleich versiert in den technischen Grundlagen und geeigneten Programmiersprachen, um die Ergebnisse der KI prüfen und anpassen zu können.

Vielleicht entstehen auch *domänenspezifische natürliche Sprachen* – eingeschränkte Formen des Englischen (oder anderer Sprachen), die von KIs zuverlässig verstanden werden und auf bestimmte Softwarebereiche zugeschnitten sind – beispielsweise eine »Anforderungssprache«, in der Use Cases so formuliert werden, dass die KI daraus automatisch Tests oder Code erzeugen kann.

Selbst wenn es nicht dazu kommt, dass vollständig in natürlicher Sprache programmiert wird, dürfte der Einfluss von KI Programmiersprachen auf ein höheres Abstraktionsniveau heben. Die Evolution der Programmierung hat uns von Assembler bis zu Hochsprachen geführt und von manueller Speicherverwaltung zu Umgebungen mit automatischer Speicherbereinigung bei sich gleichzeitig stetig erhöhendem Abstraktionsniveau. KI könnte es ermöglichen, Abstraktionen ad hoc zu definieren. Denken Sie an den Begriff des Intent-basierten Programmierens, der in diesem Buch bereits mehrfach erwähnt wurde: Man formuliert ein Ziel, und die KI findet eigenständig den Weg dorthin, einschließlich der Generierung des nötigen Low-Level-Codes, falls erforderlich.

Eine weitere Möglichkeit wären *hybride* Sprachen, die natürliche Sprache und Code miteinander verbinden. So könnte eine zukünftige Sprache etwa Code in dieser Form zulassen:

```
// Erstelle anhand der Bestellungen eine Liste der Kundennamen,

// entferne Duplikate und gib die Liste alphabetisch sortiert aus.

list<Customer> customers = orders -> map(order -> order.customerName)

                                   -> unique()

                                   -> sort()

                                   -> print();
```

In diesem Pseudocode ist der natürlichsprachige Kommentar von einer KI nahezu wie ein Prompt ausführbar. In einer realen Umgebung bräuchte man vielleicht keine formalen Funktionsdefinitionen mehr, weil die KI aus Kommentaren ableiten könnte, was beabsichtigt ist, und selbst entsprechenden Code ergänzt. Oder die Sprache selbst könnte Konstrukte enthalten, die wie natürliche Sprache – in der Regel Englisch – aussehen, aber formal genug sind, damit die KI sie eindeutig interpretieren kann. Man könnte das als eine Weiterentwicklung von Kommentaren und Pseudocode hin zu ausführbarem Code verstehen, wobei die KI als Vermittlerin agiert, die die dahinterliegende Absicht erkennt und umsetzt.

Programmieren wird bereits dialogischer. Anstatt ein vollständiges Programm zu schreiben, beginnt man ein Gespräch mit der KI:

> *Prompt: »Ich brauche eine Funktion, die für Kunden auf Basis ihrer Einkaufshistorie Bonuspunkte berechnet.«*
>
> *KI: »Klar. Zählen alle Produkte gleich, oder gibt es für manche Produkte mehr Punkte? Und wie soll der Zeitfaktor berücksichtigt werden (z. B. kürzlich getätigte Käufe gegenüber früheren)?«*
>
> *Prompt: »Elektronikartikel ergeben doppelte Punkte im Vergleich zu anderen Kategorien. Und für Käufe im letzten Monat gibt es zusätzlich einen Bonus von 10 %.«*
>
> *KI: »Verstanden. Hier ist die Funktion, die das implementiert … [KI zeigt den Code]. Soll ich auch Tests für unterschiedliche Szenarien generieren?«*
>
> *Prompt: »Ja, und bitte stelle sicher, dass bei fehlender Kaufhistorie 0 Punkte zurückgeben werden.«*

In diesem Szenario wird Programmieren zu einem wechselseitigen Dialog in natürlicher Sprache mit der KI, die den Code schreibt und klärende Rückfragen stellt. Das ähnelt dem Pair-Programming, nur dass der Partner hier eine KI ist. Frühe Formen davon sahen wir bei ChatGPT-Plug-ins, Copilot Chat und ähnlichen Tools. Zunehmend entwickelt sich daraus ein neuer vorherrschender Modus der Softwareentwicklung als ein fortlaufendes Gespräch, in dem die Software schrittweise verfeinert wird: Das ist ein weit flüssigerer Prozess, als von Grund auf eine starre Textdatei zu schreiben.

Auch wenn ein großer Teil des Programmierens künftig über natürliche Sprache erfolgen dürfte, bleibt das Verständnis dafür, wie Code und Computer tatsächlich funktionieren, unverzichtbar. Auch Mathematiker oder Buchhalter müssen trotz der Erfindung von Taschenrechnern und Tabellenkalkulationen immer noch wissen, wie man rechnet. Man sollte immer selbst erkennen können, wann die Ausgabe einer KI nicht (ganz) stimmt. Wenn die KI eine natürlichsprachige Anweisung missversteht, kann ein erfahrener Entwickler jederzeit auf Pseudocode oder echten Code ausweichen, um sie zu präzisieren. Auch wenn die Details der Syntax weniger wichtig werden, weil man sich nicht mehr die genaue Reihenfolge der Parameter einer API merken muss, da die KI sie automatisch ergänzt, bleiben algorithmisches Denken und Debugging essenziell. Die Sprachen selbst mögen sich verändern, doch die zugrunde liegende Logik und die Problemlösungskompetenz bleiben die gleichen.

Allerdings ist die Einstiegshürde für das Programmieren bereits jetzt niedriger. Auch Nichtentwickler und reine Fachexpertinnen können heute einfache Anwendungen erstellen, indem sie mit einer KI über Vibe Coding interagieren. Diese Demokratisierung der Softwareentwicklung ist faszinierend: Immer mehr Menschen können Softwarelösungen gestalten, ohne tiefgehende Programmierkenntnisse zu besitzen. Die anspruchsvolleren Aufgaben werden aber weiterhin professionelle Entwickler übernehmen. Sie werden beispielsweise die von Nutzern erstellten Skripte auf sichere Art und Weise in größere Systeme integrieren oder diejenigen Plattformen entwickeln, die solche Interaktionen überhaupt erst ermöglichen.

Über die Möglichkeit hinaus, mithilfe von KI in natürlicher Sprache zu programmieren, könnten KIs selbst neue »Zwischensprachen« entwickeln – Formen, die irgendwo zwischen natürlicher Sprache und klassischem Code angesiedelt sind. Vielleicht entstehen künftig neue Programmierparadigmen, die von vornherein KI-freundlich sind – also Raum lassen, den die KI selbst ausfüllen kann. Man könnte sich etwa eine Sprache vorstellen, in der Platzhalter verwendet werden können, die eine KI dann ergänzt (»[Hier auf Geschwindigkeit optimieren]«), oder nicht formal definierte Bedingungen, die die KI in deterministische Regeln oder Zahlenwerte überführt (»if ([Nutzerzufriedenheit groß genug])«).

Am Ende werden Programmiersprachen wahrscheinlich nicht vollständig durch natürliche Sprache ersetzt, sondern es wird eine Verschmelzung aus beidem entstehen, die Entwicklern mehr Ausdruckskraft und eine intuitivere Art erlaubt, Computern mitzuteilen, was sie tun sollen. Wie Andrej Karpathy treffend formuliert (*https://www.youtube.com/watch?v=LCEmiRjPEtQ*): »Vielleicht wird es künftig beim Programmieren nicht mehr darum gehen, perfekten Code zu schreiben, sondern einfach perfekt zu erklären, was man will.« Aber das Wesen des Programmierens – klar über ein Problem nachzudenken und eine Lösung zu formulieren – verändert sich dadurch nicht. Nur die Form der Problembeschreibung wird natürlicher und weniger formal sein, mit der KI als Übersetzerin unsere übergeordneten Absichten in konkrete, maschinell ausführbare Schritte überführt.

Diese Zukunft – in der wir uns darauf konzentrieren können, *was* wir erreichen wollen, statt darauf, *wie* wir es im Detail programmieren müssen – birgt enormes Potenzial: schnellere Entwicklung, breiteren Zugang und die Fähigkeit, immer komplexere Systeme zu erstellen. Neue Ebenen der Abstraktion haben schon immer ein neues Level an Kreativität erlaubt: Mit Hochsprachen war plötzlich Software möglich, die mit Assembler niemals hätte geschrieben werden können. Die natürlichsprachige Softwareentwicklung könnte eine weitere Innovationswelle auslösen, an deren Spitze Vibe Coder im wahrsten Sinne des Wortes neue Softwarewelten in die Existenz »beschwören«.

Wie Vibe Coding die Branche verändert

Im Verlauf dieses Buchs sind mehrere grundlegende Prinzipien und Ideen deutlich geworden:

Intention statt Implementierung.
: Vibe Coding verlagert den Schwerpunkt von der schrittweisen Codierung hin zur Formulierung von Absichten und gewünschten Ergebnissen, deren Implementierungsdetails die KI übernimmt. Das verändert unsere Herangehensweise an Probleme: Wir denken stärker darüber nach, was wir erreichen wollen, und weniger darüber, wie wir es im Einzelnen schreiben müssen. Damit hält eine höhere Abstraktionsebene Einzug in die Softwareentwicklung.

KI als kollaborativer Partner.
: Statt eines isoliert eingesetzten Werkzeugs fungiert KI im Vibe Coding wie ein Pair-Programmer oder ein Assistent. Die Zusammenarbeit ist interaktiv und iterativ. Wir haben gesehen, wie wichtig es ist, die KI durch präzise Prompts anzuleiten, ihre Ergebnisse zu prüfen und die jeweiligen Stärken von Mensch und Maschine zu kombinieren. KI wird Entwicklerinnen und Entwickler also nicht ersetzen, stattdessen werden sie gemeinsam mit KI arbeiten, um produktiver zu sein (*https://oreil.ly/0uP00*).

Ethik und Verantwortung.
: Wir haben betont, dass mit der großen Macht, die KI mit sich bringt, auch große Verantwortung einhergeht. Vorurteile zu vermeiden, Fairness sicherzustellen, Prozesse transparent zu halten und Rechenschaftspflichten nachzukommen – all das ist entscheidend. Die Branche erkennt zunehmend, dass der unkontrollierte Einsatz von KI problematisch sein kann: KI benötigt Leitplanken. Daher gehören bewährte Praktiken wie das Testen von KI-Ergebnissen, die Dokumentation des KI-Einsatzes und die Klärung rechtlicher Fragen – etwa der Urheberrechte an KI-generiertem Code – immer mehr zum Standardverfahren.

KI geht über die Codegenerierung hinaus.
: Die Rolle der KI beschränkt sich nicht mehr auf das Schreiben von Code – sie umfasst inzwischen auch Testen, Debugging, Design, Projektmanagement und vieles mehr. Diese ganzheitliche Integration beschleunigt und verbessert den gesamten Softwarelebenszyklus. Entwicklungswerkzeuge werden zunehmend in all diesen Phasen unterstützen – teils geschieht das bereits, etwa mit KI-generierten Tests direkt in IDEs oder KI-gestützter Projektplanung.

Kompetenzen verändern sich, aber nicht die Grundprinzipien.
: Programmierer, die sich die zuvor genannten Praktiken aneignen, werden feststellen, dass sich ihr Skillset weiterentwickelt: Neben klassisches Coding und algorithmisches Denken treten Prompt Engineering, Überwachung von KI-Ergebnissen, Datenanalyse und konzeptionelles Design. Die grundlegende Ausrichtung auf problemlösendes Denken bleibt entscheidend, nur die täglichen Aufgaben verändern sich.

  Bestimmte Grundprinzipien behalten weiterhin ihre Gültigkeit: Man benötigt ein tiefes Verständnis der eigenen Domäne, muss Spezifikationen klar formulieren können (Prompts sind im Grunde nichts anderes), muss sorgfältig testen und validieren sowie den Fokus auf Nutzerbedürfnisse richten. Daran ändert auch der Einsatz von KI nichts, im Gegenteil: Diese Prinzipien werden noch wichtiger, weil jede Unklarheit oder Ungenauigkeit sich durch die enorme Geschwindigkeit der KI potenziert.

Dieses neue Paradigma des Vibe Coding verändert die Branche auf ganz konkrete Weise. Teams, die KI-Tools einsetzen, berichten von deutlichen Produktivitätssteigerungen: Entwickler können Features in kürzerer Zeit fertigstellen oder komplexere Projekte mit den gleichen Ressourcen bewältigen. Zugleich sinken die Einstiegshürden: Weniger erfahrene Entwickler können mit KI-Unterstützung mehr erreichen und möglicherweise schneller aufsteigen. Umgekehrt fordert dieser Wandel erfahrene Entwickler heraus, ihren Horizont zu erweitern und sich nicht auf eingespielten Arbeitsweisen auszuruhen.

Unternehmen stellen zunehmend nicht mehr nur nach Programmierkenntnissen ein, sondern auch nach »AI Literacy«, also der Fähigkeit, KI-Werkzeuge effektiv zu nutzen. Stellenbeschreibungen könnten bald Vertrautheit mit KI-Coding-Assistenten verlangen, so wie heute bereits der Umgang mit Versionsverwaltung oder Cloud-Plattformen vorausgesetzt wird. Ein Pionier im Vibe Coding zu sein, bietet somit einen Karrierevorteil.

Dadurch, dass Vibe Coding das Programmieren in gewissem Maß demokratisiert, können mehr Menschen – einschließlich derjenigen, die keine traditionellen Entwickler sind – selbst Software produzieren, indem sie beschreiben, was diese leisten soll. Das könnte zu einer Blüte spezialisierter Anwendungen führen, die von Fachexperten mithilfe von KI entwickelt werden – während professionelle Entwickler die Rahmenbedingungen, Plattformen und die stabilen Kernkomponenten bereitstellen, auf denen diese Lösungen aufbauen.

Es ist eine inspirierende Zeit. Wir stehen an der Schwelle zu einer Transformation, die wir als Entwicklerinnen und Entwickler aktiv mitgestalten können. Denken Sie an die frühen Tage der Informatik: Diejenigen, die die PC-Revolution mit offenen Armen begrüßten, haben schließlich die Welt geschaffen, in der wir heute leben. Die Integration von KI in die Softwareentwicklung markiert einen vergleichbaren Wendepunkt. Wer diesen Wandel annimmt, gestaltet mit, wie Software in den kommenden Jahrzehnten entstehen wird.

Zusammenfassung und Ausblick

Die Zukunft des Programmierens ist nichts, das einfach über uns kommt – sie ist etwas, das wir selbst gestalten. Jede und jeder in der Entwickler-Community trägt Verantwortung dafür, wie Vibe Coding und KI-Werkzeuge eingesetzt, reguliert und weiterentwickelt werden. Das ist ein Aufruf zum Handeln an Sie als Leserin und Praktiker:

Experimentieren Sie.
: Warten Sie nicht darauf, dass Ihnen alle Antworten geliefert werden. Probieren Sie Vibe Coding in unterschiedlichen Kontexten aus. Nutzen Sie KI, um etwas Ungewöhnliches und Neues zu entwickeln. Testen Sie die Grenzen dessen aus, was diese Tools leisten können. Vielleicht entdecken Sie einen neuartigen Anwendungsfall oder eine Einschränkung, die noch niemand dokumentiert hat. Jedes Experiment, ob erfolgreich oder nicht, liefert Erkenntnisse für die gesamte Community.

Teilen Sie Ihre Erkenntnisse.
: Schreiben Sie über Ihre Erfahrungen oder besprechen Sie sie zumindest mit Kolleginnen und Kollegen. Wenn Sie auf eine besonders wirkungsvolle Methode stoßen, veröffentlichen Sie sie. Wenn Sie auf einen Fallstrick oder eine Schwachstelle stoßen, warnen Sie andere. In dieser rasanten Phase der Entwicklung ist der gemeinschaftliche Wissensaustausch der Schlüssel, damit wir alle Schritt halten können. Vielleicht ersparen Sie jemandem Tage des Debuggens, indem Sie eine Lösung zu einer KI-Eigenheit teilen, oder inspirieren andere, indem Sie ein spannendes, KI-gestütztes Projekt vorstellen.

Gestalten Sie die Werkzeuge mit.
: Wenn Sie mögen, können Sie selbst zur Weiterentwicklung der KI-Tools beitragen, sei es durch Codebeiträge zu Open-Source-Projekten oder

durch detailliertes Feedback an die Entwickler dieser Werkzeuge (die meist sehr daran interessiert sind, von Anwendern zu hören, was verbessert werden kann). Indem Sie an der Gestaltung dieser Tools mitwirken, nehmen Sie direkten Einfluss auf die weitere Entwicklung. Viele der heutigen KI-basierten Coding-Assistenten sind nur deshalb schon relativ ausgereift, weil Early Adopters wie Sie Betaversionen getestet und wertvolle Rückmeldungen gegeben haben.

Setzen Sie sich für positiven Wandel ein.
Setzen Sie sich in Ihrem Unternehmen oder Ihren Communitys dafür ein, KI nicht nur zur Steigerung der Produktivität einzusetzen, sondern auch Menschen im richtigen Umgang damit zu schulen. Ermutigen Sie Führungskräfte, Zeit für das Erlernen von KI-Werkzeugen einzuplanen oder Richtlinien zu überarbeiten, die deren Verwendung aus Unkenntnis heraus einschränken. Zeigen Sie, wie das sicher und nutzbringend gelingen kann. Je mehr Erfolgsgeschichten es gibt, in denen KI-gestützte Zusammenarbeit Teams tatsächlich voranbringt, desto eher wird sich die gesamte Branche diesem Ansatz öffnen.

Bewahren Sie die Haltung eines lebenslang Lernenden.
Gehen Sie mit der Einstellung in diese neue Ära, dass wir alle noch viel lernen müssen. Bleiben Sie offen und neugierig. Die Nachwuchsentwickler von morgen werden schon ganz selbstverständlich mit KI-Werkzeugen umgehen – so wie heutige Berufseinsteiger meist mit mehr Programmiererfahrung aufgewachsen sind als manch ältere Kolleginnen und Kollegen. Seien Sie bereit, von jedem – unabhängig vom jeweiligen Erfahrungsstand – zu lernen, denn für uns alle ist dieses Feld in gewisser Weise neu. Wenn Sie diese Lernhaltung bewahren, werden Sie sich ständig weiterentwickeln – und laufen nicht Gefahr, zu glauben, Sie hätten bereits alles verstanden.

Begeisterung mit Umsicht verbinden.
Seien Sie begeistert von dem, was möglich ist – Ihre Begeisterung kann andere anstecken. Aber seien Sie zugleich bei Bedarf eine Stimme der Umsicht, damit der allgemeine Enthusiasmus zu keinem leichtfertigen Einsatz von KI führt. Wenn Sie sich für KI-getriebene Entwicklung einsetzen, sollten Sie auch nachdrücklich betonen, wie wichtig Unit-Tests und Code-Reviews von KI-Ergebnissen sind. Dieser ausgewogene Ansatz wird dafür sorgen, dass Vibe Coding nachhaltig bleibt – und ernst genommen wird.

Fördern Sie die nächste Generation.
Geben Sie Ihre Erfahrungen an Einsteigerinnen und Einsteiger weiter. Da Vibe Coding die Hürden für den Einstieg senkt, werden möglicherweise mehr Menschen mit dem Programmieren beginnen. Diese Personen brau-

chen Orientierung, um die grundlegenden Prinzipien zu erlernen, mit denen sie ansonsten durch den dauernden Einsatz von KI möglicherweise nicht mehr in Kontakt kommen. Indem Sie sie als Mentor begleiten, stellen Sie sicher, dass die nächste Entwicklergeneration nicht blind von der KI abhängig wird, sondern versteht, was sie tut. So reichen Sie den Stab guter – jetzt durch KI unterstützter – Softwareentwicklung weiter.

Der intensive Wandel, den wir derzeit erleben, ist eine seltene Gelegenheit. Denken Sie an frühere technologische Umbrüche, von der industriellen Revolution bis zum Internetboom: Diejenigen, die sich damit aktiv auseinandersetzten, prägten ganze Branchen. An einem solchen Punkt stehen wir heute bei der KI-gestützten Softwareentwicklung. Es geht dabei nicht nur darum, den eigenen Arbeitsplatz zu sichern oder sich die Arbeit zu erleichtern, sondern auch darum, mitzugestalten, wie sich Technologie weiterentwickelt und unsere Gesellschaft verändert.

Mit der Lektüre dieses Buchs haben Sie gezeigt, dass Sie vorausdenken. Nun gilt es, dieses vorausschauende Denken in die Praxis umzusetzen. Jede Codezeile, die Sie mit KI schreiben, jeder Prompt, den Sie formulieren, jeder Kollege, dem Sie etwas beibringen, jede Richtlinie, die Sie beeinflussen – all das trägt zur Zukunft des Vibe Coding bei.

Zum Schluss: Denken Sie daran, dass Programmieren im Kern immer ein Akt des Schaffens und des Problemlösens war. Vibe Coding, angetrieben durch KI, ist ein außerordentlich mächtiges neues Medium für kreatives Gestalten. Begegnen Sie ihm mit Optimismus und Neugier. Nutzen Sie es, um Dinge zu entwickeln, die wirklich zählen. Und behalten Sie dabei stets das Menschliche im Blick: unsere Kreativität, unser Urteilsvermögen, unsere Werte.

Die Zukunft des Programmierens entsteht genau jetzt – nicht nur durch neuen Code, sondern dadurch, wie wir die neuen KI-Partner in unsere Arbeit einbinden. Es ist ein aufregender, noch weitgehend unerforschter Pfad, und jede und jeder von uns kann auf diesem Weg Pionierarbeit leisten. Gehen Sie also mutig voran. Experimentieren Sie, teilen Sie großzügig Ihr Wissen, und führen Sie mit klarem Denken und menschlicher Haltung. Auf diese Weise *gestalten Sie die Zukunft aktiv mit*, anstatt sich ihr nur anzupassen.

Viel Freude beim Vibe Coding – wir sehen uns in einer Zukunft, die Sie mitprägen werden!

Index

B

C

D

E

F

G

H

I

L

M

T

U

V

W

X

Z

Über den Autor

Addy Osmani arbeitet bei Google als leitender Entwickler an Developer Experience, Performance und KI-gestützten Entwicklungswerkzeugen. Er verfügt über 25 Jahre Branchenerfahrung in der Entwicklung von Webtechnologien und hat mehrere Bücher über Best Practices der Softwareentwicklung verfasst.

Addy hat umfassend mit KI-gestützten Coding-Tools gearbeitet und dabei neue Plattformen wie Cursor, Cline, Copilot, Bolt, v0, Lovable und Claude Code getestet und bewertet. Seine Veröffentlichungen zur KI-gestützten Softwareentwicklung beeinflussen Tausende von Entwicklerinnen und Entwicklern, und in seiner Führungsrolle bei Google Chrome prägt er die Zukunft der Webperformance und KI-gestützter Entwickler-Workflows entscheidend mit.

Dieses Buch bündelt seine umfassende Expertise in der Softwareentwicklung und seine praktische Erfahrung mit KI-gestützten Coding-Assistenten. Es vermittelt Entwicklerinnen und Entwicklern konkrete Strategien, um KI in ihren alltäglichen Workflow zu integrieren und sich im dynamisch und schnell wandelnden Feld der Softwareentwicklung zu behaupten.

Kolophon

Die Vögel auf dem Cover von *Vibe Coding professionell* sind Mauerläufer (*Tichodroma muraria*), eine Spezies, die in den Felsen und Berggipfeln im Landesinneren Europas, des Nahen Ostens und Asiens heimisch ist. Im Flug sehen Mauerläufer wie große Schmetterlinge aus, wenn sie sich aber an Felswänden ausruhen, sind sie schwer zu entdecken. Die Flügel sind leuchtend rot mit schwarzen und weißen Schwanzfedern, während der Körper überwiegend blaugrau ist. Männchen haben in der Brutzeit einen schwarzen Hals.

Ausgewachsene Mauerläufer sind etwa 15 cm lang und wiegen etwa 17 Gramm. Sie ziehen jedes Jahr eine einzige Brut auf und legen drei bis fünf Eier in Napfnester aus Moos und Gras, die sie in Felsspalten einpassen. Sie sind Insektenfresser.

Die Rote Liste der bedrohten Arten der IUCN stuft den Mauerläufer als »nicht gefährdet« ein. Viele der Tiere auf den O'Reilly-Umschlägen sind vom Aussterben bedroht; sie alle sind für unsere Welt wichtig.

Die Illustration auf dem Cover stammt von José Marzan Jr. und basiert auf einem antiken Stich aus Lydekkers »Royal Natural History«. Den Umschlagsentwurf haben José Marzan Jr. und Michael Oréal erstellt. Auf dem Cover verwenden wir die Schriften Gilroy Semibold und Guardian Sans, als Textschrift die Linotype Birka, die Überschriftenschrift ist die Adobe Myriad Condensed, und die Nichtproportionalschrift für Codes ist LucasFont's TheSans Mono Condensed.